Minerva Shobo Librairie

〈日中戦争〉とは何だったのか

複眼的視点

黄 自進／劉 建輝／戸部良一［編著］

ミネルヴァ書房

〈日中戦争〉とは何だったのか——複眼的視点　【目次】

序

日中戦争は、両国近代史における最大の不幸であり、最も暗い過去でもある。この暗い過去を回顧し、日中間の相互作用を主軸として、戦争の実態を明らかにするとともに、戦争がその後、両国の歴史発展にいかなる影響を与えてきたのかを検討することが、本書の目的である。

とりわけ本書が重視したのは、日本にとって、日中戦争とは国家間の単なる軍事的な紛争にすぎなかったが、中国側にとってみれば、それは中国の既存社会における旧秩序を全面的に破壊しただけでなく、物理的・心理的にも大きな傷跡を残すものであったことである。こうした観点から、本書は、日中戦争における「非対称」的な諸側面（国家対国家、国家対民衆、民衆対民衆）をそれぞれ明らかにし、戦後の日中関係の原点を考察し、その分析を通じて日中間の歴史認識問題の和解にも貢献することを目指している。

欧州連合が歩んできた道を模範として、両国に真摯な反省があれば、従来の遺恨を解消できるだけでなく、将来の協力への道も開かれよう。したがって、本書は、日本、中国、台湾の学者による共同研究を通して、互いに納得できる共通認識をつくり、民族間の和解を促進しようとするものでもある。

以下、本書の内容を簡単に紹介しておこう。本書は、「戦前」「戦争期」「終戦から戦後へ」という三部から構成され、時間軸にそって各章が配列されている。

第Ⅰ部の「戦前」は、「反共提携」を軸としながら、日中関係が友から敵へと移り変わっていく過程を辿っている。とくに、日本政府が「防共」を国策としたにもかかわらず、なにゆえ中国大陸で同じく「防共」を掲げ、中国共産党と戦ってきた蔣介石を「友」として扱わなかったのかを、日台の学者が各々の角度から再検討する。

第1章「北伐と日中反共提携構想——田中義一・蔣介石会談をめぐる考察」(加藤聖文)は、一九二七年一一月五日、田中と蔣が東京で反共を軸とした連携を合意したにもかかわらず、その合意が破綻してしまった原因として、北伐再開の時期をめぐる両者の思惑の相違をあげている。田中としては、蔣介石との反共提携が、自身の考える満蒙分離と表裏一体であり、反共提携は蔣介石との間で、そして満蒙分離は張作霖との間で話し合い、張が満洲への撤退に同意した後に蔣が北伐を完成するというシナリオであった。しかしながら、蔣介石としては、華北で大きな混乱がない限り、日本政府は、彼の北上を許容すると思い込んだ。第1章は、こうした認識の相違が、その後の田中内閣における第二次山東出兵、さらには済南事件への発展に繋がったとする。

第2章「全面戦争前夜における日中関係——緩衝勢力の位置づけを中心に(一九三三—一九三五年)」(黄自進)は、一九三三年の「塘沽停戦協定」によって両国の軍事対峙が一応終結したにもかかわらず、結果的に一九三七年に戦争が勃発してしまった理由として、華北地域における緩衝勢力の喪失を指摘している。黄郛を委員長とした「行政院駐平政務整理委員会」と宋哲元を委員長とした「冀察政務委員会」が相次いで設けられたことにより、華北に一時的な安定化がもたらされた例でわかるように、華北地域には、満華国境をめぐる両国の対立を回避させる緩衝勢力が必要だった。したがって、その後日中両国政府がともに認める協力者を華北地方に見出せなくなったことが、盧溝橋事件を契機として両国が全面戦争に突入する要因になったと結論づける。

第Ⅱ部の「戦争期」は、盧溝橋事件を契機として全面戦争に発展した日中戦争の実相を、戦争拡大の責任、国際関係、戦史記録などの視点から検証する。とりわけここでは、日本の外務省と海軍および世論の戦争拡大の責任をいかに理解すべきかが探求される。また、この戦争と国際関係との関わりを検討することにより、戦争期における日中両国外交のありようをより一層あきらかにする。さらに、戦史記録に関する日中両国の相違を手がかりとして、事実と記憶とのずれ、「個人行為」と「国家行為」との区別など、日中戦争史研究の新しい方向が示唆される。

第3章「石射猪太郎と日中戦争」(劉傑)は、日中戦争勃発時の外務省東亜局局長であった石射に焦点を絞り、国際間の調和が永遠利益を確保するということを信念とした石射が、日中戦争の拡大を食い止めるためにいかに政府や軍部など各方面に働きかけ、外交の可能性を最大限追求したのかを検証する。また、こうした彼の積極的な動きと対比すると、同時期の外務大臣廣田弘毅はいかに無定見、無気力であったかが描かれる。

第4章「田嶋栄次郎と日本軍の曲阜占領」（姜克實）は、日中戦争初期、孔子の生誕聖地である曲阜を占領した歩兵第三三旅団の旅団長であった田嶋と地元の人々との関わりを、二部に分けて検証する。前半では、田嶋が曲阜の郊外で中国軍隊による襲撃を受け負傷したことを取り上げ、同事件をめぐる日中両国の記録の相違から、中国の歴史記録の問題点を検討する。後半では、地元の人々、とりわけ孔子の子孫たちが戦後、孔家の遺跡をよく保護した田嶋に対し、いかに感謝していたかを紹介する。

第5章「日本海軍と日中戦争」（相澤淳）は、日中戦争勃発時の海軍大臣であった米内光政に焦点を当てて、日中戦争の拡大および太平洋戦争への発展のきっかけになった上海出兵と海南島攻略という二つの大きな事件で、海軍が積極的に行動した経緯を検証する。上海出兵では、一九三七年八月一四日、中国空軍による第三艦隊旗艦「出雲」への攻撃が、中国からの重大な挑発として米内を怒らせ、一挙に彼の態度を強硬にさせ、米内は中国との全面対決への政策を支持するようになった。海南島攻略では、海南島を掌握すれば、同島を基地とする航空攻撃によって、当時援蔣ルートの重点となりつつあったハノイ・ルートやビルマ・ルートを遮断できるという理解から、米内が従来の反対の立場から賛成に移ったことを重視している。

第6章「日中戦争と欧州戦争」（田嶋信雄）は、一九三九年から四一年にいたる日中戦争の過程を、欧州戦争との関係から検証する。とくに、中国は、一九三九年八月二三日に締結された独ソ不可侵条約を利用することによって、中独ソ三国の提携を目指したと指摘する。こうした中独ソ三国関係を再検討することによって、本章は、日本打倒を前提とする戦争期中国外交のあり方を探求している。

第7章「日本人の日中戦争観——一九三七—一九四一」（戸部良一）は、当時の論壇誌である『外交時報』と『中央公論』に掲載された論文を材料とし、日本のオピニオン・リーダーの日中戦争理解の特徴を以下のようにまとめている。第一に、その戦争観は、戦争の長期化とともに変化した。初期段階では敵が一部の抗日勢力とされたが、やがてそれは抗日政権たる国民政府全体に転換し、さらにその抗日を支える「敵性」外力がクローズ・アップされた。戦争目的も、抗日勢力の排除・撲滅、防共に加えて、東亜新秩序の建設という「理念」が付加された。第二に、言論人たちの主張が、しばしば政府の方針表明に先行していた。第三に、言論人の主張は政府よりも強硬であることが多かった。第四に、新しい「支那通」の「社会科学的」分析が、ブルジョア政権たる蔣介石政権打倒という結論において、観念的な「極右」の主張と一致するという見方があり、それは的を射ていたのではないか、と論じている。

第8章「グローバル・ヒストリーのなかの日中戦争――一九四三年中国の条約改正問題を手がかりとして」(馬暁華)は、アメリカと日本の「新秩序」再建をめぐる政治的駆け引きの力学に焦点を当て、アジア・太平洋地域における国際関係の転換過程を検証する。日米開戦以後、両国が中国をそれぞれの陣営に引き入れるため、相次いで中国の不平等条約撤廃の呼びかけに応じることになった。このことによって、中国は日中戦争を通じてアヘン戦争以来の半植民地状態から脱却し、ようやく主権国家として「独立」を実現できたのである。その意味で日中戦争期における不平等条約撤廃運動は、アジアの国際関係にとって、「脱近代的」な国際関係を目指す一つの出発点であったと強調している。

第9章「国共関係と日本――戦争末期の「容共」をめぐる葛藤」(波多野澄雄)は、一九四四年七月三日、大本営政府連絡会議で決定された「対支作戦に伴ふ宣伝要領」を取り上げ、「容共政策」に転向しようという参謀本部戦争指導班および重光葵外相の思惑を検討する。すなわち、逼迫する対米戦のなかで、「容共政策」を採用すれば、日ソ関係の改善に役立つだけではなく、さらに、ソ連の斡旋により対延安・対重慶和平も可能であるという展望が見られたのである。しかしながら、反共軍事キャンペーンを担い続けていた華北の現地軍にとっては、防共の放棄は軍事キャンペーンの正当化の根拠が失われることを意味したため、この容共政策は無視されてしまった。本部と現場とのずれを検証する本章は、戦争末期において、日本の外交と軍事戦略がいかに乖離し迷走していったかを実証している。

第Ⅲ部の「終戦から戦後へ」は、「聖断」を通して成し遂げられた日本政府の終戦決定の実態を分析するとともに、日中戦争の「遺産」が戦後日本のアジアへの関わりにどのように生かされたのかを考察する。そこでは、「戦争」を通じてアジアに対する実感を身につけた日本の財界人が、いかにその実感と知識を戦後の実業活動に投入してきたのか、また、国共内戦に負けて台湾に移った蔣介石が、いかなる考慮から軍の再建を旧敵である日本（白団）に任せたのか、などが追究される。さらに、講和をめぐる国民政府の構想とその挫折を検証することにより、戦後処理に対する中国民衆の不満に光を当てて、現在の日中間の対立の原点に立ち戻ってみる試みもなされている。

第10章「鈴木貫太郎と日本の『終戦』」（鈴木多聞）は、降伏時の首相鈴木がどのようにして日本を終戦に導いたかをテーマとし、彼のリーダーシップに注目する。従来の研究では、鈴木貫太郎の政治姿勢は、陸軍との対抗関係を軸に理解されてきたといってよい。「和平派」の鈴木首相は「継戦派」の陸軍を刺激しないよう本心を隠し、「腹芸」で終戦を導いたというのである。本章は、「操舵」という発想に着目し、海軍軍人出身の鈴木には、最初からまっすぐ終戦へ向かう決意があり、彼が考慮したのは「終戦を告げる旗を何時振るか」という点のみであったと指摘する。そして、原爆投下とソ連の参戦をチャンスととらえ、とくに「聖断」という形であれば、「継戦派」の陸相と参謀総長さえもクーデター計画に同意せず、また、「聖断」を無視してクーデターを起こしても軍が分裂し「国民もついて来ない」だろうというのが、鈴木の考え方であったと強調している。

第11章「戦後初期国民政府の対日講和構想——対日講和条約審議委員会を中心に」（段瑞聡）は、一九四七年八月国民政府行政院の下に設けられた同委員会の組織構造および講和構想を検討する。一九四九年国民政府が中国本土の支配権を失ったことにより、戦後の処理に関する国民政府の発言力が弱くなった。したがって、講和構想をめぐる同委員会の提案がすべて廃案になってしまった。琉球の中国返還をはじめ、天皇制の廃止、賠償請求権など終戦直後における中国国民の生の声が、同委員会の講和構想で検討されたにもかかわらず、その後長い間無視されたため、日中間に対立の火種が残され、今日までくすぶり続けていると指摘する。

第12章「村田省蔵と実業アジア主義——戦前・戦中・戦後を貫くもの」（松浦正孝）は、村田を実業アジア主義の代表として取り上げ、彼とアジアとの関わりを検討する。本章は、西洋的なものを競争・抗争・排除の対象として、「アジア」との連帯を求めようとしたのがアジア主義者であると定義したうえで、戦前から戦後にかけて、村田がアジア主義者になった経緯を考察する。とくに、戦前・戦中は世界に進出する日本の代表的企業である大阪商船を発展させるとともに、日本を「大東亜戦争」に導いた大アジア主義の旗振りを務め、戦後は日本国際貿易促進協会の初代会長として日中国交回復に尽力してきた村田を、アジア主義の流れのなかでいかに位置づけるべきかを検証する。

最後の第13章「旧日本軍人の処遇問題をめぐる蔣介石の対応——送還から招聘への裏面史に見る「白団」の起源」（鹿錫俊）は、終戦初期の旧日本軍人処遇政策の変遷の検証を通して、「白団」ができた経緯を実証的に明らかにしている。とりわけ、「反共」という理念が活用されたことにより、旧日本軍人と蔣介石との関係が敵から友へと移り変わっていく過程を詳細に解明している。

本書は、私が、二〇一四年六月から二〇一五年五月にかけて国際日本文化研究センター（日文研）で主宰した共同研究「日本の軍事戦略と東アジア社会——日中戦争期を中心として」の成果報告である。同共同研究が実現できたのは、ひとえに戸部良一先生と劉建輝先生の助力を得たおかげである。研究計画の構想をはじめ、研究班の組織までは、戸部先生が相談に乗ってくださった。研究班の運営ができたのは、劉先生が幹事を担当してくださったからにほかならない。

共同研究には、本書に収録された論文の執筆者のほかに、共同研究員として以下の方々が参加し、討論や研究会の運営に加わってくださった。浅野豊美（早稲田大学）、家近亮子（敬愛大学）、王柯（神戸大学）、黒沢文貴（東京女子大学）、小菅信子（山梨学院大学）、高文勝（天津師範大学）、佐藤卓己（京都大学）、澁谷由里（富山大学）、松重充浩（日本大学）。また、総合研究大学院大学（国際日本研究専攻）の石川肇、韓玲玲のお二人は、研究会の準備や庶務に協力してくださった。

この本の副題を「複眼的視点」としたのは、本書の歴史観を表している。多様なバックグラウンドを有する研究者たちが、それぞれのオーソドックスなディシプリンに立脚しながら、「日中戦争」研究という場に集結して、さまざまな立場から戦争の歴史を論じ合った。こうした共同研究での討議を通じて、従来日中戦争をめぐる解釈に存在していた溝はどこにあったのかが直視されたのである。

無論私は、この一冊の本が、日中台の和解の鍵になると思ってはいない。むしろ、本書を通して、より一層多くの研究者が協力して、共同研究を行う必要性を痛感した。そのために、この研究班を基礎として、さらに中国大陸と台湾に在住する研究者を招き、二〇一五年九月より、「和解への道——日中戦争の再検討」というテーマで、台湾の中央研究院近代史研究所において三年間共同研究を行うことになった。

このように日本において研究基盤を構築し、海外で共同研究を深化させようとする運営の仕組みは、東アジアでの国際研究交流の新しいパターンになるとともに、本研究が、日中台の三角友好関係を築くための手がかりとなることも期待されるだろう。

日中台の和解のための共同研究の成果である本書は、当然和解への第一歩にすぎない。読者の皆様から御叱正と御鞭撻を賜れば、幸いである。

黄　自進

第Ⅰ部　戦前

第1章　北伐と日中反共提携構想
――田中義一・蒋介石会談をめぐる考察――

加藤聖文

はじめに

一九二七年八月一三日、南京と武漢に分裂した国民党の党内統一を理由として下野した蒋介石は、九月二九日から一一月八日までの期間、日本を訪問した。この蒋介石訪日のなかで最も重要な出来事は、一一月五日に行われた田中義一首相との会談が挙げられよう。

田中は、組閣直後から外交懸案となっていた満蒙問題の根本的解決に取り掛かっていた。蒋介石が訪日した頃には、北京中央政府を支配していた張作霖と山本条太郎満鉄総裁とのあいだで行われていた満蒙鉄道交渉が大詰めを迎えており、一〇月一五日には山本・張協約が締結され、満鉄培養線実現の目途がつきはじめていた。

当時、中国統一をめぐって国民党と張作霖との軍事対決が差し迫るなかで、田中内閣は国民党による革命事業が東三省へ波及し、日本の満蒙特殊権益が脅かされることを何よりも恐れていた。それを未然に防止するために張作霖に対して満鉄培養線を中核とする満蒙特殊権益を認めさせるとともに、張作霖を彼の根拠地である東三省支配に専念させて、実質的に東三省を中国本土から分離させようとした。

ただし、田中が構想する満蒙分離政策を確実なものとして実現するためには、張作霖にそれを認めさせると同時に、北伐によって中国本土統一を目指す国民党からも同意を取り付ける必要があった。そうした流れのなかで田中・蒋会談が行われたのである。

田中としては「反共」の一点において蔣介石との連携が可能となると考え、蔣介石もまたその一点を共有することで田中の北伐への支持が得られると期待していた。そして、実際の会談では「反共」の一点で合意がなされたのである。田中としてはこの会談をきっかけとして、やがては北伐を完成させるであろう国民党とのパイプを築き、満蒙特殊権益の承認を取り付けようとした。すなわち、田中は「反共」を前提として国民党の北伐を支持するのと引き換えに革命の満蒙への波及を防止し、満蒙分離を完成させるという構想があったと考えられる。

しかし、田中・蔣会談後の翌二八年に復活した蔣介石が北伐を再開するや、日本は四月一九日に第二次山東出兵を閣議決定し、五月になって日本軍と国民革命軍とのあいだで起きた済南事件によって田中の目論んだ日中反共提携構想は破綻した。本章では、従来、あまり重視されていなかった田中・蔣会談に焦点を当て、田中の日中反共提携構想を明らかにする(1)。さらに、田中・蔣会談前から第二次山東出兵にいたる過程を再検討することで、錯綜を重ねた末に対立が構造化していった当該期の日中関係の再検証を最終的なねらいとしたい。

1　日本における蔣介石接近の試み

一九二五年三月の孫文の死去後、国民党は国民政府を樹立し、翌年七月になると中国統一を目指して国民革命軍による北伐を開始した。蔣介石が指揮する国民革命軍は、一二月には武漢、一九二七年三月には南京・上海を占領し、一年も経たずに揚子江以南の地域は国民政府が支配するところとなった。

このような急激な中国情勢の変化は、日本にも大きな政策転換の必要を迫るものとなった。日本の対中国政策は、辛亥革命後の政治混乱による軍閥割拠状態と第一次世界大戦による欧米列強の影響力後退を利用して、有力軍閥を支援しつつ自国権益の拡張を図ろうとするものであった。しかし、このようなあからさまな権益拡張路線は、寺内正毅内閣による西原借款の例に見られるように必ずしも成功せず、欧米列強の警戒心を高めるばかりか中国国内の排日運動を激化させる要因にもなり、対中国政策において不利益になることが明らかになっていた。そのため、一九二〇年代になると原敬内閣によって中国内政への不干渉政策が基本路線となり、以後の歴代内閣の方針も基本的にはこれを踏襲してきた。

しかし、中国情勢は日本が不干渉政策を採用して以降、国民政府による中国統一事業の開始によってむしろ対中政策は不透明さを増していった。日本にとって問題となっていたのは、辛亥革命を指導した孫文と彼が率いる国民党とのパイプが民間レベルにとどまり、政府レベルでの交渉チャンネルがきわめて脆弱であった点にあった。さらに、孫文が死去したことで、国民党の指導者が誰になり、対日政策がどのように構築されるのか量りかねていた。

陸軍のなかで孫文に接近し、国民党とパイプを築いていたのは、佐々木到一であった。佐々木は、軍閥実力者との関係が深い「支那通」軍人のなかで数少ない存在として、早くから国民党による中国統一事業を高く評価していた。そして、北京公使館附武官補佐官となると、一九二六年一〇月下旬から約一ヵ月にわたって華南にて情報収集を行い、国民革命軍による北伐の成功を確信するにいたった。

しかし、慧眼ともいえる観察力を発揮した佐々木であったが、陸軍内の支那通軍人のあいだでは孤立しており、彼の意見が陸軍の国民党認識に影響を及ぼしたとはいえない。ただし、陸軍としても北伐の進展には関心が高く、一九二六年暮に宇垣一成陸相は鈴木貞一少佐に蔣介石との接触を命じた。

国民革命軍総司令であった蔣介石は、この時点ではまだ国民党の指導者ではなかった。しかし、北伐が進展するなか国民党内での蔣介石の影響力は増大しつつあり、日本としても蔣介石という人物を値踏みする必要が生まれていたのである。

さらに、鈴木が蔣介石と接触した同じ頃、二月二四日から四月六日にかけて政友会幹部であった山本条太郎と森恪、松岡洋右らも華中地域の視察を行った。この頃、若槻礼次郎憲政会内閣は、対中国不干渉政策をめぐって野党政友会の激しい攻撃を受けていた。山本らの視察は、田中義一政友会総裁の委嘱を受けたものであり、政友会にとって対中国政策樹立のための重要な意味をもっていたのである(2)。

山本と松岡は、三月一〇日と一一日に南昌にて蔣介石・張群と会見した。蔣介石は容易に外国人と会わないといわれていたが、蔣介石側から山本らが招かれるかたちで会見は実現し、会見時間も予定を大幅に超過して二時間に及んだ。また、翌日は蔣自らが一行を見送りに現れ、その場でも一時間半の会見が行われた(3)。

その時の蔣介石との会見について、帰国後に松岡は、「どうも南方革命の勢力というものは結局北まで及ぶものである〔中略〕少なくとも黄河までは相当早い時期に南に在る勢力が及ぶのじゃないかというような感じがした」と記し、国民党の統一事業が予想以上に進展するとの見通しを示した。また、「蔣介石は素より革命の前途については楽観しておるのであります。そうして自分は共産党ではないとハッキリ申しておった〔中略〕蔣介石の当時の考えは、上海南京を略取した後は揚子江を挟んで直ぐ北には進まない、そうして内輪の整理にかかるという風に考えていたのではあるまいか」と蔣介石の強い反共姿勢と彼の狙いが華中掌握にあると推測した(4)。

また、山本は個人的には蔣介石を「真摯で正直」との印象を持ったものの、「蔣介石は飽くまで三民主義を奉じ、共産主義に反対だと云つてゐるが、政治はボロヂンの手＝革命政府＝にある〔中略〕軍隊内にもボロヂンの魔手が根強く這入つてゐることを軽視する訳には行かない」と蔣介石の反共姿勢を認めつつも、国民党内部はソ連の強い影響下にあるとして国民党に対する警戒心を解くことはなかった(5)。

実際、帰国後に山本の命によって松岡がまとめた報告書では、「仮に蔣介石を中心とせる純国民党系に於て共産党系を一時閉息せしめ得たりとするも、之により永く共産党を追ひ得たるものと為すべからず〔中略〕強力なる混乱分子の支那に移植されたることだけは確実なる事実なり」と共産主義への警戒心は払拭できるものではないとして、「若し夫れ万一支那大部分の実権、南方革命勢力の掌中に握られたる暁、我国の赤化防止は頗る困難、少くとも頗る煩を加ふるに至ること明瞭なり」と国民党による中国統一は、日本に対する共産主義の脅威が高まることになると結論づけていた(6)。

事実、山本が蔣介石と会見した同じ日に国民革命軍による南京事件が起き、日本総領事館が襲撃され、居留民にも多数の被害が出た。日本側はこれを国民革命軍内部に浸透していた共産党員によるものと見なし、国民党内部は共産党の影響力が相当及んでいると警戒心をあらわにした。山本の報告書もこのような背景のなかで作成されたものであった。

南京事件は日本をはじめ列強の国民党に対する猜疑心を高める結果になったが、北伐によって劣勢に追いやられていた北京政府の実力者張作霖も四月六日になって、北京のソ連大使館を強制捜索して秘密文書を押収し、国民革命軍にソ連の影響力が強く及んでいることを暴露した。

このように国民党に対する警戒心が高まるなか、一二日に蔣介石が上海クーデターを決行して共産党員を弾圧し、一八日には南京政府を樹立するという事件が起きる。これによって国民政府は反共姿勢を鮮明にした蔣介石の南京政府と国共合作を維持しようとする汪兆銘らの武漢政府とに分裂し、中国情勢はますます混迷を深めていった。

佐々木到一が蔣介石と接触したのは、こうした中国情勢の急変のなかであった。佐々木は、南京事件直後の三月三〇日に南京へ向かい、翌四月三〇日には蔣介石との初会見を行った。なお、佐々木が南京へ向かう際、参謀本部第二部長（情報担当）の松井石根から「国民党の出現とともに坂西中将の地位はもはや過去のものに属するから、今後は貴様が蔣介石に喰い入って、第二の坂西になれ、それには顧問になるのが一ばん早道だ」との助言を受けたが、佐々木はこれまでの奉天軍閥の日本人顧問のあり方を批判的に見ていたので、顧問になることは拒絶した。(7)支那通軍人がよく用いた旧来型の中国要人との関わり方は時代遅れとなりつつあり、佐々木は冷静に国民党の実態を分析しようとしていたのである。

一方、宇垣の命を受けた鈴木は、蔣介石と接触した結果、彼が共産党を嫌っていると判断していた。そして、五月に帰国すると四月二〇日に内閣を組織したばかりの田中義一首相に対して、佐藤安之助同席のもと帰朝報告を行った。鈴木は蔣介石が共産主義者でもなく、中国革命の完遂のみを念願しており、日本の援助を求めていると述べたが、これに対して田中は国民革命が満洲へ波及する前に中国本土だけに食い止める考えであったので、「けっきょく国民革命軍を敵としないで、うまく利用してゆこうということになった」とされる。(8)

なお、田中は六月頃になると鈴木に対して、山梨半造とともに北京へ赴き張作霖に満洲撤退を説得するよう命ずるが、田中にとって蔣介石への接近は、満洲の中国本土からの分離と表裏一体となった構想であった。(9)

このように、蔣介石との接触について、陸軍は、松井石根―佐々木到一のラインのほかに鈴木貞一のラインも存在していたことになる。

蔣介石との提携に積極的であった松井は、南京事件の解決に関して「蔣介石等南方派中ノ穏健分子ヲ擁護シ其ノ責任ノ所在ヲ同派中ノ過激分子即チ共産派ニ帰スル」ことで英米と蔣介石の調停を斡旋し、日米英協調体制を構築して不透明さを増す中国情勢に対処すべきと唱え、そのためにも「非公式手段ニ依リ南支那各地所在文武諸官ヲシテ南方穏健分子ノ団結殊ニ国民党右派トノ提携促進ヲ図ラシメ要スレハ所要ノ援助ヲ与フル」ことが重要であると考えていた(10)。

松井が佐々木を派遣したのもこのような考えに基づいた「非公式手段」による「国民党右派トノ提携」の一環であった。当時の「支那通」軍人は、張作霖軍閥支持であった弟の松井七夫のように、国民政府を敵視する者が多かった。それゆえに北京武官室内で張作霖軍閥に厳しい見方をしていた佐々木に目を付けたのであろう。

しかし、松井や佐々木の考えは、個人的なものにとどまっていた。松井は第二部長という地位にあったが、参謀本部全体としては、国民党におけるソ連の影響力の強さを重視し、依然として警戒感が根強かった。

例えば、蔣介石ら国民党右派に対しても「共産党ノ巧妙ナル勢力拡張並反共産派ニ対スル圧迫ハ益々甚シク右傾派ノ勢力漸次衰運ノ兆アリ〔中略〕今ニシテ共産党排除ヲ断行スルニ非スンハ所謂三民派ハ消滅ノ外ナク〔中略〕三民派失脚センカ共産派ノ跋扈ヲ増大シ局面ハ一層混乱ニ陥ルヘシ今ヤ三民派ハ上海南京ヲ領有シ其基礎確立セリト雖上海ハ共産党ノ巣窟ナルノミナラス彼等軍隊中ニモ共産細胞ノ侵蝕セルアリ」として接近に対して慎重な見方をしていた(11)。さらに、四月の上海クーデター後も「蔣介石ノ率ユル南軍ト馮玉璋ノ率ユル国民軍ハ『革命軍』ノ名ニ於テ『モスクワ』革命軍事会議ニ隷属シ世界革命ノ一部トシテノ支那革命戦争ニ臨ンテヰル」と蔣介石に対する従来の厳しい見方を変えてはいなかった(12)。

このように、陸軍では一部に蔣介石への接近を図るべきという意見も見られたものの、中央においては依然として警戒心が強く、積極的に蔣介石と連携しようという統一した動きは最後まで見られなかった。

一方、蔣介石に対しては、陸軍だけではなく外務省でも接近を試みようとする動きがあった。外務省内部ではすでに第一次幣原外交末期において、国民政府と接触の必要性を訴える現地領事館からの意見が提出されていたのである。

一九二六年九月一七日付の矢田七太郎上海総領事発幣原外相宛電報では「徒ニ赤露ノ傀儡ナリトノ憶断ノ下ニ頭ヨリ彼等ヲ敵視スルカ如キハ誤マレル政策ト言フヘク寧ロ進ンテ之ニ接触シテ其真相ヲ把握シ機会ノ乗スヘキアラハ赤露ニ代リテ之ヲ指導スル覚悟ヲ持」つべきだと述べられていた。そして、矢田に続いて南方革命派に対する従来の認識の転換を求める意見が華南の各領事館からも寄せられた(13)。

北伐の進展に伴い蔣介石が台頭し、中国情勢は大きな転換期を迎えた。日本にとっても蔣介石との関係を構築する必要性が生じてきており、従来の幣原外交に見られる列国協調路線を基軸にした対中不干渉政策から一歩踏み込んだ政策転換が求められるようになっていた。こうしたなかで田中内閣が成立し、蔣介石に対する接近が試みられることになるのである。

2　田中・蔣会談の実現

田中内閣成立前後、揚子江以南を制圧した国民革命軍は北上を続け、山東省に迫ってきた。青島を中心とした山東半島は、華中以上に日本の利害が密接であり、居留民も多かった。南京事件の前例もあって、居留民保護を求める世論は強く、田中内閣は五月二八日に満洲から歩兵第三三旅団を派遣することを決定した（第一次山東出兵）。同じ日に、蔣介石は、知日派である上海特別市長の黄郛に対して日本側との連絡を指示した。蔣介石としても日本の影響力が強い華北を制圧するためには、日本側の意図を理解するとともに、関係を作り上げておく必要があることは十分自覚していたのである。

黄郛は、六月に腹心である袁良を日本へ派遣し、田中および出淵勝次外務次官ら外務省幹部との会談が行われた。

その場で、田中は山東出兵中の日本軍は大きな混乱が起きなければ済南まで進出する意思はないと伝えるとともに、張作霖支持についても明白に否定した。ただし、張作霖に関しては、電文の草稿では、田中が張作霖の「破滅ハ時日ノ問題」でその場合は「張ノ下野ヲ勧告シタシト考ヘ居ル」と袁に語ったとの記述がある。この箇所は矢田に発信された電信文では削除され、袁は田中が張作霖に下野を勧告する考えを持っていると解釈しているので、矢田が国民政府と接触する際は注意するようにとの内容に修正されていた。[14]

実際の会談で、田中は削除されたようなニュアンスを袁に発言したと思われる。外務省は田中の発言は蔣介石側に誤解を与えかねないと危惧し、内容の修正を行ったうえで矢田にも徹底を図ったのであろう。しかし、袁との会談での田中の発言は、蔣介石側に伝わり、二つの大きな誤解を与える要因になったと思われる。一つは田中内閣が張作霖に対して積極的に支援を行わないこと、もう一つは華北で大きな混乱がない限り、日本軍は北京進撃の要所である済南までは進出しないということである。この二つを組み合わせると、田中内閣が国民革命軍の北京進撃を容認していることを意味し、蔣介石側に過度の期待感を与えかねないものであった。

袁帰国後、田中は矢田に対し「蔣ニ面会ヲ求メ〔中略〕帝国政府ニ於テハ南京事件ヲ主トシテ共産党系ノ仕業ト認メ居レルニ付共産派ノ撲滅ヲ策シ健実ナル政策ニ力ヲ致サムトスル南京政府ニ対シテハ充分同情ト好意ヲ有スルコト今尚変ルコト無シ〔中略〕南軍ノ将来ノ態度方針ヲ此ノ際中外ニ明白ニ何等カノ方法ニテ声明スルコト双方ノ為得策ナルヘシト思考セラルル旨〔中略〕懇談シ蔣ノ真意ヲ突留メ」ることを命じた。[15]

田中は、蔣介石に対する日本側の根強い不信感となっている南京事件を共産党の仕業とすることで、反共を軸にした提携の可能性を蔣側へ伝えようとした。矢田は田中の指示に沿って南京へ赴き、南京政府も矢田を厚遇した。蔣介石も日本との関係構築に積極的であったといえるが、国民革命軍の徐州以北への進出に関して、日本側と蔣介石側との認識の溝は埋まらなかった。

日本側が懸念していた北伐の進展は、山東省に迫った国民革命軍が張作霖系の張宗相軍に敗れて停止したため、日本人居留民が混乱に巻き込まれる危機は回避された。この間、七月一五日には武漢国民政府も共産党との決別を決定し、第一次国共合作は崩壊した。なお、日本では八月二四日に山東派遣軍撤退が決定され、翌九月八日には撤退が完了、第一次山東出兵は大きな混乱もなく収束した。

北伐が一時頓挫し、国共合作が崩壊した後の八月一三日、党内融和を理由として蔣介石は下野宣言を発表した。蔣介石としては一時的な下野であって、北伐再開に備えた政治的意図に基づくものであった。具体的には、北伐への介入阻止のため日本との関係構築を図ることにあったことは容易に推測できる。

一方、蔣介石が下野を宣言する直前、田中は東京で開かれていた東方会議に出席して帰任する芳澤謙吉駐華公使を南京に派遣した。外国公使で南京政府を公式訪問したのは芳澤がはじめてであったことから、蔣介石以下、南京政府による盛大な歓迎が行われた。協議は五回にわたったが、蔣側の要請で滞在を一日延ばした八月九日に芳澤と蔣介石との会談が行われ、その場で、蔣介石に対して田中の意向が伝えられ、これが下野後の訪日へと繫がったと考えられる。実際、田中は一七日に各社の新聞記者に対して、蔣介石の下野は対中政策に重大な影響を与えるが、これは蔣介石が「他日大いに雄飛するための基礎をつくったもの」であるとして肯定的に評価していた[16]。

このように日本との接触を重ねたうえで、蔣介石は、腹心の張群（総参議）とともに日本を訪問した。以後、日本側は松井石根と鈴木貞一（参謀本部作戦課員）、そして田中内閣の外交政策を実質的に動かしていた森恪（外務政務次官）が関与するなか、中国問題に関する田中の相談役であった佐藤安之助（退役陸軍少将・衆議院議員）が日中間の連絡役となって田中との会談実現が図られていった[17]。

蔣介石は、九月二九日に長崎に上陸し、一〇月二三日に東京に着くまで各地を旅行した。名目は外遊の手はじめとしての日本訪問であったが、張群へは「今度の訪日でもっとも重要なのは、田中義一との会談だ」と漏らしていたように田中首相との意見交換を何よりも重視していた[18]。また、田中も蔣介石が長崎に到着した翌日、来日を歓迎する電報を送っていた[19]。

蔣介石は滞日中に辛亥革命以前から孫文の革命運動を支援してきた頭山満・犬養毅・内田良平・秋山定輔らとの旧交を温めつつ、東京で日本国民に対して国民革命の意義と軍閥を打倒して中日友好親善の実現に向けた協力を呼びかけた[20]。

このような蔣介石の行動は、日本の世論が国民革命に共感し、また日本政府も理解を示してくれるという期待感をあらわしていたと思われる。そして、入京にあたって張群を先発させて鈴木貞一と松井石根との接触を図り、そのうえで、一一月五日、田中の私邸において田中・蔣会談が行われた[21]。

会談には、田中と蔣介石のほか、佐藤と張が同席した。日本側の記録（佐藤が筆記）によると、田中は孫文亡き現在、袁世凱の帝政を阻止した第三革命の時に比べて革命の実行ははなはだ困難であるとの見通しを述べ、蔣に対して北伐再開は時期尚早であって、まずは揚子江以南にて権力基盤を確立することを求めた。これに対し、蔣も田中の意見に「全然同感」であると述べた[22]。

田中は蔣に対して権力基盤の確立を優先するよう述べたのは、揚子江以北での張作霖・馮玉祥・孫伝方・閻錫山ら軍閥対立は「オノツカラ帰着スル所ニ帰着スヘキカ故放任スルヲ得策」との見通しに基づいていたからだが、揚子江以北は張作霖を中心とした軍閥政権、以南は蔣介石による国民政府といった勢力均衡状態を当面維持することで、その間に張作霖とのあいだで満蒙権益問題を処理しようとした発言ともいえた。

田中は、北伐による中国統一事業は容易には達成されないと確信していた。田中は第一次山東出兵が終わった後の九月二一日に外務省と陸軍とのあいだで満蒙問題に関する協議を開催していた。協議の議題は、奉天で起きた大規模な排日運動への対応をめぐるもので、外務省側から出淵次官と有田八郎亜細亜局長、陸軍からは阿部信行軍務局長と松井第二部長、ならびに張作霖顧問の本庄繁と松井七夫が出席した。この会議の席上、田中は「支那ノ統一政府ハ今ノ処出来サルヘシ」と、国民革命軍の進撃停止によってしばらく中国は南北均衡状態が続くとの見通しを述べ、その間に満蒙問題の処理を図るべきとの方針で意見の一致を図っていたのである[23]。

田中としては蔣介石が統一を焦って北伐を再開させることは、かえって中国を混乱させる結果となり、同時に国民政府の政権基盤を弱体化させかねないと危惧していた。その際、田中がもっとも警戒していたのは、共産党の伸張であった。田中は、蔣介石の反共クーデターによって打撃を受けたものの、揚子江以南をまとめなければ「一旦嫩芽ヲ摘マレタル共産党ハ再ヒ芽ヲ吹キ葉ヲ生スヘシ」と確信していた。日本国内で共産党を徹底的に弾圧していた田中にとって、「日本ニ於ケル共産主義ノ蔓延ハ其ノ原因支那共産党ノ増長」が原因であって、中国で「共産党ノ跋扈スルコトハ断シテ傍観シ難」いことであり、国民政府は統一よりも華中・華南の安定統治を優先すべきと考えていた。それゆえに、会談で田中は蔣介石に対して、「貴下ノ共産観ハ自分ノ夫レト同様ナリト確信」していると、反共を軸にした提携の可能性をにおわせたのである。

これに対し蔣は、直ちに帰国する決心を述べたうえで「日本何ンソ干渉援助ヲ加ヘ得サルノ理アランヤ、革命党タル自分カ如此言ヲ做セハ売国奴トシテ国人ノ怨怒ヲ招クヘキモ閣下ハ自分カ信頼スル先輩ナルカ故、衷情ヲ披瀝シ」て、日本の援助を強く要請した。蔣介石にとっては「売国奴」と批判されかねない要請まで言及したのである。

この会談内容については、日本側の記録と中国側のそれとは大きく食い違っている。中国側の記録では、蔣介石は①中日両国の共存共栄関係の樹立のために日本の対華政策の改善、②北伐の継続と日本政府の不干渉、③日本の対華政策において武力不行使と経済協力を基本とすること、以上の三点について田中との意見交換を希望すると伝えた。これに対して田中は、統一事業はまず揚子江以南に重点を置くべきでなぜ北伐を急ぐのかと問いかけた。これに対して蔣は、中国革命は全国統一が目標であって、揚子江以南に止まって瓦解した太平天国と同じ轍は踏まない、北伐を速やかに完成させなければ中国の統一は成らず、中国不統一は東亜の不安定に繫がり、ひいては日本の利益にもならないと応じた。この話のなかで、蔣は中国統一の話に及ぶと田中の顔色が一変したことを認め、同日の日記において「きょうの田中との会談の結果を総合してみると、彼にはいささかも誠意がないと断言することができる。中日間にはまず合作の可能性はありえないし、同時に、日本はわれわれの革命の成功を許さず、今後、必ずやわが革命軍の北伐の行動を妨害し、中国の統一を阻止するであろうことは、火を見るより明らかであることを知った」と記し、訪日の不成功を悔やんだことになっている[24]。

日本側の記録では、会談は予定時間を大幅に超過して二時間にもわたり、かなり具体的に突っ込んだ話に及んでいた。一方、中国側の記録では、蔣介石が期待していた田中との会談はまったくの期待外れに終わったとなっている。このように両者の会談への評価は正反対であるが、帰国後の蔣介石の行動を考えるならば中国側の記述をそのまま信用することは困難である。また、仮に蔣がこのような不信感を抱いたとしても、田中は日本側記録に見られるような何らかの「良好」な感触を得ていたことは事実である。

実際、会談終了後、急遽蔣は帰国するが、張群をしばらく東京に残留させることを伝えており、田中とのパイプを維持しようとしていた。さらに、会談でも挙がっていた日本に援助を求める話は、宇垣一成も「蔣介石最近の意見」として「支那の共産党は表面影を潜めたるも裏面に於ける組織は恐るべき根柢を有す。而かも其背後には依然として露国在り〔中略〕若し日本にして進んで一臂の労をも惜むならば支那の真革命は成立せずし〔て〕其共産化は推想に余りあり。国民党は日本の指導的援助を欲しあり」といった蔣介石の発言を記しており、陸軍にも伝わっていたことがうかがえる。(25)

また、田中の対中国政策を政友会の内部から実質的に支えた小川平吉鉄道相は、山本・張協約締結直後に山本から直接、締結内容と「満洲開発並に防禦援助の密約」を伝えられ、満蒙問題解決の見通しが立ちつつあることを確信していた。そして、田中・蔣会談を経た後、国民政府は「蔣を初め諸種の勢力みな日本の満洲関係を以て竟に奈何ともすべからざるものとなし、之に基いて方針を建てんとするの傾向を生ずるに至れり」と蔣介石も日本の満蒙権益を認めざるを得ない状況にあり、今なら北伐による関内統一と満蒙分離とが両立すると考えるようになっていた。(26)

このように日本側の記録から見れば、田中・蔣会談はある程度の成果を挙げたと考えることが妥当であろう。

3　北伐再開と構想の瓦解

蔣介石が下野し日本を訪問する直前の九月一六日、南京と武漢に分裂していた国民政府は統一した。しかし、汪兆銘主導の国民政府内部で政治対立が顕在化したため、蔣介石は一一月一〇日に日本から急遽帰国した。そして、一二月一一日の共産党による広東コミューン蜂起を機に国民政府は一二月一四日、ソ連との断交を発表し、翌二八年二月二日からの中国国民党第二期中央執行委員会第四次全体会議（第二期四中全会）で「反共」「清共」「整党」が基本方針となり、蔣が国民革命軍総司令兼軍事委員会主席に就任、六日には北伐再開が決議された。さらに、一〇日には日本側とのパイプ役であった黄郛が外交部長に就任、翌三月七日には蔣が中央政治会議主席を兼任したことで党・軍・政の大権を掌握し、権力基盤を固めた蔣介石主導による日中提携の下地が整えられていった。

このように順調に反共を軸にした日中提携の地ならしが進んでいったように見えたが、むしろ帰国後に蔣介石の権力基盤が急速に強化されたことは、日本側にとって予想外の事態であった。

田中・蔣会談の際、田中は、蔣介石が権力基盤を確立した後に北伐を再開することには同意したものの、それにはまだ時間がかかると見ていた。しかし実際には、広東コミューン蜂起を機に権力基盤を固めた蔣介石は、四月七日から国民革命軍による北伐を再開した。このような事態の急展開は、田中にとって大きな誤算となったのである。(27)

前述したように、田中が構想していた蔣介石との反共提携は、満蒙分離と表裏一体になったものであり、反共提携は蔣介石と、満蒙分離は張作霖との間で話し合い、張が満洲への撤退に同意した後、蔣が北伐を完成するというシナリオであった。すなわち、田中にとっては、蔣介石と合意ができていても張作霖との合意ができていなければ構想は完全なものではなかったのである。

蔣介石が訪日中の一〇月一五日、田中内閣成立後に満鉄総裁となっていた山本条太郎は張作霖とのあいだで山本・張協約を結び、懸案となっていた満蒙五鉄道新設の道筋をつけることに成功していた。しかし、国民政府の混乱に乗じて北京政府の勢力が一時的に盛り返すと、張の満洲撤退の可能性は遠のき、山本・張協約の細目交渉は停滞してしまった。こうしたなか、郭松齢事件以降、張作霖の対日協力姿勢に不満を募らせていた関東軍内部では、張作霖を排除して新たな親日派を担ぎ出そうとする動きが顕在化していた。

一方、蔣介石にとっては北伐が早ければ早いほど政治的に好都合で、その際問題となる満洲に対しては当分手をつけないとするだけで充分であった。田中が張と如何なる交渉をしているかは北伐とは関係のないことであり、事実、蔣との会談で田中は張作霖とは特殊な関係があることを否定していたのである。このような北伐再開の時期をめぐる両者の思惑の相違が、日中反共提携を破綻させる要因となるのだが、それ以上に、蔣介石との提携は田中の周辺だけで構想されていたのであって、陸軍が構想を共有していなかったことがより深刻な要因であったといえる。

陸軍内部で蔣介石との関係構築に積極的であった松井は、蔣介石帰国後の一二月から欧米出張となっていたが、田中の秘書官であった殖田俊吉の回想によれば、松井の欧米出張は陸軍内部での一種の追い出し工作であったという(28)。

松井らの一部は別として、陸軍内部では蔣介石に対する評価は未だ定まっていなかった。蔣介石は来日した際、宇垣とも会見していたが、宇垣は蔣介石と会見した一一月六日付の日記において「兼々聞及び考へ居りし通り彼は大した人物ではない」と断じ、彼のなかでは蔣介石との提携の可能性は否定されていたのである(29)。

田中が陸軍を去って政界に転じた後、陸軍の主導権を握っていた宇垣は、以前から中国の共産化に危機感を募らせており、政治指導者の不在がまだ続くと観ていた。とくに内部が安定しない国民政府に対する見方は、鈴木貞一からの情報に接しつつも厳しいままで、「未だ南方派には未だ中心たるべきものが見へぬ。蔣介石も軍事上には唐生智あり、政治上には余り手も出せぬ様である」から、「南方派の団栗先生の云ふことは、右から左に直ちに実現出来ることならば兎に角、遠き将来に対する宣言や口約などは少しも意味を有せぬ」と実力不足と見る蔣介石の「宣言や口約」にまったく期待をかけていなかった(30)。

宇垣の中国観は、田中内閣成立直前の一九二七年四月七日に若槻礼次郎首相に対して口頭で伝えられ、のちに畑英太郎陸軍次官が外務省に提出した「支那に於ける帝国地歩の擁護に関する研究」に明瞭にあらわれている。

そのなかで宇垣は、中国は「外形の上に於ては確に共産化し赤化しつつ」あって、満洲への浸透も時間の問題であるから、これまでの消極的外交姿勢から積極的なものへ転換すべきとの立場を鮮明にし、具体的には列国メディアを使ってソ連および中国共産派を攻撃すること、華中・華南の共産派駆逐のために北（北京政府）・南（国民政府）の穏健派に「軍資と武器」を供給すること、そのために南北両派の「妥協協同」を成立させることを提起してい

た。(31)

宇垣としては中国の共産化と満洲への波及は必至であって、しかもそれを抑えるだけの実力者は北京政府にも国民政府にもいないという認識を持ち、これは蔣介石来日後も変わらなかった。

このように陸軍における蔣介石の評価は依然として低かった。このことが田中の日中提携構想を破綻させることになる済南事件での現地軍の強硬姿勢にも影響を与えていたと考えるべきであろう。

四月一九日、北伐の急展開に対して田中は、第一次山東出兵と同じく援張政策と北伐容認の立場から第二次山東出兵を決定した。(32)田中は蔣介石との関係を考慮して出兵に慎重であったが、彼の政治基盤とする政友会は出兵強硬論が勢いづいていた。なかでも第一次出兵に続き強硬であったのは森恪であった。

森は孫文ら革命派との関係が古く、山本らが華中視察した際も同行し、田中・蔣会談実現にも関与していた。早くから国民政府による中国統一を支持するとともに、満蒙分離を図っていた点において田中の構想に近いものがあった。しかし、もともと積極的な居留民保護論者であったことに加えて、田中内閣が第一次山東出兵の際、撤兵するにあたって、情勢悪化のおそれがあれば再出兵の可能性があることを声明していたことを遵守すべきとの立場であったことから、小規模な限定的出兵を主張したのである。(33)

しかし、第一次出兵の時点では国民党とのパイプもなく、お互いの出方を探る段階であったのに対し、田中と蔣介石との会談によって基本的な認識の共有が図られたと思われたこの段階で、田中内閣が派兵を決定したことは、蔣介石から見れば背信行為といえるものであった。事実、出兵決定後に国民革命軍の済南回避を求めるために田中が派遣した矢田に対して、蔣介石は会談での田中の言動と出兵の決定は一致しないと非難した。(34)こうしたジレンマに陥った結果、田中内閣は積極論と消極論の折衷的な対応をすることになり、これがかえって現地軍に引き摺られるかたちで済南事件という最悪の事態を招き、森の思惑をも超えた大規模派兵に繋がったのである。

第二次山東出兵に際し、黄郛は北伐軍に従軍していた佐々木に対し「吾々親日の者はもはや仕事はできなくなりました」と告げ「総司令は日本の不信に対して極度に憤激しています。もう日本とは、少くとも日本軍部とは絶対に提携の可能性はないと言っています。仕方がないです」と述べざるを得なかった。[35]

その後、六月八日に外交部長が親米派の王正廷に代わった。蔣は日本との提携に見切りをつけ、アメリカへの接近を試みるようになった。さらに、六月四日に起きた張作霖爆殺事件後、東北軍閥を引き継いだ息子の張学良は、七月一日に国民政府との停戦と内戦終結に向けての協議開始を公表した。以後、張学良の国民政府への合流に向けた動きが加速し、蔣介石にとって、田中との会談時点では慎重にならざるを得なかった東北問題についても、国内世論に反してまで日本に妥協的になる必要はなくなっていたのである。

一方、済南事件によって蔣介石の対日不信が決定的になり、続く張作霖爆殺によって対日提携の必要性が低下したことに比べて、田中側の反応は鈍かった。九月一七日に田中は小川と矢田総領事からの秘密報告を協議したが、小川は国民政府もようやく蔣介石ら右派の主導権が確立し、「我れの対支方針は固より寸毫変化なきも、彼の態度はまさに常道に復せんとするなり」と張作霖爆殺事件を経てもなお蔣介石との提携と満蒙分離が可能と楽観視していたのである。[36]

さらに、九月二六日には蔣介石から張群派遣と、あわせて「満洲に於ける帝国の権益を認むるは勿論所謂廿一ヶ条中の権利をも十分尊重する旨の内報」がもたらされた。小川によるとこの蔣介石の内意は「去年北伐以前よりして蔣氏の度々漏らせる意見」であるが、満蒙問題は張学良政権と交渉すべきことで、国民政府と交渉すべき問題ではないと田中に対して念を押し、蔣介石との直接交渉に否定的であった。[37]

小川はこのように蔣介石は田中会談時と同じような交渉相手であると見ていたが、実際の蔣介石は訪日する張群に対する書簡で、田中には東北易幟に干渉せず、中国統一こそが懸案解決を可能とすることを取り決めよと伝え、あわせて双十節（一〇月一〇日）以前に東北易幟が行われることを希望していると述べていた。[38]

蔣介石は張学良の易幟後の国民政府による満蒙問題解決を考えていたのであり、北伐完成前の田中との会談時で議題になった満蒙問題とはまったく状況が変わっていたのである。しかし、小川は蔣介石と張学良の接近を見通せないまま、国民政府と張学良政権を分けて、それぞれに懸案処理を図ろうとし、田中もこれに同意していたということになる。

田中や小川らは、済南事件が蔣介石に与えた心理的挫折の大きさを推し量ることはできなかった。さらに、張作霖爆殺事件が田中内閣の満蒙分離構想を完全に破綻させることになるとの危機感も薄かった。実際、張作霖爆殺事件が関東軍高級参謀の河本大作大佐によって引き起こされたことが明らかとなり、事件処理が政治問題化しはじめるのが一一月以降であった。その際、小川は事件の真相を明らかにすれば、中国では在満日本軍撤退を求める声が高まることで日中関係は混乱し、かえって満蒙権益は危機的状況に陥るとして、関係者処罰を陸軍とともに反対した。そのため、関係者を処罰しようとした田中との関係が悪化することになる[39]。

結局、張作霖爆殺事件が国内政治問題化したことで、田中はその処理に追われ、張学良が国民政府へ合流することを阻止することもできなかった。そして、事件の処理に失敗した田中は、昭和天皇の叱責を受け、一九二九年七月二日に総辞職した。しかし、すでに一年以上前に起きた済南事件と張作霖爆殺事件によって、田中が構想した日中反共提携と満蒙分離工作は破綻していたのである。

おわりに

田中は蔣介石とのあいだで反共を軸とした連携が可能と考えていたが、それは蔣介石の真意を理解したうえでの構想ではなかった。また、田中の周囲も理解の程度は大同小異であって、あくまでも蔣介石側は受け身の立場として、日本側の要求を受け入れる存在か否かの対象でしかなかった。しかも、田中の周囲の考えもまちまちで、なかでももっとも重要な鍵を握る陸軍との意思統一が図られていなかったことが問題であった。

さらに、この構想実現には北伐の対象となっていた張作霖という外的要因が大きな影響を及ぼしていたが、当然のことながら張作霖は田中と蔣が接近を図っていたことを知る由もなかった。

このように、田中の反共提携構想は対内的にも対外的にも不確実要素が強く、当初から破綻する可能性が高かったといえよう。

田中の構想を破綻させた済南事件は、これを機に蔣介石が自身の日記に「雪恥」と記し、日本の敗戦後に事件の元凶ともいえた済南駐在陸軍武官の酒井隆を戦犯として処刑したことからもわかるように、蔣介石の対日観を決定づけた重大な転機であった。しかし、このような決定的な不信を植え付けた事件の後も田中やその周囲は、相変わらず蔣介石との提携は可能と楽観視していた。こうした安易な中国観は、中国が辛亥革命後の軍閥割拠から統一へと向かう大きな流れを理解できなかったことが根底にあるといえる。

また、北伐を進めようとする蔣介石の国民政府を中国の新しい政治勢力として評価しようとした佐々木や松井にしても、関内統一は容認できても、革命が満洲まで波及することは容認できず、北伐のなかで芽生えた満洲を含めた中国統一のうねりまでは理解できなかった。しかし、北伐によって関内統一が実現すると、革命の満洲への影響は予想を超える速さで広まっていった。

北伐の時代、国民党は蔣介石をはじめとする「ヤング・チャイナ」が台頭していた[40]。彼らはこれまでの軍閥実力者とは異なる新しい価値観と世界観を抱き、中国の近代化達成のために国内統一を最優先としていた。そして、彼らと同世代の張学良もこうした新思潮の影響を受け、「民意を拠りどころ」として国内統一を決意していたのである[41]。

一方、蔣介石も、済南事件の解決をめぐる動きなどから推測すると、北伐完成までは日本との関係は何らかのかたちで維持したかったと思われる。しかし、張作霖爆殺事件によって事態は急展開し、張学良の国民政府への合流の動きが加速化すると、国民世論に頼らざるを得ない国民政府の政治基盤の弱さから、日本の利害に直接結びつく国権回復を外交政策の基軸とせざるを得ず、新しい対日関係の構築がむしろ難しくなっていった。しかも、田中・蔣会談実現までに少しずつ築かれていった日中間の複数のパイプは、済南事件を転機としてほとんど失われていた。中国における新世代の台頭に反比例して日中間のパイプの先細りは相互不信の温床となり、やがて満洲事変へと繫がることになる。

日中全面戦争へと突入し破綻にいたる日中関係史の序章においてあらわれた日中反共提携構想は、日中相互理解の難しさと相互不信を象徴するものとして重要な歴史的意味を持つといえよう。

註

（1）本章に関わる先行研究は、中村菊男「田中内閣の対華外交」（『法学研究』第三一巻第四・九号、一九五八年四・九月）、関寛治「満州事変前史（一九二七年―一九三一年）」（『太平洋戦争への道――開戦外交史』第一巻、朝日新聞社、一九六三年）、臼井勝美『日中外交史――北伐の時代』（塙新書、一九七一年）が挙げられる。これら三論文は、田中・蔣会談をその前後の日中関係を記述するなかで触れ、「反共」の一点において意見の一致が見られたことを指摘している。さらに、関論文は同時期に進められていた張作霖との鉄道交渉や久原房之助訪ソを含めて田中外交を「田中と私的な関係をもつ何本かの足のうえにのり、相互に緊密な連関を欠くいくつかの反革命的着想を平行して展開しながら、中国革命の波の高まりにたいする対応の試みを行なっていた」と位置づけている。ただし、田中・蔣会談とその後に起きた第二次山東出兵との関連が不明確であり、田中が出兵に踏み切ったのは「青島にとどめておくだけで、済南における居留民保護と、満蒙の静穏とをともに確保しうるだろうというあわい期待を抱いていた」からといった説明だけで終わっている。このように、第二次山東出兵（およびそれに続く済南事件）のイメージが強いため従来の研究では田中・蔣会談の重要性が看過されており、第二次山東出兵についても田中は出兵に積極的な陸軍に引きずられたといった受け身的なイメージしか浮かび上がらない結果に陥っている。また、栃木利夫・坂野良吉『中国国民革命――戦間期東アジアの地殻変動』（法政大学出版局、一九九七年）は、中国近代史の視点から済南事件にいたる過程のなかで田中・蔣会談を取り上げ、この「日中妥協工作」が不首尾に終わったことが済南事件に繋がったと推定している。ただし、本章で述べるように会談と済南事件は連動したものではなく、その後の中国政情の急展開が重要な要素であると考えられる。また、四・一二クーデター直前からの日本の蔣介石接近を「蔣介石工作」といった用語を用い、左派・中共・ソ連に対する打撃工作と位置づけている点が特徴であるが、日本が組織的に蔣介石に接近したことはなく、あくまでも個人レベルでの接触であった。このほか最近の成果としては、大澤武司「蔣介石訪日をめぐる『田中外交』の分岐――『九・一八』への一里塚」（『季刊中国』六六号、二〇〇一年九月）が挙げられる。森恪の伝記にある「箱根協定」の分析が中心であるが、当時の田中内閣および陸軍の権力構造や満蒙政策を含む対中構想に関する分析、とくに田中内閣が「南京国民政府を介しての満蒙特殊権益保持」を目指していたとする解釈は疑問である。

（2）山本条太郎翁伝記編纂会編『山本条太郎　伝記』（原書房復刻版、一九八二年）五〇〇頁。

（3）同右、五〇八―五〇九頁。

（4）「長江を遡航して南方支那革命を見る」（松岡洋右『動く満蒙』先進社、一九三一年）三〇九頁。

（5）「動乱の支那を視察して」（山本条太郎翁伝記編纂会編『山本条太郎　論策二』原安三郎、一九三九年）五二八頁。

（6）「支那時局に関する報告覚書」（山本条太郎翁伝記編纂会編『山本条太郎　論策二』）五一一―五一二頁。

（7）佐々木到一『ある軍人の自伝　増補版』（勁草書房、一九六七年）一四七頁。

（8）鈴木貞一「北伐と蒋・田中密約」（『別冊知性　五　秘められた昭和史』一九五六年一二月）二二三―二二四頁、および木戸日記研究会・日本近代史料研究会編・発行『鈴木貞一氏談話速記録（上）』（一九七一年）一二三頁。

（9）同右「北伐と蒋・田中密約」二二四―二二五頁、および同右『鈴木貞一氏談話速記録（上）』一三―一四頁。

（10）「対南方針　一九二七年三月二八日」JACAR（アジア歴史資料センター）Ref.B02030164500、帝国ノ対支外交政策関係一件　松本記録　第一巻（A-1-1-0-10_009）（外務省外交史料館）。

（11）参謀本部「南方革命派内部ノ軋轢事情」（一九二七年三月二三日、東洋文庫所蔵）。

（12）参謀本部「露国大使館武官室ニ於ケル押収文件ヨリ観タル『ソ』露国対支活動ノ真相」（一九二七年六月九日、東洋文庫所蔵）。

（13）「幣原外務大臣宛矢田総領事発電信第二六八号ノ二（二）（十七日后）」JACAR Ref.B03050160400、各国内政関係雑纂／支那ノ部／地方　第四十八巻（1-6-1-4_2_3_052）（外務省外交史料館）。

（14）「総理袁良会談ニ関スル件」JACAR Ref.B02031866500、支那内乱関係一件／国民軍ノ北伐関係／帝国ノ出兵、撤兵関係（済南出兵ヲ除ク）／第一次山東出兵関係（A-6-1-5-1_2_9_002）（外務省外交史料館）

（15）「対蒋申入」JACAR Ref.B02031866700、支那内乱関係一件／国民軍ノ北伐関係／帝国ノ出兵、撤兵関係（済南出兵ヲ除ク）／第一次山東出兵関係（A-6-1-5-1_2_9_002）（外務省外交史料館）。

(16)　高倉徹一編『田中義一伝記（下）』（原書房復刻版、一九八一年）七三八—七四一頁。
(17)　田中は組閣後、参謀総長の鈴木荘六に中国問題の相談役について適任者を求め、鈴木が佐藤を推薦した経緯があった（「自叙　荘六一代記」国文学研究資料館所蔵「鈴木荘六文書」）。また、佐藤は毎日、外務省から田中外相宛の文書のすべてに目を通し、その要領を田中に伝える役割を努めるほど、外交政策に関しては田中の片腕ともいえる立場にあった。昭和一三年六月一七日付宇垣一成宛佐藤安之助書簡（宇垣一成関係文書研究会編『宇垣一成関係文書』芙蓉書房出版、一九九五年）二二四頁。
(18)　張群『張群外交秘録　日華・風雲の七十年』（サンケイ出版、一九八〇年）三一—三二頁。
(19)　秦孝儀主編『総統蔣公大事長編初稿　巻二』（一九七八年）一八五頁。
(20)　同右、一八六—一八八頁。なお、先行研究で挙げた関論文では、蔣介石を支那浪人の佃信夫が「無理に神戸から東京へ連れてきた」としているが、これを裏付ける公式記録は見当たらない。典拠としているのは東亜同文会編『続対支回顧録　下』（原書房復刻版、一九七三年）の佃信夫の項であるが、ここで記述されている内容は佃を過大に評価したものであって、そのまま無批判に受け入れるのは危険である。
(21)　山浦貫一編『森恪』（原書房復刻版、一九八二年）六一四頁、および木戸日記研究会・日本近代史料研究会編『鈴木貞一氏談話速記録（上）』一五頁。
(22)　「田中首相蔣介石会談録」（外務省編『日本外交年表並主要文書　下』原書房、一九六六年）一〇二—一〇六頁。以下、田中・蔣会談での発言についてはこれに依る。
(23)　「満洲ニ於ケル排日及満蒙問題ニ関スル件」JACAR Ref.B02030034900、満蒙問題ニ関スル交渉一件 松本記録 第二巻（A-1-1-0-1_003）（外務省外交史料館）。
(24)　秦孝儀主編『総統蔣公大事長編初稿　巻二』一八九—一九〇頁、およびサンケイ新聞社編・発行『蔣介石秘録　七　統一への進撃』（一九七六年）一八九—一九〇頁。
(25)　「宇垣一成日記」一九二七年一〇月三一日条（角田順校訂『宇垣一成日記（一）』みすず書房、一九六八年）六二〇頁。
(26)　「小川平吉日記」一九二七年一〇月二三日・一二月一一日条（小川平吉文書研究会編『小川平吉関係文書（一）』みすず書房、一九七三年）二五四—二五六頁。

(27) 佐藤は、北伐再開は「来年の話」であって、第二次山東出兵が行われることは「誰しも真面目に考へては居らなかった」と回想している（佐藤安之助『満蒙問題を中心とする日支関係』日本評論社、一九三一年）六九―七〇頁。
(28) 殖田俊吉「昭和デモクラシーの挫折」（『自由』一九六〇年一〇月）。
(29) 「宇垣一成日記」一九二七年一一月六日条（角田順校訂『宇垣一成日記（一）』）六二一頁。
(30) 「宇垣一成日記」一九二七年三月二日条（同右）五六五頁。
(31) 同右、五六八―五七〇頁。
(32) 田中内閣の山東出兵に関しては、馬場明「第一次山東出兵と田中外交」、細谷千博「ワシントン体制の特質と変容」、佐藤元英『昭和初期対中国政策の研究』参照。なお、佐藤は山東出兵に反対したが、「田中総理及二三の最有力者は頑として肯かなかった」と回想している（佐藤安之助『満蒙問題を中心とする日支関係』七〇頁）。
(33) 山浦貫一編『森恪』六一七―六一九頁。
(34) 張群『張群外交秘録　日華・風雲の七十年』三九頁。
(35) 佐々木到一『ある軍人の自伝　増補版』一七八頁。
(36) 「小川平吉日記」一九二八年九月一八日条（小川平吉文書研究会編『小川平吉関係文書（一）』）二五六頁。
(37) 「小川平吉日記」一九二八年九月二六日条（同右）二五七頁。
(38) 「張群宛蔣介石書簡」一九二八年九月二五日付（丁秋潔、宗平編『蔣介石書簡集　中』みすず書房、二〇〇〇年）四七五頁。
(39) 「小川平吉日記」一九二八年一二月八日条（小川平吉文書研究会編『小川平吉関係文書（一）』）二六一―二六一頁。
(40) 堀内干城『中国の嵐の中で』（乾元社、一九五〇年）六二―六三頁。
(41) 「蔣介石等宛張学良書簡」一九二八年七月一日付（丁秋潔、宗平編『蔣介石書簡集　中』）四六〇頁。

第2章　全面戦争前夜における日中関係

――緩衝勢力の位置づけを中心に（一九三三―一九三五年）――

黄　自進

はじめに

華北を満華両国の緩衝地域として展開させようというのが、満洲国成立以降における関東軍の対中政策であった。しかし、華北の宛平県外で起こった盧溝橋事件が日中戦争への入り口だったことを考えたとき、この対中政策をいかに評価すればよいのだろうか。さらには、一九三三年の「塘沽停戦協定」によって両国の軍事対峙が一応終結したにもかかわらず、結果的に戦争が勃発してしまった理由はいかなるものだったのだろうか。

戦争勃発の原因を、関東軍の「華北分離工作」の破綻に求めるのがこれまでの研究の主流であった。そのため、「華北分離工作」の失敗が日本政府による盧溝橋事件に繋がったという研究はすでに数多く出されている。しかし、華北地域における緩衝勢力の消滅が「華北分離工作」の失敗をもたらしたということに関して検討したものは、管見する限り見当たらない。

以上のことに鑑み、本章では、「塘沽停戦協定」以降における国民政府と関東軍の対華北施策、とくに「行政院駐平政務整理委員会」（以下、「政整会」と略す）から「冀察政務委員会」設置までの華北情勢をめぐる双方の対応を検討する。また、こうした時勢を背景として、当該地域における両国の衝突を回避させていた緩衝勢力の存在がいかに重要であったのかを検証する。さらに、その緩衝勢力を代表する人物であった黄郛と宋哲元に焦点を絞り、日中戦争前夜における彼らの位置づけをも明らかにする。

1　「塘沽停戦協定」を顧みる

一九三三年五月三一日に調印された塘沽停戦協定は、満洲事変の終結を意味するものと見られる一方で、関東軍の華北進出の幕開けとも考えられている。つまり、当協定によって日本は、長城線の南側に「非武装地帯」を設定し、この地域から国民政府の力を排除するとともに、華北進出の足掛かりを築くことができた。言い換えれば、日本は同協定を梃にすることによって、華北へ侵入することが可能になったわけである(1)。

ところで、同協定は両国に平和をもたらすどころか、逆に衝突の「地雷」となってしまったわけだが、かかる原因として、同協定をめぐる両国の思惑が最初から異なっていたことを検討しなければなるまい。

この停戦協定ができた経緯に関しては、五月二五日、政整会の黄郛委員長が蔣介石に出した次のような電報から知ることができる。

〔五月〕二一日の夜に開かれた軍事会議において、各将領の意見を聞き、危機がいかに目前に迫っているかがよくわかった。〔中略〕北平にいる同僚は情勢が回復する可能性がないと感じ、私は貴方が嘗て電報で言った「最後の関頭」がすでに到来したと考え、一方では北平を堅守しようと決意し、他方では軍政の最高指導者を長辛店に移住させようとした。しかし、北平を離れたれば、華北は必ず大変困難な状態になるであろうと憂慮し、遅々として出発できなかった。しかし、ようやく〔五月二二日〕夜一〇時になって汪院長の電報をもらった。「停戦しようとすれば相手方に条件を明らかに示さなければならず、あらためてそれに応じるべきかどうかを検討しよう。私は、偽国家〔満洲国〕を承認し、四省を割譲する条約以外、その他の条件はすべて受け入れることができる。かつ私は貴兄一人に責任を負わせるのではなく、身を挺して責任を負うつもりである。以上のことを敬之、季寛、岳軍たちと相談して、素早く実行してもらいたい」と言っている。〔中略〕私は季寛と密かに相談した。時に深夜一一時だったので、躊躇することなく李擇一とともに、中山書記官、永津武官に電話し、某私人宅で会談することを伝え、話は翌朝六時に終わった。徹夜で交渉したので心身ともに疲れ切ったが、なんとか関係が修復され、北平にふたたび留まることができたわけである。(2)

この電報から、停戦協定に関する要点を三つにまとめることができる。第一に、国民政府軍が劣勢であり、北平が陥落される寸前だった。第二に、行政院長・汪兆銘が出した停戦協定の最低条件が日本軍との談判を促進するうえで重要な鍵となった。第三に、かかる交渉の責任者が黄郛であった。

つまり、表面上、停戦協定は両国の軍事代表によって結ばれたが、実際は電報に示されているように、北平での黄郛と中山詳一書記官および永津佐比重武官による交渉を通して前もって確約されていたのである。

こうした経緯から見れば、国民政府としては停戦協定を「臨時的軍事協定」として受け入れたのであり、ここで定められた境界は法律上の国境線ではなかった。つまり、停戦協定は、満洲国を承認するという法律上の作為にならなかったのである。

ところで、関東軍としては軍事上では優位でありながら、いかなる理由で軍事攻撃を止めて同協定を受け入れたのだろうか。

これは軍略よりもむしろ政略を第一義とした選択をしたことを意味するが、それは彼らが同戦争をいかに位置づけようとしたかと関連しているだろう。例えば、長城防衛戦に参加した関東軍副参謀長の岡村寧次少将は、戦後に行ったインタビュー記録のなかで次のように回顧している。「実際に滑稽なのは、一〇里ぐらい隔てて天津の支那駐屯軍は中国の将校といっしょに酒をのんでいる。こっちは戦いをしているんですからね。おかしな戦いですよ」(3)。

こうした「戦いをしている」「酒をのんでいる」という状況が並存するのはおかしなことのように見えるが、かえって当時の中日関係をよく描写している。まさに前述したように、中国からすれば戦う余力がなくなっている以上、早期の停戦協定調印を渇望していたわけである。

　他方、関東軍にいたっては、長城防衛戦は熱河戦役の延長線上の戦いとしか考えておらず、北平の占領はもとより目標ではなかった。ただ中国軍の反撃に対し応戦せざるをえなかっただけである。中国軍の士気をそぐことによって日本の国威を打ち立てることが関東軍の新しい作戦目標となった。しかし、そうすることの意義について、内閣をはじめ軍内部での共通認識が欠けていた。つまり、熱河省を含む満洲国の安泰を保つため、満中両国の国境線に非武装的な緩衝地域を設定すること、そして華北地域に親日政権を築かせることのみが内閣と軍部の共通の目標であった。ただし、それらの目標をいかなる方法で実現するのかに関しては、それなりの調整が必要であった。

　こうした調整をするための時間を稼ぐため、表では戦争を、裏では中日親善を主張する中国駐在武官が中国の将校と酒を酌み交わしながら善後策をめぐらすような現象が存在していた。それと同時に、一部の日本軍官僚は北方の失意の軍閥を買収する方策を講じ、華北にもう一つの親日政権を樹立しようとしていた。これら相互に矛盾した事実が並存していることは、日本側の政策が未だまとめられていないということを示していた(4)。

　したがって、黄郛の裏交渉を通してできあがった塘沽停戦協定は、日本側の各政治集団にとって納得できる結論であったと考えられる。つまり、同協定は政府と軍部、両側の希望を満足させることができたのである。政略的には、停戦後の華北政権を日本政府も軍部も望む黄郛が担当することになる。軍略的には、「非武装地帯」を設定できただけでなく、同地域治安の監視権も関東軍が握ることになる。つまり、延慶、順義、蘆台が停戦ラインとなったわけである。それにより、長城線以南および停戦ライン以北以東の地域から中国軍が一律撤退し、当地域における治安維持は中国側警察機関があたることになり、関東軍にはそれに対する以下のような権限が与えられた。すなわち、「中国軍は抵抗挑戦および対満擾乱を行わないとの原則を確認し、これを遵守履行すべき義務を負わされたもので、履行不十分とみなされた場合に日本側の武力発動を予期せざるを得ないこと(5)」。

　こうした停戦協定は、日中両軍の停戦と撤兵、駐留軍の隔離、境界線の保護など軍務細則の規定に限定されたため、完全に臨時的軍事協定として位置づけられることになった。言い換えれば、同協定が政治的意義を持たない以上、シビリアン政府に所轄される範囲にはならない。そのため関東軍は日本側の全権代表となったわけである。また、協定が両軍の前線指揮官の合意に基づく便宜的措置と定められている以上、停戦の関連事務だけでなく、華北関連のすべての事務が関東軍の影響下に入ることになった。こうした経緯によって、日本の外務省による華北問題への干渉を拒絶する正当な理由が、関東軍にできたわけである。さらに、たとえ東京の日本陸軍省に行政責任上の制約があったとしても、関東軍が報告する既成事実を受け入れざるをえなかった。結果、同協定は関東軍の専管事項になり、華北地域に対する同軍の発言力は一挙に拡大されたのである。(6)

2　「政整会」をめぐる日中両国の思惑

関東軍の攻撃に対応できない、また、満洲国を承認できないという問題を抱える国民政府としては、臨時的な軍事協定という便益的な手段で協定履行の監視権を関東軍に与えるのが最善の選択であった。(7)ところで、こうした交渉を通して国民政府の立場を守り、日本の政府と軍部にも認められた肝要人物が黄郛である。彼に焦点を絞らない限り、当時の華北における状況はつかめないだろう。

図2－1は、黄郛が関東軍との停戦交渉を行った時期の「華北政治状況」である。この図にあるように、華北六省のうち、国民政府が直接支配できる地域は河南省しかなかった。つまり、他の五省は元々半独立状態にあった。こうした華北を統一できない状態のなか、国民政府としては日本との交渉を進めるためにも、各省に受け入られる人物を選ばなければならなかった。

黄郛は若い時に日本へ留学し、陸軍測量学校を卒業した。辛亥革命の期間、同じ浙江省出身で、日本留学経験がある陳其美・蔣介石と上海で義兄弟の契りを結んだといわれる。袁世凱討伐勝利後は一家をあげて天津に移り、しばらくは著作活動に励んだ。一九二四年、馮玉祥が「首都政変」を引き起こした際、彼は政変に関与し、組閣に顔を出すことになった。北伐が始まると黄郛は南下して蔣介石を助け、上海特別市市長・外交部長に就任した。しかし、一九二八年の済南事変を処理した時に適任でないとの誹謗を受け、引責辞任し、これより隠棲生活に入った。

1933年5月華北各省の主席	
山東省	韓復榘（西北軍）
山西省	徐永昌（晋軍）
河北省	于学忠（東北軍）
綏遠省	傅作義（晋軍）
チャハル省	宋哲元（西北軍）

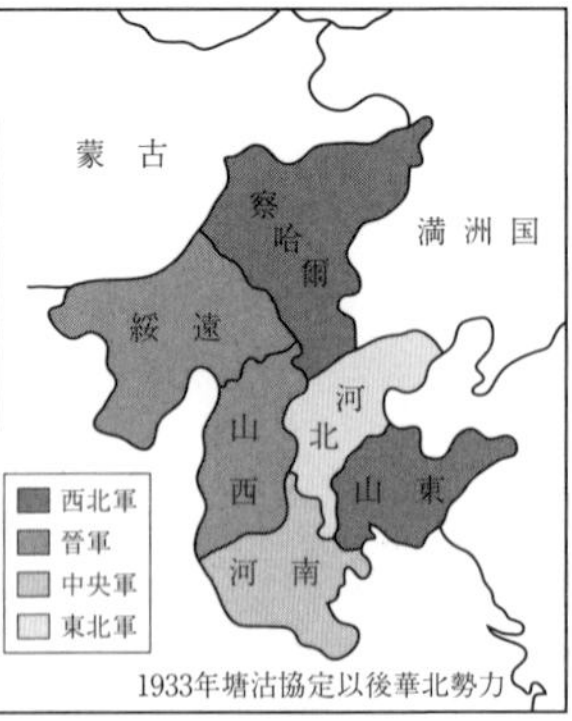

図2－1　1933年頃の華北の政治状況

黄郛の経歴には、次の二つの大きな特色がある。まず、彼は中国南北の政界要人と深い関係をもっていた。とりわけ、蒋介石と特別な友誼があり、蒋の考え方を正確に掌握できた。それゆえに上層指導部と意を通じることができた。そのおかげで黄郛は中央の政策決定を忠実に執行することができたばかりでなく、華北地方当局と中央政府の間の橋渡しの役割を果たすことができたのである。当時、関東軍は頻繁に華北の失意の政客を買収しようとし、内乱を煽動して華北を中央から分離しようとした。黄郛が北上して華北の要人を慰撫し、中央と地方のわだかまりを解消することは、それ自体が重要なことであった。次に、彼は日本語が流暢であり、日本の事情に精通しており、日本の駐在公使および武官との間には個人的友誼があった。黄郛はまさに日本の軍と政界に認められた「知日派」の代表であった。両国が正式な外交チャンネルを通して紛争を解決できなくなった時でも、黄郛という第二のパイプは、政府の制約にとらわれることなく、両国の間に入って活動する余地があったのである(8)。

このように、黄郛の人脈を利用することによって停戦の機会を探ろうとした蒋介石は、一九三三年五月三日、黄郛を新しく創立した「政整会」の委員長に任命した。行政院に直属しており、また、政務を処理することが主軸であった同委員会が、蒋介石から華北の政治処理の全権を委ねられたのである。

黄郛の起用は、日本側の関係者に大変好評だった。例えば、黄郛が北上の準備をして新しい職に就く前夜の一九三三年五月一三日、日本の駐華公使・有吉明は、わざわざ外務大臣・内田康哉に以下のような電報を打っている。それは、黄郛が国民政府の親日勢力の代表であることを紹介したうえで、日本政府は全力で黄郛を支持し、両国の摩擦の緩和に努めるべきであると説いたものであった。

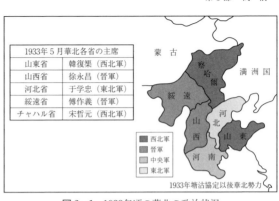

黄カ失敗スル場合、彼ノ忌憚ナキ告白ノ如ク北方及西南ニ於ケル反蔣運動ノ進捗ト相俟テ長江方面迄モ共匪軍ノ進出ヲ見るヘキハ明ラカニシテ独リ黄等初メ日本ニ理解ヲ有スル等ヲ失墜セシムルノミナラス終ニ支那全局ノ動乱ヲ招致シ時局収拾ノ途無キニ至ルヘシト認メラル(9)。

有吉だけでなく、関東軍も黄郛の就任を歓迎した。黄郛は政整会委員長に就いた直後の一九三三年五月二四日、わざわざ政整会委員・殷同を長春に派遣し、関東軍副参謀長・岡村寧次少将に、自分が管轄する政整会は国民党の既存の組織の一部ではなく華北各地方派系を網羅するが、日本政府を敵視しない機構であるということを伝えた(10)。黄郛の誠意は直ちに関東軍に認められ、翌日、関東軍参謀長・小磯国昭は陸軍次官・柳川平助に次のような電文を出した。

北支ニハ国民党ト関係ナキ親日親満的政権ノ樹立ヲ希望ス、是カ為黄郛ヲ中心トシテ前項希望ニ副フヘキ政権樹立ヲ企図スルニ於テハ恐ラク東京政府ハ勿論満洲国政府モ之ヲ支援スルニ至ルヘシ(11)。

このように、日本の駐華公使をはじめ関東軍参謀長までにも受け入れられるということは、ほかの人物にはできない芸当であった。これも国民政府が彼に依頼してまで出仕してもらった理由であった。こうした期待は、同年一九三三年九月二九日の蔣介石から黄郛への電報からもわかる。

日本人は、華北に新政権をつくり、第二の傀儡政権をつくり出すことによって本党を攻撃し、全国を屈服させようとしている。このような企てはずっと日本人の念頭にあって、とりわけ一部の日本軍人が積極的に主張している。我が国には漢奸が多くいて、日本人に利用されているのは明らかな事実である。それゆえに、中央政府の対日政策は武力によって抵抗できない限り、いかに侵略を緩和するかを考えるほかないのである。その方法と道筋については何度も協議を重ね、すでに述べたとおりである。しかるに、執行責任を負う機関としては、外交部と華北政整会によるべきであり、とくに政整会を中心とするべきである。[12]

ところで、この電報と小磯の電報の内容とを比較すれば、かなりのずれがあったのではなかろうか。つまり、蔣介石が黄郛に与えた指示は日本の侵略を緩和することにあった。言い換えれば、蔣介石が黄郛に対して期待したのは、いかに最小の代償でもって中国華北における主権を守れるかというものであった。

この電報の後の一九三五年六月九日、行政院院長・汪兆銘が出した電報には、華北地域に対する国民政府中枢の構想がより一層明らかである。

日本側が我が方の統一を望んでいないことは明らかである。華北を中央から分離すればかえって当面は安全であり、さもなくば、彼らの華北併呑政策が促進されることになる。だから、今の華北当局が表面的に「西南」式の半独立的態度をとり、水面下で中央政府と心が通じていれば、対日交渉を華北当局が自ら実行し、それによって危害は比較的小さくなるであろう。[13]

つまり、日本との開戦を避けるため、華北を日中緩衝地域として扱わなければならないという蔣介石と汪兆銘の考え方は、ほとんど一致していた。とくに関東軍の華北分離工作に対応するため、パフォーマンスとして政整会を半独立政権として打ち出すこともやむを得ないと考えたのも、両者の一致するところであった。言い換えれば、政整会が半独立政権を目指すという格好で出発するのは、あくまでも芝居であった。ただし、前述したように、有吉と小磯参謀長の政整会に対する期待がそもそも一致してはいなかった。親日親満の新政権であることを期待したのは後者であるが、地域安泰を保つ安定的な政権になれば十分であると考えたのは前者である。つまり、現状維持を第一義として考えた有吉は、華北地域で独立政権ができたことは、蔣介石政権を崩壊させることにつながる恐れがあると考えたため、新政権を進めようとは思わなかった。

　このように、政整会のあり方をめぐり、国民政府をはじめ日本政府の駐剳代表、および関東軍という三つの勢力それぞれの思惑がそもそも異なっており、これが破綻を招くのは当然のことであった。

3　「政整会」の廃止

　塘沽停戦協定が結ばれたことにより、軍事的衝突は休止状態となった。長城線以南に非武装地帯が設置されたため、中国は満洲国内の反日武装集団を支援する能力を失った。中国による武力妨害が排除されると、日本側は転じて関内関外の連絡の回復を要求し、「満洲国」経済を平常の状態まで回復させようとした。

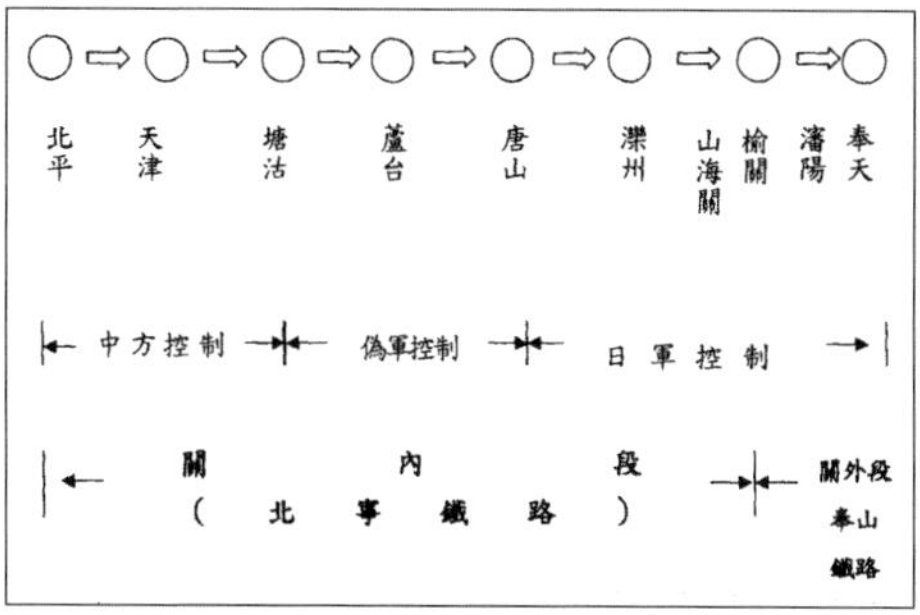

図2－2　李君山が作成した図表

　一九三三年五月から一九三四年一二月に至る間の中日両国の交渉において重点が置かれたのは、「戦区の後始末」と、「関内外の交通と郵便の回復」であった。戦区とは塘沽停戦協定で画定された「非武装地帯」である。つまり、長城の南側から停戦ライン（チャハル省延慶から河北省寧河まで）以東と以北の間の地域であり、そのなかには河北省の二二県が含まれている。[14] 協定によると、中国軍はこの地域に駐屯することが許されず、領土の管轄権だけを保有しており、なおかつ日本軍も撤退しなければならなかった。したがって、中国がどのように行政管理を再建し、保安警察を派遣して治安を維持するか、そして日本軍によって育てられた傀儡軍の武装をどのように改編するかなどの各種善後事務には、なお日本との交渉が必要であった。

　関内外の交通の談判は、一九三一年に関東軍が東北を占領し、北寧鉄道が遮断された時にはじまった。中日双方の列車は、どちらも山海関まで運転された。その後、長城戦役が勃発すると、北寧鉄道の関内部分においても正常に運行できなくなった。李君山は図２－２のような図表を作成している(15)。

ここからわかることは、一本の鉄道が三種の異なる勢力によって分割されていることである。したがって、中日停戦後、時の経過とともに鉄道問題が浮かび上がってきた。そこには二つの面がある。まず、停戦後、中国側は天津から山海関までの交通の開通を要求した。戦区を接収しようとすれば、まず鉄道を接収しなければならなかった。また、関東軍は山海関内外の鉄道の回復を要求した。中国は北寧鉄道の関内部分を接収したので、日本は関外部分と関内部分の往来には車両の交換が不要であることを希望した。

関外の郵便問題が発生したのは、関東軍が満洲事変を通して東北の郵政を強制的に接収したことに起因していた。この接収に反発した国民政府は、一九三二年七月二三日、封鎖を宣告せざるを得なかった。ただし、郵政事業は国際社会と関連しており、封鎖により大きな混乱を伴い、関内外の貿易往来にも影響した。そこでさまざまな考慮から南京の指導部はやむを得ず、一九三四年九月二八日から一二月一四日まで日本側と談判することに同意した。ただし、郵便は鉄道と比較するとはるかに複雑である。鉄道は地域が限定されているが、郵便は全国に関わっていたからである(16)。

「戦区の接収」「関内外の鉄道交通」「郵便の回復」の三つの懸案のうち、まず解決したのは戦区の善後処理であった。戦区の接収にあたっての難問は、二つある。一つは、傀儡軍の再編であり、もう一つは、長城線各関門の警備権である。前者は関東軍が関内作戦を展開するため、日本将校の指導の下に満洲で募兵した兵隊を中心としたものであるが、戦闘がはじまると熱河省で土賊化した一部の残兵を吸収することもあった。傀儡軍は謀略部隊として利用する価値があるため(17)、なるべく彼らを温存しようという関東軍の思惑があった。

一九三三年七月一九日、傀儡軍の再編と解散に関し、次のように決議した。第一に、李際春に四八万四〇〇〇円を支給すること。第二に、李の部隊から六〇〇〇名を削減すること。第三に、「戦区軍事編練委員長」に李が就くこと。第四に、李の旧部下四〇〇〇名を二つの「保安総隊」に分け、第一保安隊長には鄭燕侯が就き、第二保安隊

長には接収委員会が就くこと。第五に秦皇島の石友三部隊九〇〇名は、五〇〇名を保安隊に改編、残りは解散すること。(18)

一九三三年一一月九日、中日両国は非武装地域接収に関連する事務について決定するに至り、翌年二月一〇日と三月四日、中国は長城内外の山海関および古北口をそれぞれ接収した。これにより日本軍は完全に関内から撤退したのである。

鉄道に関しては、北平と瀋陽の直通列車が一九三四年七月一日に運行を再開し、郵便にいたっては、一九三四年一二月一四日に政整会と関東軍で合意に達した。接収と比較して、鉄道と郵便に関する交渉が長びいた理由は、国民政府ができる限り満洲国の事実上の承認を避けたいと思っていたからである。つまり、条文の文言を慎重に扱い、非政府の民間機構によってそれを行う方針を堅持したためであった。

黄郛は、郵便交渉が合意に達してから一ヵ月と三日後の一九三五年一月一八日に南下した。これ以後、彼はふたたび北平に帰ることはなかった。彼が委員長を担当した政整会も同年八月二九日に解散した。このように、「戦区の接収」「関内外の鉄道交通」「郵便回復」という三つの懸案を解決できたのは、同政整会の成果であった。

こうした戦後の善後工作が順調に進展した背後には、黄郛を支持することによって、華北に中央政府の支配から離れた親日政権を成立させようとする関東軍の特別な思惑があった。すなわち、関東軍の黄郛に対する期待があったからこそ、塘沽停戦協定締結以後、黄郛は一時的ではあるが安定した時期を享受することができたことになる。

ところで、一連の善後工作の過程において、黄郛は関東軍の意向に反し、関東軍がもともと育てた劉桂堂、李守信などの傀儡軍を政整会の武力的中核としなかった。(19)逆に、戦区接収の名目を利用してこれらの傀儡軍を一万三〇〇〇名から五〇〇〇名の警察保安隊に縮小編成し、長城南側の停戦ライン以東に配置、北側の「非武装地帯」とした。(20)黄郛に国民政府を抜ける気がなく、もっぱら「宴会外交家」として関東軍をあしらおうとしていたことがわかると、(21)関東軍は自らの手で武力をもって国民政府の勢力を華北から撤退させることを決定した。

関東軍の新しい攻勢は、一九三五年五月と六月の間に集中した。まず、五月三日、親日色の鮮明な『国権報』社長・胡恩浦、『振報』社長・白逾桓が、相次いで天津の日本租界で暗殺されたことに端を発した。次に、六月六日、日本軍特務の大月桂ら四人が張北県城を通過したが、旅券を携帯していなかったため、宋哲元率いる一三二師団の兵士によって拘留され、軍法処に送られるという事件が起きた。いわゆる「張北事件」である。

胡恩浦・白逾桓暗殺事件に対する代価として関東軍が国民政府に求めたのは、河北省政府主席・于学忠の更迭への同意、北平軍分会政訓処の解散、河北省党組織工作の停止、また中央軍の河北省からの分離である。これが、いわゆる、「梅津・何応欽協定」である。同協定は、一九三五年六月一〇日、何応欽と日本駐天津司令・梅津美治郎により締結された。

また、「張北事件」の代価は、一九三五年六月二七日、チャハル省政府代理主席・秦徳純と関東軍特務機関長・土肥原賢二との間で、「土肥原・秦徳純協定」が結ばれたことであった。この協定により、国民政府は張家口の駐屯軍および国民党組織を撤退させたほか、排日機関を解散し、民衆が内地から張家口に移住することが許されなくなった。

4　「北支五省連合自治体」対「冀察政務委員会」

このように関東軍は、「梅津・何応欽協定」および「土肥原・秦徳純協定」を通して国民政府の勢力を華北から撤退させたわけだが、その次に行ったのが「華北分離工作」であった。具体的な内容は、一九三五年九月二四日、新任支那駐屯軍（天津軍）司令官・多田駿少将の談話により明らかになった。

彼の声明にはまず、天津軍としては、「日満支共存ノ素地ヲナス北支ノ所謂明朗化ハ北支民衆ノ力ニ依リ徐々ニ達成サルベキデアルガ、コレヲ阻害スル国民党及ビ蔣政権ノ北支ヨリノ除外ニハ威力ノ行使モ亦已ムヲ得ナイデアロウ」。そして「コノ根本主張ニ基ク我軍ノ対北支態度ハ、①北支ヨリ反満抗日分子ノ徹底的一掃、②北支経済圏ノ独立、③北支五省ノ軍事的協力ニヨリ赤化防止ノ三点ニシテ」と唱え、最後には「コレラノタメニ北支政治機構ノ改正確立ヲ必要トスルガ、サシズメ北支五省連合自治体結成ヘノ指導ヲ要ス」と強調した[22]。

こうした華北五省連合自治体結成の構想に共鳴したのが関東軍であった。関東軍は同政策を応援するため、一〇月中旬、奉天特務機関長・土肥原賢二少将を華北に派遣した。彼の工作の目標になったのは、河北省主席・商震、山東省主席・韓復榘、綏遠省主席・傅作義、山西省主席・徐永昌、チャハル省主席・秦徳純であった。全員中央の出身ではなく、かつて誰もが中央政府に対立した経験を持っていたため、工作の余地があったのである。

こうした五人のなかで、商、徐、傅の三人は山西軍の系統であり、韓と秦は旧西北軍の系統であった。前者の系統では閻錫山がリーダーとして活躍しているため結束が固かったが、後者の系統では共通のリーダーが存在しないため、同門という提携関係を利用することによって前者と対峙していた。その両系統のうち、山西軍のほうが比較的国民政府に傾いていたので、対立する西北軍を利用することによって山西軍を牽制しようとしたのが、土肥原のやり方であった。

土肥原が最初に目をつけたのは、華北の中心地にあたる河北省であった。同省の重要なポストといえば、省長をはじめ、北平市市長、天津市市長および平津衛戍司令官である。前述した如く、「梅津・何応欽協定」を通して一部の人事が再調整された。黄郛系の北平市市長・袁良と奉天軍系の平津衛戍司令官・王樹常は留任されたが、奉天軍系の河北省政府主席・于学忠および黄郛系の天津市市長・張廷諤は更迭された。その代わりに山西軍系の商震が新しく河北省長に任命され、旧西北軍系の程克が天津市市長になったわけである。

つまり、国民政府は土肥原の華北分離工作を崩壊させるため、従来の奉天軍系と黄郛系を基礎に、山西軍系を加えるという人事調整を行った。土肥原としてはこの人事体制を打破しない限り、華北分離工作を進めることはできないと考えたと思われる。こうした河北省の人事と基盤を餌として、西北軍の系統に属した宋哲元を動かそうとしたのが、土肥原のやり方である。宋は、「張北事件」事件の影響により、六月一九日、チャハル省省長という官職を国民政府によって免職されたばかりで、新しい基盤を望んでいた。その宋に機会を与えたのは、六月二八日未明に北平で勃発した豊台兵変であった。これは、旧軍閥・呉佩孚の部下である白堅武が、「正義自治軍」と称し、平津線の装甲列車を奪取して北平の南の豊台駅から永定門駅へと進撃した事件である。この決起は、万福麟軍に迎撃され、その日の午前中に白堅武隊は壊滅した[23]。

事件自体は対日協力者による小規模な冒険的軍事行動であったが、この混乱に際し、北平にいた蕭振瀛が軍事委員会北平分会委員の資格で第二九軍軍長・宋哲元に派兵を要請した。同委員会の正式決定ではなく、緊急事態を名目とした一委員の独断行動である。宋はそれに応えて馮治安師（師は師団に相当）を北平に急派した。馮の部隊は二九日北平に到着し、同市の治安維持にあたっている。蕭という人物は、秦徳純と並んで宋哲元の参謀格を務める軍人であり、したがってこの派兵は、宋哲元系地方軍事勢力の独断によってなされたのである[24]。チャハル省省長の地位を追われた宋は、この派兵によって河北省に進出し、その拠点を得ることができたのである。

言い換えれば、豊台兵変は、天津軍が宋哲元の勢力を河北省に入れるために仕組んだ蜂起事件であったと国民政府は考えた[25]。したがって、宋哲元が日本現地軍の協力者になった以上、いかにして宋哲元を国民政府側に取り戻すかということと、同時にいかにして彼を牽制できる行政機構を築くかということが、国民政府の考えなければならないことであった。

取り戻すための措置としては、八月二八日に宋哲元を平津衛戍司令官に任命したほか、彼の腹心である秦徳純もチャハル代理省長から正式に省長に任命した。牽制措置としては、八月二九日に政整会が国民政府によって廃止された。

こうした八月下旬に行われた人事と組織の変動により、華北地域に次のような現象が現れた。つまり、国民政府は、宋哲元の従来のチャハル省という基盤を認めながら、彼の河北省における北平市と天津市への進出さえも認めた。また、華北地域の外交を担当する政整会が廃止されたことにより、従来「地方外交」として行われてきた交渉を中央に移管することになったわけである。言い換えれば、華北地域の政務を一括して処理できる機構がなくなったわけである。これは、日本の現地軍の交渉の相手方を省政府、市政府のレベルまで行かせないためのものであった[26]。

ところが、そもそも華北地域における国民政府の主権を尊重しようとは思っていなかった土肥原にとって、「政整会」の廃止は特段何の影響もなく、今まで通りに「地方外交」を進めようとした。彼は、先の多田駿の声明にあるように、宋哲元に「華北高度自治方案」を突きつけ、五省三市を範囲とし、宋を首領、土肥原を顧問とする華北共同防共委員会の結成を提案した。また、中央政府の税収（統税、関税、塩税）を留め置きにすること、五省で独立の通貨を設定して日本円とリンクさせることを要求した[27]。

しかし、いかに日本がバックについても、支配勢力範囲区としてチャハル省と一部の北平市しか持たない宋が、急に山東省主席・韓復榘、山西省主席・徐永昌を支配する実力を持てるはずがなかった[28]。そのため、宋には土肥原の「華北高度自治方案」が非現実的であると思えた。しかし、彼としては国民政府と日本軍との間で緩和勢力として活動することは都合がよかったので、土肥原の計画に対しては完全拒否ではなく、慎重に対処することにしたのである。

こうした宋をめぐる国民政府と日本軍との間の綱引きの結果、彼の株は上がる一方であった。具代的な例を挙げれば、同年の一一月三日に北平市市長・袁良が免職されたことを契機に、宋は国民政府に一時的に代理市長に任命された。その後一一月六日には、国民政府が彼の意向に従ってチャハル省長・秦徳純を北平市市長に転任させ、同省の後任として蕭振瀛を任じたのである。こうした人事によって宋は、従来のチャハル省という基盤を維持しながら、北平市という新しい基盤を得たわけである。国民政府としては現実的に宋を抑えられない以上、彼と日本との接近を防ぐため、北平市の支配権を彼に渡すという懐柔策を取らざるを得なかったのである。

ところで、「華北高度自治方案」の早急な実現にかなりの困難があることは、土肥原側も察していた。そこでとりあえず、二二県を範囲とした冀東地区（非武装地帯）の行政専員・殷汝耕と宋を中核とし、華北、チャハル省を領域とする自治政権を最初に樹立させようと決定した。

彼は、宋の決心を促すため、一部の兵力を満華国境に集中して威嚇的態勢をとった。すなわち、関東軍は一一月一二日、独立混成第一旅団に対し、麾下の歩兵一個連隊、重砲兵一個大隊、軽戦車一個中隊を基幹とする兵力を一三日まで山海関と古北口に進出させるよう命令し、さらに一六日には、関東軍飛行機隊長に対し、偵察、戦闘、重爆各二中隊を国境付近に前進させ、「平津地方に向って進出する」準備をするよう命令した。海軍もまた、巡洋艦隊・球磨および第一三駆逐隊・萩を太沽に派遣した。そして、関東軍の飛行機は連日北平上空を飛行して宋を威嚇した(29)。

こうした威嚇的な態勢に対抗するため、蔣介石は同時期に中央軍を一一個師団河北省および山東省境の隴海線一帯に集中させ、宋をはじめ、山東省主席・韓復榘にも圧力をかけようとした(30)。

このように国民政府は、対抗を辞さないという態勢を見せる一方で、他方ではなるべく衝突を避けつつ、また、どうすれば中国の華北主権を失わずにすむかということを、次第に窮地に追いつめられていくなかで考えていた。このように、地域と情勢に適応する機構を設置し、華北地区に曖昧な政治的空間をつくり、華北が特殊な様相を持ちながら中央が主権を失わないで対応するというやり方は、塘沽停戦協定以降における蔣介石の基本戦略であった。ただし、計画を担当する人選は、かつて期待した黄郛から徐々に何応欽へ移していくことになる。そのため、担当する機関も従来の「政整会」を廃止し、「行政院駐平弁事処」（以下、「政弁処」と略す）に移した。蔣介石の思惑は、同年一〇月六日、何応欽を政弁処長官に任用しようとした際の彼の電報からわかる。

現在、華北の危機をいかに解消できるか、ひとえに貴兄一人の決意にかかっている。私の予測では、現在日本側は必ずしも「傀儡政権」を必要とせず、華北の経済、財政が中央政府と断絶しさえすれば、中央政府の死命を制することになる。日本側としては、中国の将領を動かすには、利益誘導をするしかないのである。ところで、華北の将領としては、中央に対して統一の体面を保ちさえすればすべての税収を懐に入れる、それでよかった。つまり、彼らとしては、中央政府から独立する必要がなかった。以上論じた如く、内（華北側）外（日本側）の状況はともに「傀儡政権」を必要とはしていない。したがって、貴兄がもし今突然北平に飛んでいくとなれば、各将領を利益誘導する日本側の企みは急に消滅するのではなかろうか。そのことによって、我らが中国を救うばかりでなく、将領たちも救われることになる。万一日本が我々の行動を許さなければ、貴兄が北平に行ったことが無駄になるだけであって、その際は南京に戻ればよく、ふたたび危険な目にあう必要はない。もし我が方が必ず日本側の諒解をとってから北平に戻らなければならないとすれば、華北が滅ぼされるのを待っていることになる。また諒解がない時は、とくに日本側が我が方から事前の諒解を取るという弱点を利用して北平に戻るのを妨害し、その機に乗じて華北を危機に陥れるだろう。このように前もって書面を提出することはなんら意味がないばかりでなく、将来の華北の滅亡は日本人の手で実行されるのでもなければ、華北の将領がそれを願ったのでもなく、中央政府が自ら華北を放棄したと必ずいわれる。要するに、華北の安否、党国の存亡は、すべて貴兄の行動にかかっている。(31)

つまり、蔣介石から見れば、華北の各首領が土肥原の華北分離工作に乗る理由として、第一に、日本軍に認められない限り、華北で生存する空間を得られない。第二に、日本軍の力を借りない限り、国民政府から独立的な基盤を得られない。とくに地方の税収を懐に入れることができない。したがって、国民政府としては、彼らにそれなりに独立的な地位を認めたうえで、さらにある程度の財政的な基盤を与えれば、土肥原の工作を切り崩すことが可能であると思ったわけである。

この発想に基づき、蔣介石は軍事委員会北平分会を廃止することによって「政弁処」を設けようとしたのである。(32)つまり、国民政府は華北各部隊を統括する機構を廃止することによって、同地域の各首領の軍事的な独立地位を認めようとした。これとともに、行政をはじめ、軍事、警察から対外交渉、建設、人事にまで及ぶきわめて広範で強大な権限を有する地方官を設けようというのが、後者を設立した目的である。言い換えれば、彼は、華北が特別的な地域として扱われるという志を用意していたのである。

この志を決めた彼は、日本政府との直接交渉によって、外交主導権を取ろうと考えた。一一月二〇日、彼は有吉との会談において「広田三原則」に基づき、両国の国交調整を図ると表明したのである。

この対応に満足した有吉は、両国の国交調整の交渉を早速はじめるよう提案した。また、こうした交渉が正式的な外交ルールで進められるべきであると強調した。さらに、蔣介石に詰問された華北分離工作と日本との関わりに関しては、有吉は次のように弁明した。

華北自治化運動は、地元の人々の自発的な運動であり、日本政府が強制的に進めたものではない。そして、関東軍が武力で華北に進出する予定はないといえるが、土肥原という人物が関東軍を代表する人物であるともいえない。

こうして、関東軍が武力で華北に進出するという計画はないという言質を得られた蔣介石は、直ちに華北の各将軍にこの実情を伝えた。一一月二二日付の電報で、彼は三つの要点を強調した。第一に、華北で中日両国の共同防共と関内外の経済連携事業を遂行できる新しい機構を設置する。第二に、関東軍は武力で華北に進出する計画はなく、また、土肥原は関東軍の代表ではない。第三に、華北の各将軍が土肥原の工作に乗らない限り、華北自治運動が必ず自滅することは間違いない[33]。

華北自治運動が土肥原の圧力よりもむしろ華北の各将軍の私利私欲によるものであり、また、土肥原の工作が関東軍に全面的に支持されたものとは限らないと指摘されたことは、同運動に対する宋の態度に動揺をもたらすことになった。

そんな宋の態度を煮え切らないものと感じた土肥原は、一一月二四日、冀東地区（非武装地帯）の行政専員・殷汝耕に冀東防共自治委員会を組織させ、中央政府から離脱させた。こうした分離運動に対して[34]、一一月二六日に行政院が会議を開き、次のような決議をまとめた。第一に、北平軍分会を廃止し、その職務を軍事委員会が直接処理すること。第二に、何応欽を行政院駐平弁事処長官として特派すること。第三に、宋哲元を冀察綏靖主任に任命すること。第四に、河北省政府に殷汝耕を免職し、逮捕するよう命令を発すること[35]。

前述した如く、第一、第二項の旨によって華北は特別な地域として扱われることになる。第三項は、宋を従来の北平と天津両市の防衛司令官から河北省とチャハル省両省の防衛司令官に昇進させるものである。第四項は、殷汝耕のように国家分立することを絶対に許さないという姿勢を示すものである。

ところで、冀東防共自治委員会の成立のバックに日本軍がついていたことを考えれば、殷汝耕の逮捕令は当然空文にすぎない。また、冀察綏靖主任に任命された宋さえも翌日になると同職を辞すると表明している。宋の固辞は、当然日本の反対を顧慮したためである。とくに冀東防共自治委員会が先に成立した理由として、宋の自治宣言を発出させるための事前運動であると位置づけされた以上に、土肥原としては、宋の南京接近は許せないことであった。土肥原は宋に圧力をかけるため、北平以外に駐屯する天津軍部隊のほとんど全部を天津に集結させ、また同日一部隊を天津および豊台の両駅に派遣して、津浦、平漢両線による車輌の南送阻止の措置を実施した(36)。

ところで、蔣介石との会談に大変満足した有吉は、「蔣ノ言明ヲ基礎トシテ両国関係ノ全面的改善ヲ急速ニ進行セシムコト寧ロ得策ナルベク右結果ガ我方ニ不満足ナル場合更メテ自治ヲ促進スルモ遅カラスト存ス」との意見を広田外相に報告した(37)。その結果、東京の三省会議は、「蔣介石ノ北支収拾案ナルモノガ果シテ誠意アルモノナリヤ」と指摘したうえで、華北自治工作は、「今後モ南京側ノ態度等ヲ見ツツ或ハ急ニ或ハ緩ニ之ヲ進メ行クコト肝要」であり、状況に合わせ「宋哲元辺リヲシテ軽度ノ自治宣言ヲ発セシメ差支ナシ但自治ノ程度ハ差当リ西南ノ現状以上ニ出デシムヘカラサル」との訓令を有吉に出した(38)。

東京の三省会議が、蔣介石と決裂にならない範囲で華北分離工作を進めると決めた以上、華北の善後は国民政府をはじめ、日本大使館、関東軍および宋哲元との四角関係の交渉で決着されることになる。

そこで大使館側は、華北で表面化した衝突を緩和させるため、蔣介石との直接交渉により、両国の国交正常化を目指すため、積極的に国民政府に提言をした。例えば、一二月六日に大使館付武官・磯谷廉介少将が外務次長・唐有壬に「中央が政弁処に渡す権限を河北省に渡し、同省の自治を認めれば、日本軍も文句を言わないだろう」と言った(39)。また、同日に有吉は、「何応欽を政弁処の長官に任命することは不適であり、今後同地域の責任者を宋哲元にすべきである」と語った(40)。

こうした提言は、華北における中国の主権を尊重するなかで行われているため、善意であると思われる。また、華北で中央政府を代表する機構の設置を認めないという関東軍情報の提供もあり、北平で開いた会談はかなり順調に行われた。

華北の善後策をめぐり、何応欽と宋側の代表である秦徳純および蕭振瀛との会談で最初の結論が出たのは、一二月六日である。西南政務委員会の例を参照して、冀察政務委員会を設置することを決めた。政弁処に変わるものとして設置された同会には、政弁処と同様の権限を持たせた(41)。管轄地域は河北省とチャハル省を範囲としたが、一九名から二七名までの委員で組織され、そのなかの一人が委員長、三人から五名が常務委員として任命されることになった。

こうして最初にまとめたものを、翌日には蔣介石をはじめ、土肥原、東京の陸軍省にも渡した。蔣介石は、「同会の組織大綱は、中央政府の法令の範囲内で法規を制定し得る」という条文に関して、「かかる法規の制定は、国民政府に認可されたことを前提とする」という文言を入れるべきであると指示した(42)。土肥原は、「該委員会を行政委員会の隷下に立たしめん」という条文に反対した(43)。東京の三省は、「此ノ上欲ヲ出し再ヒ事態ヲ荒ラクルノ不可ナルコト」という結論を出し(44)、とくに文句を言わなかった。

蔣介石と土肥原の意見を取り入れた当該善後会談で、次に検討するべきは委員の人選だった。一二月八日に秦徳純、蕭振瀛は、次のような一五名のリストを提供した。それは宋哲元をはじめ、萬福麟、商震、秦徳純、張自忠、蕭振瀛、劉哲、胡毓坤、程克、王揖唐、高凌霨、李廷玉、周作民、門致中、斉燮元などである(45)。

この人選に対して蔣介石が異議を唱えたのは、斉燮元のみであった。また、商震は固辞したので、彼も除外した。それに加えて蔣介石の推薦により、石敬堯、王克敏および冷家驥の三人を入れることになった(46)。石を推薦した理由は、斉燮元と入れ替えるためであった。それは、斉が旧直隷派の軍閥であり、とくに最近では土肥原の近辺で活動しているので、蔣に嫌われていたためである。そして、旧西北軍の出身で、また、山東省代理主席という職歴がある石に変わるのであれば、宋も断らないだろうという理由からであった。

その他の二人は、財政の専門家として選ばれた。とくに王は、段祺瑞内閣時期の財政大臣であり、有吉の推薦でもあった[47]。冷は、商業界の出身で北平総商会元会長という職歴を持った人物である。したがって、この二人を入れることによって、当該委員会に地元の産業業界とのチャンネルを強化させる効果があったわけである。

このように、蔣介石の意見を入れることによって、一二月一一日、冀察政務委員会が先の一七人によって形成された。彼らの派閥からいえば、第二九軍の系統は五名、東北軍の系統は三名、旧段祺瑞派は三名、旧西北軍は二名、旧直隷派一名、地元の名門は三名であった[48]。

これらの人事の代表をさらに深く分析すれば、同委員会は第二九軍系統と旧西北軍を中心とする「宋哲元派」、旧段祺瑞派と旧直隷派および地元の名門派を中心とする「親日派」、および東北軍の系統を中心とする「中立派」という三つの派閥で組成されたことになる。

この三つの派閥を焦点として冀察政務委員会の特徴を探求すれば、まず、国民政府を代表できる勢力が存在していなかった。次に、宋哲元派が最大派閥になった。第三に、中立派は一時的な存在であった。すなわち、萬福麟が統率していた第五三軍が、委員会設立時に北平に駐屯していたことが、彼らを入選させた理由であった。したがって、その後、第五三軍が北平から保定に移駐されるとともに同派の影響力はなくなった。

冀察政務委員会の人選が決まった翌日、国民政府は、商震を河南省主席に、宋哲元を河北省主席に、張自忠をチャハル省主席に、蕭振瀛を天津市長にそれぞれ任命した。この人事とその前に秦徳純を北平市長に任命したことを合わせて考えれば、河北省とチャハル省が完全に宋派に支配されたことになる。

こうした華北での日中対峙は、冀察政務委員会を設置したことにより、国民政府をはじめ、日本政府、関東軍および宋哲元との四角関係におけるそれぞれの妥協により決着した。ところで、このようなそれぞれの思惑によりできあがった妥協案だったため、それなりの不安の種を蒔きもした。とくに関東軍は、華北五省の「自治」という従来の対華北政策を放棄するつもりはなかったため、常に現状打破を期待していた。

一方、両国の緩衝勢力として活躍した宋哲元が一番利益を得られるのは現状維持であった。したがって、現状の変更は、彼の地位に対する挑戦であった。言い換えれば、宋は、冀察政務委員会という基盤を得られたことで大変満足していたため、それ以上の自治運動に対する意欲は持っていなかった。つまり、冀察政務委員会が関東軍の現状打破政策にあまり積極的に協力しなかったため、両側の摩擦は時間が立つとともに増す一方だったのである。とくに、一九三六年五月、日本陸軍中央部は、支那駐屯軍（天津軍）の兵力を三倍（約五八〇〇）に増やし、当該軍の司令官を親補職にして関東軍司令官と同格としたため、[49]華北に関する支那駐屯軍の発言力が高まってきた。したがって、華北政治をめぐる宋の対応に対し、関東軍のみならず支那駐屯軍も満足できずにいた。こうした不満が、次第に宋を協力者として扱わないようになった原因である。[50]日中両国政府の中立者としての役を演じられない以上、宋の両国の緩衝勢力としての価値はなくなってしまった。

盧溝橋事件を契機として、ついに全面戦争に突入した主な原因の一つは、こうした緩衝の役割を果たせる勢力がなくなったからであった。言い換えれば、華北地域で宋に代わる新しい中立者を見つけることができなかったことが、盧溝橋事件を引き起こし、両国が全面戦争に突入した主な原因であったといえるのではなかろうか。

おわりに

一九三三年の「塘沽停戦協定」をめぐる善後工作は、黄郛を委員長とした「政整会」を設けたことにより、一応決着した。蔣介石に信頼され、華北の政治処理の全権を委ねられた彼は、関東軍にも期待された。国民政府が彼に国家主権を守る緩衝勢力として活動することを望んだ一方で、他方では関東軍が彼を通して親日親満の新政権を築くことを希望した。

このように両側から支持され、戦区の始末をはじめ、関内外の交通および郵便という三大懸案を解決したことによって、黄郛は一時的ではあったが安定した時期を享受することができた。しかしながら彼は、国民政府を抜け出す気はなく、もっぱら「宴会外交家」として関東軍をあしらおうとした。それに気づいた関東軍は、武力でもって否応なしに国民政府の勢力を華北から撤退させることに決定したのである。

こうした関東軍の新しい攻勢の結果として、一九三五年の「梅津・何応欽協定」および「土肥原・秦徳純協定」が相次いで結ばれた。また、これらの協定をめぐる日中両国の対峙は、その後、冀察政務委員会を設置させることとなり、国民政府をはじめ、日本政府、関東軍および宋哲元との四角関係における妥協で決着することとなった。つまり、関東軍としては、同委員会が華北の実力者を主体とした地方機関であり、国民政府の勢力を河北の中心地から撤退させることになったため、この妥協案を黙認した。国民政府としては、日本軍と対抗できない以上、同委員会が国民政府の地方行政機関として設置され、国家主権という体制が基本的に守られていたため、やむを得ず認知した。宋哲元は、日中両国政府に緩衝勢力としての存在を認められ満足していた。日本政府としては、蔣介石と直接的に交渉するより、両国の国交調整を図るため、むしろ華北対峙の早期解決を望んだわけである。

この冀察政務委員会が成立した経緯からもわかるように、国民政府と関東軍がお互いに相容れない立場であったにもかかわらず、一時的な妥協点を見出せた理由は、対立を緩和させる中立者が存在したからであった。それが黄郛、あるいは宋哲元であった。彼らの例でわかるように、満華国境をめぐる華北地域には、両国の衝突を回避させる緩衝勢力が必要だった。盧溝橋事件を起点として日中全面戦争に突入したその原因として考えられるのは、国民政府がそれまでのような譲歩を行わなくなっただけでなく、日中両国政府が共に認める協力者を華北地方に見出せなくなったことに起因したのである。

また、両国の戦争を再検討するには、共産党の動向を視野に入れるべきである。とくに、「梅津・何応欽協定」に従った北平の憲兵撤退によって、壊滅状態であった北平の共産党北方局が再結成され、活動を再開した。こうして活動を再開した共産党は、学生運動に拠点を置き、北平の学生聯合会を主宰できたことで、華北の反日的な学生運動を勃興させることになった。こうした社民運動として華北で累積した動員力が、宋哲元の親日政策を牽制する勢力にもなったわけである(51)。

したがって、「冀察政務委員会」設立以降、宋哲元の華北政治に対する立場の変化をはじめ、現地軍（関東軍と天津軍を含む）、南京、東京、延安の五角関係がいかなる仕組みで形成されたのかを検討することよって、日中が全面戦争に突入した過程を明らかにすることが今後の研究の課題となる。

註

（1）秦郁彦『日中戦争史』（河出書房新社、一九七七年）六頁。
（2）沈雲龍編『亦雲回憶』（伝記文学出版社、下冊、一九八〇年）五六四―五六五頁。
（3）中村菊男『日本陸軍秘史』（番町書房、一九六八年）四五頁。
（4）黄自進「中日戦争の前奏――蔣介石と華北問題（一九三三―一九三五）」（山田辰雄訳）（山田辰雄、松重充浩編『蔣介石研究　政治・戦争・日本』東方書店、二〇一三年）三九四―三九六頁。
（5）秦郁彦『日中戦争史』七頁。
（6）黄自進「中日戦争の前奏――蔣介石と華北問題（一九三三―一九三五）」四〇六―四〇七頁。
（7）同右、四〇四―四〇六頁。
（8）同右、三九八―三九九頁。
（9）外務省編『日本外交文書――満州事變』第三巻（外務省、一九八一年）八四七―八四八頁。
（10）「關東軍參謀部第二課機密作戰日誌拔萃」（小林龍夫、島田俊彦編『現代史資料（七）』みすず書房、一九六四年）五五八頁。
（11）同右。
（12）「蔣中正致黄郛電」一九三三年九月二九日、〈卯翼傀儡（一）〉『蔣中正總統文物』台北、国史館蔵、典蔵番号―002-090200-00019-226。
（13）「汪兆銘自南京致蔣中正六月青未電」一九三五年六月九日、〈一般資料―民國二十二年（二十五）〉『蔣中正總統文物』台北、国史館蔵、典蔵番号―002-080200-00095-093。
（14）李君山『全面抗戦前的中日関係――一九三一―一九三六』（文津出版社、二〇一〇年）二〇二、二〇六頁。
（15）同右、二〇三頁。
（16）同右、二〇二頁。

(17) 森久男『日本陸軍と内蒙工作――関東軍はなぜ独歩したか』（講談社、二〇〇九年）一二二頁。
(18) 光田剛『中国国民政府期の華北政治――一九二八―三七年』（御茶の水書房、二〇〇七年）一三五―一三六頁。
(19) 李君山『全面抗戦前的中日関係――一九三一―一九三六』二〇二頁。
(20) 安井三吉『柳条湖事件から盧溝橋事件へ』（研文出版、二〇〇三年）一三一―一三二頁。
(21) 「國民政府軍事委員會委員行營長辦公室呈華北五省聯治案醞釀始末相關電文彙整」、〈華北局勢（五）〉『蔣中正總統文物』台北、国史館蔵、典蔵番号―002-080103-00020-001。
(22) 秦郁彦『日中戦争史』五六―五七頁。
(23) 光田剛『中国国民政府期の華北政治――一九二八―三七年』二六九―二七〇頁。
(24) 同右、二七〇頁。
(25) 「孔祥熙致蔣中正電」一九三五年七月三日、〈華北局勢（七）〉、『蔣中正總統文物』台北、国史館蔵、典蔵番号―002-080103-00022-001。「陳延炯致蔣中正函」一九三五年七月七日、〈一般資料―呈表彙集（二八）〉、『蔣中正總統文物』台北、国史館蔵、典蔵番号―002-080200-00455-200。
(26) 内田尚孝『華北事変の研究――塘沽停戦協定と華北危機下の日中関係一九三二―一九三五』（汲古書院、二〇〇六年）二一四―二二三頁。
(27) 「参謀本部『北支自治運動の推移』」（島田俊彦、稲葉正夫編『現代史資料（八）』みすず書房、一九三五年）一二八―一三〇頁。光田剛『中国国民政府期の華北政治――一九二八―三七年』二八一―二八二頁。
(28) 光田剛『中国国民政府期の華北政治――一九二八―三七年』二八二頁。
(29) 秦郁彦『日中戦争史』六一頁。
(30) *Foreign Relations of the United States: 1935 The Far East,* Vol. III (Washington, DC: U. S. Government Printing Office, 1952-1953), pp. 367-368, 420. 外務省編『日本外交文書――昭和期Ⅱ第一部第四巻上（昭和十年対中国関係）』（外務省、二〇〇六年）三八二頁。
(31) 「蔣中正致何應欽電」一九三五年一〇月一〇日、〈革命文獻―華北局勢與對日交渉（一）〉『蔣中正總統文物』台北、国史館蔵、典蔵番号―002-020200-00025-067。

(32)　内田尚孝『華北事変の研究——塘沽停戦協定と華北危機下の日中関係一九三二～一九三五』一一二頁。
(33)　「蔣中正電宋哲元商震等唐有壬續向有吉申述中央絕對不承認華北自治運動」一九三五年一一月二二日、〈革命文獻—華北局勢與對日交渉（一）〉、『蔣中正總統文物』台北、国史館蔵、典蔵番号—002-020200-00025-090。
(34)　光田剛『中国国民政府期の華北政治——一九二八～三七年』二八四頁。
(35)　内田尚孝『華北事変の研究——塘沽停戦協定と華北危機下の日中関係一九三二～一九三五』二二四頁。
(36)　鹿島平和研究所『日本外交史——第十九巻日華事変（上）』（鹿島研究出版会、一九七一）二三八頁。
(37)　外務省編『日本外交文書——昭和期Ⅱ第一部第四巻上（昭和十年対中国関係）』三九〇頁。
(38)　同右、三九一頁。
(39)　「楊永泰致何應欽電」一九三五年一二月六日、〈華北局勢（四）〉、『蔣中正總統文物』台北、国史館蔵、典蔵番号—002-080103-00019-001。
(40)　同右。
(41)　同権限は、次の六項にまとめられる。第一に、日華共同防共を実行すること。第二に、華北では幣制改革に適当な修正を加えること。第三に、関内関外の経済関係の調整を行わせること。第四に、財政支配権および一定限度の公債を発行する権。第五に、対外懸案の現地解決の権等の権限を付与する。第六に、弊政を改善、産業を発展させること。
(42)　「蔣中正致何應欽電」一九三五年一〇月一〇日、〈華北局勢（八）〉、『蔣中正總統文物』台北、国史館蔵、典蔵番号—002-080103-00023-001。
(43)　同右。
(44)　外務省編『日本外交文書——昭和期Ⅱ第一部第四巻上（昭和十年対中国関係）』四四二頁。
(45)　「何應欽致蔣中正電」一九三五年一二月八日、〈華北局勢（八）〉、『蔣中正總統文物』台北、国史館蔵、典蔵番号—002-080103-00023-001。
(46)　「楊永泰致何應欽電」一九三五年一二月九日、典蔵番号—002-080103-00023-001。
(47)　「楊永泰致何應欽電」一九三五年一二月八日、典蔵番号—002-080103-00023-001。
(48)　第二九軍の系統に属したのは宋哲元、秦徳純、張自忠、蕭振瀛、門致中であり、東北軍の系統は萬福麟、劉哲、胡毓坤であり、旧段祺瑞派は賈徳耀、王揖唐、王克敏であり、旧西北軍は石敬堯と程克であり、旧直隷派は高凌霨であり、地元の名家は李廷玉、周作民、冷家驥などである。そのなかの王揖唐、石敬堯、冷家驥が常務委員として選ばれた。

(49)　戸部良一「満州事変から日中戦争」（北岡伸一、歩平編『日中歴史共同研究』報告書——第二巻近現代史篇』勉誠出版社、二〇一四年）二六一頁。

(50)　光田剛『中国国民政府期の華北政治——一九二八—三七年』二九三—三二九頁。

(51)　同右、三三四—三三六頁。

第Ⅱ部　戦争期

第3章　石射猪太郎と日中戦争

劉　傑

はじめに

石射猪太郎は日中戦争勃発時の外務省東亜局局長（在任一九三七年五月一二日―三八年一一月九日）であった。宇垣一成外務大臣のあとを追うように局長を辞任するまでの一年あまり、石射は日中関係のさらなる悪化と、日中戦争の拡大を食い止めるために政府や軍部など各方面に働きかけ、外交の可能性を最大限追求した。このあたりのことは彼の回想録と日記をとおして確認することができる。また、先行研究によって明らかにされた部分も多い。

外交官石射に対する評価は「幣原外交」との関係のなかで論じられることが多い。石射自身もこの点を強調している。彼は自らの回想録『外交官の一生』のなかで、幣原の外交理念を実践したと自認している。これに対し、戸部良一は、「外交思想あるいは外交観という点からすると、石射は自ら認めているとおり、完全に霞ヶ関正統を継ぐ外交官であった」と指摘している。

「幣原外交」は、霞ヶ関正統外交を象徴するものである。その特徴の一つとして、服部龍二は「中国の統一を容認する観点から不干渉政策を実践して、大陸での秩序形成と経済外交を重視した」と指摘している(1)。

石射猪太郎は盧溝橋事件勃発後、戦争の早期解決に奔走した。戦争がその後拡大の一途をたどり、石射の努力は報われることはなかった。石射と彼をめぐる「和平派」グループを日中戦争史のなかでどのように位置づけるのか、道義が国家の利益と衝突するとき、外交官はどのように行動したのか。さらにそこから発展して、「中国通」外交官を日中関係史のなかでどのように位置づけるのか、という問題は、日中戦争の全体像と日中関係の多面性を把握するうえで極めて重要なことである。本章は日中戦争初期の石射猪太郎の活動を通して、いわゆる「中国通」外交官の思想と行動を検証し、日中関係史を検討するための新たな視角を模索したい。

1　日中戦争前の石射猪太郎

（1）日本の外交は蔣介石国民政府を対象とすべし

塘沽停戦協定締結後、中国国民政府は「安内攘外」の政策を掲げ、日本との経済協力の可能性を探った。有吉明公使をはじめとする中国に駐在した外交官等は宋子文ら国民政府の実力派と積極的に接触し、中国に自動車産業の成立の必要性を積極的に提案した。日本の対中国外交は幣原外交の中国政策を復活させ、経済政策を梃子に日中関係の改善に向けて動き出した。これには欧米派の宋子文も積極的に受け入れ、日中経済協力の拡大がみられた。しかし、日本政府の対応は必ずしも積極的なものではなかった。経済中心の外交に転換すると、欧米勢力の中国への進出を加速させるのではないかと警戒したのである。上海総領事時代の石射は、日本の対中外交姿勢は、中国と日本の間に距離をつくり、中国を欧米側に接近させるものだと批判した。彼は、宋子文の招請で中国建設事業に対する国際協力の可能性を調査するために訪中したジャン・モネ（Jean Monnet）の活動に注目し、次のように日記に記して、日本の対中外交姿勢の問題点を指摘した。

李栄延君来訪、支那は此次は金為替本位制になるであろうと云ふ。モネーの米国行は其れを使命とするらしい。支は今度は米に頼ろうとするのであろう。コブシばかり振りあげて助けて呉れぬ日本を袖にするのは尤な心理と云へる。(2)

中国の北伐が進展し、国権回復運動が拡大するなかで、反日、排日貨の運動が各地に起こり、日中関係は対立していた。このような事態は満洲事変後も大きな改善がみられず、中国主要都市では反日運動が絶えなかった。日中関係の危機が深まるなかで、石射は前任地の吉林を離れ、総領事として上海へ赴任した。満洲事変一年後の一九三二年九月のことである。この時の心境について石射は回想録のなかで次のように綴っている。

私は一総領事の身分として世界平和のために貢献するなどという、ビジョンの広い理想の持ち合わせはなく、ただ、霞が関外交の伝統たる国際協調政策の一使徒たるに過ぎなかったが、中日関係についてはユートピア的の理想を温存していた。それは学生時代、同文書院で培われた中日両国の唇歯輔車観念から生育したものというべきで、中日両国が心から融け合い、各自の利害をプールして中日兄弟ブロックを形成し得るならば、この東亜はいかに住みよい天地となるであろうか、また、かくすることによってのみ、中日両国は共存共栄し得るのだ。理想の境地への道は遠しといえども、到底不可能ではない。これに向って一寸でも、一尺でも荊棘を開く、その努力は中国側にもこれを期待せねばならないが、まず徳を建て範を示すべきは、強者日本であらねばならない。それは一総領事の力をもって拓き得る境地ではないが、少なくとも自己の職域だけには、この理想を押し進めよう。(3)

日本の対中国外交政策を決定づけるものとして、中国国民政府への認識がある。北伐を経て一九二八年に成立した南京国民政府は中国を統一する中央政府として十分な力を持っているのか、また、同政府には日本との関係改善の意思があるのかをめぐって、日本の認識は分かれていた。中国の統一に懐疑的で、蔣介石政府の本質を「反日」とみなす意見は、関東軍の強硬な大陸進出政策を背景に、日本各界に存在していた。外務省内にもこのような見解を持するものが多数いた。例えば、広東にいた須磨弥吉郎は、満洲事変期に、「帝国ノ政策トシテハ理不尽ナル蔣、張（学良）ヲ除キ、我方ニ理解アル者ニ宰配セシムルノ措置ヲ執」るべきであるという意見を持っていた。(4)須磨にとって、日本が執るべき唯一の国策は、「新タナル勢ヲ以テ反蔣、否、寧ロ討蔣ニ趨カムトスル政府ニ、事実上ノ声援ヲ与フルコト」である。

須磨は軍部に根強く存在し、旧軍閥に期待を寄せる反蔣介石の主張に同調したのではなく、孫文の流れを汲む広東政府こそ中国の民意を代表する新興勢力だと主張したのである。彼によれば、「広東政府ト雖モ、謂ハバ一個ノ支那政府ナリ、国民党ヲ根基トスル政府」である。「成立以来先ヅ故孫文ノ遺訓ニ基キ特ニ日本トノ提携ヲ高唱シ、……満洲事件ナル絶大ノショックニ遭フモ、依然其ノ日華提携論ヲ以テ終始シ居リ、現ニ一層強ク之ヲ高唱セン為改メテ反蔣ノ気勢ヲ挙ゲントシツツアルノ真摯ナル態度ハ之ヲ認メザルベカラズ」(5)。

つまり、蔣介石政府は「反日」的であるため、これを否定すべきであり、広東政府は「親日」的であり、日中関係の改善にこの勢力に依存すべきだというのである。須磨からみれば、広東政府こそ台頭する中国のナショナリズムを代表するものである。すなわち、

今吾人ハ孫文ノ唱道セル所謂三民主義ノミヲ云為セントスルモノニアラズ。寧ロ孫文トハ離レテ培養セラレ来レル国民トシテノ自覚ヲ重要視セムトス。不平等条約ノ撤廃、関税自由権ノ恢復、領事裁判ノ排除、租界ノ回収等ニ所謂国民的運動ハ何レモ茲ニ萌芽シ、何レ一定ノ形式ニ於テ名実共ニ純然タル独立国ヲ形成スル迄ハ恐ラク消エザルベキ底ノ国民的意識ヲ無視スルトキハ殆ド予想シ得ザル結果ヲ招来スルコトアルベキヲ虞ル(6)。

しかし、後述のように、反蔣介石の広東政府にいた汪兆銘が一九三二年以降、蔣介石と協力政権を成立させると、須磨の意見は一変する。南京総領事に転任した須磨弥吉郎は、地方政府ではなく、蔣介石国民政府との直接交渉の重要性を強調するようになる。須磨の意見は次の通りである。

南京政府のみを尊重せず、親日を標榜するならば、何れの政権でも友好関係を結んで、必要あらば之を援ける、と言ふが如き行き方も、勿論一つの見識であり、実際問題としてこの外に途はないかも知れぬが、既に中央政府

の存在する以上原則としては面白くない。かゝる行き方は中央政府との最後的折衝に断念を余儀なくさるゝときを俟つても決して遅しとしない。(7)

一方、上海にいる石射は、蔣介石国民政府との信頼関係を構築することの重要性を強調し続けた。須磨に比べれば、外務省に残されたこの時期の石射の意見書は決して多くないが、石射の意見書を確認した限り、石射は国民党部や蔣介石国民政府に概ね好意的である。石射は中国の「反日」は共産党の煽動に起因しているとする見解を本省に報告し、蔣介石国民政府との関係改善を促した。例えば、一九三五年一二月三〇日、石射は中央党部代表斉世英の談話を次のように本省に報告している。

日本側ニテハ学生運動ハ党部カ裏面ニ於テ種々煽動シ居ルヤニ曲解シ居ル向鮮カラサルヤニ見受ケラルル處、現在ノ国民党ハ完全ニ蔣介石ト一心同体ニシテ、蔣カ行政院長トシテ国難ノ矢面ニ立ツ決意ヲ為シタル今日、蔣ノ政策ニ不利ナル結果ヲ将来スル運動ヲ党部カ煽動スルガ如キ矛盾ヲ為ス筈絶対ニ無ク、党トシテモ、政府ト共ニ随分之カ弾圧ニ苦心シタリ〔中略〕。今後、反動派等カ右学生運動ニ着眼シ、之ヲ利用シ政府攻撃ノ具ニ供スルコトアルヘキハ、現ニ親日派ヲ集メ、対日関係ノ積極的改善ニ当ラント努メツツアル蔣介石ノ最モ惧ルル所〔後略〕。(8)

石射によれば、日中関係改善の鍵は日本が握っている。つまり、「この際日本側が、何か一つの問題で親切心を中国に見せてくれさえすれば、中国には十倍にもありがたく響いて、中日関係は面目を一新する」(9)というのである。

(2)　軍部の圧力に苦慮する石射東亜局長

一九三七年二月に成立した林銑十郎内閣のもとで、日本政府は塘沽停戦協定以降の華北自治工作の路線を修正し、

「北支の分治を図り、若しくは支那の内政を紊《ミダ》す虞あるが如き政治工作は之を行はず」（「対支実行策」）とした。[10]また、日本の華北政策の核心は「実質上確固たる防共親日満の地帯」に建設することや中国大陸から「国防資源を獲得」することであるが、この目的を実現するために、「差し当たり、先ず北支民衆を対象とする経済工作の遂行に主力を注ぐ」（「北支指導方策」）こととした。[11]この路線変更は佐藤尚武外務大臣期に実現されたものだが、佐藤はその対中国宥和政策を推進するための布石として、東亜局長という対中国外交の要に石射猪太郎を据えたのである。この職を引き受けるにあたって、石射は「対華問題につき、大局的見地より軍側とそりの合わぬことをご承知のうえならば、よろしくお取り計らいを乞う」と外務省に打電し、[12]軍と妥協しない姿勢を隠そうとしなかった。

しかし、佐藤外交は長く続かず、石射が東亜局長に就任してまもなく近衛内閣が成立し、広田弘毅が外務大臣に就任した。一九三七年六月一六日、近衛内閣の中国政策に影響力を行使するために、東條英機関東軍参謀長は、外務次官官邸において、堀内次官、東郷欧亜局長、石射東亜局長と会談し、関東軍の対中対ソ政策を披露している。その要点は次の通りである。①塘沽停戦協定に関する事項は四月に決定した「対支実行策」と「北支指導方策」によって何等変更なし、②対支経済工作は単に金儲けを目的とすることを差し控え、満洲国の開発に支障なき範囲に止めるべきこと、③内蒙工作を従来通り継続すること、④冀東政権の解消は冀察政権の態度明確とならざる限り、実現し難いこと、⑤冀東貿易の解決は税率の引き下げ、冀東の収入援助等の条件で外交上有利に利用すべきこと。[13]

外務省に残されているこの会議の記録によれば、東條関東軍参謀長の要望に対し、外務省側の立場を説明したのは、堀内次官と東郷欧亜局長であり、石射東亜局長は沈黙を守り続けた。史料の空欄に、東條が「対支経済工作について」述べた部分に対し、「具体的ニ如何ナルコトヲ意味スルヤ明カナラズ」「外務省トシテモ関東軍、北支駐屯軍間ニ明確ニ話ヲ付ケテ貰ハネバ迷惑ナリ」という書き込みがあり、外務省と関東軍の方針の違いが示されている。

この会議において、対中政策に最も関係の深い石射がほとんど発言しなかったこともあり、この時点での石射の外交政策案や軍部に対する認識を確認できないが、回想録に記された広田外相に対する人物論を通して、石射の心のなかを推測することができよう。

私には広田外相に新味も強味も感じられなかった。ワシントン在勤時代からこの人に対して持った私の崇拝と期待は、この数年来急にさめつつあった。先年広田内閣組閣の際、軍部からつけられた注文に唯々として聴従したり、軍部大臣現役制を復活したりなどした弱体ぶりに幻滅を感じたのだ。この人が心から平和主義者であり、国際協調主義者であることに少しも疑いを持たなかったが、軍部と右翼に抵抗力の弱い人だというのが、私の見る広田さんであった。[14]

東亜局長に就任した石射は軍部と対立しても自らの信念を貫こうとしたのだろうか。就任早々石射は「大乗的な構想」を立てて対華私案を練り、これを国民政府外交部亜洲司長高宗武との私的会議で話し合う計画を立てていたが、盧溝橋事件の勃発により頓挫した。[15]

2　盧溝橋事件への対応

(1)　事件の不拡大に奔走

一九三七年七月八日早朝、石射は外務省からの電話でたたき起こされた。北平大使館からの報告を受けて、外務省では、広田大臣を囲んで、堀内次官、東郷欧亜局長、石射東亜局長などの間で「事件不拡大、局地解決」の方針をいち早く決定した。

七月一一日、広田外相は現地外交官に次のような電文を送った。

「今次事件ニ対スル支那側今後ノ態度如何ニ依リテハ、我方トシテモ重大決意ノ已ム無キニ至ルヘキ処、帝国政府トシテハ素ヨリ進ンテコトヲ荒立ツルカ如キ考ヘ無キモ、事態ハ一ニ今後ノ支那側ノ出方如何ニ係ル次第ナルニ付テハ、貴官ハ貴地支那側最高当局ニ対シ右ノ次第ヲ懇説シ、速ニ時局ヲ纏ムル様措置方厳重申入レタシ[16]」。

同じ日、石射は当日の緊急閣議において、陸軍大臣から三個師団動員案が出る、という情報を入手していた。そこで、石射は静養先から帰京する広田外相を東京駅に出迎え、中国側を刺激することは絶対禁物であると力説し、閣議で動員案を食い止めるよう進言した。

しかし、石射の工作は功を奏せず、緊急閣議は動員案を可決した。失望した石射は日記に「広田外務大臣がこれ程御都合主義な、無定見な人物であるとは思はなかった。所謂非常時日本、殊に今度の様な事変に彼の如きを外務大臣に頂いたのは日本の不幸である」と記し(17)、広田への不満を吐露した。この頃のことについて石射は次のように回想している。

たしか七月一三日のこと、私は河相情報部長の斡旋で、平河町の河相氏宅でひそかに石原部長と会談した。河相部長も同席した。「中国に一兵だも出さぬ」との石原部長の決意に変化なきを確かめ、事件局地解決の方針を約束した。石原少将は、この会談を秘密にしてくれ、軍内部の連中や右翼が自分の行動を付けまわして困るのだといった。これは同少将の、部内での困難な立場を物語るものであったが、作戦用兵を掌る第一部長が頑張ってくれる以上、動員出兵は避け得られると思って、私は気が軽くなった(18)。

また、七月一八日の日記に、「外相が五相会議へ出るので口をきく材料を調べる。馬鹿げたものを承知でならべてやる。どうせ好い案をさずけても、主張するのをいやがる広田外相だ。果せる哉午後帰つて来てからの外相の話によれば、五相会議なんかタワイの無いものだ」と記し、さらに七月二二日の日記に「朝柴山君来訪、外交工作をして呉れぬかと昨日の話をむしかへす。それは無用と答ふ」と書いてある。この頃の石射は、広田外相に強く失望し、事変拡大を食い止めるための施策をめぐって深く悩んでいた。

七月二〇日現地の衝突拡大が伝わり、閣議で派兵の決定がなされることになった。これが最後の機会と判断した石射は、上村東亜局一課長と連名で嘆願文を作成し、広田に渡そうとした(19)。嘆願文は「動員は事件拡大の端を開き、回復し難い事態を招来すること必然ゆえ、中日関係百年の計のため、閣議におけるご奮闘を嘆願する」という趣旨のものであった。

ところが、閣議は内地三個師団動員・派兵を決定した。落胆した石射は「辞職、少なくも休職の決意をしつゝ、帰宅」した。[20]翌日、石射は上村と共に、外務次官と大臣に相次いで面会し、次のような辞表を提出した。

一、本月十一日派兵に関する閣議決定以来、屡次清鑑を煩はしたる通り、小官等の現下の局面拾収の唯一の途は、〔中略〕第二十九軍の受諾せる諸条件の履行を見極め、且南京側の軍事行動停止を条件として、速に増援部隊を帰還せしむるの態度を明かに中外に宣示し、以て信を世界に繫ぐにあり、而して一面従来の行懸りに捉はれず、真に国際正義に合致し、且雄偉なるステーツマンシップを含む所の一大案を提げて、日支関係の根本的局面打開を試むるは正に今日にあることを確信するものにして、小官等は之が貫徹の為此の上とも微力を尽すべきこと勿論なるも、冀くは閣下に於かれても国家百年の大計に思を致し、右廟議を決定せしむる様極力御努力方切望して已まざる次第なり。

二、然るに陸軍は今般更に内地師団動員方提議し来る趣の処、此の際斯かる措置に出ることは前記局地解決、事態不拡大の主義に依る局地収拾策に背馳し、局面の和平収拾を愈々困難ならしむるのみならず、遂には派兵に継ぐに派兵を以てせざるべからざる破目に陥り、最善の場合に於ても長期対陣の余儀なきに立至り、国力之が為めに困憊し、蘇連の覬覦を誘致する虞甚大にして帝国安危の分るる秋なりと信ずるものにして、動員の措置に対し飽く迄絶対反対の主義を固執方切望に堪へず。

万一閣下に於かれて以上二項を以て採納に値ひせずとの御意見なるに於ては、小官等としては快々として到底其職に堪へざる次第に付、先づ余人を以て小官等に代へられん事を懇願す。事緊急なるを以て辞を修するに暇なく、蕪言を以て小官等の存意を貴覧に達する次第なり。[21]

しかし、広田に一喝された石射は辞表を撤回した。ちなみに、太平洋戦争中軍令部嘱託として戦史編纂事務に携わった島田俊彦は、一九七二年に書かれた論文のなかで、このときの石射の行動について、「いかにも官僚臭が濃厚であり、彼ら果してどこまで真剣に陸軍の暴走を押える意欲があったかを疑わせるものがある」と手厳しい。しかし、石射の日記やその他の関係史料を確認した限り、過度に石射の決意を疑う必要もなかろう。

(2) 軍部の「和平派」との連携

盧溝橋事件勃発後、現地の状況を視察すべく、陸軍は柴山兼四郎・陸軍省軍務局軍務課長を現地に派遣した。七月二一日、視察を終えた柴山は帰朝した。

石射と柴山は、石射が外交官試験に合格し、はじめて広東に駐在した頃以来の旧知であった。病気療養のため一時帰朝し、群馬県磯部温泉に滞在した石射は、宇都宮師団に所属する「陸軍輜重兵中尉」柴山と知り合った。温泉での二人の付き合いについて石射は「夜になると、柴山中尉室に合流して、女中操縦術を修行した。二人の交際は、数日の間に君、僕の間柄に発展し、後日を約して別れた」と回想している。(22) 石射は柴山の「才能の非凡さ」を高く評価していた。この時に築かれた二人の信頼関係は、盧溝橋事件後の二人の協力関係に発展する。

さて、大陸から帰朝した柴山はいち早く石射を訪問し、「現地は実に冷静、条件は次第に実行されつゝあり、増兵なんか要求はしておらず」との情報を伝えた。(23) 石射は柴山から得た現地情報を広田外相にも報告した。同日、後宮淳・陸軍省軍務局長も石射を往訪し、「現地の条件を南京に認めさせる様交渉して呉れまじきや」と依頼した。(24) 翌日、柴山はふたたび来訪し、「外交工作をして呉れぬか」と石射の意思を打診した。(25)

七月二二日、「軍は動員を暫く見合せる事になつた」ことで、石射は外交の可能性を探りはじめた。彼は風見章内閣書記官長と会談し、風見から、「今日の閣議で広田大臣は局地解決、次で日支国交打開に大きな手を打つべしと大いに主張して閣議を驚かした」という情報を入手している。

広田大臣の態度の変化もあり、七月二三日陸、海、外三局長会議が開催された。陸軍は柴山が代理として出席した。会議では、「1、満洲問題ニハ触レサルコト　2、北支ニ於テ日華共同シテ経済開発ヲ行フコト　3、日本ハ支那カラ全面的ニ撤兵スルコト」という三大要綱の下で詳細交渉に譲ることを決め、「之ヲ近衛首相広田外相米内海相杉山陸相等ニ提出シ何レモ賛成シ之ヲ極秘裡ニ川越大使ヲシテ伝達セシムルト決定」した(26)。

七月二五日、日高参事官から本日午後高宗武と会談するとの趣旨の電報が本省に入電し、これに対し石射は、広田外相の名義で訓令を発し、政府の方針として次のように伝えた。

当方ニ於テハアクマデ現地解決事態不拡大ノ方針ヲ堅持シ、右徹底方ヲ軍側説得ニ努メ居ル次第ハ、屡次ノ電報ニヨリ御承知ノ通リニテ、（当方トシテハ陸軍部内ニ当方ト同様ノ意向ヲ有スルモノ漸次勢ヲ得来レルコノ際、此等一部ノモノヲ側面ヨリ支援スルタメ、凡ユル手ヲ用ヒントシ居ル事已ニ御想像ノ通リ）二十三日外務陸海軍主管局課長会合ノ際モ当方提案ニヨリ

一、状況ニ大ナル変化ナキ限リ飽ク迄現地解決、事態不拡大ノ方針ヲ堅持シ、コノ上ノ派兵ハ中止スル事。

二、現地協定履行ノ見据エツキ、且我方ニ於テ不安ナシト認メタル時ハ、自主的ニ速カニ増派部隊ヲ関外ニ撤収スル事。

三、適当ノ機会ヲ捉ヘ前記一及ヒ二ノ趣旨ヲ声明スル事。

等ニ大体意見ノ一致ヲミ、右ニ依リ時局ノ収拾ニ最善ノ努力ヲナス事ニ打合セタル次第ナリ(27)。

そして、訓令の最後で、高宗武と会談の際、「前記一、二、及ヒ三ハ貴官限リニ於テ政府ノ意向ヲ忖度セル結論ナリトシテ然ル可ク説明セラレ差支ヘナシ」と日本側の緩やかな解決策を中国側に伝えてもよい旨を指示した。

これをうけて、当地では日高公使は二五日午後、高宗武と会談し、国民政府内の空気、とくに蔣介石の対日態度を探り出すことに一応成功した。

しかし、七月二五日に廊坊事件、二六日に広安門事件が続発し、軍部の強硬意見が勢いを増していった。

（3）使者の派遣

華北の状況が緊迫するなかで、七月二九日、石射は柴山（陸軍）、保科（海軍）、上村（外務）の三課長と今後の対策について協議した。外務省東亜局は七月三〇日「北支時局収拾に関する外務省の意見」を作成し[28]、一九三六年以降外務省が構想してきた、南京国民政府を相手とした直接交渉の方針を確認した。この意見は蔣介石政府との直接交渉を一貫して主張してきた石射の意思を反映したものであることはいうまでもない。意見書の冒頭で強調したのは、「地方政権ノ樹立ハ絶対不可」という点である。すなわち、「事件ノ所謂地方的解決ヲ計ル為、南京政権ト離レタル鵺的中間政権（呉佩孚其ノ他旧軍閥ヲ擁立スルノ不可ナルハ勿論、所謂自治運動ノ形成ニ依ル「故老」擔出シ亦不可ナリ、第二十九軍ノ残党例ヘハ張自忠擁立ノ如キモ、今次派兵ノ目的カ全二十九軍膺懲ニ変更シタル今日主義上反対ナリ）ノ不可」である。また、「西南其ノ他ノ地方政権既ニ崩壊シ南京政権ノ支那統一殆ト完成セル今日、地方政権ヲ樹立シ之トノ話合ニ依リ事態ノ収拾ヲ計ラントスルカ如キハ単ニ一時ヲ糊塗スルニ過キスシテ禍根ヲ千載ニ残スモノナレハ『一切ノ地方的協定ハ総テ中央ノ許可ヲ得ルニ非レハ有効ナラス』トノ南京政府ノ態度ニ徴スルモ将又過去ノ歴史ニ徴スルモ明ナリ」。

「意見」は、中国の中央政権との直接交渉について二つの道を想定した。第一は、蔣政権を中央政府と認め、武力による城下の盟をもって蔣をして日本の希望するところをそのまま承諾せしめること。第二は、中央軍撃破の結果、中国側内部の副作用として、蔣政権の瓦解をもたらし、新中央政権の成立を待って、これと直接交渉する。

しかし、この二つの結果が見られなくても、「二九軍（及中央軍）膺懲ノ目的ヲ達成シタルニ依リ茲ニ撤兵スル旨声明シ、潔ク且ツ手際良ク兵ヲ収メ、国交調整ニ依リ日支関係ノ明朗化ヲ計ルヘキ」も考えられた。

このような政策構想に基づいて、石射は国民政府との直接交渉に乗り出す。石射の構想をサポートしたのは、「中国通」外交官の先輩たちであった。中国公使や外務大臣を歴任した芳澤謙吉は堀内外務次官に次の意見書を提出している。この意見書は、「石射猪太郎文書」に含まれていることから考えれば、芳澤の意見は堀内次官経由で、石射局長に渡ったのではないかと推測される。以下はその主な内容である。

刻下の重大問題は、息詰まれる此の事態を如何に打開し、以て日支関係の平常化を図るべきかといふ点にあるが、先づ吾輩の信ずる限りに於ては近く展開さるべき北支の日支主力戦に於ては支那側に一撃を加へたる機会逸せず、支那中央部に対し内外、表裏各方面より外交折衝を迅速に進めなければならないと思ふのである。それに就ては先づ内にあっては這回の事件の後始末に関する公正妥当なる根本方針を一決しなければならぬ。此の方針態度が決定したならば、表面的外交交渉を進むるため、広田外相自ら南京に乗り込むと共に、裏面工作として、其の事前に支那当路者と直接に話合の出来る親密なる関係ある有力者を近衛公及び広田外相の代弁者として南京に特派し、蔣介石及び張公権、呉鼎昌氏等其他の人々に対し前記我方の根本方針を内示する一方、上海方面に於ては浙江財閥方面に対し同様工作を施し、局面の打開に努め、政治的解決の歩を進むることが最も肝要ならずや信ぜらる。

八月一日午後、石射は陸軍の柴山軍務課長、海軍の保科軍務局一課長と協議し、「停戦交渉及全面的外交調整案につき意見一致し、其ラインにより軍部内を納得させるべく約束し」た[29]。八月三日、芳澤提案を取り入れた形で、「支那当路者と直接に話合のできる」人として在華紡績同業会理事長船津辰一郎に選定し、「支那側より停戦提議をなさしむべく」、同氏を上海に急派することを決めた[30]。船津は国民政府の対日外交の第一人者高宗武亜洲司長と親交があったからである[31]。

太平洋戦争中の一九四三年一〇月、船津はこの時の上海行きについて次のように回想していた。

当時（盧溝橋事件勃発時）私は東京在住の妻が危篤だといふ知らせに接したので、一時上海から帰国中であった。そこに石射東亜局長から国民政府外交部亜洲司長・高宗武の引き出しを頼まれ、何分にも自宅加療中の妻を控へてゐたので、甚だ困却したが、使命が使命なので、これを受諾し、取急ぎ、妻を帝大病院に入院させ、急遽上海に向かった[32]。

石射が東亜局長に就任した当時、日中関係について「大乗的な構想」を完成し、高宗武との私的会談を計画していた。この計画が日中軍事衝突の勃発という状況のもとで、船津を通じて実現したことは、石射の予想できなかったことであろう。このような経緯ではじまった「船津工作」は、上海事件の勃発により立ち消えになったことは周知の通りである。

3　「意見書」のなかの中国通外交官

(1)　「小川意見書」

事件が上海に飛び火し、日中衝突が拡大するなかで、石射はときどき私的小集会に出席して、事変遂行の不可を説いた[33]。そのため、外部からだけでなく、省内からも松本政務次官、船田外務参与官の「悪宣伝」が伝わるようになり、石射は「四面楚歌」の感を禁じ得なかった[34]。

石射のこの頃の考え方を代弁するものとして、満鉄上海事務所員・小川愛次郎の意見書がある[35]。石射は九月三日にこの意見書を受け取っている。意見書の内容について、石射は「最も鮮明剴切」であり[36]、「支那を正視している」ものと評価し、「我等と意見ピッタリ一致して居る」と賛同している[37]。それでは、小川は時局意見書で何を述べたのだろうか。

小川によれば、「支那国民ノ抗日思想ハ、日本ノ一部ニハ何処迄モ支那ヲ征服セネバナラヌト云フ強硬論者ガアツテ、一般国民ヲ引摺リテ、曩ニハ満洲ヲ奪ヒ、今復北支ヲ窺ツテ居ル、次ハ黄河南北、其次ハ中部支那ト、其野望ハ底止スル処ガナイ、国民ハ起ツテ之ニ抵抗スル以外ニ救之ノ途ハナイ」という強いものである。とくに注目しなければならないのは、こうした抗日の思想と「近年急速ニ発達シツツアルナショナリズムトガ交互ニ因果関係ヲナシテ、猛烈ナ沸騰ヲ見ルニ至ツタノデ、四億民衆ノ腹ノ底カラ湧キ起ツテ居ルノデアル」。

このような中国の変化について、日本人の間では、「国民党ノ指導ニ因ルモノダトカ、国府以夷制夷政策ノ結果ダトカ、コミンテルンノ使嗾ニ因ルトカ、又ハ統一建設ノ進捗ニ慢心シ、日本ノ内部対立ヲ見テ興シ易シト誤認シテ日本ヲ侮ツタ結果ダ」という認識があるが、このような認識に対し、小川は「飛ンデモナイ見当違ヒダ」と一刀両断。

小川の理解では、「たとえ露西亜ガ一朝ニシテ地球上カラ姿ヲ消シテモ、国民党政府ガ倒レテモ、英米ノ援助ガ絶ヘテモ、日本ノ誤ツタ対支態度ガ是正サレナイ限リ、支那ノ抗日ハ絶対ニ止ムモノデナイ。広田外相ハ『抗日ハコミンテルンノ使嗾ニ因ルノデアルカラ支那ヲ指導シテ日独防共協定ニ参加セシメ共産主義ヲ駆逐サヘスレハ東洋ノ平和ハ初メテ確立スベシ』ト云フテ居ルガ、如此ハ全ク支那今日ノ統一建国過程ニ於ケル思想的基礎ニ対スル認識不足ノ結果デアル」。

小川は、共産党勢力への過大評価を批判して、「支那ハ中ニハ今日最早共産党ナゾ歯牙ニカケテ居ルモノハナイ（外務省連中ハナゼ此位ノ事カ分ラナイカシラ）。支那ノ今日ハ、統一団結力ガ既ニ立派ニ思想的ニ固マツテ、最早共産党モ反蔣派モ地方軍閥ナゾモ、之ヲ防クル何ノ力モナクナツテシマツテ居ル」と中国の現状を認識している。

小川はまた、これまでの日本の事変への対応を次のように批判している。

「現地解決」ヲ切リニ連呼シテ北支ノ一局部ニノミ拘泥シテ居ルガ、元々大目標ガ両国ノ提携ニアル以上、現地ノ出先軍人間ノ協定位デ解決ノ出来ル性質ノ事柄デナイ事ハ初メカラ明瞭デアル。

「不拡大」勿論結構ダガ、初メカラ抜本塞源的徹底解決ヲ標榜シテ、国民ノ奮起ヲ促ス以上、此掛声丈デ事態ハ必然拡大サルルニ極マツテ居ル、今日ニ至ツタ事態ノ拡大ハ全ク日本ノ大袈裟ナ掛声ノ為メデ、出兵ノ前後ナゾハ問題ニナラナイ。併シ若シ掛声丈デ支那ガ驚イテ屈服スルトデモ考ヘテ、此ル重大事ヲ断行シタノナラ認識不足処カ軽率千万デアル。

小川はさらに、経済的手段によって中国を屈服させる方法も成功の可能性がないと力説した。

然ラハ経済的ニ彼ヲ屈服セシムル方法ハナイカト、イクラ考ヘテ見テモ方法ガナイ。上海、南京デモ占領サルレハ、紙幣ハ暴落スルシ金融ハ止マルシ、経済的財政的モ支那ハ混乱シテ南京政府忽チ崩壊スルデアラウナゾト云フノハ、支那管理通貨ノ特性モ支那財界ノ実状モ知ラナイ浅薄ナ見方デアル。幼稚デハアルガ今日ノ程度ニ組織化サレテ居ル以上、支那ノ中央政府ハ上海ヤ南京位押ヘラレテモ潰レナイノハ勿論、租税ノ征収、公債ノ発行ニモ未タ行詰リハシナイ。経済封鎖ノ如キモ一法トシテ考ヘラレルガ、境域広大自給自足可能ノ国デアルカラ致命的効果ハ望メナイ。

それでは、如何なる対策を立てるべきだろうか。小川は華北から手を引くことを主張して次のように述べている。

両国ヲ提携ニ導キ東洋平和ノ確立ニ資スルトアレバ、日本ノ北支権益還附ノ如キハ問題ニナラナイ程軽微ナ犠牲デアル。一派ノ強硬論者ハ之ヲ退嬰主義ナルガ如ク考フルカモ知レナイガ、事実ハ正反対デ北支ノ一局部ヲ棄テテ全支ヲ手ニ入レルモノデ、将棋ナラ歩ヲ捨テテ飛車ガ成リ込ムノト同様デアル。日本ニ大局ヲ察スル明カアレバ、宜敷小セリ合いハ止メテ、大勢ニ順応シ、東亜安定ノ必須条件ハ日支提携、日支提携ノ前提条件ハ支那ノ復興統一デアル事ヲ省察シ、此支那統一ノ為メニ不可欠ル北支ノ中央化ヲ認容シ潔ヨク北支カラ手ヲ引キ、満洲国ヲ承認セシメ、日満支三国提携即チ東亜安定ノ基礎ヲ固ムベキガ当然デアル。

小川の結論は明快である。すなわち、

日本ハ支那ト提携スレハ、東亜安定ノ盤石ノ基礎ノ上ニ立ツテ、国運ハ当ニ第二ノ勃興期ニ入リ、欧米勢力ハ東洋カラ一斉退却ヲ余儀ナクサルルテアラウ。反之長ク支那ト争ヘハ日本ノ進運ハ著シイ阻害ヲ蒙ルヘキハ云フ迄モナク、東亜ノ事亦云フニ忍ヒサルモノガアラウ。

石射が日記で書いたように、石射もこのような時局認識を共有していた。九月に入ってから、石射、柴山、保科の三者会談が繰り返し行われた。三者会合の内容は、石射日記から推測すれば、石射の事変解決案と陸軍から提起された意見との調整であった。一〇月一日の四相会議において、石射の意見をベースにした「支那事変対処要綱」が承認された。石射はこの要綱を「従来の対支処理方針の如きありふれたるものに比すれば、日支国交調整と云ふ線にふれて居るものではある」と評価する一方、「現内閣に果たして之を実行に移す勇気ありや心細い」と記し[38]、内閣に対する不信を匂わせた。

さて、四相会議において決定をみた「支那事変対処要綱」の「附属具体的方策」は[39]、「時局収拾ノ条件」と「日支国交ノ全般的調整」に関する事項を規定している。時局収拾の条件として、中国に非武装地帯の設定を要求する代わりに、「①必要に応じて日本駐屯軍の兵数を事変勃発当時の兵数範囲内に於いて、できる限り自発的に縮小する意志ある旨を表示すること、②現に河北省内に進出している中央軍が省外に撤退することを条件に塘沽停戦協定、土肥原・秦徳純協定、梅津・何応欽協定を解消すること、③冀察および冀東政権を解消し、「日支融合ノ具現ニ適当ナル」行政首脳者のもとであれば、南京政府が任意右地域の行政を行うことができること、などが決められた。

中国側に対する要求として、満洲国の正式承認、日支防共協定の締結、内蒙古方面において、錫、察両盟における徳王の現状を認め、同地域を「満支間ノ緩衝地帯トシ、双方右状態保持ヲ尊重ス」ること、抗日排日の取り締まり、邦交敦睦令の徹底、特定品の関税引き下げなどが列挙された。

一方、中国に対し譲歩を示した項目は、自由飛行を廃止することと、冀東特殊貿易の廃止並びに非武装地帯海面における中国側密輸取り締まりの自由を回復することの二項目であった。

しかし、戦争の拡大とともに、日本が中国に求めた講和条件は次第に厳しさを増していった。事変の拡大を食い止めようとする石射の外交の可能性は著しく狭められた。

(2)「石射意見書」

一九三八年に入ると、近衛内閣はドイツを仲介にした和平工作を断念し、「爾後国民政府を対手とせず」という声明を発表した。石射が進めてきた蔣介石国民政府を相手とする外交交渉は暗礁に乗り上げた。事変の解決をめぐって八方ふさがりの近衛首相は五月に内閣改造を実施し、蔣介石との直接交渉で事態打開を目指す宇垣一成を外相に任命した。宇垣新外相は多様なチャンネルを活用して、蔣介石国民政府の代表との接触を試み、事変の早期解決を目指した。宇垣外相の中国政策をより確実なものにするため、石射は「今後ノ事変対策ニ付テノ考察」という長文の意見書を宇垣外相に提出した(40)。

石射は「最短期間内ニ今次事変ヲ終局セシムル方策」として、「消極論」、「新中央政権樹立論」、「三大政権合流論」、「国民政府相手論」という四つのシナリオを描いた。「消極論」とは、漢口攻略後に日本軍の配置を縮小し、華中と華北の一定の地域に「防御陣地ヲ構築シ之ニ最少限度必要ノ兵力ヲ配シツツ各地帯内ノ治安工作及経済開発ニ精進スヘシ」という主張である。「新中央政権樹立論」とは、「臨時維新両政府及今後漢口ニ出現スルコトアルヘキ政府ヲ合流シ其ノ上ニ中央政府ヲ樹立シ、唐紹儀、呉佩孚等ヲ出馬セシメ中央政府ノ枢軸トシ我方之ヲ承認ノ上日支国交ノ調整ヲ協定シ事変ニ皇ヲ付ケントスル」ものである。また、「三大政権合流論」とは、臨時維新両政府ヲシテ国民政府ニ工作セシメ三政権ヲ合流シ此所ニ新ナル中央政権ヲ実現セシメ之ト和ヲ講セントスルモノ」である。そして、「国民政府相手論」はもちろん、「国民政府を対手とせず」声明の否定であり、「国民政府ヲ相手ニ東亜ノ大事ヲ談スルヨリ外途ナシ」と石射が唱えたのである。

石射にとって、「消極論」は事変の再発を招く下策であり、当然採用の可能性はなかった。「新中央政権樹立論」と「三大政権合流論」は何れも新たな中央政権の出現を目標にしており、年来の石射の主張に相反する考えである。

石射は意見書で「消極論」と「新政権中心論」的なものを排除し、「国民政府中心論」を提唱した。和平の基礎条件として、「寛厚ノ度量ヲ持シ成ルヘク支那側ノ面目ヲ立テヤルコト、支那主権ニ制限ヲ加ヘサルコト、蔣介石ノ下野ヲ絶対ノ条件トハセサルコト、支那ノ内政ニ干与セサルコト、国民党ノ解消ヲ要求セサルコト、経済提携ニ重点ヲ置クコト」の六ヶ条を掲げた。この石射の「国民政府中心論」に対し宇垣は「概ネ本大臣ノ所見ニ合致ス」と賛意を表したのである。

石射の意見書に勇気づけられた宇垣外相は、矢田七太郎を香港に派遣し、国民政府との和平の可能性を探らせた。東京朝日新聞の客員神尾茂もこれに加わり、宇垣外相のもとに国民政府関係の情報が多数届けられた。九月四日、宇垣外相は石射を私邸に招き、蔣介石政府に対する和平工作の重要性と実行の時期について話し合った。宇垣は、次のように述べた。

事変ノ終局ニ付テハ君ノ提案ノ如ク蔣介石相手ノ和平ヨリ外ナカルヘシト思フ、自分モ大臣就任ノトキ近衛首相ニ対シ一月十六日ノ声明ハ場合ニヨリ乗リ切ルコトトノ了解ヲ得テ居ルノタ、只急ニ蔣相手ノ和平ヲ提案シテハ騒カレルハカリタカラ潮時ヲ見テ居タノタカ最近ノ状勢カラ見テ最早其工作ニ取掛ツテ然ルヘキ時ト思フ、出来ルナラハ漢口攻略前ニ蔣ト話ヲ付ケ度シト考フ。(41)

このように、宇垣外相は石射のサポートを受けて、蔣介石国民政府と和平の可能性を探っているなか、中国に駐在した同盟通信の松本重治、満鉄社員の西義顕らが国民政府外交部亜洲司第一科長・董道寧、司長・高宗武に働きかけ、日本と蔣介石以外の「第三勢力」の育成を目指す和平工作を進めた。この和平工作は国民党副総裁・汪兆銘を対象に定め、陸軍省軍務課長・影佐禎昭、参謀本部支那課員・今井武夫らも強力に推し進めた。(42)二つの和平策が競合するなか、陸軍は「対華中央機関」設置問題を持ち出し、宇垣外相を辞任に追い込んだ。石射と堀内謙介次官も「大臣に対する輔弼よろしきを得なかった責を負って、辞表を提出した(43)」。一九三八年九月三〇日のことである。

おわりに

外交官石射猪太郎の中国政策を検討した本章は、石射の日記や回想録に依存する部分が多い。とりわけ回想録は戦後占領期の公職追放解除請願のために書きはじめられたものといわれている[44]。執筆の過程において、著者との距離を保ちながら、回想録中の内容を冷静に読み解くことを常に念頭に置いた。しかし、当時石射が執筆した意見書や、他の外交記録などと照らし合わせながら読み進めるなかで、やはり石射の誠実さに惹かれる。

上海東亜同文書院出身の石射は生涯中国に強い関心を持ち続けた。しかし、外務省に入省したころは、外交官という職業についていては、パンを手に入れるための手段以上の価値を見いださなかったようだ。石射は他の外交官と同じように、英語国への就任に期待を膨らませていたが、広東行きが決まると、「つまらない処へやられるものだ」と心のなかで叫んだという。そのようなこともあって、石射は当初、外務省の人間という自覚が薄かった。しかし、ワシントン会議を経験して彼は、「鮮明に外務人」になりきっていた。この時から石射は幣原喜重郎に強く影響された。石射は「偏狭な利己主義的見地に執着せず、列国との共存共栄の主義を堅持」する幣原外交に共鳴した。また、国家の対外威信は外交政策の「継続性」によって保障されること、国際間の調和が永遠利益を確保するなどを信念とした。石射がとくに感銘を受けたのは、「動乱常なき隣邦中国の事態に、深く同情すると同時に、その国民的要望を尊重すべきであるとの建前の下に、徹底的不干渉主義を固執した」幣原の外交理念であった[45]。

石射は回想録のなかで、「正義」について次のように語っていた。

今日の強国は、遠からぬ昔、いずれも他国の全部か、一部を盗んで大をなしたものだ。だから日本独り非難さるべき理由がないとはいえ、私は今日強国と称せられる国々の、そうした発展過程を是認し得なかった。日本だからといって、例外に置くのは私の正義心が許さなかった。いわんや今日は国際協調時代だ[46]。

しかし、幣原と同じように、石射は軍部の暴走と戦いながらも、「条約」によって保障された中国大陸、とりわけ満洲での権益を守るために働き続けた。石射猪太郎は、自らが守ろうとする信念、「外務省人」という組織の構成員の立場、そして、「国益」を守るという道徳の三者の間で、苦悩し続けた中国通外交官であった。

註

(1) 服部龍二『幣原喜重郎と二十世紀の日本』(有斐閣、二〇〇六年)二八八頁。
(2) 伊藤隆、劉傑編『石射猪太郎日記』(中央公論社、一九九三年)一九三六年一月一一日条。
(3) 石射猪太郎『外交官の一生』(中公文庫、二〇〇七年)二三二―二三三頁。
(4) 須磨未千秋編『須磨弥吉郎外交秘録』(創元社、一九八八年)一四七頁。
(5) 同右、一四五頁。
(6) 同右、一三九―一四〇頁。
(7) 『現代史史料八、日中戦争一』二一〇頁。
(8) 外務省編『日本外交文書』昭和期Ⅱ、第四巻、昭和一〇年対中国関係、一二二三―一二二四頁。
(9) 石射猪太郎『外交官の一生』二五三頁。
(10) 臼井勝美『日中外交史研究』(吉川弘文館、一九九九年)一九五頁。
(11) 同右。
(12) 石射猪太郎『外交官の一生』二九〇頁。
(13) JACAR(アジア歴史資料センター)Ref.B02030160800、帝国ノ対支外交政策関係一件、第七巻(A-1-1-0-10_007)(外務省外交史料館)。
(14) 石射猪太郎『外交官の一生』二九三頁。
(15) 同右、二九五頁。
(16) 外務省記録「加藤書記官宛広田大臣発電文」合第四八三号。

(17) 伊藤隆、劉傑編『石射日記』一九三七年七月一七日の条。
(18) 石射猪太郎『外交官の一生』二九八頁。
(19) 伊藤隆、劉傑編『石射日記』一九三七年七月二〇日の条、および『外交官の一生』三〇〇頁。
(20) 伊藤隆、劉傑編『石射日記』一九三七年七月二〇日の条。
(21) 島田俊彦「『船津工作』など」(日本国際政治学会編『日中戦争と国際的対応』有斐閣、一九七二年)一一〇―一一一頁。
(22) 石射猪太郎『外交官の一生』三三五頁。
(23) 伊藤隆、劉傑編『石射日記』七月二一日の条。
(24) 同右。
(25) 同右。
(26) 外務省記録、A-1-1-0-30_43「支那事変・善後措置」所収。
(27) 外務省記録、森島参事官宛広田大臣発電文、合第六六〇号。
(28) JACAR(アジア歴史資料センター)Ref.B02030512700、支那事変関係一件 第二巻(A-1-1-0-30_002)(外務省外交史料館)。
(29) 伊藤隆、劉傑編『石射日記』一九三七年八月一日の条。
(30) 同右、一九三七年八月三日の条。
(31) 石射猪太郎『外交官の一生』三〇六頁。
(32) 島田俊彦「『船津工作』など」一一二頁。
(33) 石射猪太郎『外交官の一生』三一五頁。
(34) 伊藤隆、劉傑編『石射日記』一九三七年九月二九日の条。
(35) JACAR(アジア歴史資料センター)Ref.B02030573400、支那事変関係一件 第三十巻(A-1-1-0-30_030)(外務省外交史料館)。
(36) 石射猪太郎『外交官の一生』三一六頁。

(37) 伊藤隆、劉傑編『石射日記』一九三七年九月三日の条。
(38) 同右、一九三七年一〇月一日の条。
(39) 防衛庁防衛研究所戦史室『支那事変陸軍作戦・一』(朝雲新聞社、一九七五年)三四九―三五〇頁。
(40) 外務省百年史編纂委員会編『外務省の百年・下巻』(原書房、一九六九年)三一五―三三七頁。
(41) JACAR(アジア歴史資料センター)Ref.B02030573400、支那事変関係一件 第三十巻(A-1-1-0-30_030)(外務省外交史料館)。
(42) 伊藤隆「解説」(石射猪太郎『外交官の一生』中公文庫、一九八六年)五一六頁。
(43) 石射猪太郎『外交官の一生』三五一頁。
(44) 戸部良一「解説」(石射猪太郎『外交官の一生』中公文庫、二〇〇七年)五二一頁。
(45) 石射猪太郎『外交官の一生』一五五頁。
(46) 同右、二一三―二一四頁。

＊本章は拙著『日中戦争下の外交』(吉川弘文館、一九九五年)の関係部分を大幅に増補し、再構成したものである。

第4章　田嶋栄次郎と日本軍の曲阜占領

姜　克實

はじめに

中国では日中戦争初期の一九三八年、山東省南部の滕県、台児庄を戦った旧日本軍瀬谷支隊（歩兵第三三旅団を基幹）とその長である瀬谷啓少将の名前がよく知られている。言うまでもないが、これは正面戦場における対日作戦の初の勝利とされる、「台児庄大捷」宣伝のおかげである。

瀬谷啓（一八八九―一九五四）は、栃木県出身で日本の陸軍軍人（図4－1）[1]。最終階級は陸軍中将。一九一〇年陸軍士官学校（二二期）、一九一八年一一月、陸軍大学校（三〇期）を卒業し、陸軍省、陸大教官、歩兵第一三聯隊長などを経て、一九三七年八月日中戦争勃発の直後に少将に昇進している。ベテランの指揮官のようだが、実際の戦闘経験は一九三八年三月から一九三九年一〇月、瀬谷支隊を率いて華北、華中の戦場で転戦した約一年半だけである。台児庄の戦いは瀬谷啓の実戦経験の最初であり、その後も噂された問責「処罰」を受けたのではなく[2]、さらに徐州、武漢で戦い、一九三九年一〇月中将に昇進し基隆要塞の司令官に転出している。一九四〇年八月、五一歳で一旦予備役に編入されたが、戦局が緊張化した一九四四年、ふたたび召集を受け、満鉄警護司令官、朝鮮羅津要塞司令官に就任し、敗戦後シベリア抑留となり、中国に送還された一九五四年五月、自決して自ら生涯を閉じた[3]。

瀬谷啓は一九三八年三月八日、中国の山東省曲阜で田嶋栄次郎の後任として歩兵第三三旅団長に就任してから、田嶋支隊は瀬谷支隊に名前が変更し、台児庄での「敗北」のおかげで、中国では大変な有名人になっている。また、

図4-1　瀬谷　啓

図4-2　田嶋栄次郎

瀬谷は岡山に本拠を置く歩兵第三三旅団の長だったのだが、中国の戦場で就任し、中将昇進後すぐ台湾に転出したため、地元の岡山とは無関係の人物である。一方前任の田嶋栄次郎（一八八三―一九五二、陸士一八期、陸大二六期）（図4-2）[4]は一九三五年三月陸軍少将に昇任し、第五師団司令部附をへて、同年一二月岡山の第一〇師団歩兵第三三旅団長に就任している。岡山の滞在は一年半以上も続き、広瀬町の旅団長官邸（元第一七師団長官邸、現在旭公民館）に住み、毎日騎馬で津島の旅団司令部に通った、という。[5]その前一九二七年から一九三〇年、岡山の第一〇聯隊の聯隊附（中佐）として長く「第六高等学校服務」を務めた経験もあったため、岡山の地元と縁の深い人物である。

一九三七年七月盧溝橋事件のあと、田嶋は第三三旅団（歩兵第一〇、第六三聯隊を基幹）を率いて津島の営舎から出征し、天津大沽口で上陸したあと、津浦線（天津から南京の鉄道）に沿って南下作戦を進め、静海、馬廠、滄県、徳県を攻略して一二月末、天険黄河を渡河して山東省に入った（図4-3）[6]。一二月二七日済南を陥落させてからも南下追撃戦を続け、一月四日、孔子の故郷曲阜を占領してここに司令部を構え、配下の二つの聯隊も曲阜、鄒県（第六三聯隊）、大汶口、新泰、蒙陰（第一〇聯隊）一帯に散らばってしばらく守備態勢にはいった。

田嶋少将の中将昇任（三月一日）と異動は瀬谷支隊が南下して「南部山東剿滅作戦」（台児庄作戦を含む、地方掃蕩）を行う直前であり、その前二月一三日、不慮にも曲阜南方の小雪村で四川軍第一二七師の部隊による襲撃を受け負傷した。負傷と異動が重なるため、長い間中国では、田嶋少将は伏撃戦で死亡したという説が流れ、四川軍があげた金星としてこれまで語り継がれてきた。しかし、もし本当であれば、

図４－３　私服偵察の旅団幹部

陸軍少將正五位勲三等田嶋榮次郎
任陸軍中將
昭和十三年三月一日
内閣総理大臣正二位勲一等公爵近衛文麿奉

図４－４　田嶋の中将昇進辞令

日中戦争がはじまってからの、現役少将の戦闘死亡の第一号になり、日中両方において大ニュースになるはずである。

また田嶋の中将昇任も決して負傷したためのご褒美ではなく、負傷の時点で少将の経歴は満三年に近づき、この場合、よほどの過失がない限り、年功序列の昇任は日本軍の慣例であった。すなわち、三月一日の中将昇任と部署異動の人事は、負傷前すでに準備されたものといえる（図４－４）[7]。

ちなみに日中戦争中、大陸で「戦死」した日本軍現役少将の第一号は、一九三九年六月一七日第一五歩兵団長田路朝一少将（陸士一九、陸大二九期）である。田路の場合は飛行機の墜落による死亡で、本当は事故か、撃墜かさえ定かではない[8]。にもかかわらず、現役少将の死亡の第一号となるので、日本で「戦死」と報道され、中国では大変有名な話になった。

本章は主として日本の記録史料を中心に、田嶋栄次郎という人物に的を絞り、小雪村の遭難状況および一九三八年一月から三月、部隊の曲阜支配時期における人間模様を明らかにし、合わせて戦争記憶の方法にも、一石を投じたい。

1　小雪、皃村の戦闘について

(1)　中国側の記録

手はじめにまず、中国側における田嶋少将死亡の伝説を見よう。時間序列順に記録をまとめると、次のようである。

①熊順義「滕県血戦紀実」

……一二七師七五七団の王文抜団長は第一、二営を率いて、二月一四日午前一〇時頃、小雪村の東で曲阜方面からきた日本軍の乗用車三両を見つけた。……三〇分間激戦の末、日本侵略軍磯谷師団の少将田嶋栄次郎以下一五名全員を射殺し、軽機関銃二挺、小銃三挺、拳銃三挺、乗用車三両及び軍用地図、書類、作戦資料数束などを鹵《ろ》獲《かく》した。我軍の死傷はわずか三名である。

同日午後二時、崑村附近において、我がゲリラ部隊は曲阜方向に猛進してくる日本軍のトラック一台と数十名の敵を発見し、……激戦の末、敵二五名を射殺し、軽機関銃一挺、小銃一八挺、トラック一台、無線機一台、軍用地図一セットを鹵獲し、我軍には死傷者はなかった。(9)

作者の熊順義は当時国民党第二〇集団軍（四川軍）第四一軍第一二四師第三七二旅第七四三団の団長だったようだが、この部隊は事件の当事者ではない。どのような根拠で記されているかは不明であるが、これらの日時、死傷者数、鹵獲品などの基礎データは、のちのいくつかの「小雪、崑村の戦闘」の記録の原型になったようである。

②『曲阜市誌』「大事年表」

一九三八年二月一二日、国民党第二二集団軍第一二七師七五七団の二個営（中隊）の部隊は、団長王文抜の指揮の下で、曲阜、鄒県間に位置する小雪、崑村の二箇所で伏撃陣を仕掛け、一四日午前、小雪村において、南進する日本の乗用車三両を襲撃、撃破し、日本軍少将中島榮吉以下一五名を射殺した。午後、崑村で日本軍の北進するトラック一両を撃破、日本軍二五名を殲滅した。翌一五日、曲阜、鄒県両地駐在の日本軍は大規模な報復掃蕩を行い、……小雪村の民家千軒に放火し、村民三一名を惨殺した。(10)

ここでの日付け（二月一四日）、戦果の統計数字は前資料とほぼ変わらないが、少将の名前だけは田嶋栄次郎ではなく「中島榮吉」と記録されている。

③高洪富「小雪、皀村伏撃日軍紀実」

一九三八年二月一一日、国民党第二二集団軍（四川軍）第四五軍一二七師第七五七団の王文抜団長は、命令を受け……曲阜、鄒県の山地に入り、一二日、第七五七団の二個営は地方武装部隊の協力の下で、曲阜、鄒県間の小雪村、皀村付近で道路、橋梁を破壊し、日本軍の伏撃を計画した。……一四日午前一〇時頃、日本軍の乗用車三台は、曲阜から小雪方向に行進し、破壊した道路に停車し偵察している間、我軍に包囲され、接近戦になった。……三〇分間の激戦のあと、日本軍磯谷廉介師団少将中島栄吉を始め一五人全員を殲滅し、乗用車三台、および軽機関銃二挺、小銃三挺、拳銃三挺のほか、軍用地図、書類、作戦資料一式などを鹵獲した。戦場整理した時、意外にも敵少将田嶋栄次郎の死体を発見した。この戦いで中国軍側の死傷はわずか三名である。同日午後二時、鄒県駐在の日本軍数十名、トラック一台に乗車して鄒県、曲阜道路に沿って北進し、皀村附近で破壊した道路に阻まれ停車した。応急補修を準備している間、我伏撃部隊の攻撃を受け、倉皇に応戦した。……この激戦で二五名の日本軍が死亡し、軽機関銃一挺と小銃一八挺、トラック一台、無線機一台、軍用地図一束と敵の後方連絡図一枚が鹵獲され、我軍には死傷者がなかった。[11]

描写はやや詳細になったが、基礎データは①の熊の記録とほぼ同じである。

④韓信夫『鏖兵台児庄』

四川軍「第一二七師第七五七団の王分抜団長は、命令を受け……曲阜、鄒県の敵後方の山地でゲリラ戦を展開していた。二月一二日、第七五七団の二個営と地方武装部隊と協力して曲阜、鄒県間の小雪村、晃村付近で日本軍の伏撃を計画した。……一四日午前十時頃、磯谷師団の少将田嶋栄次郎は一九三七年式の新型乗用車に乗り、四〇人余りの護衛と装甲車一両がこれに同行して……両下店陣地を視察するため、曲阜鄒県の道路に沿って南下し、小雪村に設けられた我軍の包囲網に入った。

……三〇分間の激戦のあと、敵の銃声が聞こえなくなり、……我軍が敵陣に突入した。この戦闘で、日本軍一五人が死亡し、我軍は敵の軽機関銃二挺、小銃四〇挺、トラック二台を鹵獲した。戦場整理した時、意外にも敵少将田嶋栄次郎を発見した。田嶋は全身血だらけで……絶望的な目つきで我が戦士を眺めたあと目を閉じ、後送する担架の上で絶命した。

同日午後二時、晃村附近で我ゲリラ部隊は鄒県から曲阜に猛進した敵数十名載せたトラック一台を見つけ……、この伏撃戦で敵二五名が死亡し、軽機関銃一挺と小銃一八挺、トラック一台、無線機一台、軍用地図一束、敵の後方連絡図一枚を鹵獲され、我軍に死傷者はなかった。」[12]

この記述は一番詳細であるが、証拠を示しておらず、基本データは①の熊順義の記録と大同小異なので、熊の記録を元に加工した故事と思われる。

以上は最近まで中国大陸で伝えられる小雪、晃村の戦いについての主な記録で、どちらも根拠の出所を示しておらず、少将旅団長の死亡説は最大な特徴である。内容からわかるように、基本データとなる内容（日にち、場所、死亡者数、車輌、鹵獲品）に大差はなく、最初に出た熊順義の話をもとに再現したものと思われる。

一方、田嶋が死亡しておらず、負傷していた報道は、戦前からすでにあり、上海『大公報』の戦地特派員楊紀

（別名張蓬舟）は後の総括記事において「民国二七（一九三八）年二月一三日第一〇師団第三三旅団長田嶋栄次郎は曲阜において負傷した」と記録している[13]。最近では、胡卓然が「侵華日軍喪命の将〝第一〟考」の文章において、楊紀の一九三八年一一月九日の報道を引用し、田嶋栄次郎は死亡したのではなく「負傷」した、と指摘している[14]。同じ説は、当時の有名な戦地記者範長江の報道にもあり、範は、小雪村で死亡したのは、田嶋栄次郎ではなく、その通訳官中島栄吉だ、と説明した[15]。前出「中島栄吉」の名前は、そもそも范長江の報道から得られたようである。

これを見ると、田嶋栄次郎の死亡説は参戦部隊や地元の間に流布した不確実な英雄話で、一旦戦地報道によって訂正されたものの、戦後になって再び抗日宣伝、歴史教育の題材に利用され、その後定着したようである。真実かどうかはとにかく、大物の旅団長を「死亡」に処したことは、格好の宣伝材料であろう。田嶋栄次郎は果たして小雪村で死んだか、最近になってこの歴史の懸案を取り上げる動きが現れ、二〇一二年五月二五日、新疆電視台（テレビ局）の番組『劇劇有戯・四川軍撃斃日将之謎』に取り上げられた。

⑤『劇劇有戯・四川軍撃斃日将之謎』[16]

あらすじは次のようである。

一九三八年二月某日、四川軍第一二七師の斥候馮玉森は、三日後鄒県で「皇軍・良民懇親会」を開き、曲阜からも日本軍の重要人物も参加する、との情報を手に入れた。この情報に基づき営長陳九章を中心に鄒県、曲阜間の道路で伏撃戦を行う計画が準備された。

当日、日本軍はトラック一台に軽機関銃一と二十数名の護衛兵を載せ先行し、後続の乗用車とともに伏撃圏に入った。激戦の末、日本軍の部隊はほぼ全滅し、伏撃を行った四川軍の兵士は戦場整理の時、乗用車に死亡した将校らしい人物の死体を見つけた。長靴には金色の拍車がついていた。この兵士は死体から軍刀だけを抜き取り、軍靴の拍車に気を止めることなく、死亡者を軍曹として報告した。ところがその三日後、曲阜と鄒県の両地で第三三旅団長田嶋栄次郎を送る〝追悼会〟が開かれた消息を知り、陳九章らははじめて自分たちは大金星をあげたことに気がついた、という。

番組ではこの件について検証し、一、死体の長靴に将軍の階級を表す金色の拍車がついていること、二、三日後、〝送る会〟（追悼会と解釈されている）が開かれていたこと、三、日本で出版された戦史叢書『支那事変陸軍作戦』（二）にある第二軍の人事異動記録（「瀬谷少将の第三三旅団長の就任」）の三点から、田嶋栄次郎は確かに戦死したと判断している。

一方、歴史の記録も無視しておらず、戦前からの范長江記者の説も紹介し、この人物はもしかすると通訳の中島栄吉である可能性も示唆した。結局、懸案は解けず、番組は終了した。

⑥ルポルタージュ『抗日戦争中的川軍』

もう一つの話を紹介しよう。何允中作『抗日戦争中的川軍』という作品である。大衆向けのネット文学で活字になっていないようだが、作者何允中は籐県の戦闘にも参加した、四川軍一二二師副団長何煋栄の子息で、定年後先輩志士の抗日事績を顕彰すべく、自ら資料調査を行い、また四川軍の戦士、後人から証言を集めまわった。文学作品のような描写であるが、今まで知られていない新しい情報もあった。日本の記録資料からも左証できる内容も含まれているので、ここで紹介しよう。ちなみに、何の『抗日戦争中的川軍』は、前記テレビ番組の『劇劇有戯・四川軍撃斃日将之謎』の素材にもなったようである。


一二七師七五七団の斥候班長馮玉森は鄒県城内で三日後「皇軍良民懇親会」の情報を手に入れ、営長陳九章（重慶市隆昌人）に報告した。伏撃地点は交通要道にある「小薛村」に定め、作戦は秘密裏に準備された。……当日は濃霧だった。九時過ぎ、濃霧が晴れ、二〇人の「鬼子」を載せ、軽機関銃一丁を装備するトラックが現れ、後ろに迷彩塗りの乗用車がついていた。

村の入り口で、トラックは障害物に阻まれ、進退維谷のところ、四川軍による一斉射撃が浴びせられた。この射

図４－５　大沽口上陸の田嶋少将[17]

撃を受け七人の鬼子が即死し、乗用車にも手榴弾が投げ込まれた。生き残った一部は付近の民家に逃げ込み、数重の壁を乗り越え村外に出て、戦友を顧みず一目散で逃走した。戦場整理のため戦士たちは乗用車に接近した処、車台下から一人の金持ち風の中国人少年が這い出て、……号泣しだした。乗用車の中には、……ラシャ製軍服で軍刀を下げ、顔から血を流した年長の鬼子の死体が横たわっていた。捜索の兵士は軍刀を戦利品として持ち帰り、軍靴にある金色の拍車に気を止めなかった。戦果報告において、指揮官を証明する証拠（金色の拍車）がないので、〝鬼子一一名〟殲滅と記録した。戦闘は中国側の全勝でおわり、敵死者のほか、小銃、拳銃十数挺を鹵獲して、特別捕虜（少年）一名も捉え、我が方には死傷はなかった。

その晩、この少年の口からやっと、自分たちが金星をあげたことがわかった。少年の名前は「游倫」という、一二歳、曲阜小学校の生徒で、家は城内の裕福の大家であった。金拍車をつけた人物は、曲阜駐在の日本軍少将旅団長田嶋栄次郎で、尤家の前庭に駐在していた。その日は日曜日で、游倫は家で遊んでいた処、兵士佐藤に誘われ乗車し、鄒県で「親善会」を見物に同乗した、という。游倫少年はその後、四川軍の司令部に移送されたが、二日後曲阜に戻された。

作者の何によると、この内容は一九八五年、四川軍の元排長潘近仁から聞き取った話であるようで、潘は〝もし游倫が健在であれば、今年は七〇に近いだろう〟と付け加えたという。

あとで日本軍の記録を見れば、この少年の存在は事実であることがわかる。何の調査は聞き取りであるが、車輌は二台、兵員は二〇名、即死者は七名、天候は晴れではないこと、民家への避難、中国人少年の存在など、これまでの記録より正確な情報が多い。

⑦「金色拍車」考

以上は小雪村事件に関する中国側の記録である。話として色々の版本があるが、情報源は概ね、前出の熊順義の話と後出の何允中の話の二通りがあると考えられる。熊の話より、当事者への聞き取り調査を経た何の話はより事実に近いが、どちらも当時の記録資料によるものではなく、記憶、口伝に基づく事実還元であろう。抗日戦争の「神話」が、このように多くは口伝、記憶から生まれ、さらに政治的宣伝によって輪をかけ膨らんでいったのである。

何の話には「金色の拍車」の物語が出て、多くの関心者の心をとらえ、テレビ局の番組もこの話を中心に田嶋死亡の説をドラマチックに展開させていった。

話としては面白いが、やはり虚構の故事ではないかと筆者は思う。

拍車は乗馬用の道具で、アメリカン・カウボーイの革靴のように軍靴と一体化するものではない。乗馬する時だけ、図4-6のようにバンドで軍靴につけるが、普段はつける必要はない。小雪伏撃戦の際、田嶋旅団長も中島栄吉通訳も乗用車に乗っており、わざわざ乗馬用の拍車をつけて車に乗ることは話の辻褄に合わない。

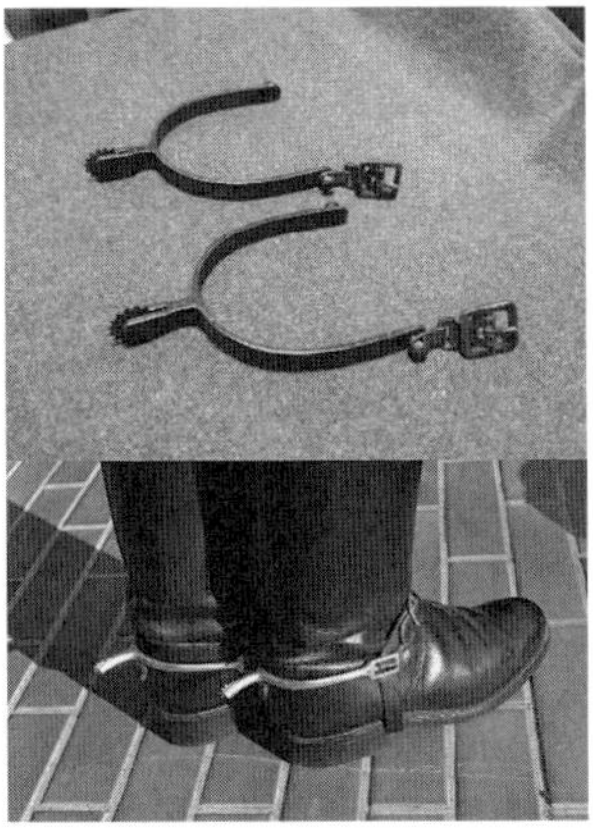

図4-6　拍車のイメージ

また、「将官」以上の階級が金色の拍車を着用することは、明治時期の軍隊にある古い規定で、主として階級を表す必要がある儀式時の装備であった。大正一〇（一九二一）年になると、実用的ではない、「破損し易い」などの理由でこの規定が改められ、将官でも「従軍ノ時及普通ノ勤務演習等ニ在リテハ銀色金属」（無色の地金）が奨められるようになっている(18)。

以上のように、もし死んだ通訳中島栄吉が長靴を履いたとしても、乗車するため拍車をつける必要は考えられない。本物の将軍（田嶋）も死んでいないので、したがって「金色の拍車」は、すべて架空のつくり話であろう。

（2）日本側の史料と記録

①『歩兵第十聯隊史』の記録（小雪の戦闘）

以上の中国側の記録に対して、日本側においては戦闘詳報に基づく複数の記録が見られる。記憶ではなくほとんど当時の記録資料かそれに基づいて書かれたものなので信頼性は高い。また同事件の関係記録は一つではなく複数が存在したので、総合すると戦闘の全過程を隅々まで把握できる。とくに時間、場所、天候、結果統計など重要な情報について、複数の記録による照合もでき精確度は高い。これらに従って、一九三八年二月一三日（旧暦正月一四日、日曜日）小雪、皃村で行われた両戦闘を還元してみよう。

まず、小雪の戦闘について、『歩兵第十聯隊史』には次のように記す。

二月一三日、第三三旅団長田嶋栄治郎《ママ》少将が、南下各部隊巡視の途次、曲阜南方八粁の小雪で同日午後一時頃、四川軍第一二七師の約二〇〇〇名に急襲された。同地方は一応占領地下であったので、護衛兵も軽機、小銃各二箇分隊を二台のトラックに乗せ、先頭を旅団長乗用車が進んでいた。当日はそぼ降る小雨であった。小雪部落に入らんとした時、いきなり村はずれの望楼上より急射撃と手榴弾が叩きつけられ、あッという間に護衛の二箇分隊は倒された。乗用車にも弾丸が集中し、田嶋少将も左大腿部に被弾した。生残った者は辛うじて近くの民家に避難したが、それは旅団長、次級副官来栖武一少佐、通信班長登東洋夫中尉、伝令の安井上等兵、護衛分隊の古川曹長以下五名、通訳、同盟通信の記者三名のみで、古川曹長は手榴弾の破片が大腿部に食込み出血が激しく、安井上等兵も足に銃創を負っていた。小銃は三挺しかなく、満足な兵もまた三名しかいなかった。次級副官はこれら三名の兵に旅団司令部への連絡を命じた。むろん三銃とも持って行った。あとには小銃は一つもなく、拳銃が二挺あるだけである。三人の兵は敵の射撃のなかを縫うて脱兎の如く脱出した。敵はこの民家に小銃、機関銃、手榴弾の集中火を浮びせてくる。またも手榴弾一発が投込まれ、爆発寸前、登中尉がこれを拾って投げ返した瞬間、轟然と爆発、兵と通訳が即死し、登中尉の右手の指はバラバラになって鮮血がふきだしている。かくて満足なのは来栖副官と兵二名、同盟通信記者三名のみとなった。

これより先、旅団長の乗用車を運転していた今井上等兵は、敵急襲の直後、曲阜の旅団司令部に急を報せるべく、懸命に走り、曲阜に辿りつくやパッタリ倒れた。仰天した高級副官奈良正彦中佐は直ちに野戦倉庫のトラック六〇台で一箇大隊を救援に向わせ、自らはトラックの出発を待たず伝騎をつれて馬を現地に飛ばした。救援隊は午後五時三〇分小雪に到着、敵はそれを見て逃走し去ったが、旅団長以下寡兵よく四時間を頑張り通していた。我が方の戦死者兵六、通訳一、同盟通信記者一、負傷旅団長、通信班長のほか下士官一、兵六名に及んだ。

済南攻略後、南部山東省駐留間、戦闘としては蒙陰、大事件としてはこの田嶋旅団長の遭難が特筆される。田嶋旅団長は直ちに入院後送され、代って瀬谷啓少将が第三三旅団長に任命され、新旅団長は三月九日曲阜に着任した[20]。

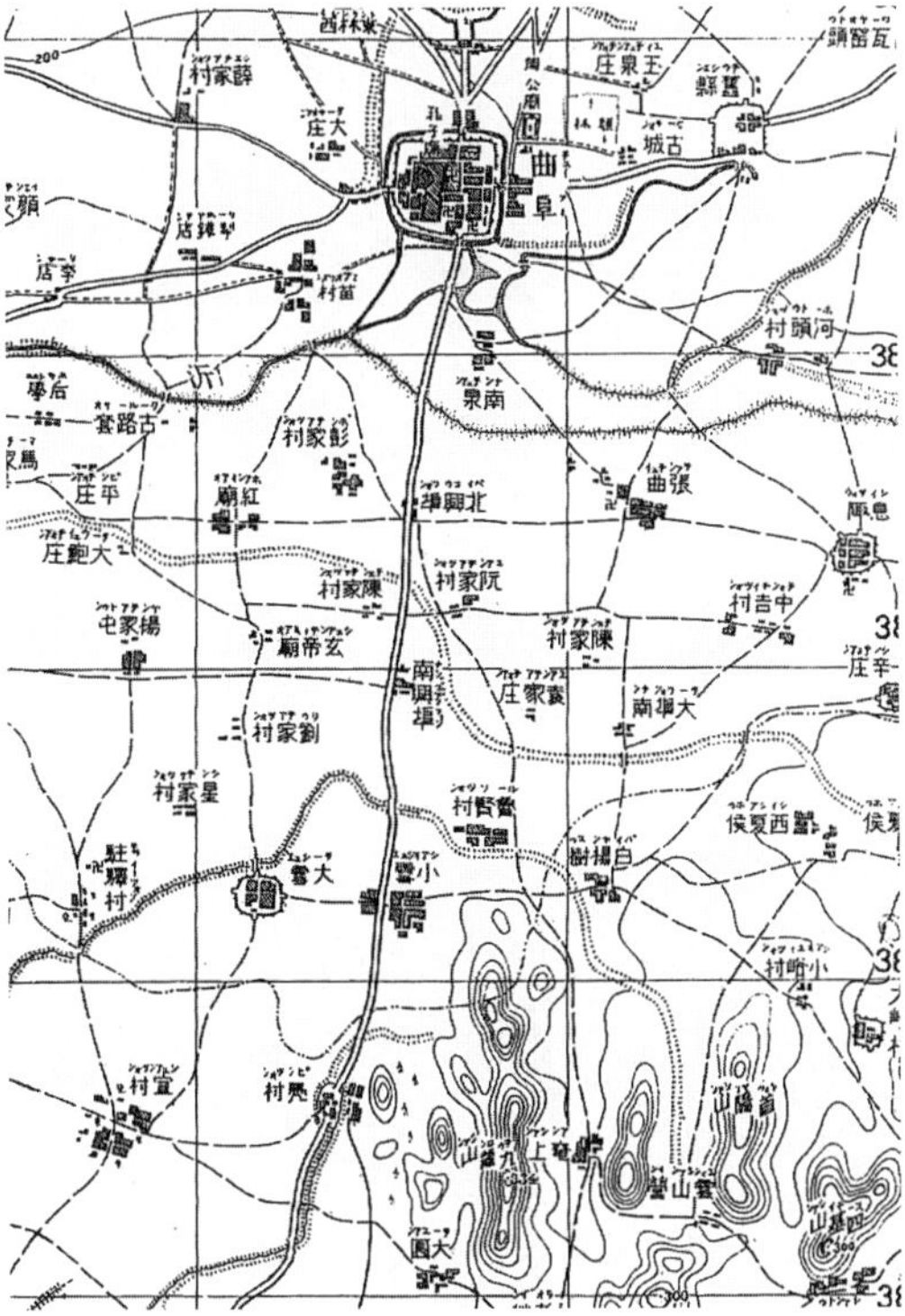

図４－７　曲阜と小雪，晃村（日本軍の地図より[19]）

歩兵第一〇聯隊はこの時大汶口に本部を置いており、事件当事者の部隊ではなかったが、聯隊史にはこの当時の大事件について詳細な記録を残していた。聯隊史編纂の時、後に触れる寺島記者の記事を参考したと思われる。以上から確認できる事実は以下の諸点である。

一、事件の日にちは一九三八年二月一三日、戦闘の開始は午後一時頃で、天候は小雨であった。また旅団長の出動目的は、南方に位置する鄒県駐在の部隊（歩兵第六三聯隊）を「巡視」するためであった。

二、敵は四川軍第一二七師の二〇〇名で、友軍の兵力は二台のトラックに分乗している「軽機、小銃各二箇分隊」であった。

三、近くの民家に避難したのは、田嶋旅団長一行四人、古川曹長以下護衛五名、通訳一、記者三の合計一三人で、その中に三名が救援を呼ぶために脱出し、手榴弾の爆発で通訳、兵一名は死んだ。

四、被害状況は死亡八名（含通訳一、記者一）、負傷九名である。

この資料について、日時、時間、被害についての基礎データは正確だと思うが、それを加工した過程の描写にいくつかのミスが見られる。「軽機、小銃各二個分隊」とすれば、兵四〇名の戦闘力となり、これは死傷者の数に合わない。後の資料を参照すれば、トラック一台、軽機、小銃が合わせて二分隊の方が正しいであろう。また通訳中島栄吉はどこで（乗用車中か、トラック中か）死んだのかも、異議が残る。

②『歩兵第六三聯隊史』（皇村の戦闘）

次は『歩兵第六三聯隊史』を見よう。第六三聯隊第一大隊は当事者の部隊であるが、この日の戦いに関する戦闘詳報は今残っていない。聯隊史を見ると、編纂の段階（一九七四年頃）では詳報がまだあるようであるが、聯隊史はそれを採録しなかった。代わりに記したのが、田嶋旅団長一行の様子ではなく、聯隊主力（鄒県警備隊）側の記録である。

鄒県警備隊側は、事前に田嶋の巡視情報を得ており、旅団長は予定時間に到着しなかったので、その身の安全を案じて、情報をつかめないまま曲阜方向に迎えの小部隊を出発させた。この部隊は小雪村南二キロの皇村で同じく四川軍の部隊に待ち伏せられ戦闘になるが、これがいわば「皇村の戦闘」である。ちなみに皇村はかつて亜聖孟子の生誕地であり、翌日聯隊が掃蕩を行った四基山は、孟子家先祖の陵墓が入った神聖の山である。以下は記録の内容である。

晁村（鄒県北方約九粁）および四基山（鄒県東北方約一〇粁）附近の攻撃

二月一三日支隊長田嶋少将は、副官と通信隊長を帯同し、鄒県警備隊視察のため少数の掩護部隊とともに自動車に搭乗し正午曲阜を出発した。午後二時にいたるも一行は鄒県に到着せず、鄒県、曲阜間の有線電話は不通となり、一行の動静は杳として不明となった。

警備隊長（聯隊長）はその状況糾明のため、高井兼雄少尉以下7〔中隊〕の小銃、軽機各一分隊を自動車をもって現地に急派し、追って午後四時過ぎ曲阜の支隊司令部から、支隊長一行は遭難の虞あるとして部隊急派要請の電報が飛来し、7主力は現地の状況に応じ機宜の行動をとるよう命令され、鄒県――曲阜道を急速北進していった。

前遣の高井少尉は前進中敵兵を見ない、沿道は平常に変らない景観、午後三時三〇分ごろ晁村の南門前に到着した。南門は鎖され周辺は極めて静寂、斥候をもって捜索しつつ前進し、部落の中央部附近において東、西、南の三方から急射を受け停止して抗戦した。敵兵はしだいに増加して約四〇〇となり、高井隊は死力を尽くして応戦し、軽機手はほとんど死傷し最後の一兵は軽機の破損とともに敵中に突入し戦死している。斥候は北門を占拠し北門外の家屋に拠った五、六〇の敵を駆逐したが、新たに敵兵は東西両面から各約百名来攻し、斥候長以下よくその家屋を占領し力戦固守していた。さしもの敵も午後五時三〇分ごろ退却を始め晁村東方高地方向に逸走、高井隊は兵力を集結し抗戦の態勢を固めた。

支隊長一行の状況は依然不明、後の調査によると、高井隊は少数の兵力をもって敵に遭遇して抗戦したが、約五〇〇の敵兵は統制なき分離した兵力であったためよくこれを撃退し、その地点の北方約二粁半の小雪附近において支隊長一行を襲撃した敵を牽制し得て大事にいたらなかった客観的の効果は特筆に価する幸運であった。

7主力は午後七時晁村に到着して高井隊を掌握し、部落を確保して索敵に努め、一部を小雪に派遣したが敵兵は隻影も見えない。支隊長一行の動静は依然不明のまま。午後六時三〇分支隊司令部から兗州を経由し、支隊長一

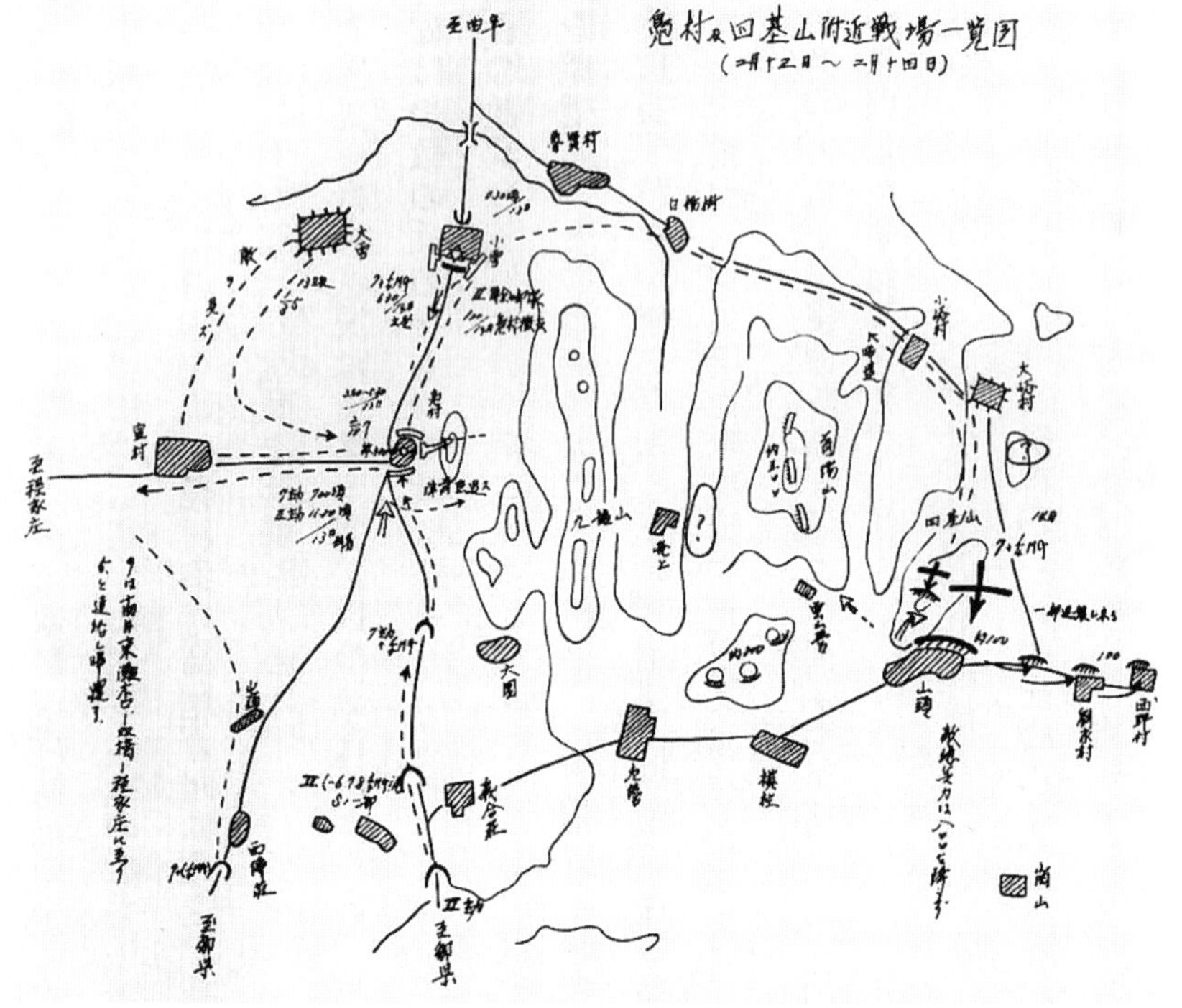

図4－8　皃村の戦闘図

行は午後〇時三〇分ごろ小雪において約五〇の敵と遭遇し、支隊長負傷、随行者将校以下戦死八名、負傷者八名の状況がはじめて判明した。

警備隊長はこれを7長に通報するとともに、皃村東西一帯の掃蕩と戦死傷者収容の部署をなし、Ⅱ〔第二大隊〕（6、7、8、MG〔機関銃〕三分隊、2:iA〔大隊砲〕小隊欠）は午後九時過ぎ鄒県を出発し、S〔衛生隊〕の傷者収容隊は掩護部隊とともに自動車をもってこれに続行し、夜半前皃村に到着し、Ⅱ長は7を掌握し、西方の宣村西北方の大雪を掃蕩し、至厳な警戒態勢をもって夜を徹した。Sの傷者収容隊は戦死傷者を収容し、翌一四日の中夜鄒県に帰還した。[21]

皃村の戦いで最初に待ち伏せ攻撃をうけたのは、高井少尉が率いた軽機、小銃二個分隊合計約二〇名で、トラック一台に同乗した。午後三時三〇分、皐村村内で偵察、捜索中に襲撃され、軽機関銃分隊の数人は死傷したが、歩兵隊（斥候）十数人は北門を占拠し敵約五〇〇名を相手に善戦した。四時間陣地を守りぬき、午後七時頃、救援隊の第七中隊の主力と合流した。さらに夜半、第二大隊の主力も現場に到達し、ここで日本軍は主力をもって皐村周辺の村に徹夜報復掃蕩を行った。『曲阜大事記』にある家千軒に放火、住民三人を惨殺の記録は、この報復掃蕩のことであろう。もちろん日本軍側の戦闘記録には、こうした殺人、放火を記録しない。

皐村の戦いに関して、翌日四基山（皐村東一〇キロ、孟子陵がある山）の攻防（第七中隊対約八〇〇の敵）に合わせた第六三聯隊全体の死傷数は「准士官以下戦死三名負傷八名であった」。中国側が記録した「二五名の死亡」と大差がある。

この皐村の戦いは、四川軍襲撃部隊の主力を牽制し、田嶋隊を包囲する敵の攻撃力を弱めたと、戦闘記録が分析した。

以上の二つの記録を合わせると、小雪、皐村の戦いで待ち伏せを受けた日本軍は、曲阜、鄒県両方向を合わせて四五―五〇名で、トータルな被害は死亡一一名、負傷一六名になる。

③歩兵第六三聯隊第一大隊第二中隊陣中日誌の記録

次にもう一つ関連の史料である、歩兵第六三聯隊第一大隊第二中隊の「陣中日誌」の記録をみよう。

同中隊は旅団司令部を警護する中隊で、所属の第一大隊とともに聯隊本部から離れて曲阜に駐在した。一月一三日現在員数一七九名であり、なおこの日は雨天の記録であった。

午後三時二五分、曲阜東南門で、第一大隊長沖田一夫中佐から緊急命令「沖作命号外」が出された。

（一）　敵ノ兵力明ナラス

（二）　旅団長閣下一行苦戦中ナリ

（三）　大隊ハ先ツ小雪ニ向ヒ急進セントス〔後略〕[22]

この命令で、二個中隊約四〇〇名の部隊が緊急動員され、第一中隊、機関銃中隊、第二中隊はトラックに乗車して出発し、大隊砲と馬匹は歩行で追及した。

午後四時二〇分の作戦命令では、第一中隊が「右第一線本道以西ノ地区ヨリ小雪ヲ包囲スル如ク攻撃シ旅団長閣下一行ヲ救出シ爾後小雪西部地区を掃蕩スべシ」、第二中隊は「左第一線本道以東ノ地区ヨリ小雪ヲ攻撃シ旅団長閣下一行ヲ救出シ爾后小雪東部ヲ掃蕩スヘシ」、というはさみ撃ちの救出、掃蕩計画であった。[23]

午後七時二二分の「曲阜露営司令官」の第五号命令に戦闘結果が報告され、「自動車ヲ射撃セシ敵兵力ハ約五〇ニシテ我カ掃蕩隊ニヨリ撃退シ掃蕩隊ハ午後六時二〇分曲阜ニ帰還セリ」であった。

午後九時二〇分の「沖作命第百三十号」にさらに具体的な情報が伝えられ、「正午出発鄒県ニ向ハレタル旅団長閣下ハ途中小雪部落ニ於テ敵匪ト遭遇激戦中ナルノ状況ヲ知リ軽装ニテ直ニ南門外ニ集合自動貨車ニ依リ小雪ニ向ヒ午後四時二〇分到着直ニ命令ニ基キ之カ攻撃撃退セリ、……閣下ハ負傷セラレアリタルモ軽傷ト聞ク」であった。[24]

この史料は、救援に向かう曲阜の守備隊の動きを記録したものである。田嶋支隊長が襲撃された報を受けたのは、午後の二時過ぎであり、部隊は三時二五分出動命令が出され、四時二〇分小雪村に到着し、六時二〇分掃蕩を完了して戻ってきた。前記第六三聯隊の鄒県部隊が晁村の救援を行う際、午後七時小雪村の現場も捜索し敵情を発見できなかったと記録しているが、曲阜側の部隊は掃蕩任務を完了して引き揚げた後だったのだろう。

また、襲撃時の敵は当初二〇〇名と報告されたが、救援隊が記した敵情報は約五〇名しかなく、すなわち、救援隊が到達した際、四川軍の大部分はすでに戦場から撤収され、現場に残したのは旅団長が入った民家を包囲し続けた一部のみだったと思われる。

④登東洋夫中尉の記憶

一番臨場感に溢れる記録は、『毎日新聞』の従軍記者寺島特派員が事件の翌日に書いた報道記事と、田嶋旅団長の警護責任者である通信班長登東洋夫中尉（当時）の記憶である。この両方は『田嶋栄次郎追悼録』に載っているので、以下に続けて録しておく。

旅団長の負傷

忘れもしない昭和一三年二月一三日、旅団長は滞陣月余に及ぶ第一線聯隊の激励視察に行かれることになり、来栖次級副官と私がお供を命ぜられました。前線との距離は四里（一六粁）、平素は単騎伝令が往来しても危険のない安全地帯であったが、護衛隊長役の私は念のため松江歩兵第六三聯隊の半ケ小隊を出して貰い、これをトラックに乗せ、閣下の乗用車（今井秀雄上等兵運転）に、来栖少佐、登中尉、それに宿舎の孫息子八才の尤祥少年（後述）の三名が同乗、前線に向かいました。曲阜南方約八粁の小雪部落で突如敵と遭遇閣下が負傷されるという最悪事態が起きたのですが、……詳しい状況は、天津以来わが軍に従軍記者として行を共にしていた毎日新聞の寺島特派員の翌一四日発信の記事の新聞切り抜きが私の手元にありますので、これを引用したいと思います。(25)

登の文により特定できる人数と人名がかなり具体的になってきている。出動した車輌は、乗用車一台とトラック一台、乗用車に、田嶋司令官、来栖次級副官、登中尉、運転手今井秀雄上等兵、駐屯地宿舎の少年尤祥五人が乗り、トラックに六三聯隊の「半ケ小隊」が乗車し、目的は前線視察であった。

⑤寺島特派員の記事

寺島特派員の記事は「田嶋部隊長戦傷の蔭、烈々主従美談」というタイトルであった。

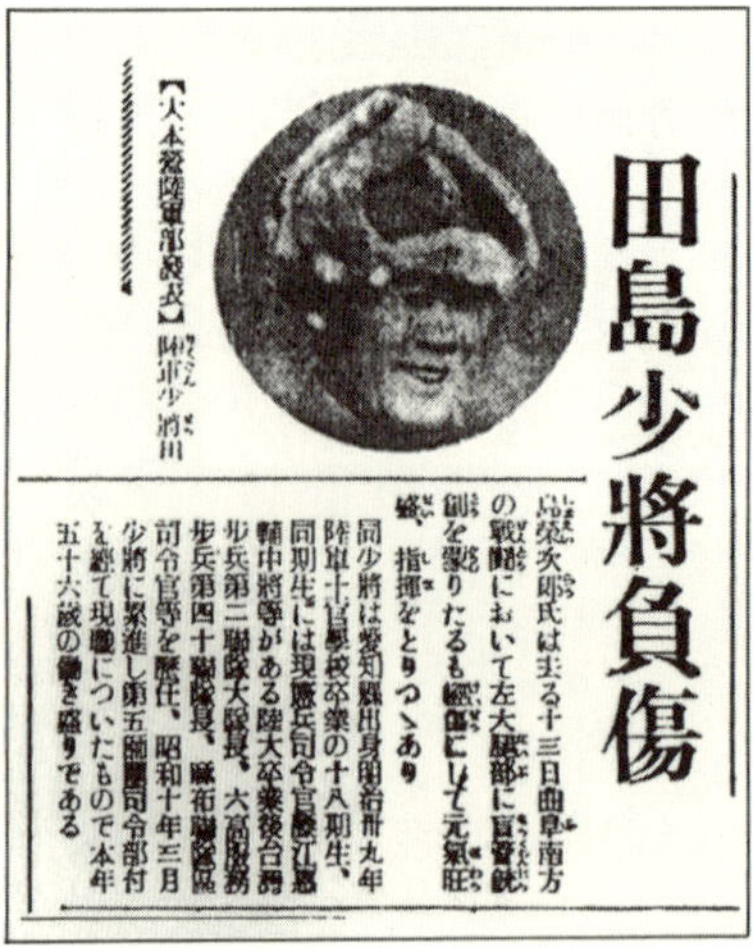
田島少將負傷

【大本營陸軍部發表】陸軍少將田島榮次郎氏は去る十三日曲阜南方の戰鬪において左大腿部に盲管銃創を蒙りたるも輕傷にして元氣旺盛、指揮をとりつゝあり

同少將は愛知縣出身明治卅九年陸軍士官學校卒業の十八期生、同期生には現憲兵司令官藤江惠輔中將等がある陸大卒業後台灣步兵第二聯隊大隊長、六高配屬將校、步兵第四十聯隊長、麻布聯隊區司令官等を歴任、昭和十年三月少將に累進し第五師團司令部付を經て現職についたもので本年五十六歳の働き盛りである

図４－９　「田嶋少将負傷」(26)の記事

田嶋部隊長は二月一三日午後、曲阜から車で前線に赴く途中約八粁の小雪村で突如敵兵（注、四川軍第一二七師の約二〇〇名）の襲撃に遇い、同部隊長は左大腿部に盲貫銃創をうけ、曲阜野戦病院に収容されたが、幸いにして治療一週間の軽傷である。一四日、野戦病院に部隊長を見舞うと、案外元気よく次のように語った。

「この戦斗で部下たちは数多くたおれ、又重症の身もかえりみず自分のからだを守ってくれた登中尉、単身本部に報告に帰り救援隊を案内して帰ってきた今井上等兵等々私は彼らの機智と勇敢さには感服する。自分は全く良き部下を持ったことを喜んでいる。自分の傷は大したことはない。軍医の話（注、鮎川軍医少佐）では、弾は摘出せず、このまま放っておけばひとりでに直るそうだ。早く直ってまた戦線に出ていくよ……。

なお同記者はこの戦闘の模様を次のように詳しく報じている。

田嶋部隊長は二月一三日午後零時半頃曲阜出発、前線に赴く途中一時半頃、小雪村で敵の急襲に遭い、名誉の負傷を負った際、部隊長車運転手の今井秀雄上等兵が勇敢にも敵の重囲を脱して二里（八粁）の道を生命のかぎり駈戻り、曲阜の守備隊に急を告げる一方、生き残った部下将兵が前後四時間身をもって田嶋部隊長の楯となり、われに数倍する敵の攻撃を阻んで部隊長を守り通した……。当日午後一時半頃、スワ敵襲という間もあらせず雨と降る手榴弾、小銃、機銃弾に中つて中島栄吉通訳（桐生市出身）、段塚房蔵（鳥取県）、角一男（島根県）、遠藤忠光（鳥取県）の各上等兵、竹下忠治（島根県）、加藤明光（鳥取県）両一等兵、これにカメラマン柳沢文雄氏（長野県）の七名がバタバタと戦死し負傷者も続出、あたりは惨憺たる血の海。この時運転手今井上等兵は友軍に急を告げるべくただ一人で飛び出した。後ろからはバリバリ猛烈な一斉射撃をうけたが弾は幸い当たらない。土塀に沿い軒下を伝ってころげるように駈け出す。……午後二時二五分ごろ、息も絶えだえになって漸く曲阜城南門に辿りつく。何事かと駈けよる歩哨に、田嶋部隊長が襲撃……と、言いも果てないうちにバッタリその場に倒れそのまま人事不省に陥った。一方襲撃現場では負傷の田嶋部隊長を守って部下の将兵はかたわらの民家（図4－10）[27]に立てこもり表戸を閉して決死の防戦に努める。この際家屋内には僅かに一〇名足らず、屋外からはしきりに手榴弾を投じ小銃を乱射する。わが軍は一人倒れ二人傷つきながらも、勇敢な将兵が全身朱に染まった重傷の身の者さえ雄々しくも銃をとって死物狂いの射撃を続ける。来栖武一少佐（岡山市）は負傷の身を屈せずピストル片手に部隊長をかばい、又、右手にピストル、左手に抜身の軍刀を手にして入口の戸を守っていた登東洋夫中尉（熊本県）は部隊長の身近く投げこまれた敵の手榴弾を機敏にも拾いあげ、入口の戸の隙間から投げ返したとたん、

図4－10　田嶋一行が最初に避難した民家

轟然たる爆音をたてて作裂、右手の指三本はちぎれ鮮血がふき飛び、右足部に盲貫通破片創を負うという悲壮極まる抵抗戦は続く。やがて敵の第一波攻撃がやんだ間隙をぬって、将兵一同は百米程奥のやや大きい支那家屋に移動する。今までの抵抗拠点の家屋（写真）は支那軍の放火により壁を残して完全に焼け落ちており、最後までそこに残っていたら恐らく全員焼死していたであろう。部隊長の冷静な判断が皆を救ったのだ。今井上等兵の決死の報告によって急を知った奈良高級副官は曲阜警備のため駐屯中の一ケ大隊の主力をトラックに乗せ、意識を回復した今井上等兵を案内に小雪村に急行、同部落を包囲攻撃中の四川軍の約二百名を撃退、部隊長以下を救出した。時刻は夕刻迫る午後五時半、敵襲をうけてから延々四時間、寡兵よく戦って部隊長を守り通した……[28]。

当事者の記者で翌日に書いた戦地報道なので記事内容は非常に詳細で、死者の数（八名）、出身地とフルネームも記録され、翌日にわざと現場に行き撮った焼け落ちた小屋の写真も付けられていた。この記事で事件の全容はほぼ完全に再現された。

図4－11　田嶋少将と登中尉

⑥事件のまとめとその後

以上に見てきたいくつかの記録は、事件当時の記録資料か、それに基づいて書かれたもので、中国側の口伝記述に比べ、時間、地点、被害状況に関する具体情報の信頼度は非常に高い。記録を総合すると、小雪村伏撃戦は一九三八年二月一三日（日曜日、雨天、陰暦一月一四日）であり、戦闘時間は午後一三時三〇分―一七時三〇分の約四時間で、出動した部隊は司令部一行五名（聯隊長、副官、通訳、通信班長、運転手、ほかに民間人の少年一人）、護衛部隊は軽機銃一挺を含む兵士約二〇名（二分隊）。また、従軍記者、撮影記者数名もトラックに同乗した。死者は八人であり、負傷は八名で、死者には通訳の中島栄吉と従軍カメラマンの一名が含まれていた。七名は最初の一斉射撃を受けた時の即死したであり、ほか一人は家屋内で抵抗する間の犠牲者であった。田嶋旅団長はこの戦いで軽傷を負い、一〇名弱の部下に守られ、民家二箇所を退守しながら、増援部隊の到来まで四時間をがんばり通した。

田嶋栄治郎は負傷してから、手榴弾で指が吹き飛ばされた登中尉とともに曲阜にある旅団の野戦病院（鮎川軍医少佐以下四名、兵五名）でしばらく入院治療し（図4－11）[29]、まもなく三月一日中将に昇進し、下関要塞の司令官に転出した[30]。翌一九三九年一〇月、五六歳で予備役に編入されたが、故郷愛知県宝飯郡三谷町で引退生活をしている一九四二年四月、第二一回衆議院議員総選挙（翼賛選挙）の候補者に推薦され、そのまま立候補し（愛知県第五区）衆議院議員に選出された。敗戦後公職追放に遭い、一九五二年に死去した。

2　日本軍の曲阜占領

(1)　孔子、孟子の生誕聖地と日本軍

今日、日本帝国主義の侵略を批判し、抗日の愛国主義教育が盛んに行われていた中国ではあるが、孔子（BC五五一―四七九）、孟子（BC三七二―二八九）の故郷である山東省南西部の曲阜、鄒県に行くと、日本軍が一九三八年一月から現地を占領していた数年間、孔子廟、孟子廟を守ってくれた話をよく聞く。『孔府档案』には、一九三八年二月八日、「代理奉祀官」孔令煜（傍系七六代孫）が占領者の田嶋部隊長（駐曲阜歩兵第三三旅団長）をはじめ、久保添部隊長（駐曲阜第一〇独立機関銃大隊長）、沖田部隊長（駐曲阜歩兵第六三連隊第一大隊長）ら幹部七名を招待した記録があり、[31]時の孔子府の当主で孔子第七七代嫡孫孔徳成（一九二〇―二〇〇八）の伝記にも「日軍尊孔」の見出しで、当時の日本軍による孔子廟、孔子陵などの遺跡保護のことを記録している。

溢れかえる残虐な侵略者のイメージと程遠いこのような記録について、日本侵略者の中国伝統文化への「畏敬」や、政治思想の面で「日本の軍国主義と儒学の理論面の癒着」などを指摘し批判的な解釈も見られるが、[32]日本軍による孔子、孟子の遺跡保護の事実について、否定する人はほとんどいない。

一九三八年一月、津浦線より南下し、曲阜、鄒県一円を最初に占領したのは「台児庄の戦い」で名を知られた日本北支那方面軍の第一〇師団（師団長磯谷廉介・原隊姫路）の部隊であり、一月から三月中旬、孔子の故郷曲阜、孟子の故郷鄒県に進駐したのは、第一〇師団配下の歩兵第三三旅団（田嶋栄次郎少将・原隊岡山）であった。[33]旅団司令部とその警護にあたる歩兵第六三聯隊（松江）第一大隊は曲阜県城に駐留し、聯隊本部とその他の部隊は、孟子の故郷である鄒県に駐留していた。また第一〇師団の歩兵第八旅団（長瀬武平少将・原隊は姫路）は、曲阜に近い済寧に本部を置き、歩兵第三九聯隊（兗州駐在）を率いて、曾子（BC五〇五―四三五）の故郷嘉祥（魯国南武城）、汶上一帯で掃蕩作戦を繰り返した。仁義なき日本侵略軍の掃蕩作戦は、まさに儒教の聖地――孔子、孟子、顔子（顔回、

図4－12　当時の旅団指令部

図4－13　福栄真平

曲阜人、ＢＣ五二一―四八一）、曾子の誕生地――で展開されたのである。

　第一〇師団の各部隊は一九三七年一二月二三日黄河渡河作戦を開始、二七日済南を陥落させ、三〇日南下の追撃作戦に移った。その先鋒となる歩兵第六三聯隊（原隊松江、聯隊長福栄真平大佐）（図4‐13）[34]は一月一日泰安を占領、二日汶河を渡り一路南進し続け、一月四日、曲阜城を急襲攻撃で占領し、五日南下して鄒県を支配下に治めた。[35]戦線不拡大の命令を受け同聯隊は一月一四日「鄒県警備隊」と命名され、山東南部剿滅作戦が開始した三月中旬まで、二ヶ月以上、孔子、孟子の故郷を駐在、警備した。第三三旅団のもう一つの主力歩兵第一〇聯隊（原隊岡山、聯隊長赤柴八重蔵）は、この時後方の大汶口（大汶口文化の発祥地）に位置し、東に向けて新泰、蒙陰一円で掃蕩した。第六三聯隊はのち三月下旬から四月七日にかけての台児庄の戦いで台児庄攻城の主役を演じた強悍の部隊で、また南下作戦を開始した二日目の三月一五日の払暁、滕県の北方の北沙河村で八三名の村民を惨殺した「北沙河惨案」を起こした部隊で知られるが、[36]曲阜、鄒県に駐留している間、地元に孔子、孟子の聖地を守った美談を残した。『歩兵第六三聯隊史』がいう。

　泰安（泰山麓の県、山の玄関）は大陸に君子の道を提唱した、孔子、孟子が西紀前五〇〇年前後のころ、遊説来往した故地である。しかし現代の大衆には道教観念はすでに頽廃し、ただ物慾のままに日常生活に執心しているとしか見えない民衆の前に日本軍は道義を本とした行動をもって臨み、謂わゆる皇道宣布の……ため部隊には作戦間軍、風紀の振作が絶えず叫ばれていた〔後略〕。

曲阜は聖人と称した孔子の廟地で、……附近の民衆と有識階層には今なお相当濃厚な意識を存し、蔣介石麾下の軍兵も曲阜県城は敢えて冒瀆することなく、今次戦場となった他の街地とは趣を異にし、ほとんど常態を残し、住民の逃亡避難などほとんどなく、商賈は生業を営み一見事変地の様相はなかった。聯隊長は諸隊に指達し、部下に孔子の道統を説き、社会生活における道義の重要性、孔子の主唱した儒教の淵源と日本道徳の関連等につき時宜に応じた教導を行い、行動の余暇孔子廟に参拝させ、孔子ゆかりの故地通過の機会に益々皇道精神の作興に意を注いでいた。

鄒県は亜聖と称した孟子の誕生地で、宏荘な孟子廟は七四代の末裔と称する者が厳修していた。支那軍兵は曲阜と同様この地は戦災から守っていたらしい。県長以下官民の大部は逃避し残留の住民は日本軍の進駐時不安におののいていた。聯隊主力の駐留後、住民は日本軍と接触するに従い頓に冷静に戻り、却って日本軍に協力するにいたった(37)

図4－14　「孟子廟に参詣する日本軍人の心得」

秩序がある仁義、道徳的支配を訴えた記録であるが、聖地に限っては偽りの記述ではなかったようだ。鄒県駐在中、第六三聯隊が残した「孟子廟に参詣する日本軍人の心得」（図4－14）(38)という史料があり、内容は次のようであった。

一、孟子は孔子と共に支那人の最も尊崇する偉人なり　而して我等日本人にとりても今日に於ける精神的文化の一大恩人なり

二、されば此処に参詣する者は須らく故国に於ける神社仏閣に参拝すると同様の心得にて慎み深く行動せざるべからず

三、宣撫班の行ふ百の宣伝よりも此処に参詣する諧子の模範的一行為が皇軍の

名誉を発揚し支那民衆に日本軍親むべきとの観念を扶植せしむるに於て力あることを忘るべからず

津川隊長

内容は、日本軍人のための参拝の心得であり、軍紀を糺すための注意書きであるが、同時に模範な支配を施し「皇道宣布」という宣撫工作の目的もあったと思われる。頒布者の「津川隊長」は、鄒県駐在歩兵第六三聯隊第八中隊長、津川盛雄大尉のことであり[39]、この時中隊は孟子廟の警備を担当していた。この看板は、前述のとおり、福栄聯隊長の教育、「指達」に従って掲げたものであろう。

孔徳成の実姉孔徳懋（一九一七―）の回顧によると、「日本軍は曲阜に進駐するや、孔子府の二堂（内堂）の金箔看板に聖人末裔の住宅を尊重、保護し、日本の軍人立ち入り禁止という大きな布告を掲げた。軍人たちはこの布告を見ると、一礼をしておとなしく引き上げてゆく」。

また、「日本軍は曲阜を占領している時、……孔子府、孔子廟など歴史的旧跡を保護し、孔子を尊敬した。将校はよく孔子廟に参拝してお香を上げ、お礼の後金銭を寄付する。受付のものは日本軍将校の名前と寄付の金額を看板に書き出したところ、後来の参拝者は、その金額を負けじに寄付金を弾むようになる。月末になると看板に記名が満杯し、……この収入は孔子府の日常支出にいくばくか役立った[40]」。

（2）孔子、孟子の末裔との交流

この時、鄒県の孟子府には、孟子の第七三代嫡孫、六二歳の孟慶棠（一八七七―一九四四）一家が住んでおり、写真（図4-15[41]）に写った若い親子三人は、その子で七四代孫の孟繁驥（一九〇七―一九九〇）一家であった。孟慶棠は一八九四年、祭礼を司る世襲職「翰林院五経博士」を継承し、一九三五年、上記職の停止とともに、国民政府から「亜聖奉祀官」の世襲職が与えられていた。

一方、孔子家の当主、曲阜の孔子府に住む孔子の第七七代嫡孫孔徳成（一八歳）は、日本軍の曲阜占領直前の一月二日深夜、蔣介石の命令で、山東軍の第二〇師師長孫桐萱によって武漢に連れだされており、孔子府の行政と祭礼（代理奉祀官）を臨時に委嘱されたのは、孔徳成の族叔孔令煜であった。

孔令煜（一八八七―一九五五、孔子第七六代傍系孫）は第七三代衍聖公孔慶鎔の胞弟孔慶欒の後代で、分家の中一番血縁が近く、孔子府の東院に住んでいた。年長者で、人望があり、山東省財政庁の科長を務めた経験があった[42]。この間、曲阜の孔子府に孔令煜、鄒県の孟子府に孟慶棠という二人の年長者が日本軍との折衝の矢面に立たされ、史跡、建築、家宝、住民などを守るため、秩序維持の協力および社交、文化交流の応酬などで日本軍の歓心を買い、恭順を示した。漢民族の気節か祖宗の名誉、文化遺産かの狭間で二人はさまよい、かなり苦労したようであるが、幸い、日本軍も儒教道徳の宣揚、聖地保護の政策をとっており、曲阜と鄒県に限っては、他の占領地と一風変わった平和な支配風景を呈した。

また、二人とも能筆者で教養も深い人物なので、日本占領下の七年間、聖人廟堂の参拝、末裔への表敬訪問、また書を求めに来る日本人は、軍人、民間人を問わず跡を絶たなかった、という。

なお、孔徳懋の回顧によると、この間孔子府の接客責任者は「孔連舫」という交際に長じた人物が担当し「陸軍墓地慰霊祭、新民会の準備、大日本宣撫班講演会……等について、彼がいつも孔子府を代表して応酬した[43]」。孔府はこうして危険な占領地のなかで特権を持つ安全地帯になり、孔令煜も「城内の老若男女を孔子廟と孔府に匿ったことで、地元の人々にも尊敬されていた[44]」。

図4－15　孟繁驥一家

一方、日本軍と孔子、孟子末裔の間の関係は決して支配者と被支配者の強圧的関係ではなく、むしろ文化の壁の前で逆転した奇観を呈する。当時、孔府に住んでいた孔令煜の子息孔徳墉（一九二七―）は次のようにいう。

当時、階級の低い日本軍人は孔子府の応接間にしか上がれず、内府の入り口にある「立入禁止」の赤紙を見ると、おとなしく入り口の前で足を止めた。階級上の将校たちにお茶を出すため、忠恕堂に上がってもらうが、いつも礼儀正しく手土産を忘れず、長く邪魔したこともなかった。持参した半紙で書をねだり、写真をとり、賽銭を挙げ早々と引き上げていく。……私も日本軍の少将を接待したことがあるが、彼はわざと下座を選び、随伴の高級将校は彼のそばに座るが、その他の下士官を屋外に立たせた。[45]

この時期の孔徳墉はまだ一〇代はじめの少年であった。この礼儀正しい「少将」は、田嶋栄次郎か済寧より参拝にきた長瀬武平（第八旅団長）のことであろう。

儒学は日本の漢学の中心学問として古くから歴代の支配者によって尊崇されただけではなく、近代以来、日本道徳（教育勅語）の一部にも組み込まれ、忠君愛国の思想教育に利用されてきた。また明治に生まれた田嶋栄次郎、福栄真平らのエリート指揮官も、いずれも小さい時から漢学の薫陶を受けており、その親近感からも自然に孔子、孟子の誕生聖地の保護政策をとるに至ったと思われる。

また現地将校たちの尊敬、畏敬だけではなく、上からの指示もあったようだ。前述孔徳成の伝記によると、山東作戦を行う前から東京帝大教授高田真治（一八九三―一九七五、支那学）は、軍部に対して「もし山東作戦が曲阜の遺跡にダメージを与えたら、日本は世界文化遺産破壊の責任を負わなければいけない」と進言し、そのため軍の通達を受けた前線部隊は曲阜に入るや布告を張り出し、遺跡の保護を表明した、という。[46]

近代以来、「文化事業」を通じて対華戦略を展開するのは、日本政府外務省の一貫した政策であり、また、日本の儒学者、教育者による中国の儒者や、曲阜、鄒県にいる孔、孟の末裔との交流や、曲阜遺跡の保護活動は日中戦争前からはじまっていた。一九三五年四月東京湯島聖堂（日本の孔子廟）の震災後復興工事が完了した際、記念事業の一つとして民間組織斯文会を中心に「聖堂復興記念儒道大会」が企画されていたが（四月二八日―五月一日）、斯文会の働きかけで日本政府外務省からも「満洲及ヒ支那ニ於テ尊孔論復興」を宗旨とする「文化事業」の名目で、助成金一万円が交付された。この事業は、事業内容のなか、中国の曲阜、鄒県から孔子、孟子の末裔を招待する計

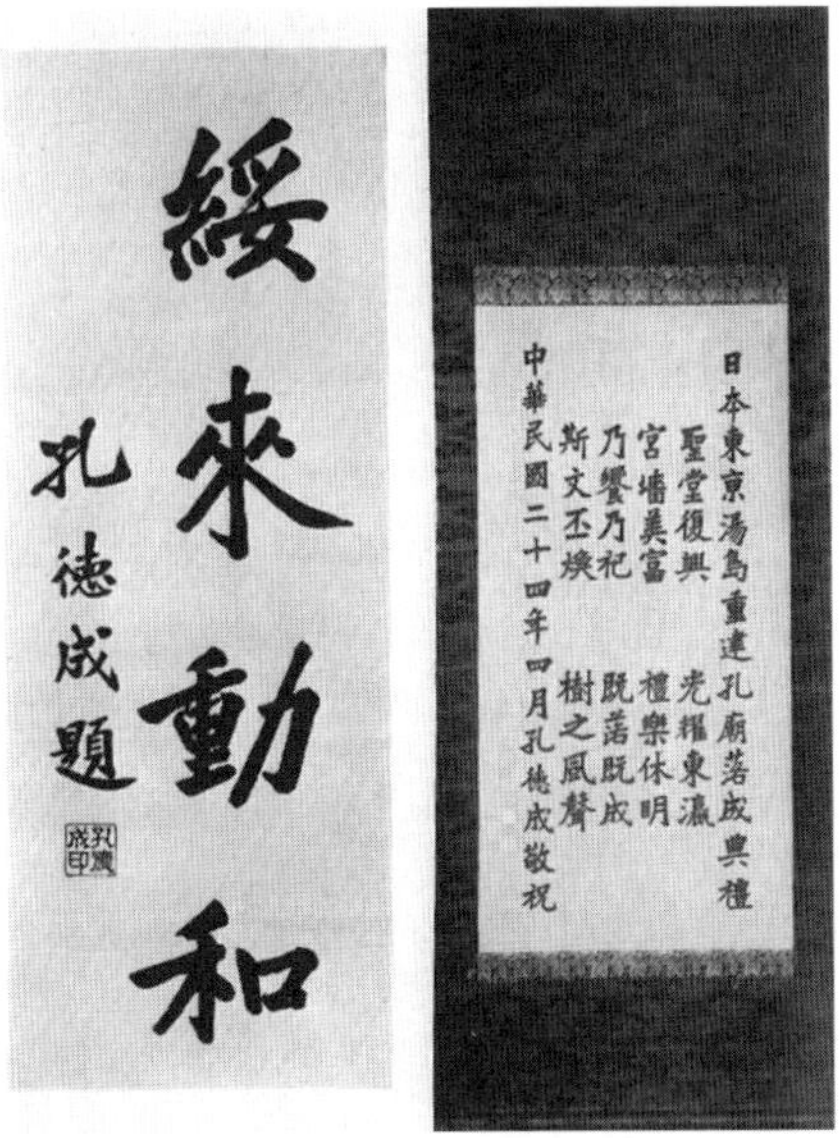

図4－16　孔徳成が寄贈した書

画も含まれ、日本側が孔子嫡孫の孔徳成、孟子嫡孫の孟慶棠、顔子の嫡孫顔世鏞の来日を希望したが、さすがに日本による傀儡政権満洲国を含む「日満支三国民間同種同文ノ親善」を掲げる会の主旨は警戒され、リストに上がった嫡系の末裔たちはひとりも来なかった。(47) 結局代表となって来日したのは、孔子傍系の末裔、曲阜中学校長孔昭潤、顔子の傍系末裔、曲阜県財政部長顔振鴻二人だけである。一方、孔徳成は祝賀の意を表すため、孔子家を代表して如意、祝辞と「綏来動和」の書を寄贈し、漢学者羅振玉も商代の青銅器五点を寄付した。(48) なお、「儒道大会開催に至る経過概要」によると、この会は「昭和六、七年の交、財団法人斯文会副会長阪谷芳郎男爵は深く時勢に鑑み」、東亜諸国共有の儒学思想を中心に「同文同種なる東亜民族を結合」するという発案に基づくもので、満洲国成立後の「五族協和」（日本・漢・朝鮮・満洲・蒙古）の建国理念に沿う政治的意図も明確であった。(49) 大会には、他に日本政府の息がかかった、孔子家代表、中華民国政府要人、満洲国代表、朝鮮代表、台湾代表学界、儒教界の代表者四六人が日本に招かれ、日本の満洲侵略を背景にしたこの所謂「文化事業」に、政府外務省の儒教による「五族協和」の満洲国建国理念を中国全体に広げていく政治的意図が窺えよう。(50) またこの会の機会を借り、中国側の康有為等の発起、日本側の市村瓚次郎（国学院大学学長）らの協力で、曲阜孔子廟のため修繕募金の活動も行われた。(51)

　こうした戦争前からの「儒教道徳」の顕彰による「五族協和」という、政府文化事業と民間文化交流の影響下において、日中戦争後、山東省南部に侵入してきた第一〇師団部隊も、蒙陰、新泰、汶上、済宁、曲阜、鄒県の一線で非道な占領、武力掃蕩作戦を行う反面、孔子、孟子の故郷曲阜と鄒県において「仁義」を講じ、軍紀を引き締め、史跡の警備、保護に努めた。兵士のための「参

図４－17　歩兵第63聯隊の孔子廟参拝

図４－18　長瀬武平少将の孔子廟参拝

拝の心得」も布告するように、兵士たちに参拝を促し、また組織的な集団参拝も行われた[52]。曲阜、鄒県の駐在部隊だけではなく、近く兗州（曲阜西二〇キロ）、済寧（南西五〇キロ）に駐在する長瀬支隊（第八旅団）の将校も、曲阜に出向き、孔子廟を参拝した[53]。

また、廟宇の保護、参拝だけではなく、孔子、孟子府の関係者とも交流し、表敬、観光、記念写真撮影のため、たびたび孔子、孟子府を訪れた。この時、前記孔令墉の話にあるように、いつも手土産と半紙を持参し、孔令煜（至聖奉祀官代理）、孟慶棠（亜聖奉祀官）などに書をねだった。

田嶋栄次郎が曲阜、鄒県から持ち帰り、後代が珍蔵した孟慶棠に送られた書（図４－19[54]）は次のような内容であった。

嶧山連泗水　吾道更誠豪
五夜神來夢　三遷母訓勞
春秋歸嫡派　仁義破群囂
氣象知何似　巖巖東嶽高

田嶋司令雅囑　孟子七十三代孫　孟慶棠

この詩は、婉曲ではあるが、吾道（孟子）の「仁義」をもって、日本軍の行為（群囂）を暗に批判し、歴史（春秋）を主導するのは結局嫡派（孔子・孟子）と中国（東嶽・泰山）であると暗示した。

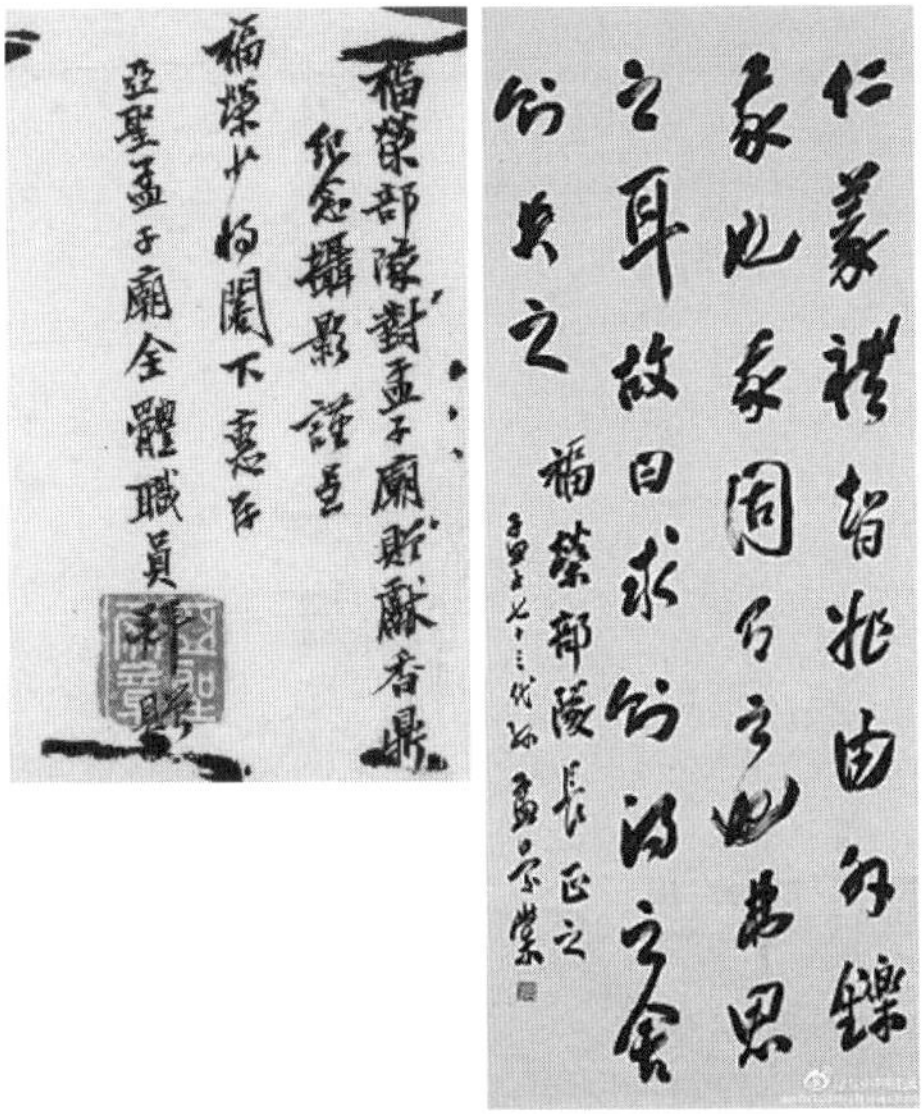

図4－20　福栄真平に贈られた孟慶棠の書

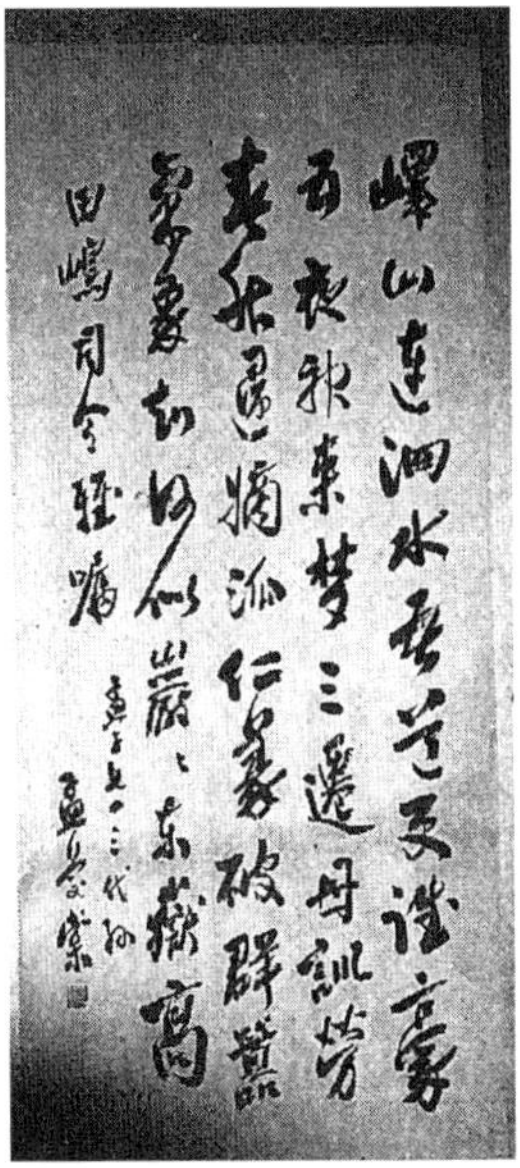

図4－19　田嶋栄次郎に贈られた孟慶棠の書

日本人と付き合う「漢奸」といわれる人物であるが、孟慶棠の抵抗ぶりを示す立派な文書である。「漢学精通」の田嶋は果たしてこの詩の寓意を理解していただろうか。

田嶋栄治郎の子孫によると、この時田嶋が手に入れたものには、孔子の末裔のものもある。田嶋が帰国後、この二枚の書を二枚折の屏風に表装していたが、本人他界のあと、子息兄弟はそれを分け、それぞれ再表装した、という。孔子の末裔の書は未見だが、孔令煜の書であるに違いない。孔令煜は占領下の孔府の代表者として、応酬、周旋のため、多くの日本人に書を贈った。

一方、福栄真平聯隊長は鄒県に駐在[55]しており、地元の孟子府の孟慶棠からも、図4－20の書を贈られた。贈り状を見ると、この書は福栄部隊による香鼎贈呈の御礼として、贈呈式の記念写真とともに、孟子廟職員全体に贈られたものであることがわかる。

仁義礼智　非由外鑠我也　我固有之也　弗思之
耳　故曰求則得之捨則失之
福栄部隊長正之

孟子七十三代孫　孟慶棠

書の内容は、孟子『告子上』中の一句である。これも「仁義礼智」の修養を求める書であり、征服者の日本軍に対して、婉曲な啓示、教誨メッセージも潜められているように思える。

(3) 登中尉と尤祥少年の友情

先述した田嶋旅団司令部の通信班長登東洋夫中尉の回想にも、以下の美談が載っていた。

私は昭和一三年一月始めから同年三月末まで負傷して内地送還に至るまでの約三ヶ月間を、孔子廟の所在する聖地曲阜で過した。駐屯地司令官は田嶋旅団長、私は旅団通信班長のほか住民対策も担当していた。私の住民対策の基本的な方針は、閣下から命ぜられた「中国の民衆に罪はない、従って彼らの生活を安全に保護するとともに、中国民衆の信仰の対象である孔子廟の保護に万全を尽くせ」との閣下のお考えを忠実に実行することにあった。私たちの司令部は孔子廟に程近い元県知事の大きな邸宅を東側の半分借り上げ使用、中庭を囲んで廻り廊下で連がる西側の半分に老夫妻、その子夫婦と孫息子二人に使用人たちが住んでおり、私たちとは実に仲良く交際していた。一番下の孫息子を尤祥（ユーソヤソ）といい、頭のよい可愛い八才の少年であった。私は少年に中国語を習い、日本語を教えた。彼は「哥哥、コーコ（兄さん）」と私になついていた。

旅団長が前線視察するという。私はトラックに半小隊の護衛兵を乗せ、乗用車に旅団長、次級副官と私、それにどうしてもとせがんで同行する少年とが乗り、約四里（一六粁）南方の第一線へ向けて出発。約半分行程の小雪部落で突如敵に遭遇、完全に包囲された。その時の戦斗で私は重傷を負い、少年は一時行方不明になった。祖父母、父母の嘆き悲しみはいうまでもなく、野戦病院のベッドに呻吟する私の心は千々に乱れた。そして私は内地送還、以来少年とは会うこともなく、唯引き続く戦乱、内乱の大陸での彼とその家族の安否を案ずるばかりであった。

ところが、十数年前の夏、夜の一一時頃突然の電話のベル、今ごろ何事と、あわただしく受話器をとる。たどたどしい日本語を交え、「登コーコいますか?」私は声の主が尤少年とすぐわかった。翌朝、ホテルへ。少年はロビーで私の現れるのを今や遅しと待っていた。立派に成人していたのは当然のことだが、幼な顔はそのまま残っていた。二人はひしと抱き合った。彼が異国の人という意識は私にはなかった。生き別れの弟にやっと会えたという思いであった。行方不明後たどった少年の運命、中国の動乱で肉親とも別れわかれになり、大陸を脱出して兄と二人で台湾に逃れ、今は幸せに暮らしているという。少年との一別以来、気になっていたことが、思わぬ再会で、霧がきれいに晴れていった[56]。

図4－21　登中尉と尤祥少年[57]

前節の田嶋遭難事件の時、乗用車に同乗した少年尤祥の話である。戦後の平和時代になってこそ、価値が増す話であるが、敵国として戦争しているにもかかわらず、一ヵ月あまりの駐在で結ばれた二人の友情と記憶は忘れず戦火を乗り越えて続いた。登の話によると、尤の祖父は「元知事」であり、前記孔令煜の二月八日の招宴案内にも七人の日本軍指揮官（部隊長）のほか、二人の中国人の名前があった。「尤澍岑」と「呉藴山」である[58]。この「尤澍岑」という人物は、元県知事で尤祥の祖父であろう。曲阜の田嶋部隊の司令部は、尤家の前庭を借りており、尤祥はその主の孫息子であった。二月一三日、「見物」にとせがまれ田嶋の乗用車に載せていたが、伏撃に遭い、少年はその後姿を消した。少年を車に載せたことに、登中尉はその後長い間良心の呵責を感じたであろう。負傷後まもなく内地に後送されたため、彼は尤祥少年の安否を知る由はなかった。前節にある四川軍の排長

図4－22　来日時の尤祥

潘近仁老人もこの話を記憶しており、少年「游倫」を「特別捕虜」としてしばらく四川軍の司令部に保護していたが、その後自宅に返した、という。

尤祥は戦後、登東洋夫と東京で再会を果たした後も、文通関係を保ち続け、田嶋栄治郎の伝記が一九九〇年刊行する前、登の要請で次のようなメッセージを寄せていた。

私は代々山東省の曲阜県に住んでおり、孔子の故郷として、中国数千年の伝統文化を保持し、文化水準も高く、民も純朴であった。中華民国二十六年（昭和十二年）日中戦争が勃発、日本軍は曲阜に進駐、登東洋夫中尉は私の家の東の建物を司令官田嶋先生の駐在地とした。私はまだ少年であったが、相い識るに及んで常に夕食に招かれ、初めて日本料理を食べ、新鮮な感じを持ったこと覚えている。

田嶋先生は漢学に精通し、書法に長じ、温和な儒者の風格があり、儒将の風を備えておられた。これは私に深い印象となっている。私は民国三十八年（昭和二十四年）台湾に渡り、四十六年（昭和三十二年）田嶋先生の訃報を聞いたが、惋惜に耐えず、頭をめぐらせば、うたた隔世の感を禁じえない。ここに登東洋夫先生の手紙で田嶋先生の子息がその伝記を刊行されようとするのを知り、その間の経緯を簡単に誌した。往事歴歴、欷泣耐えず、哀心の感ここに至るを感じる。

中華民国七十九年四月　　尤瑞周（祥）[59]

尤祥少年は一九三八年当時八歳であれば、この手紙をよこした年は還暦であろう。国家対立の歴史を乗り越えた、人間ドラマの一コマである。

雑記帳

◇既報、来日中の孔子七十七代の子孫、台湾大学教授孔徳成氏(三七)は三十日夜、宿舎の藤ホテル＝港区麻布本村町一〇六＝で田島栄次郎元中将の未亡人の千秋さん([illegible])と喜びの対面をした。

◇田島元中将は昭和十三年、孔子廟のある曲阜の駐留司令官で温情将軍の評判をうけた。そのころ孔氏は重慶で勉学中だったが、終戦後曲阜に帰り、もし日本に行ったら田島将軍にぜひお礼をのべたいと念願していたという。

◇「孔廟を大切に保存していただいて本当にありがとう。将軍がなくなられたと聞いて残念です」とお礼とおくやみを述べる孔氏に「二十年前のことをよく忘れずに…地下の夫もさぞかし…」と千秋さんは声をつまらせていた。

田島元中将の遺影に見入る孔氏と千秋未亡人

図4－23　孔徳成と田嶋未亡人

図4－24　15歳時の孔徳成

（4）孔徳成と田嶋未亡人の対面

同じように、蒋介石に連れだされ武漢に避難した孔子の七七代嫡孫、一八歳の孔徳成も、故郷を追われた恨みを念じつつ、武漢に至るや「抗日声明」を発表するが、日本の敗戦後一九四七年、一〇年ぶりに曲阜に舞い戻った時、孔子廟も、陵墓も傷つけずに保護された様子を見て感激した。これをきっかけに逆に日本軍の尊孔政策に感謝するようになった。叔父の孔令煜をはじめ、地元の話から田嶋栄次郎部隊長の保護政策と活動を知り、また宣伝（宣撫工作）担当の登中尉の話も耳にした。孔徳成はもちろん田嶋とは面識はなかったが、一九五七年一〇月、日本道徳科学研究所と廣池学園の招請で初来日した際[60]、礼を言うべく田嶋栄次郎元旅団長と登元中尉を探し尋ねた。田嶋はすでに五年前に他界し、登の案内で、一〇月三〇日夜、都内の藤ホテルで田嶋未亡人との対面を実現した（図4－23）[61]。この対面について、登東洋夫はつぎのように綴った。

昭和三二年の秋頃と思うが、旧知の毎日新聞の記者から当時役所勤めをしていた私のところへ電話があった。彼いわく「台湾から孔徳成台湾大学教授が来日しており、あなたの所在を探している。ぜひ会いたいとの事です」と。用件はおそらく孔子廟に関連してのことだろうと思い、田嶋将軍はすでに故人となっておられたので、未亡人をご案内して、麻布の藤ホテルに孔教授を訪れた。教授は大変丁重に私たちを遇され、孔子廟の保全に尽くされた故田嶋将軍の徳をたたえ、心から謝意を表された。孔子七七代の直系孫孔徳成氏は、当時はまだ一八才位の青年で、蔣介石軍により重慶に連れ去られたが、戦後いち早く故郷曲阜に帰られたとのこと。氏のお話によると、帰郷にあたり最も心配したのは孔廟が損傷を受けているのではないか、ということであったが、昔のまま完全に保護されており、これが最も嬉しかった。住民たちの話をいろいろ聞いたが、それというのも田嶋将軍の厳命で、全部隊員が廟を守ってくれたし、住民に対しても非常に親切だったと。そして住民から感謝されていたらしく、私の名も耳にしていて、訪日したらぜひお会いしてお礼を申し上げたいと思っていたとのことである〔後略〕[62]。

この年、孔徳成は三七歳、その後さらに三三年の歳月が経った一九九〇年、田嶋栄次郎の伝記が刊行される際、七〇歳になった孔徳成も次のメッセージを寄越した。

中華民国二十七年、日中戦争の間、日本駐中国山東省曲阜司令官田嶋栄次郎先生は交戦国の将軍として、中国儒家思想発祥の地――孔子の故郷の孔林、孔廟、孔府の擁護に尽力されました。民国四十六年（昭和三十二年）私か日本を訪問したとき、田嶋先生との面晤を期しましたが、すでに世を去っておられ、その夫人と会うことができました。半世紀前の田嶋先生のなされたことについて私は今も感謝しております。ここに先生の後人がその伝記を刊行されるに当たり、謹んで数語を綴り、心からの感慨の念を申し述べます[63]。

おわりに

以上のような美談は、決して日本軍による侵略の罪悪を美化、代替できるものではないが、歴史事実の一コマとして、記録した次第である。人間は、どの国でも同様、普通の人間としている場合、血も涙もあり、憐れみや同情心もある善良の本性を持ち、文化も同じように国境なしに伝播、享受する普遍性がある。こうした善良なる人間を軍国主義の「国民」、「皇軍」として戦場に駆り立て、殺人鬼に化した責任は、決して個人、あるいは「民族性」にではなく[64]、「靖国」「愛国」と称した国家の行為にあることを、認識しなければならない。戦争で大事な肉親をなくしたご遺族の方にも、この点を気づいて欲しいものである。

註

(1) 「旅団長陸軍少将瀬谷啓」(『歩兵第六十三聯隊史』同編纂委員会、非売品、一九七四年)巻頭写真。
(2) 伊藤正徳『軍閥興亡史』三(文藝春秋新社、一九五八年)七八頁。なお、瀬谷の問責に関する論争は、拙論「日軍的戦史資料和台児庄論争」(『岡山大学文学部紀要』二〇一五年七月)を参照。
(3) 秦郁彦編『日本陸海軍総合事典』(東京大学出版会、二〇〇五年)八一頁。
(4) 「旅団長陸軍少将田嶋栄次郎」(『歩兵第六十三聯隊史』同編纂委員会)巻頭写真。
(5) 田嶋茂編『田嶋栄次郎追悼録』(私家版、一九九〇年)一〇〇頁。
(6) 黄河渡河のための便衣偵察。右より福栄真平、田嶋栄次郎、赤柴八重蔵、大阪朝日新聞社、一九三七年一一月三〇日。朝日新聞歴史写真アーカイブ。
(7) 田嶋茂編『田嶋栄次郎追悼録』一〇七頁。
(8) 「第十五師団歩兵団長同副官漢口ヨリノ帰途消息不明ノ件」JACAR(アジア歴史資料センター)Ref.C04121236500。
(9) 山東省政協文史資料委員会編『悲壮之役・記一九三八年滕県抗日保衛戦』(山東人民出版社、一九九二年)七七頁。
(10) 山東省曲阜市地方史志編纂委員会編『曲阜市誌』(斉魯出版社、一九九三年)大事年表。
(11) 高洪富「小雪、梟村伏撃日軍紀実」(済寧市政協文史資料委員会『済寧歴史文化叢書』山東友誼出版社、一九九八年)二六六頁。
(12) 韓信夫『鏖兵台児庄』(重慶出版社、二〇〇八年)第三章「台児庄序戦之滕県保衛戦」を参照。
(13) 楊紀『戦時西南』(百新書店、一九四六年)二二頁。

(14)『世界军事』二〇一三年七月、上、第五〇―五三頁。
(15)『劇劇有戯・四川軍撃斃日将之謎』新疆電視台（総括監督趙玉琦）二〇一二年五月二五日放送による。
(16)同右。
(17)この時は軍靴に拍車をつけていないようである。田嶋茂編『田嶋栄次郎追悼録』一四四頁。
(18)「将校同担当官准士官用靴留革拍車及脚絆制式中改正の件」Ref.C02030983000、添付図面を参照。
(19)昭和九年軍用地図（一〇万分の一）（「兗州」、参謀本部製、岐阜県図書館）。
(20)『歩兵第十聯隊史』（同刊行会、一九七四年）四九九―五〇〇頁。
(21)『歩兵第六十三聯隊史』（同編纂委員会、一九七四年）三一九―三二〇頁、〔　〕内は軍隊符号に対する筆者の注釈である。
(22)「陣中日誌　歩兵第六十三聯隊第二中隊」JACAR（アジア歴史資料センター）Ref.C11111256900 No. 668.
(23)同右「陣中日誌　歩兵第六十三聯隊第二中隊」Ref.C11111256900 No. 670.
(24)同右「陣中日誌　歩兵第六十三聯隊第二中隊」Ref.C11111256900 No. 674. No. 676.
(25)田嶋茂編『田嶋栄次郎追悼録』一四八頁。
(26)同右、一〇四頁。
(27)同右、一五〇頁。
(28)同右、一四八―一五一頁。
(29)同右、一五三頁。
(30)同右、一五二頁。
(31)「曲阜淪陷後代理代理奉祀官孔令煜取悦日冦邀宴知単」『孔府档案』八九一四（曲阜、孔子府档案館）。
(32)劉岳兵「論日本近代的軍国主義与儒学」（『中国社会科学院研究生院学報』二〇〇〇年第三期）。
(33)「第十七師団本部（一九二四年以降第三三旅団本部）」（同編纂委員会『歩兵第五十四聯隊史』非売品、一九八九年）一一頁。
(34)『歩兵第六十三聯隊史』（同編纂委員会、一九七四年）巻頭写真より。

(35)　同右、一一三頁。
(36)　「滕県作戦における日本軍の虐殺記録──日本軍資料の盲点をつく」(『年報日本現代史』第二〇号、二〇一五年五月)参照。
(37)　『歩兵第六十三聯隊史』三〇八頁、三一四─三一五頁。
(38)　同右、三一五頁。
(39)　「鄒県警備隊戦闘参加将校人名表」(『歩兵第六十三聯隊史』)三一六頁。
(40)　孔徳懋『孔府内宅軼事』(天津人民出版社、一九八二年)一二頁、一二五頁。
(41)　一九三九年(民国二八)孟慶棠の跡継ぎで亜聖奉祀官に就任し、一九四九年中華人民共和国成立後、台湾に渡っている。この写真は『姫路歩兵第三十九聯隊史』(三六九頁)にあるもので、当時の兵士が撮影したと思われる。
(42)　汪士淳『儒者行　孔徳成先生傳』(聯經出版事業(股)公司、二〇一三年)一一五頁。
(43)　孔徳懋『孔府内宅軼事』一二五頁。
(44)　汪士淳『儒者行　孔徳成先生傳』一一七頁。
(45)　同右、一一五頁。
(46)　同右、一一五頁。
(47)　孔徳成は日本人との交渉を避けるため病と称して謝絶した、という(同右、一一五頁)。
(48)　斯文会編『湯島聖堂復興記念儒道大会』(非売品、一九三六年)巻頭写真。なお「綏来動和」の語は、論語中の「夫子之得邦家者、所謂立之斯立、道之斯行、綏之斯来、動之斯和」から。孔子の仁義道徳を以て天下を治める意味、日本の満州支配に対する一種の文化的抵抗ともいうべき内容である。
(49)　同右、一頁。
(50)　「聖堂復興記念儒道大会開催ニ付助成ニ関スル件」昭和一〇年四月　JACAR(アジア歴史資料センター)Ref.B05015962500.
(51)　「山東省曲阜聖堂重修関係」Ref.B05015962600.
(52)　「孔子廟へ参拝する聯隊将兵」(『歩兵第六十三聯隊史』)三一三頁。

(53)「日軍団歩兵攻占山東曲阜」北京、中国人民抗日戦争記念館蔵。
(54) 田嶋茂編『田嶋栄次郎追悼録』私家版、一〇五頁。
(55)「孟慶棠書法 水墨紙本」株式会社東京中央拍売、展示品。
(56) 同右、一五六―一五七頁。図4-22も同書より。
(57) 田嶋茂編『田嶋栄次郎追悼録』一五六頁。
(58)「曲阜淪陥後代理代理奉祀官孔令煜取悦日寇邀宴知単」『孔府档案』八九一四（曲阜、孔子府档案館）。
(59) 田嶋茂編『田嶋栄次郎追悼録』一六三頁。
(60) 汪士淳『儒者行　孔徳成先生傳』一六二頁。
(61) 一九三五年孔徳成一五歳で中華民国政府から「大成至聖先師奉祀官」の世襲職が命じられた時の写真。汪士淳『儒者行孔徳成先生傳』より引用。
(62) 田嶋茂編『田嶋栄次郎追悼録』一五八頁。
(63) 同右、一六一頁。
(64) 中国では、長年抗日的愛国主義宣伝と抗日の小説、映画、文学作品の氾濫の結果、侵略戦争の責任は国家ではなく日本人の「民族性」（＝好戦、残忍、侵略の本性）にあるという認識は、一般人だけではなく、大学生、知識人にも浸透している。

第5章　日本海軍と日中戦争

相澤　淳

はじめに

一九三七（昭和一二）年七月七日に北京郊外の盧溝橋で発生した日中両軍間の発砲事件は、翌八月中旬までに両国の全面的な紛争（日中戦争）へと拡大していった。ところで、日本海軍中央部のこの事件に対する当初の対応は、米内光政（一八八〇―一九四八）海軍大臣、山本五十六（一八八四―一九四三）次官らのリーダーシップの下、紛争の不拡大を強く主張する側にあった。一般に、日中戦争期における海軍の役割については、この当初の米内首脳部の初動における対応のイメージからも、そして、そもそも海軍が陸上ではなく海上で戦うことを本務としたという組織的特性からも、消極的もしくは副次的なものと捉えられることが多い。

しかし、盧溝橋事件勃発から約一ヵ月後の八月初旬、上海で海軍将兵が殺害された大山事件が発生し中支に事が及ぶと、海軍の態度は一転し、米内海相は紛争の全面拡大化を主張して譲らなくなっていた。八月一四日夜の閣議において、米内は不拡大主義の消滅、紛争の全面化を主張し、さらには南京占領にまで言及したのであった。これに対し、杉山元（一八八〇―一九四五）陸相は南京攻略の重大性、困難性を指摘し、不拡大方針の堅持による紛争解決を唱え、また広田弘毅（一八七八―一九四八）外相、賀屋興宣（一八八九―一九七七）蔵相も紛争不拡大の意見であった。しかし、米内は財政上の説明をする賀屋蔵相を怒鳴りつけ、その話をほとんど聞かないまでに興奮する一幕もあったという。この八月一四日の米内の強硬姿勢が、翌一五日の日本政府のそれまでの不拡大方針の放棄ならびに「支那軍の暴戻を膺懲し以て南京政府の反省を促す為今や断乎たる措置をとる」との政府声明の発表につながっていたのである[1]。

こうして海軍の中国への姿勢が一挙に強硬化した背景には、果たしてどのような背景があったのであろうか。また、その後長期化、持久戦化していった日中戦争の展開のなかで、海軍は果たしてどのような方針でその対策に当たっていたのであろうか。本章では、この問題について、とくに海軍中央部に焦点を当て、なかでもこの日中戦争勃発から二年余りにわたり海軍大臣として戦争指導に当たっていた米内光政の対応を中心に検討し、海軍と日中戦争の関係について考察しようとするものである。

1　米内の中国観

米内光政が海軍大臣に就任したのは、日中戦争勃発約半年前の一九三七年二月二日であった。ただし、米内のそれまでの勤務歴を見ると、海軍本省での勤務はまったくなく、そうした意味では異例の海相就任ともいえた。それでも、大臣になる前の勤務は、連合艦隊司令長官（三六年一二月—）、横須賀鎮守府司令長官（三五年一二月—）、第二艦隊司令長官（三四年一一月—）と錚々たるもので、海軍内部では部隊指揮官としての評価には高いものがあった。また、少佐から中佐時代の海外駐在経験はロシアであり、一般に海軍でのいわゆるエリートたちが英米や欧州列国駐在であったのと比べ、異色の存在でもあった。そうしたなかで、米内は一九二〇年代後半から一九三〇年代前半の少将から中将にかけての時代に、海軍における中国勤務の重要なポストである中国への派遣艦隊の司令（長）官も歴任していた。第一遣外艦隊司令官（一九二八年一二月から一九三〇年一二月まで）と第三艦隊司令長官（一九三二年一二月から一九三三年九月まで）である。これらの時期は、それぞれ、一九二六年七月の蔣介石（一八八七—一九七五）による北伐の開始後、中国において排外ナショナリズムが高まるなかで起こった南京事件（二七年三月）や、満洲事変後の抗日ナショナリズムが高まるなかで起こった第一次上海事変（三二年一月）の後始末の時期であり、米内は後日、この勤務を振り返って「僕は貧乏籤許り引きましてね、南京事件の時も上海事件の時も何時も尻拭ひに行つた様」なものだったとし、その勤務の経験から「支那人相手は仲々骨が折れますよ。事を構へる事はいくらでも出来ますが、此方は非戦闘員たる居留民の保護ですから迂闊に大砲なんかブッ放せませんよ」という実際感覚を抱くに至っていた(2)。

こうした少数の兵力かつ遠隔の地で居留民の保護等にあたる中国派遣艦隊の警備活動は、確かに決して容易な任務ではなかった。海軍中央部も上記両事件等においてその対応の難しさを痛感していた(3)。海軍は、警備担当区域（中支、南支）の関係から、陸軍にさきがけてこの激化する中国ナショナリズムの渦に巻き込まれていたとみることもできるのである。

米内が第三艦隊司令長官を下番する一九三三年九月に海軍中央部で決定された「海軍の対支時局処理方針」(4)は、そうした海軍にとっての苦い経験を踏まえたもので、「反蔣介石」色を色濃く打ち出す、中国への実力行使をも辞さずという強硬論となった。この中で海軍は、北支については中央政権〔蔣政権〕の政令外に立つ政権を積極的に援助するという方策を掲げ、中支については「支那に於ける排日運動が日支国交の改善極東平和の確立を阻害する重大要因なるを以て〔中略〕該運動の結果在留邦人乃至権益に及ぼす侵害に対しては必要なる場合は実力行使も敢て辞せざる」とし、南支については中支と同じ原則で進むとしつつ「西南方面に於ける反蔣運動は国民政府の排日政策を緩和する効果あるべきに鑑み抗日を趣旨とするものを除きては之を放任し機宜之を利用」する、さらに南支への列国の軍事的進出を極力抑え「同方面に対しては追て積極的方途を講ずることあるべし」とする南進論も展開していた。

この中央部の対蔣強硬方針に対し異論を唱えたのが、米内であった。第一遣外艦隊司令官二年間と第三艦隊司令長官半年間の勤務を経て、彼はこのとき、「対支政策について」（一九三三年七月二四日）と題する手記のなかで(5)、対中国強硬論を非とする結論を次のように導き出していたのである。

支那をまいらせるためにたたきつけるということは、支那全土を征服して城下の盟をなさしめることだろうが、それは恐らく不可能のことなるべし。支那のヴァイタル・ポイントは、いったいどこにあるのか。北京か南京か、広東ないしは漢口か長沙か重慶か成都か、このように詮議してくると恐らくヴァイタル・ポイントの存在が怪しくなってくるだろう。

支那のヴァイタル・ポイントということと日本の実力ということを考えるとき、われわれは満洲だけですでに日本の手いっぱいであることを察する。このように考えれば、いわゆる強硬政策なるものが実際に即しない空威張りの政策であって、他の悪感をかう以外に一も得るところがないこととなる。

日本は過去において済南に、また、ちかくは満州に上海において武力を発揮して支那の心胆を寒からしめ、戦さをしてはとうてい日本にかなわぬという感じを支那の少なくとも要路の者にうえつけたはずである。支那の海軍が日本海軍を畏敬しておることはいうまでもなく、ただに軍事上だけにかぎらず、恐らくあらゆる点において日本が優位にあることは、だれが見ても考えても合点のゆくところと考えられる。

このように実力のある日本は、どうして支那に対しもっと大きな心と大国たるの襟度をもって対応できないのであるか。犬や猫の喧嘩でも、弱者は強者にたいし一目も二目もおき、けっして正面から頭をあげ得るものでない。喧嘩をしていないときでも、弱者のほうから強者のほうに接近をもとめるということは、なかなか困難なものである——たとえ接近しようとする意志がうごいても。これが、すなわち弱者の強者にたいする心理状態なのである。

優者をもって自認する日本が劣弱な支那にたいして握手の手をさしのべたところで、それはなにも日本のディグニティを損しプライドをきずつけるものだろうか。

このように中国への強硬政策に反対する米内は、先の「海軍の対支時局処理方針」を次官から事前に知らされると、中央（蔣）政権をそこなう方針を明確に否定する態度を示し、「対支政策に関する次官電の書きっ振りは南京政権〔蔣介石の国民政府政権〕をば逐次孤立せしめ之を駆逐せんとするようでもあり、南京政府に対しては積極的に峻厳一方にやろーというようにも見られ多分に陸臭〔陸軍臭〕を有する」ものとしてこれを批判した。そして、その後も海軍の強硬な対支方針に対し「どうしても変更の様あり」との立場を変えなかった。(6)

ところで、米内のこの意見の中に見られる蔣政権への肯定的評価は、多分に米内自身の蔣介石への信頼あるいは蔣との会見という個人的体験によって裏付けられていた側面があったと考えられる。米内は第一遣外艦隊司令官時代の一九二九年四月と五月、漢口と南京で国民政府主席であり国民革命軍陸海空総司令だった蔣と会見していた。この会見は米内に好印象を与えるものだったようで、(7)この七年後〔横須賀鎮守府司令長官の時〕の三六年六月に、米内は蔣について次のように高い評価を下していた。

蔣介石はえらい奴だ、昭和四年に漢口で四ヶ月間共産軍に包囲されて糧道及び交通路を断たれた事がある、その時三月ばかりたって蔣がやって来たが、支那の第一人者だよ、広西で何かし出かしてるが、蚊にさされた位なものだろう、財力もあり兵もあるからだ、北支は支那の勢力範囲位に考えているのではないか、支那問題は何とかして蔣介石を引っぱってくるんだね。(8)

一九三〇年代の半ばにおいて、米内は中国問題に対して、強硬政策に訴えることを否定し、蔣を交渉「対手」として問題を解決していくべきだ、との結論に達していたのである。

2　北海事件への海軍の対応

米内が新聞記者に対して蔣介石への高い評価を語っていた一九三六年六月、陸海軍中央部においては「国防方針」が改定〔第三回〕され、また八月には「国策の基準」が政府において決定されていた。この一連の決定過程のなかで、海軍は北方重視の戦略（北進論）の陸軍に対して南方重視の戦略（南進論）を掲げ、南進によって起こる「英、米、蘭等ノ圧迫阻碍ニ対シ……実力ノ準備完成ヲ要ス」ることを「当然覚悟スベキ」としていた。一九三六年は海軍とってそれまで足掛け一五年間維持してきた英米との海軍軍縮体制から離脱し、その英米との対決姿勢が明確化した年だったのである。したがって、海軍の関心はそれまでになく、翌年以降の海軍無条約時代におけるライバルでありかつ将来の南進の障害となる英米との関係にあった。

しかしながら、九月三日に南支の一都市北海（広東省）で発生した日本人商人中野順三殺害事件（北海事件）に対して、海軍はきわめて積極的かつ強硬な対応を見せ、実力行使による中国問題の解決を強く要求した。[9]それでは、こうした海軍の中国問題への積極姿勢は、なぜ生じたのか。

北海事件が勃発するまでの約一年間は、この時陸軍が強引に進めつつあった北支分離工作への中国側の反発もあり、中支・南支において日本人を対象とする殺害テロが頻発する状況となっていた。そしてさらに、北海事件勃発後も漢口での吉岡巡査暗殺事件（九月一九日、漢口事件）が起こるなど、海軍担任地域でのこの種の事件は、ますます勢いを得る方向にあった。こうした事態に対して、海軍省当局は「排日テロ事件は殆んど支那全土に亘り而も最近に至り加速度的に増大」している、「之れ迄極力自重的態度を持し来つたのであるが」もはや「支那当局の善処のみに信頼待望するを許されない」と判断し、「内地より海軍兵力を派遣以て第三艦隊の警備兵力を増大する」と発表した（九月二二日）。そして、翌二三日、北海事件の現地調査促進のため強力な航空兵力を含む増派兵力（第一航空戦隊、第八戦隊、陸戦隊一コ大隊、中型攻撃機六機、大型攻撃機四機）を北海方面へ派遣するとした。[10]

ところで、この時海軍中央部では第三艦隊の警備能力について、その「兵力ハ漸次充実セラレ昔日ニ比シ大ニ其ノ陣容ヲ更メタルノ観」があるとしながらも、「支那空軍ノ長足ナル進歩ハ沿海及河川ノ如キ局地戦闘ニ於ケル我ガ海上部隊ノ警備価値ヲ著シク減殺」していることは事実であるとし、「近時頻発スル不法事件」も「重要ナル素因トシテ我ガ警備力ニ対スル彼ノ軽侮心」を考慮しないわけにはいかないとしていた。そして、その対策としては「対支警備上迫力ノ重点ヲ航空兵力ヲ以テスル全支主要都市爆撃」能力の整備を挙げ、こうした航空兵力展開ために済洲島、台湾、上海、漢口等への基地の設置およびその獲得が計画され、これら各地からの中型攻撃機の爆撃圏内（半径五〇〇浬）として、南京、重慶、成都などの主要都市が示されていた。[11] 海軍は対中作戦の新たなる有効手段として都市爆撃を考えはじめていたのである。

そうしたなかで九月二三日夕刻発生した「出雲」乗組みの田港水兵射殺事件によって海軍の対中強硬論はさらに硬化することとなり、新たにこの局面で頂点を迎えることになった。二三日深夜から二四日にかけて海軍中央部（海軍大臣・永野修身（一八八〇―一九四七）、軍令部総長・伏見宮博恭王（一八七五―一九四六））では徹夜の協議がかさねられ、「排日侮日の屡次の暴虐に鑑み此を契機に断固たる国家的決意を堅め強硬なる態度を以て善後処置する」との決定の下、[12] 北支、中支、南支と中国大陸全域にわたるかなり大規模な作戦が計画されたのである。もちろん、こうした中国での全面作戦においては陸軍の協力が不可欠であった。そして、もし、この時陸軍が海軍の計画に同調していたならば、日中間の全面戦争は、約一年早まって勃発していた可能性があった。しかし、結局陸軍は海軍の働きかけに最後まで応じなかったため、中国での全面作戦という海軍の強硬策は実現に至らないままに終わった。[13] 陸軍が中国問題に対して消極的姿勢を貫いた理由は、この時陸軍の関心が何より増大しつつある主要仮想敵・ソ連の脅威に向けられていたためであった。こうした陸軍の対ソ危機感が、その「後方」である中国での全面戦争の遂行を許さなかったのである。

しかしながら、この時の海軍は陸軍と違い、中国問題を必ずしもその主要仮想敵である英米との関係における単なる「後方」の問題とは位置づけていなかった。そして、それゆえに海軍の対中強硬策は海軍省・部一致の下に推進されていたのである。

海軍の対中強硬姿勢がますます先鋭化するなかで作られたこの対中全面作戦計画を見ると、そのなかでは「対支派遣部隊に対するものを第一段、対米（英）作戦初期使用兵力中特に早期戦備着手を要するものを第二段、対米（英）作戦応急出師準備を第三段として各出師準備を行ふ」というように、対中作戦を将来の対英米戦準備の一段階として位置づける対策が考えられていた。すなわち、この一九三六年秋の海軍の中国への強硬姿勢は、中国問題を契機としつつも対英米問題への対処という色彩を色濃くもつもので、対中全面作戦を唱えたからといって中国問題そのものを真正面に据えたものではなかったといえるのである。実際、この時海軍が考えた対中作戦は、一部地域（海南島を含む）の保障占領と沿岸地域の封鎖以外は「航空機を以てする敵兵力、要点の爆撃」を攻撃力の中心とするだけで、一応は「持久戦を予期す」るとしながらも、「海軍作戦の主体は南方の封鎖及航空戦にして北は主として陸軍に委す」といった程度にしかこの作戦を考えておらず、中国が翌年以降、対日戦争で実施した大陸奥地に後退する本格的持久戦はほとんど想定していなかった。海軍はこうした「一撃」をもって充分中国に反省を促すことができると考えていたのである。(14)

3　盧溝橋事件の発生と海軍中央部

北海事件を契機として海軍内で盛り上がった中国に対する強硬姿勢は、陸軍の同調が得られないままに、一〇月に入ると海軍省内で「海南島ヲ保証占領スル場合ハ英米仏ヲ刺激スルコト大」であり、「今日迄極メテ危惧ノ念ヲ持セシ海軍ノ侵略的南進ガ仮面ヲ剥ゲル」ことになり、「英米仏ノ如キ直接利害大ナルモノヲ駆リテ相提携セシメ大ナル圧迫ヲ加ヘ来ルコト必然ニシテ我国際関係ハ相当困難ヲ生ズベシ」との判断も下されるようになり、終息していくことになった。(15)海軍省側は、このとき南進（海南島占領）した場合の英米との対立激化を懸念しはじめたのである。

一方、海軍の北海事件時の対中強硬姿勢には、たしかにこの英（米）との対決も辞さずとする一部南進論者が深く関与していた。中央におけるこの事件処理の担当でありかつ海南島占領論の急先鋒であった人物が、海軍内で「南洋王」と呼ばれた中原義正（一八九二―一九四四、軍令部第一部直属部員、政策担当）で、彼は強硬な南進論者であった。同時に彼は「英国ハ根本的ニ帝国ノ対支発展ヲ好マズ、機会アル毎ニ之ガ阻止ニ努力シ来リタルハ、既往ノ歴史ニ照シ歴然タル所ナリ」という強い反英感情の持ち主で、海南島の占領論も「如何ナル方途ニ出ヅルモ、排日ハ盛ニナル。根本ヲ正スニハ英ヲオサエル外ナイ。故ニ海南島ヲヤル」というように、中国を舞台にした対英強硬策でもあった。[16] しかし、その中原も一二月には転出し、後任の一部直属の甲部員は横井忠雄（一八九五―一九六五）が駐独武官から着任、新たに設けられた乙部員は扇一登（一九〇一―二〇〇一）となった。

年が明けて（一九三七年）、海軍中央部では横井を中心にあらためて「対支実行策」の検討が始まるが、ここでの中国認識は、「平等の立場に立たんとする彼の面目は維持し苟も彼の主権を侵すが如き形式を執らず専ら実効を収むるを主眼とすべし懸案の日支国交調整事項も右の趣旨にて徒に声を大にする事無く着々として実行すべし」というように穏当なもので、「両国間の摩擦を最小限に限定するを当面の急務」としていた。前年来引き続き軍令部次長の職にあった嶋田繁太郎（一八八三―一九七六）の「対支政策」（二月五日）も、「帝国の政変及支那の西安事変を契機とし大局上の見地に基き日支国交を改善し公正なる国交を計り支那をして〔中略〕我に親ましめ我と経済関係を増進し共栄以て東洋平和を図らしむ」との方針の下、速やかに「中央政権と有力者を介して衷心了解を計る」ことを目指していた。こうしたなかで、三月五日にまとまった「海軍の対支実行策案」では、「日支共存共栄を目標とする経済的及文化的融和提携の実現により両国関係の調整を図り以て相率ゐて東亜の安定に協力せしめん」とするとの方針が前面に打ち出されていた。また、この年の二月初旬から海軍大臣には米内が就任していたのだが、四月一六日決定（外、蔵、陸、海相）の「対支実行案」では「南京政権竝に同政権の指導する支那統一運動に対しては公正なる態度を以て之に臨む」、「南京政権に対する施策に当りては同政権の面子を考慮し同政権をして国民の手前抗日標榜の已むなきに至らしめるが如き措置を避くる」など、蔣政権への穏健な姿勢が明確にされていた。[17]

しかしながら、こうした海軍の対中穏健政策は、この夏七月七日の盧溝橋事件勃発後約一ヵ月の間に崩れ去る運命にあった。海軍は八月中旬以降、対中戦争全面拡大化への牽引車となったのである。それでは、なぜ、海軍はふたたび中国への強硬政策を主張するようになったのか。

米内海相下の海軍中央部が事件勃発後にまずとった対応は、事件をこれ以上拡大せず局地的解決をはかるという、いわゆる不拡大方針であった。米内は「諸般の情勢を観察するとき、陸軍の出兵は全面的な対中国作戦の動機となるであろうことを懸念し」、杉山陸相からの再度の出兵提議に対し「渋々ながら」同意（一一日）した際も、「動員後も派兵する必要がなくなったならば、ただちにこれを中止させること」を陸相に認めさせていた。米内は「華中（南）における対日動乱は、華北における禍根の波動にほかならない」との認識をもっており「もし今回の盧溝橋事件にたいし誤まった認識をもってその解決にあたったならば、事件が拡大することは火を見るよりも明らかである。そして、その余波は一ないし二ヵ月にして華中におよぶであろう」ことを最も懸念していたのである。[18]

しかし、こうした「今次事件ハ全支に波及スル公算大ナルモノ」との懸念は、一方で派兵が決定した一一日に全面作戦に備えた事件処理の方針を海軍省・部協議の下に決定させていたことも事実であった。そして早くも翌一二日、軍令部では対支全面作戦に備える作戦計画案が策定されていた。ところで、このなかで示される作戦方針は、戦局が北支から中支・南支に拡大した場合、「局地戦航空戦封鎖戦ヲ以テ居留民保護及支那膺懲ノ目的ヲ至短期間に達成スルヲ本旨トス」という速戦即決主義による支那膺懲論《ようちょう》（一撃論）であった。また、この膺懲効果を促す攻撃力の中核は南京爆撃などを含む海軍航空部隊の打撃力であり、ほかにこの計画には、北支、中支での要点占領や沿岸地域の封鎖作戦が予定されていた。[19] これは内容的に見て、前年秋の北海事件時に海軍が構想した対支全面作戦とほとんど同じ構想から生まれた計画であったと見ることができる。すなわち、中国の軍事能力に対する海軍の評価は、あいかわらずこれを非常に甘く見積もる点で変わりがなかったのである。

ただし、軍令部のなかではすぐに中国への強硬論が高まっていったわけではなかった。横井甲部員の情況判断（七月一二日）は、「海軍トシテハ固ヨリ強イテ事態ノ拡大ヲ望マザル」というもので、その対策も当初の重点は「極力事態ノ重大化ヲ避クル方針ヲ堅持」することにあった。しかしながら、こうした判断もその後日中間の衝突が続き、二七日に実際の派兵につながる三度目の派兵決定がなされる頃になると、「対支全面的戦争ニ転化ノ傾向頗ル大ナリ」として「南京政府累年ノ執拗ナル排抗日政策ニ対シ痛烈ナル反省ヲ促スタメ此ノ際一痛撃ヲ与フルモ亦已ムヲ得ザル」という強硬論に変化していった。[20] 七月後半になるとふたたび「海軍にも、この際支那を一つタ丶イて、サツト引クがよいと云ふ説が盛ん」になるのであった。[21]

さらに、中国警備の現場をあずかる第三艦隊司令長官の長谷川清（一八八三―一九七〇）からは、強硬な「対支作戦用兵ニ関スル意見」（一六日）と題する意見具申がよせられていた。このなかでは、支那膺懲を作戦の単一目的として「当初ヨリ戦局拡大ノ場合ノ作戦ヲ開始」すること、「支那ノ死命ヲ制スル為ニハ上海及南京ヲ制スル」こと、「開戦劈頭ノ空襲ハ我ノ使用シ得ル全航空兵力ヲ以テ」すること、そして、この「空襲ノ成否如何ハ爾後ノ作戦ノ難易遅速ヲ左右スル」ことなど、先の（一二日）軍令部の対支膺懲論、航空打撃論を一段と鮮明にした意見が述べられていた。(22) 現地においても、緊迫感は相当高まりつつあったのである。

4　米内の態度の変化

一九三七年七月後半に軍令部および現地の第三艦隊で強硬論が高まりをみせるなかで、しかしながら、米内は紛糾する日中間の問題を強硬策によるのではなく、話し合いによる外交の場において解決するという方針を貫こうとしていた。そして、近衛文麿（一八九一―一九四五）首相に対して問題の根本的解決をはかるため「再三にわたって和平解決の促進を要望した」のであった。(23) こうした外交交渉による事態解決への動きは、八月初旬、日本側は元外交官で上海総領事など長い中国勤務の経験をもつ船津辰一郎（一八七三―一九四七）と、中国側は外交部亜洲司長の高宗武（一九〇五―一九九四）とを接点とした和平工作（船津工作）として動きだした。しかし、八月九日に上海で発生した大山中尉・斎藤水兵殺害事件は、日中間の緊張を一段と高める結果となり、交渉の継続を事実上不可能にした。(24) すでに、上海では八月に入って北支での武力衝突の余波を受けて事態の緊迫化が進み、現地の第三艦隊からは増援部隊の派遣要請がくり返されていた。そうしたなかの海軍将兵殺害という事件の発生は、海軍内の危機感をさらに煽り、「支那側ニ於テ遂ニ反省スル處無クンバ其ノ飽クナキ非違不法ヲ糾弾是正スル為眞ニ断固タル一撃ヲ加」えるという海軍内部の強硬論を決定的にした。(25)

しかし、米内はこの大山事件の発生後も交渉による事態解決の方針を変えなかった。米内は目下進行中の機微なる外交措置（船津工作）に望みを託し、「今明日中に何とか其の成果を期待し得べきを以て（中略）今日直に陸軍派兵の件を決定するは暫く待たれ度し」（八月一〇日）と、上海への陸軍増援の決定を求める軍令部の要求を見送ったのである。これに対し、「事件処理の遷延は之を許されざるものとし焦慮する処」ある軍令部側では、翌一一日午前、伏見宮軍令部総長が米内を招致、伏見宮は「外交交渉も必要なれ共対手は支那人にして其の成否は不明なり之を重視するを得ず」として、米内の所信を質した。米内はこれに「外交交渉には絶対的信頼を措かず然れ共（中略）成否は予想出来ざるも之を促進せしむることは大切なり」「今打つべき手あるに拘らず直に攻撃するは大義名分が立たず今暫く模様を見度し」と応え、外交交渉優先の方針を譲らなかった。(26)海軍の先輩であり、かつ皇族である伏見宮の意見に屈しないほどに、米内の交渉進展への期待はあったのだと言えよう。

ところが、米内が期待したように日中間の外交交渉は「今明日中に」は何の成果も見せなかった。そして、とうとう翌一二日、嶋田軍令部次長の「逼迫せる状況に鑑み最早最後の手段を採らざるべからざる」との申し入れに対し、米内は上海への陸軍出兵決定に向け閣議を要請すること、および上海での兵力配備、作戦準備の促進に同意した。同日夜に上海確保に関する大海令が発令され、第三艦隊司令長官には「上海居留民保護ニ必要ナル地域ヲ確保スルト共ニ機ヲ失セズ敵航空兵力ヲ撃滅スベシ」との指示が軍令部総長より発電された。さらに、同日夜および翌一三日の閣議で、陸軍の上海への出兵が正式に決定した。ここに、七月七日の事件勃発以来、中支への拡大を何とか阻止しようとしてきた米内の不拡大方針は、変更を余儀なくされる結果となった。(27)

ただし、この方針変更は、少なくともこれが決定した一三日の段階では、米内にとってあくまでも「陸軍の派兵は好ましくない」との渋々の気持ちでの変更であった。(28)しかしながら、こうした米内の事態限定の姿勢は、翌一四日深夜の閣議で一変し、米内は事態の不拡大主義の消滅を主張し、南京占領の提案、さらには「海軍としては必要なだけやる考えである」との強硬姿勢に転じたのである。この強硬論には、天皇も翌一五日拝謁した米内に対して「感情に走らぬように」との注意の言葉を発したほどであった。(29)では、いったい、一三日から一四日深夜までの間に、米内の態度を一転させる何が起こったのであろうか。

一四日の午前一〇時頃、中国空軍機十数機が、上海にある第三艦隊旗艦「出雲」、陸戦隊本部、総領事館等を二回にわたり爆撃した。すでに上海市街での武力衝突は前日よりはじまっていたが、この爆撃に対し、海軍は同日午後、次のような声明を発表し、中国「膺懲ノ為本格的作戦ヲ開始スル」ことに決した。

本一四日午前一〇時頃支那飛行機十数機ハ、我ガ艦船陸戦隊本部及総領事館等ニ対シ爆撃ヲ加フルノ不法ヲ敢テシ、暴戻言語ニ絶ス。帝国海軍ハ今日迄隠忍ニ隠忍ヲ重ネ来リシガ、今ヤ必要ニシテ且有効ナル有ラユル手段ヲ執ラザルベカラザルニ至レルハ、従来ノ念願ニ鑑ミ甚ダ遺憾トスル所ナルモ亦巳ヲ得ザル次第ナリ。

ここに、海軍の中の不拡大主義という消極論が完全に消滅し、中国膺懲のための積極論が全面に躍り出ることになった。[30] そして、この中国空軍の爆撃に対して、何より米内自身非常な怒りを示していた。なかでも米内は第三艦隊旗艦「出雲」への爆撃に強い衝撃を受けていた。[31] こうした怒りのなか、同日午後、米内は本格的作戦開始を決定し、さらには同日夜の閣議における「感情に走った」と見られるほどの全面拡大論さらには「南京占領」の発言にまで至っていたのである。それでは、中国空軍による爆撃が、なぜ、それほどまでに米内を怒らせ、一挙に彼の態度を強硬にさせたのであろうか。

八月一四日の空軍の攻撃は、中国が面と向かって日本に立ち向かってきたことを意味した。中国空軍は、中国軍のなかでも当時最も中央化が進んでいた軍であり、蔣介石自身の息が直接かかった虎の子部隊でもあった。[32] その空軍の、しかも、日本の在中国艦隊のシンボルである旗艦「出雲」や総領事館への攻撃は、路上での突発的な武力衝突とは異なって、中国の中央政権の意図をはっきり示す攻撃だったといえよう。そして確かに、蔣介石自身も翌八月一五日の日記に、この空軍の戦いを「これならば彼らの心胆を寒からしめることができる」ものと記していたのであり、[33] また、中国ではこの八月一四日の戦闘を「空軍節」として記念するようにもなったのである。

第三艦隊司令長官としてかつて「出雲」に座乗し、そこで指揮をとった経験をもっていた米内にとって、この攻撃は中国からの重大な挑戦と受け止められたのは間違いないと思われる。しかも、この攻撃は、実際の作戦上でも米内を窮地に追い込むことになっていた。先にも説明したように、米内は交渉による事態の解決を優先していたため、軍令部や現地から再三要請のあった兵力の配備、作戦準備を遅らせる結果をまねいていた。これは、上海での事態をかなり危急なものとしていた。[34] そうした遅れに輪をかける形で、海軍が盧溝橋事件勃発以前から中国警備の大きな弱点としていた空からの攻撃を受けたのである。米内は、ただでさえ遅れている上海での作戦準備と警備の弱点を突かれたことに大きな危機感を抱いたに違いない。しかも、こうした中国空軍の爆撃は一四日夕刻まで反復していたのであり、そうしたことによるあせりが同日夜の閣議に臨む米内を支配していたことは十分考えられるのである。

そして、何よりもこの空軍の攻撃は、米内が維持し続けてきた交渉による事態の解決という目途を完全に打ち砕いてしまった。米内は以前より、中国問題の解決方法として蔣介石を引っ張りだして交渉すべきと考え、事変勃発当初から和平を模索していたと思われるが、蔣は七月末の段階ですでに和平の望みを棄て、強硬手段に訴える方針に転じていた。[35] したがって、八月初旬から動きだした船津工作の成功の見込みは、はじめから望み薄のものであったといえる。米内はその見込み違いを、八月一四日の蔣の意志をはっきり伝える空軍の攻撃で思い知る結果となった。

こうして米内の対中政策は、一夜にして和平から全面対決へと大転換を遂げた。しかし、これによって実行に移されることになった海軍の作戦自体は「今ヤ必要ニシテ且有効ナル有ラユル手段」を執るとは言っていても、実質的には北海事件以降作成されていた内容以上のものではあり得なかった。そして、その作戦目的も中国「膺懲ノ為本格的作戦ヲ開始」するとしていたように、大きな打撃を与えて中国の反省を引き出すという「一撃論」だったのである。海軍としてここでできることは、ほぼ航空作戦および封鎖作戦に限られた。しかし、もしこれで中国側の反省が引き出せなかったとなったら、海軍自体で次の手を打ち出すことはかなり困難なことであった。すなわち、海軍には中国問題解決のための次の決定打はなかったのである。

5　蔣介石を「対手とせず」

日中全面衝突となった一九三七年八月後半以降、日本海軍は対中作戦の一環として、航空作戦とともにその主要作戦である中国沿岸の封鎖も開始した。こうしたなかで九月一七日、日本海軍の沿岸封鎖に任ずる部隊の一部が海南島海口に対する砲撃を実施した。これに対して、翌一八日クレーギー（Robert Craigie, 一八八三―一九五九）駐日イギリス大使は「英政府ハ海南島及西沙群島ガ日本軍ニ依ル占領ヲ重大視セザルベカラズ」との申し入れを即座に行ってきた。すでに、この砲撃実施以前にもイギリス政府は日本の海南島占領計画についての秘密情報を得たとしてアメリカ政府に接触し、海南島占領が極東地域でのイギリスへの重大な脅威であることを指摘し、英米の共同歩調の可能性も打診していた。この問題は一〇月四日、クレーギーがふたたび海南島問題への日本の返答を求めたのに対して、堀内謙介（一八八六―一九七九）外務次官が同島占領の意図はないと説明したことによって一旦決着した。(36)しかし、このことは、イギリスにとって日本の海南島占領が無視することのできない重大な問題であることを明らかにしていた。

こうした日中戦争に伴うイギリスとの対立関係については、海軍内部ですでに戦争勃発直後の段階で「利害ノ衝突スルハ寧ロ英国ニシテ日本ハ英国ヲ目標ニシテ軍備ヲナスヲ緊要トスルニアラズヤ」との認識が示され、一〇月の「帝国ノ當面スル國際危局打開試案」の冒頭部分にも「日英両国ノ軋轢激化ハ既ニ避ケ難キトコロナル」との状況判断が示されていた。海軍内では日中戦争初期の段階で今後のイギリスとの関係について相当悲観的にとらえる見方が存在していたのである。(37)

一方、中支における日中間の戦いは、上海戦における日本側の苦戦を経つつも、一一月中旬となって中国軍の南京への総退却がはじまり、それを追撃する部隊に引きずられる形で日本軍は南京攻略（一二月一三日占領）へと突き進んだ。この間、トラウトマン（Oskar Trautmann, 一八七七―一九五〇）駐華ドイツ大使による日中間の和平工作も明で打ち切ってしまうのである。

進められていたが、当初は紛争長期化への懸念もあり寛大であった日本側の和平条件も、国民政府の首都南京占領という「軍事的勝利」によってその条件は過重なものとなっていった。結局、日中戦争期を通して最も可能性が高かったとされるこのトラウトマン工作を、[38]日本政府は翌一九三八年一月一六日に発する蔣介石を「対手とせず」声明で打ち切ってしまうのである。

この時、トラウトマン工作に対する日本政府と統帥部（とくに参謀本部）の意見は大きくわかれ、海軍内では海軍省が政府の交渉打切り論を支持し、軍令部は参謀本部側の交渉継続論を後押ししていた。そうした事態に対し、米内海相は交渉打切りを決定した一九三八年一月一五日の大本営・政府連絡会議において、「参謀本部は政府を信用しないのか」と発言し「政府と参謀本部の対立で、参謀本部が辞職するか、政府が総辞職するか」とまで詰め寄り、古賀峯一（一八八五―一九四四）軍令部次長に対しても、交渉継続を強く主張していた多田駿（一八八二―一九四八）参謀次長への支持を抑えるよう説得していた。[39]こうした米内の姿勢は、参謀本部への不信や「政治優先」というその政治スタンスと関係していたとも考えられるが、[40]前回の和平工作（船津工作）への過度の期待に対する反省から、蔣介石との和平の可能性に対する何らかの不信感も考えられるであろう。少なくとも、このときの米内には、以前車中談で述べていた、交渉相手として何とか「蔣介石を引っぱってくる」という姿勢は感じられず、和平締結への執着もなかった。むしろ、政府内には南京陥落による戦勝ムードにより、和平条件を日本側から提示すること自体、「勝者」として不適当であり、蔣政権は崩壊するだろうという認識すらあったようである。[41]米内が、この南京占領による蔣政権の命運をどのように判断していたかはわからない。しかし、結局、南京陥落後も蔣政権は崩壊せず、日本政府による蔣介石を「対手とせず」声明は、明らかに日中戦争の長期化を余儀なくする結果をもたらしたのである。

こうして日中戦争の早期解決が不可能となったことは、海軍、そして米内の一撃論の完全な失敗を意味したといえよう。その後中国大陸における日本の戦いは、中国軍の殲滅をはかり、その軍事的勝利によって紛争解決につなげようとした徐州作戦から漢口作戦、そして広東作戦へと南支にまで拡大していったが、蔣介石側は奥地へと後退する持久戦略をとったために、軍事的な紛争解決の糸口はほとんど見込めない状態となった。一方、日本政府内部においても、この間に近衛首相をはじめとして「対手とせず」声明の失敗を認めざるを得なくなっていき、米内海相においても新たに設けられた五相会議の席上で「蔣改心セバ之ヲ相手スルモ可ナリ」（七月八日）との発言も漏らすようになっていた[42]。

なお、この頃の米内について、海軍省内で政治的問題を補佐するスタッフであった臨時調査課内の文書では、「海相ノ事変以来ノ手腕ハ満州事変当時ニ於ケル安保海相ニモ劣ルモノニシテ大臣ノ此ノ腑抜ケサ加減ハ海軍大臣独自ノ意見処置トハ到底考ヘラレズ」「海相ハ従来指揮官トシテ名声アリシモ軍政方面ニハ全ク経験モナク見識モナシ。事変起ラザリシナラバ其ノ温厚ナル質性ニヨリ無事ナリシナランモ到底難局ニ処シテ盤根錯節ヲ断ズル器ニアラズ」との酷評が記され、また、米内はこのとき「己ハ政治ハ嫌ダ」「己ハ政策的ノコトハ出来ヌ」と自ら高言し、それに対してそれで「済マサルベキヤ否ヤ」との憤慨の声もあがっていたが、こうした米内の様子は、それだけこの時の米内が行詰っていたことを示すものとも考えられよう[43]。

「対手とせず」声明は、「国民政府といえども拒否せざる」という一一月三日の日本政府の声明で撤回されることになった。そして、これはそれまでの軍事的な積極作戦で蔣屈服をはかるという日本側の方針の事実上の撤回でもあった。しかし、米内はその月末の一一月二五日、五相会議の席で「海南島ハ作戦上ノ必要アル場合之ヲ攻略ス」と提案して了解事項とさせていた[44]。海南島の占領というさらなる対中積極軍事作戦に踏み出していたのである。それでは、なぜ米内はそうした軍事行動へと向かおうとしたのであろうか。

6　海南島占領計画の再浮上

一九三八年九月七日、大本営御前会議において日中戦争における日本側の最後の「積極攻勢」ともいえる広東攻略が決定されていた。ここに日中戦争は本格的に南支も舞台に展開することになった。ところで、この広東作戦に関する陸海軍協議の際、海軍側は折角広東作戦をやるならば、ということで、海南島攻略作戦もやることを提案していた。しかし、これは陸軍統帥部からの「兵力分割は適当でない」さらには「将来の日中和平の障害要因にもなる」との意見などから斥けられていた。ところが、海軍側はその日の御前会議の御説明の最後で「海南島方面は将来やる場合を考えて居る」と一方的に付加して、将来の同島攻略の布石を打った。[45]

この海南島占領に海軍内で最も積極的であり、作戦を実現に至らしめた人物が、軍令部第一（作戦）課長の草鹿龍之介（一八九二―一九七一）であった。彼は戦後に「海南島は、将来日本が南方に伸びる足元としてこれを重視していた」と述べており、また広東作戦時に同時に海南島占領も実施しようというのも草鹿の意見であった。[46]しかしながら、こうした積極的な海南島作戦に対しては、当初海軍部内にも反対の声があった。海南島占領作戦に空母「赤城」艦長として従事した寺岡謹平（一八九一―一九七四）によれば、米内海相も海南島作戦には反対していた、というのであった。寺岡はこうした事情を次のように記している。

すなわち「海南島攻略は忠勇なる日本軍隊を以てすれば極めて容易の業」ではあるが、「其の攻略する名目如何が問題」なのである。日本政府は内外に向かって「領土的野心無し」と声明しており、「南方発展といふ国策の為めに占領する」などとは言うことができないのである。「伝ふる所によれば米内海相は海南島攻略には大反対であった」といわれているが、「帝国海軍として政府声明に反する事を実行するわけには行かぬ」のであるから、「海相の立場としては尤もなこと」であろう。[47]

ここからは、海南島占領の対外政治的影響を危惧していた米内の様子が伺われる。また、この時高木は「海南島攻略ノ反対」について「反対ノ根源的人物ハ山本海軍次官」であったと記しており（一一月三日）、[48]海軍省首脳部に海南島作戦への反対があったことは確かと思われる。しかし、一一月二五日までに海南島攻略は海軍大臣の合意するところとなっていた。では、その合意形成はどのようになされたのか。

7　米内の「作戦上」の意図

海南島作戦実現に奔走した草鹿は、まず陸軍を説得し、そのうえで海軍部内の説得に当たるという方針をとった。彼によると「満州や支那ではやたらに取りたがる陸軍であったが、海南島攻略に反対」であり、「陸軍が反対すると海軍省が消極的」になり、そうすると「軍令部の上層が二の足を踏む」いう状況であった。そこで海南島作戦を実現するため、まず「参謀本部の作戦課に強く呼び掛け」、ついに参謀本部を同意させた。陸軍省はなかなか同意しなかったが、「海南島は当面する作戦に対し海軍航空部隊はこれに協力する為の航空基地を造る」、「攻略後同島に対する政治経済工作は一切行はず」という条件でようやく同意した。「ここ迄話を持って行くと、海軍省も同意し、軍令部の上層も賛成した」[49]。

草鹿は、海南島占領の目的を作戦上のものとし、海軍の南方への勢力拡大論的色彩を消すことによって、陸軍の賛成を引き出したのである。こうした作戦上、軍事上という占領名目設定の様子は、先の寺岡の回想の後段にも「此の名目を如何にすべきか」については「専ら軍事上の見地から考えればよい」のであって、仏領印度支那を経由する中国への武器輸送を遮断するという理由で「帝国としては已むを得ず自衛上必要なる手段を取る為めに海南島を占領して之を監視する」とすれば「堂々たる名目が立つ」というのであった[50]。

この「自衛手段の為」という名目は、先の調査課の海南島占拠についての法的検討のなかで九国条約との関係で「充分海南島占拠を主張貫徹し得べき根拠」とされていたのと同じであった。そして、海軍は海南島攻略作戦が正式に決定した一九三九年一月一三日の御前会議においても、「作戦上以外他意はない」と言い切った[51]。

ところで、海軍省首脳部はこの「作戦上・軍事上」という海南島占領の名目化をどう受けとめたのであろうか。草鹿は、陸軍の同意を取り付けた段階に至って海軍省も同意したと述べているが、その同意の真意はどの辺にあったのか。まず、一一月二五日の米内の五相会議における海南島占領提案が「作戦上ノ必要アル場合」と条件づけていることによって、米内もまた「作戦上」という理由を受け入れていたと見ることができる。米内がこの時、海南島占領によって起こる英米等の反発をどの程度意識したかはわからない。ただし、先の寺岡の回想にあるように米内の反対理由が、まず「海南島への領土的野心を否定している政府声明に反せない」という「海相の立場」、すなわち「政治優先」の姿勢であったとすれば、作戦上の必要にその目的を限定することでこの問題のジレンマはひとつ解消したと見ることができよう。

ただし、海軍にとってこの海南島占領の目的は、「作戦上」のものだけでは決してなかった。それは営々として積み上げられてきた南進論の重要な一画をなす作戦だったのであり、草鹿や寺岡の回想にも見られるように、領土的野心とは無縁であり得ない作戦だったのである。米内もそうした海軍全体の「意思」に気づいていないはずはなかった。それでは、米内は五相会議の席上で、この「作戦上」という目的を単なる名目として使っていたのであろうか。

先にも述べたように、一九三八年の夏から秋にかけて、蔣介石との戦いで日本軍は作戦上で行き詰まった状態にあった。その行き詰まりから、蔣介石を「対手とせず」声明も撤回しなければならない状況に日本政府は追い込まれていた。こうしたなかで、とくに今後の戦いが陸軍による持久戦へと展開していくことが予想される状況で、海軍として打ち出した作戦が海南島占領作戦であった。この作戦は、草鹿が言うように「海南島に当面する作戦のための航空基地を設定」すれば、当時援蔣ルートとして重点が移りつつあったハノイ・ルートやビルマ・ルートの遮断にまで航空攻撃をかけることもできるのであった(52)。部隊指揮官として定評のあった米内は、この蔣を圧迫する作戦目的に大きな意義を感じていたのではないだろうか。すなわち、米内は海軍作戦によって、日中戦争の行き詰まりを何とか打開しようとしたのである。それゆえに五相会議の席上で堂々と海南島占領について「作戦上の目的」をあげたのではなかったか。

一方、海南島占領反対の「根源的人物」であったとされる山本次官はどうであったか。山本は次官になる前に航空本部長を務め、「その職を一生続けたい」とも語っていたほどにその職務に打ち込んでいた人物であった。山本のそうした姿勢は、一九三〇年代前半期に三年間の航空本部技術部長を務めて以来のもので、彼は、この一九三〇年代を通して、海軍の「絶対唯一」の敵と言っていいアメリカ海軍との海上での戦いに備えて、航空軍備の充実に心血を注いでいたのである。(53) ところが、その航空戦力は、海軍本来の敵ではない中国との戦いがはじまると当然のことのように戦場に駆り出されることになった。大陸での戦いでは、艦艇部隊の役割は補助的であり、航空部隊こそが海軍の対中「一撃論」の主力だったからである。しかし、日中間の戦いが長引くなかで、海軍航空部隊は予想外に大きな損害を出すに至っていた。

一九三七年から一九四一年にかけての日中戦争の間、海軍は五五四機の航空機と六八〇名の航空機搭乗員を失ったが、なかでも初期の三七年から三八年にかけての時期に、なんとその七割近くにあたる三八四機と四四八名を失っていた。(54) しかも、この三八年の五月には、アメリカで海軍拡張を図る第二次ヴィンソン法が成立し、航空戦力に関しては三〇〇〇機体制となることがわかっていた。この結果、日本海軍がアメリカ海軍に対して航空兵力において千数百機の劣勢に達することが見込まれていた。そして、この差は日中間の戦いがさらに長引けばさらに拡大する恐れがあった。将来の対米戦を念頭に、航空軍備の充実に努めていた山本にとって、この損害の大きさは無視できないものだったであろう。

海南島作戦への山本の強い反対は、こうした航空軍備への懸念が念頭にあったようにも思われるのである。何より、海南島作戦は「作戦上」さらに航空作戦を拡大するもので、そこでの航空機の損害増大も十分予想されたからである。そもそも山本にとって、この日中戦争は「陸軍のバカがまたはじめた」戦争にすぎなかった。(55) その結果、秘蔵っ子の海軍航空部隊が本来の目的（対米戦）でないところで失われていくことに山本は耐えられなかったのではないだろうか。

しかし、米内海相にとって、日中戦争は「陸軍がはじめたバカ」な戦争で済まされる問題ではなかった。むしろ、米内はそれまでの戦争の展開のなかで、転換点となる要所要所で戦争の全面拡大化（一九三七年八月）や長期化（一九三八年一月）へと向かう方向に舵を切る、その決定に関わっていたのである。おそらく、海軍大臣として米内はその責任を自覚していたであろう。[56] その結果生じた日中戦争の軍事的な行き詰まりに対して、海軍としてそのとき打てる最後の軍事的積極作戦こそが、海南島占領だったのである。もちろん、この作戦には海軍の長年の南方拡大への期待が込められていた。しかし、米内とってまず重要だったことは、海南島占領が蔣介石打倒のための手段として「作戦上必要」だったということなのであり、それゆえ五相会議の席上で米内はその目的を言い切ったのではなかったのか、と考えられるのである。

おわりに

一九三九年二月一〇日、日本軍は南支（中国南部）作戦の一環として海南島攻略のための上陸作戦を開始した。これに対して重慶の蔣介石は外国人記者との会見でこの日本による行動の重大性を次のように語った。

海南島攻略は一九三一年九月一八日の奉天攻略と対をなすものと考へられる、換言すれば日本は海南島を攻撃することによって太平洋に第二の奉天を創り出したのだ、奉天は満州事変の発端であった、海南島は太平洋事変の発端であろう。その結果は陸上に関すると海上に関するとを問わず同じである、〔中略〕日本が今回の南進行動に出たのはこれを以て日支間の交戦状態を終息せしむる意図から発足ものではなく明かに戦争を太平洋にまで拡大せんとする危険を冒す決意の下に為されたものである。[57]

また、蔣はこの会見で、海南島の戦略上の地理的重要性について「海南島は太平、印度両洋に対する戦略上の要点」であり、これを日本軍が占領したならば「香港とシンガポール、並にシンガポールとオーストラリア各間の連絡が絶たれるのみならずフィリピン並に仏領印度支那の安全は多大の脅威を蒙る」ことになると注意喚起した。そしてさらに「これは日本海軍の太平洋制海権確立の第一歩」であり「日本海軍にとり海南島は西に向つて太平洋へ出る第一線をなすもので、東に向ふ場合のグアム島と対比されるものである」とし、「〝太平洋上の九・一八（満州事変）〟といわなくてはならない」とも指摘していた。[58]

日本による海南島占領をイギリスさらにはアメリカに対する直接的脅威として強調する蔣のこうした発言は、長引く日中戦争下で英米からのより多くの、そしてより直接的な支援を得ようとする願望をもった宣伝的要素を多分に含んでいたことは間違いないといえよう。しかしながら、ここで示された蔣の海南島占領問題への見解は、日本海軍の海南島占領への意図、すなわち、南進論による勢力拡大、英米への対決姿勢の明確化といった側面を正しく言い当てていたことも確かであった。

日本国内の新聞にも掲載された前記の蔣の発言を、はたして米内はどのように読んだであろうか。かつて「対支政策について」（一九三三年七月）の中で、米内は「支那をまいらせるためにたたきつけるということは（中略）恐らく不可能のことなるべし」とし、「支那のヴァイタル・ポイントは、いったいどこにあるのか」「支那のヴァイタル・ポイントということと日本の実力ということを考えるとき（中略）いわゆる強硬政策なるものが実際に即しない空威張りの政策であって、他の悪感をかう以外に一も得るところがないこととなる」と記していた。海南島作戦に対して「太平洋に第二の奉天を創り出した」とし、次は「英米との対決につながる」と予言した蔣の言葉に触れ、米内はあらためて「支那のヴァイタル・ポイント」をたたくことの難しさを痛感させられていたのではないだろうか。

海南島占領作戦で、その計画時は軍令部一部直属（政策担当）乙部員、また、作戦実施時は作戦部隊である第五艦隊の参謀であった扇一登によると、当時の海軍中央部では「海南島は対英米戦となった場合絶対必要な拠点である」という認識は常識であったという。[59]もちろん、このときの米内ら海軍省首脳に、海南島占領を通してそうした英米との直接対決にまでことを進めるという決意も、またそうした認識もなかったことは間違いない。しかし、事態はその後三年弱の日中戦争のさらなる展開を経て、蔣の名付けた、日本と英米との直接対決という「太平洋事変」へと発展していったのである。

註

（1）防衛庁防衛研修所戦史室『戦史叢書　支那事変陸軍作戦〈1〉』（朝雲新聞社、一九七五年）二六三頁。日本国際政治学会太平洋戦争原因研究部編『太平洋戦争への道　4　日中戦争（下）』（朝日新聞社、一九八七年版）二一頁。原田熊雄『西園寺公と政局　第六巻』（岩波書店、一九五一年）六八頁。なお、本章は、相澤淳「日中戦争の全面化と米内光政」（『軍事史学』第三十三巻第二―三合併号「日中戦争の諸相」一九九七年十二月、一二五―一四一頁）を修正の上、大幅に加筆したものである。

（2）『新岩手人』第三巻十二号（昭和八年十二月二五日）一九頁。

（3）防衛庁防衛研修所戦史室『戦史叢書　中国方面海軍作戦〈1〉』（朝雲新聞社、一九七四年）一五〇―一五六頁。影山好一郎「第一次上海事変における第三艦隊の編成と陸軍出兵の決定」（『軍事史学』第二八巻二号、一九九二年九月）三三―三六頁。

（4）『現代史資料8　日中戦争1』（みすず書房、一九六四年）九―一〇頁。

（5）実松譲編『海軍大将米内光政覚書』（光人社、一九八八年）九―一三頁。

（6）高田万亀子『米内光政の手紙』（原書房、一九九三年）四七頁。

（7）緒方竹虎『一軍人の生涯　提督・米内光政』（光和堂、一九八三年）一九二頁。

（8）赤木完爾「日本海軍と北海事件」（慶應義塾大学法学研究科『昭和五十二年度論文集』一九七八年三月）。

（9）『岩手日報』一九三六年六月一二日、米内車中談。

（10）『現代史資料8』二二六頁。

（11）土井章監修『昭和社会経済史料集成　第二巻　海軍省資料（2）』（大東文化大学東洋研究所、一九八〇年）四一八―四一九、四二二頁。

（12）『現代史資料8』二二七頁。

（13）島田俊彦「川越・張群会談の舞台裏（二）」（『アジア研究』第一〇巻第三号、一九六三年一〇月）二六―二九頁。

（14）『現代史資料8』二一八、二二一、二二三―二二七頁。

（15）土井章監修『昭和社会経済史料集成　第二巻』四六六―四六七頁。

(16)　島田俊彦「川越・張会談の裏舞台（二）」（『アジア研究』第一〇巻第一号、一九六三年四月）六三―六四頁。
(17)　『現代史資料8』三八七―三八八、三九七、四〇〇頁。
(18)　実松譲編『海軍大将米内光政覚書』一四―一五頁。
(19)　「大東亜戦争海軍戦史　本紀巻一　軍令部」（防衛研究所戦史研究センター蔵）二九七―二九八頁。森松俊夫「支那事変勃発当初における陸海軍の対支戦略」（『政治経済史学』第一六八号、一九八〇年五月）二五頁。
(20)　「支那事変処理　軍令部第一部甲部員」（防衛研究所戦史研究センター蔵）。
(21)　『高松宮日記　第二巻』（中央公論社、一九九五年）四八五頁。
(22)　『現代史資料9　日中戦争2』（みすず書房、一九六四年）一八六頁。
(23)　原田熊雄『西園寺公と政局　第六巻』四〇頁。実松譲編『海軍大将米内光政覚書』一五、二一―二二頁。
(24)　戸部良一『ピース・フィーラー　支那事変和平工作の群像』（論創社、一九九一年）三四―三五頁。
(25)　「支那事変処理」。『高松宮日記　第二巻』五三〇、五三三頁。
(26)　『現代史資料12　日中戦争4』（みすず書房、一九六五年）三八五―三八七頁。
(27)　同右、三九〇―三九一頁。
(28)　緒方竹虎『一軍人の生涯』三四頁。
(29)　防衛庁防衛研修所戦史部『戦史叢書　大本営海軍部大東亜戦争開戦経緯〈1〉』（朝雲新聞社、一九七九年）二一四頁。臼井勝美「日中戦争と軍部」（三宅正樹ほか編『昭和史の軍部と政治　2　大陸侵攻と戦時体制』第一法規出版、一九八三年）七一―七二頁。『高松宮日記　第二巻』五四五頁。
(30)　「大東亜戦争海軍戦史　本紀巻二」五三〇―五三一頁。
(31)　当時、軍令部乙部員であった扇一登氏へのインタビュー（一九九五年一月二五日）。
(32)　「大東亜戦争海軍戦史　本紀巻二」二六一―二六二頁。
(33)　中山雅洋『中国的天空――沈黙の航空戦史』上巻（大日本絵画、二〇〇七年）一六三―一九一頁。サンケイ新聞社『蔣介石秘録　12　日中全面戦争』（サンケイ出版、一九七六年）五三頁。
(34)　高田万亀子「日華事変初期における米内光政と海軍」（『政治経済史学』第二五一号、一九八七年三月）三二頁。

(35) サンケイ新聞社『蔣介石秘録　12』四五頁。
(36) 日本国際政治学会太平洋戦争原因研究部編『太平洋戦争への道　6　南方進出』(朝日新聞社、一九八七年)三─六頁。鹿島平和研究所編『日本外交史　22　南進問題』(鹿島研究所出版会、一九七三年)一八─二三頁。
(37) 土井章監修『昭和社会経済史料集成　第四巻　海軍省資料(4)』(大東文化大学東洋研究所、一九八二年)二〇、二七四頁。
(38) 戸部良一『ピース・フィーラー』一〇九─一一五頁。
(39) 扇氏へのインタビュー(一九九五年一月二五日、一九九七年四月一一日)。日本国際政治学会『太平洋戦争への道　4』三九─四〇頁。
(40) 手嶋泰伸『昭和戦前期の海軍と政治』(吉川弘文館、二〇一三年)三四─三七頁。
(41) 戸部良一『ピース・フィーラー』一一二─一一四頁。
(42) 伊藤隆編『高木惣吉　日記と情報　上』(みすず書房、二〇〇〇年)一四一、一四四頁。
(43) 同右、一六三─一六四頁。
(44) 稲葉正夫ほか編『太平洋戦争への道　別巻　資料編』(朝日新聞社、一九八八年版)二六八頁。
(45) 「橋本群中将回想録　二分冊の二」(防衛研究所戦史研究センター蔵)。防衛庁防衛研修所戦史室『大本営陸軍部〈1〉』(朝雲新聞社、一九六七年)五六七頁。なお、この海南島占領に対する海軍内の動きについては、相澤淳『海軍の選択──再考真珠湾への道』(中央公論新社、二〇〇二年)一三二─一四〇頁。
(46) 防衛庁防衛研修所戦史室『戦史叢書　中国方面海軍作戦〈2〉』(朝雲新聞社、一九七五年)九一頁。
(47) 水交会『帝国海軍提督達の遺構　上　小柳資料』(二〇一〇年)六四八頁。
(48) 伊藤隆編『高木惣吉　日記と情報　上』一九八頁。
(49) 草鹿龍之介『一海軍士官の半生記』(光和堂、一九七三年)二八三頁。
(50) 防衛庁『大本営海軍部大東亜戦争開戦経緯〈1〉』三四四頁。
(51) 「橋本群中将回想録　二分冊の二」。堀場一雄『支那事変戦争指導史』(時事新報社、一九六二年)二三六─二三七頁。
(52) 防衛庁『中国方面海軍作戦〈2〉』九一頁。

(53)　相澤淳「ロンドン会議後の航空軍備と山本五十六」（海軍史研究会編『日本海軍史の研究』吉川弘文館、二〇一四年）一五一―一七九頁。
(54)　防衛庁防衛研修所戦史室『戦史叢書　海軍航空概史』（朝雲新聞社、一九七六年）一二一―一二二頁。
(55)　新人物往来社編刊『山本五十六のすべて』（一九八五年）一九七頁。
(56)　池田清『海軍と日本』（中央公論社、一九八一年）一二七―一二八頁。
(57)　『東京朝日新聞』一九三九年二月一三日。
(58)　サンケイ新聞社『蔣介石秘録　13　大東亜戦争』（サンケイ出版、一九七七年）一一―一四頁。
(59)　扇一登氏へのインタビュー（一九九七年四月一一日）。

第6章　日中戦争と欧州戦争

田嶋信雄

はじめに

日中戦争勃発四ヵ月後の一九三七年一一月、中国国民党書記長陳立夫は、中国駐在ドイツ大使トラウトマン（Oskar Trautmann）と会見し、日中戦争解決のため、中独ソ三国の提携を目指す「国際関係調整のための覚書」なる文書を託した。そのなかで陳は、「覚書」の「目的」として、①「戦争の危機が切迫する現在の硬直した世界情勢を転換し、世界平和を再生させる」、②「東アジアを単独支配しようとする日本の野望を打ち砕き、日中の戦争状態を終わらせる」、③「強い中国を建設し、来たるべき世界の恒久平和を守る」という三点を挙げたのち、「この目的を実現する手段」として「中国、ドイツ、ソ連の間での相互不可侵条約と経済協力協定」を実現し、必要な場合には「アメリカ合衆国の参加を模索」するという構想を提案したのである。ここでドイツとは、もちろんヒトラー（Adolf Hitler）の率いるナチス・ドイツであった。

陳によれば、彼はソ連訪問から帰国したばかりであり、「スターリンも同様にこの三国の接近を緊急に望んでいる」という。さらに陳は、この考えは個人的な意見ではなく、中国国民党全体の一致した意見、すなわち「全党の意見」であると「繰り返し強調」したのである(1)。

「スターリンの希望」や「全党の意見」という陳の主張はもちろん無批判には受け入れ難いし、この意見に対してはトラウトマンでさえ「あなたのいう手段は現実の政治のなかでは問題とならない」と突き放していた。しかしながらこの陳の意見は、中ソ不可侵条約（一九三七年八月二一日締結）に加え、独ソ不可侵条約および中独不可侵条約を締結することにより中独ソ三国の提携を目指すというものであり、かつての孫文や蔣介石のように、「中独ソ三国連携」を構想する潮流が中国国民党・中国国民政府のなかに根強く存在していることを示していた(2)。

現在、中国の公認の歴史認識では、抗日戦争は、国際的反ファシズム戦争の東アジアにおける重要な一部であったと位置づけられており、台湾の歴史学者の多数も同様の観点に立っているといえる。しかしながら、日中戦争における歴史過程が「ファシズム」対「反ファシズム」の理念対立に沿って一直線に進んだか否かは、個別に検討する価値がある。日中戦争が欧州戦争に媒介されつつ世界戦争に発展する過程では、中国にも日本にもドイツにも、さらにまたソ連にも、さまざまな政治的・外交的選択肢が存在したのではないか。そのような政治的・外交的選択肢を検討してこそ、冷酷な国際政治のなかで必死の生存を模索した中国の政治的・外交的困難を、よりよく理解することができるのではないか。本章では、以上のような問題関心に立脚しつつ、一九三九年から一九四一年にいたる日中戦争の過程を、欧州戦争との関係から考察することとしたい。

1　欧州大戦前夜——ヒトラーの戦争計画と「日独伊ソ（＋中）連携構想」

一九三七年一一月五日。この日は、第二次欧州大戦の勃発へと至る歴史のなかで、決定的に重要な日付となった。この日ヒトラーは、陸海空三軍および外務省の首脳、すなわち国防大臣ブロムベルク（Werner von Blomberg）、陸軍総司令官フリッチュ（Werner von Fritsch）、海軍総司令官レーダー（Erich Raeder）、空軍総司令官ゲーリング（Hermann Göring）、外務大臣ノイラート（Constantin Freiherr von Neurath）を集め、当面する自らの戦争計画を初めて開陳したのである。ヒトラーはその演説のなかで「チェコスロヴァキアと、同時にオーストリアを打倒することが、我々の第一の目標でなければならない」と明言し、当面する中部ヨーロッパでの侵略の意図を明示した。しかもその際のイギリスの出方について、ヒトラーは、つぎのような見通しを述べていた。イギリス帝国は現在アイルランドやインドや東アジアや地中海でさまざまな困難を抱えている。また、チェコスロヴァキアを支援して軍事介入すれば、イギリスはふたたび長期的な欧州戦争に巻き込まれることを覚悟せざるを得ない。こうしたことから「イギリスは対独戦争に参加しないだろう」[3]。こうしてヒトラーは、日中戦争の動向など世界情勢を念頭に置きつつ、ヨーロッパでの膨張の第一歩を踏み出したのである。

こうしたヒトラーの外交・戦争政策を反イギリスの日独伊三国枢軸同盟構想へと導こうとしたのが駐英大使リッベントロップ（Joachim von Ribbentrop）であった。彼は一九三八年一月二日、ヒトラーに宛てて覚書を起草し、情勢判断を展開したのち、「結論」としてつぎのように述べたのである。「(1)対外的にはわが同盟国の利益を擁護しつつも、さらにイギリスとの和解努力を継続すること。(2)静かに、しかしねばり強くイギリスに対抗する同盟配置を形成すること、すなわち実質的にはイタリア・日本との友好関係を強化すること」[4]。これはすなわち、そもそもは反ソを目的としていた日独伊防共協定を反英同盟化しようとする提案であった。

ヒトラー一派はその後一九三八年二月、前年一一月五日の戦争計画に反対したブロムベルク、フリッチュをスキャンダラスなかたちで失脚させ（「ブロムベルク＝フリッチュ危機」）、ノイラートの代わりにリッベントロップを外相に任命した。こうして一種のクーデター的な手法により対外膨張を可能にする国内政治体制を固めたのち、三月一一日、ヒトラーはオーストリアに最後通牒を突きつけ、同国の併合を実現したのである。

一九三八年夏からドイツは、英仏を外交的に牽制しつつチェコスロヴァキアを軍事的に解体するため（「緑作戦」[5]）、さきのリッベントロップの提言に沿うかたちで、日本およびイタリアとの三国軍事同盟交渉を開始した。

この交渉は、日中戦争に直接の影響を及ぼした。すなわち第一に、ヒトラーは、一九三八年二月二〇日、国会で「満洲国」を承認する意志を表明した。第二に、ヒトラーとリッベントロップの圧力に屈した「親中派」ゲーリングは、四月五日、「四カ年計画担当大臣」として、対中国武器輸出の全面的な禁止にやむなく同意した[6]。第三にドイツは、ファルケンハウゼン（Alexander von Falkenhausen）を団長とする在華軍事顧問団の引き揚げを強行するとともに、第四に、ついには駐華大使トラウトマンの召還をも決定するにいたった（六月二四日）。ここにナチス・ドイツと中国国民政府は事実上国交を断絶する結果となり、国民政府は、抗日戦争の重要なバックボーンの一つであるナチス・ドイツの支援を失うこととなった。(7)

しかしながら、このようなドイツの一方的な譲歩にもかかわらず、日本側、とりわけ政府および海軍は、ソ連に加えて英仏を対象とする三国同盟の締結に消極的な姿勢を維持した。同盟締結に積極的であったのは、英仏による蔣介石政権援助を牽制したい陸軍と、駐独大使大島浩、駐伊大使白鳥敏夫ら外務省の出先のみであった。一九三九年五月二日、日本政府は「協約に依り独伊に武力援助を与うるを原則とするも、諸般の情勢に依り現在及び近き将来に於いて有効なる武力援助を得ざる実情に在り」との「平沼メッセージ」を発し、事実上三国同盟交渉からの撤退を図った。(8)

ドイツとイタリアは、日本を見限り、一九三九年五月二二日に二国間軍事同盟である独伊鋼鉄同盟を締結した。(9) ドイツは当時まだ日独伊三国同盟への期待を捨てきれなかったが、六月末には、日本との同盟形成に代わる選択肢として、独ソ関係改善へと大きく傾いた。ただしリッベントロップは、日独同盟への期待を全面的に放棄したわけではなく、もし日本が合意した場合、日独ソの三国提携（あるいは鋼鉄同盟で結ばれたイタリアを含めた日独伊ソ四国提携）を構想していた。七月一日、モスクワ駐在ドイツ大使シューレンブルク（Friedrich Graf von der Schulenburg）は、ポチョムキン（Vladimir P. Potemkin）外務人民委員代理に対し、リッベントロップが日独ソ三国の協力関係の形成さえ考えており、駐独大使大島浩との会談でもその旨を伝えている、と告げたのである。(10)

同じ時期に日本の外務省筋（松岡洋右とも白鳥敏夫ともいわれている）が「日独伊ソ四国協商案」ともいうべき覚書「事変を迅速かつ有利に終息せしむべき方途」を作成しているのは極めて興味深い（一九三九年七月一九日）。それはつぎのように述べている。「ソ連に提示すべき条件は、一、ドイツはウクライナに進出するの意志なきことを表示し、二、盟約関係国、日独伊は、陝西、西蔵、雲南、新疆、甘粛の辺地にソビエト行政区の設定を承認するの用意あることを明らかにし、三、次第によっては最後案としてソ連がビルマに南下する意志があれば関係国はこれを承認するの一項を、これは秘密条項として追加するの用意をも腹の中にしまっておいていいだろう。四、そしてこれがためにもしも英ソ戦端を開く場合は、日独伊はソ連に協力することとし、これが作戦のために至急、日ソ独伊の対英米仏参謀会議を極秘に開くことの案を提出するのもいいだろう。〔中略〕日ソ独伊が連携した力は外交において、また戦争において、また経済において、英米仏のそれに比べて決して劣勢ではない」。さらに覚書は、中国共産党に対する政策で、つぎのような興味深い見解を示していた。「支那における共産軍の勢力は馬鹿にできないほどまでに成長しておる。これを清掃するの困難をあえてするよりは、ソ連との合意のもとにソビエト行政区を設定してこれに封じこむ政策に出たほうが賢明なやり方と思う」[11]。つまりここで覚書は、日独伊ソ四国提携の枠中ではあるが、日本と中国共産党との共存の可能性を示唆したのである。

さて、その後ドイツは結局ソ連と結ぶ道を選び、リッベントロップは急遽モスクワを訪問した。その際リッベントロップは、日ソ和解のための交渉をも行う用意があったが[12]、結局それは実らず、一九三九年八月二三日に電撃的に独ソ不可侵条約が締結されることになる。

独ソ不可侵条約の衝撃は東アジアをも直撃し、日本の首相平沼騏一郎が「欧州情勢は複雑怪奇」と声明して内閣を放り出したことはあまりにも有名である。中国国民政府もまた、「独ソ協定の影響は厳重」であり、不可侵条約締結により「日本外交は大いに打撃を受けた」と判断したほどである[13]。

しかしその衝撃は、さらにノモンハンで戦闘中であった関東軍にも波及し、その国際認識の転換をもたらした。例えば関東軍司令官植田謙吉は、一九三九年八月二七日、「『ノモンハン』方面の『ソ』軍に対し徹底的打撃を与えつつ他面独逸、伊太利を利用して『ソ』連より休戦を提議せしむると共に、速やかに日『ソ』不可侵条約を締結し、更に進みて日独伊『ソ』の対英同盟を結成し東洋における英国勢力を根本的に芟除」すべきであると述べていた[14]。前述の外務省筋の覚書と同じく、対英同盟としての日独伊ソ四国同盟を結成しようという提案であった[15]。

2　独ソ不可侵条約の締結・第二次世界大戦の勃発と中独ソ三国連合構想

独ソ不可侵条約の締結は第二次世界大戦（一九三九年九月一日ドイツのポーランド侵攻、九月三日英仏の対独宣戦布告）の引き金となった。日本はこの条約締結に茫然自失状態となり、「防共協定強化交渉」をドイツで推進していた大島浩は更迭された。日独両軍の関係強化に腐心していた馬奈木敬信大佐（当時オランダ駐在武官）は、ドイツ国防省防諜部のメンバーに「防共協定はもはや効力を失った」と吐き捨てるように述べた。[16] 日独関係は急速に冷却していった。

他方この条約は中国から見れば、かつての友好国ドイツが日本を裏切り、かつ現在の同盟国であるソ連と提携したものであった。中ソ不可侵条約に加え、いまや独ソ不可侵条約が成立した。さきの陳立夫の「覚書」に従えば、あとは中独不可侵条約が求められるような情勢が到来したのである。したがって、中国の政治家や官僚や軍人がこれを歓迎し、あらたな対独接近のチャンスと考えたとしても不思議ではない。またドイツとしても、日本との同盟形成の可能性を放棄した以上、中国を外交的に疎外する理由は消滅していた。

こうした事態を背景に、一九三九年八月二六日、ドイツ駐在中国大使陳介は外務次官ヴァイツゼッカー（Ernst von Weizsäcker）を訪問し、「独ソ不可侵条約の締結に喜びを表明」するとともに、「この事態は中独関係を改善するための契機になるのではないか」と尋ねたのである。これに対しヴァイツゼッカーは「独ソ不可侵条約によってもわが国の対日関係に変化はない」としながらも、「中独関係の躓きの石がモスクワで除去された」のであるから、「間接的に、中独関係がよい方向で影響を受けるのは間違いない」と述べたのである。[17] さらに一〇月五日、中国大使館参事官丁文淵はドイツ外務省政務局のクノール（Karl Knoll）を訪問し、「重慶における非常に親独的な雰囲気」を強調したうえで、ドイツによる日中戦争の仲介を依頼した。加えて丁は「蔣介石はドイツおよび日本と提携して反英政策を推進する用意」があり、「こうした基礎のもとでの講和はロシアにも歓迎されるだろう」と述べ、イギリスを仮想敵とする日独中ソ四国の連携構想を開陳したのである。[18]

ドイツ側にもこうした動きに応ずる勢力が存在した。ヴァイツゼッカーや国防省国防経済幕僚部長トーマス(Georg Thomas)、元経済大臣シャハト（Hjalmar Schacht)、空軍総司令官ゲーリングらがそれである。[19] 中国のベルリン駐在大使館商務書記官譚伯羽は八月末、極秘にトーマスを訪問し、日独関係が悪化しているので、この際中国の方からドイツとの経済上の協定を提議したいと述べ、シャハトのような「声望のある大物」を中国に派遣するよう要請した。[20] またヴァイツゼッカーは九月八日に陳介大使に対し「私も中独関係を増進できるよう強く望んでいる」とし、戦争は長くは続かないだろうから、中独関係の改善は「戦後経済上」大いに有効だろうと述べた。[21] すなわちヴァイツゼッカーは、対英仏戦争は短期に終わると想定し、欧州大戦後の中独経済協力を展望していたのである。さらに九月一九日、陳介は本国に、ヴァイツゼッカーやトーマスのような「親華分子」（陳介自身の表現）がリッベントロップやゲーリングに「偽中央」（汪兆銘中心の新中央政権樹立運動）を承認しないよう「進言」し、同時に「中独経済関係の維持を企図している」と報告した。[22] しかしこのようなドイツ側の「親華分子」は、差しあたり戦争の推移を見守るにとどまった。

一方重慶では、欧州大戦への対応に関して意見が分かれた。すなわち蔣介石は、英仏が勝利するとの見通しのもとに、ドイツに宣戦布告することを考慮し、他方、王寵恵外交部長はむしろ中立方針を唱えた。軍事委員会参事室主任王世傑は蔣介石の参戦論に「基本的に賛成」したが、中国が対独宣戦布告した場合、ソ連の対中国支援に影響を与えるのではないかと憂慮した。その後重慶では各国駐在中国大公使館の情勢報告なども含めてさまざまな立場が錯綜したが、結局蔣介石は、紙一重のところで対独宣戦布告を自重した。[23] しかしながらそのことは、結果的に、ドイツという蔣介石の外交カードを温存することとなった。

3　ドイツの対仏戦勝利と中国の対独接近政策

第二次欧州大戦の最初の大きな転機はドイツの対仏戦勝利（一九四〇年六月二二日休戦協定調印）によってもたらされた。フランスは北部がドイツの直接占領下におかれ、南部にはドイツの傀儡であるヴィシー政権が成立した。これによりヨーロッパ大陸は、スイスやスウェーデンのような中立国を除き、ほぼドイツの同盟国および準同盟国が支配することとなり、ドイツによる「ヨーロッパ新秩序」の形成が事実上達成されたかに見えたのである。七月一九日、ヒトラーは国会で演説し、イギリスに講和の呼びかけを行った。この呼びかけには、アメリカ合衆国が介入する前にイギリスを講和に導き、やがてイギリスと連携しつつ対ソ戦争を遂行するという政治的な意図が込められていたのである。

こうしたヨーロッパ国際関係の激変は、日中戦争や東アジアの国際関係に甚大な影響をもたらした。第一に、日本はこのドイツの「新秩序」に便乗し、「権力空白」状態のオランダ領東インドおよびフランス領インドシナへ進出しようとする衝動をいっそう深めた。六月一七日、フランス領インドシナ総督カトルー（Georges A. J. Katroux）は日本の圧力に屈して援蔣ルートを完全に封鎖し、八月三〇日には日本・仏印軍事協定（松岡・アンリ協定）が成立した。[24] 仏印当局は、日本軍のベトナム上陸、ベトナム北部の空軍基地使用に同意せざるを得なかったのである。

第二に、イギリスはチャーチル（Sir Winston Churchill）率いる挙国一致内閣のもと、七月二二日、ヒトラーの講和呼びかけを断固として拒否したが、帝国のあらゆる政治的・経済的・軍事的リソースをヨーロッパに集中する必要に迫られることとなった。その結果、東アジアでは、七月一七日、日本の圧力に屈してビルマルートの閉鎖を強いられるに至った。

しかし一方、中国国民政府も同様にドイツの「新秩序」形成に便乗しようとする動きを示した。ドイツの勝利が目前に迫った六月一日、蔣介石は重慶駐在ドイツ代理大使ビダー（Hans Bidder）と会談し、日本がドイツの作戦に便乗するのを阻止するよう進言した。蔣介石によれば「ドイツは戦争の範囲を拡大しなければ勝利を手中にすることができる」。が、「日本が参戦すれば、戦争はこれに従って拡大」し、それに伴って「ドイツが遭遇する障害も増加する」というのである。[25] 蔣介石は、ドイツがヨーロッパに限定された戦争に速やかに勝利することにより、ドイツ指導下のヨーロッパが、東アジアにおいて対日戦を継続している中国を支援しうる可能性があると判断した。あるいは少なくともトラウトマン工作の時とは異なり、強力なドイツが日中の仲介のため指導性を発揮する可能性があると判断した。

このような観点から蔣介石政権、あるいはドイツ駐在中国大使館は、対独接近のためのさまざまな措置を講じている。まず一九四〇年五月二一日、中国大使館参事官丁文淵が外務省政務局のクノールと会談し、昨年一〇月に続き、ふたたびドイツによる日中仲介を依頼した。[26] さらに七月七日（抗戦三周年）には親独派の朱家驊（当時国民党組織部長）が国防軍最高司令部長官カイテル（Wilhelm Keitel）に書簡を送り、ドイツ国防軍と中国の伝統的友好関係を強調したのち、つぎのように述べてドイツの日中和平工作に期待を繋いでいた。「国防軍が目前の成果を利用し、欧州戦争を早期に終結させ、もって世界平和工作の上でさらに偉大な貢献をなすよう貴国に希望します」。[27] 七月一〇日に蔣介石は、英米ソの猜疑を避けるためにも「正面外交」で「積極的になる必要はない」が、「ドイツに対し外交を進めるには、経済・軍事・文化より着手すべきである」と記している。[28] ベルリン駐在大使陳介も翌七月一一日、中国との経済協力に関し「親華分子」と交渉し、以下のような中独関係再建の手順を提案した。「双方が原則に同意したあと、ドイツは代表を中国に派遣して協力計画全体について協議」し、「協議が妥結したあと、わが国も代表をドイツに派遣し、条約に調印するとともに修好を求める」べきである、と。陳介は、こうした計画に関し、「おおよそゲーリング一派、国防経済幕僚部、大本営の一部分および経済省は均しく歓迎の意を表明した」が、ただ外務大臣リッベントロップだけが「なお態度表明を渋っている」と報告した。こうした計画に関し陳介は、「わが国の立場はもとより極めて困難であり、国際情勢の変化もまた予測が困難であるから、国際的な趨勢に関する洞察を重ねつつ、機会に先んじて勝利を制し、受動的外交から自主的な外交に進むべきである」と提案したのである。[29]

七月一七日、イギリスが日本の圧力に屈してビルマルートの閉鎖を決定すると、中国国民党内では反英米仏感情が一挙に高まり、この際中国外交は外交政策を転換し、親英米仏路線に代えて、中独ソの三国提携を目指すべきだとの声が急速に広まった。翌一八日、国防最高委員会常務会議が開催されたが（蔣介石は欠席）、この席で孫科（当時立法院長）はつぎのように発言したのである。

わが国の外交政策は日々窮地に陥っている。このような危機に対して「不変をもって他変に応じる」というやり方では対応できない。現在フランスが降伏し、イギリスも間もなく敗戦する。イギリスが敗戦すると、アメリカは西半球を守るために、他の地域に目を配る余裕を失う。したがって、アメリカは太平洋から撤退し、極東を見捨てるだろう。これまで、わが国の外交路線は英米仏ソだったが、今や英米仏は無能になり、他方、ソ連は友好国であるものの、親密さに欠けている。そのため、わが国の今後の外交は利害関係により、親ソ独に加え、さらにイタリアとも友好をはかるべきである。英仏両国が日本を助け、中国の輸送ルートを遮断し、わが抗日戦争を妨害した以上、わが国はビルマルートが閉鎖されたその日に駐英大使と駐仏大使を召還し、同時に国際連盟を脱退することを宣言しなければならない。このような措置を通じてアメリカに対し、民主主義国が中国の期待を裏切り、生存を求める中国を他の道へ追い詰めたことを示すのである。[30]

この孫科の発言に対し鄧家彦（当時国民党中央執行委員会常務委員）も、「親ソ・連独に心から賛同する」と応じ、「ソ連は近来わが国に対し、その真意はともかく、密接に協力する可能性があり、さらにソ連と軍事協定を締結することにより、西北の国際運輸もさらに発展させることができるのではないか」と主張した。英仏のビルマルート・仏印ルートに代えて、中国西北とソ連さらにはドイツをも結んだ国際ルートの発展に意欲を示したといえよう。[31]

蔣介石はこのような国防最高委員会常務会議の政治的雰囲気に接し、二〇日、幹部たちを召集して強力な説得工作を行った。こうした蔣介石のリーダーシップは功を奏し、さしあたり国民政府内の中独ソ三国連合構想は保留の形となった。[32]他方で蔣介石は、八月半ば、親独派の桂永清中将を駐在武官としてドイツに派遣することを決定し、ドイツカードを温存しつつ、欧州での新たな展開に備えたのである。[33]

4　日独伊三国同盟の締結と「日独伊ソ（＋中）大陸ブロック論」

しかし欧州におけるドイツの優位は長くは続かなかった。九月七日、ドイツはイギリスを屈服させるためにロンドン空爆作戦を開始したが、逆にイギリス空軍の反撃を引き起こし（「ブリテンの戦い」）、イギリス国民を挙国一致内閣の下に団結させる結果となった。さらにドイツはイギリス本土上陸作戦（「あしか作戦」）、スペインの三国同盟加盟による陸上からのジブラルタル攻撃作戦（「フェリークス作戦」）などを計画したが、いずれも失敗に終わり、ドイツはイギリスを屈服させるための軍事的手段をさしあたり使い果たした。イギリス敗北の危機は去り、軍事的には一種の手詰まり状態が訪れたのである。

ヒトラーはなぜイギリスが和平提案に乗ってこないのか考えざるを得なかった。そして七月三一日、国防軍首脳を前に、暫定的につぎのような結論を述べたのである。

イギリスの希望はロシアとアメリカである。もしロシアへの希望が潰えれば、アメリカへの希望も潰え去る。なぜならロシアが脱落すると東アジアにおいて日本の価値が飛躍的に高まるからである。

つまりヒトラーから見て「ロシアは日本に向けられた英米の剣」なのであり、この「英米の剣」が除去されれば、日本の軍事力は東アジアで解き放たれる。するとアメリカは太平洋に釘付けにされ、対英支援はきわめて困難になるだろう。したがって「ロシアが打倒されればイギリスは最後の希望を失う」。ここからヒトラーは、イギリスに屈服を強制するため、つぎのような命令を下したのである。「決定。こうした対決のなかでロシアを除去しなければならない。一九四一年春」[34]。

しかしながらこの決定は、対ポーランド戦争の開始以来連番を付して下されていた「総統指令」の形式を取っておらず、必ずしも対ソ戦争遂行の「最終決定」とはならなかった。国際情勢の展開次第では、この「英米の剣」を軍事的に打倒するのではなく、政治的に枢軸側に抱き込む可能性もまた存在していたからである。

こうしたなかでアメリカの参戦を抑止し、イギリスを圧迫して早期の屈服を迫る外交的手段として急遽調印されたのが日独伊三国同盟であった（一九四〇年九月二七日調印）。本条約第三条では日独伊三国のうち一国が「現に欧州戦争又は日支紛争に参入しおらざる一国」に攻撃されたときに三国が相互に援助すべきことを規定しており、米ソ両国が対象とも思えるが、第五条では独ソ不可侵条約をはじめとする対ソ関係の現状維持が確認されていた。加えて付属文書ではドイツが日ソ両国の「友好的了解を増進」し「周旋の労」をとることが規定され、日独伊三国とソ連の提携が目指されていた[35]。

この規定を受けて日本外務省は早速一〇月三日、「日ソ国交調整要綱案」なる文書を作成している。注目すべきはその第七条であろう。そこにはつぎのように勢力圏分割が構想されていた[36]。

イ、ソ連は内蒙および北支三省における日本の伝統的関心を承認し、日本は外蒙古および新疆に関するソ連の伝統的関心を承認す。

ロ、ソ連は日本が将来仏印、蘭印方面に進出することを容認すべく、日本はソ連が将来アフガニスタン、ペルシャ方面（次第によりては印度を含む）に進出することを容認す。

ハ、日独伊三国はソ連をして世界における新秩序建設に協力せしむ。同盟が同一ベーシスにおいてソ連を加えたる四国同盟に発展することを辞せず。

当時外務次官の任にあった大橋忠一は、この四国同盟に「非常に熱心」であったと自ら述懐している[37]。日ソ関係はノモンハン事件以来冷却したままであり、日本は日中戦争を早期に解決するためにも何らかの形で対ソ関係を改善する必要があったが、両国の交渉は容易には進展しなかった。しかしながら、欧州戦争においてドイツがオランダおよびフランスを打倒すると、日本ではオランダ領東インド（現インドネシア）やフランス領インドシナの資源を求めて南進を主張する傾向が強まり、「北方静謐」のためにも対ソ関係調整の必要性が高まった。日本外務省は、三国同盟の締結を機会に、新たにドイツの仲介を通じてソ連と不可侵条約ないし中立条約を締結することを目指したのである。

同様の四国提携案をドイツ側で推進していたのは外務大臣リッベントロップであった。彼は一九四〇年一〇月一三日付でスターリンに書簡を送り、国交調整のためモロトフ（V.M. Molotov）ソ連外相のドイツ訪問を要請するとともに、日独伊ソ四国の関係について以下のように述べていた。「総統の見解によれば、ソ連、イタリア、日本およびドイツの歴史的使命は、長期的な視野から四国の外交政策を調整し、現実的な基準にしたがって四国の利益の確定を行い、もって四国国民の将来の発展を正しい方向へと導くことである[38]」。

スターリンもまた、リッベントロップの四国提携構想に乗り気であった。このリッベントロップの要請を受け、一一月九日、スターリンはベルリンでの交渉に関するモロトフへの指示を作成している。そこでは「派遣の目的」として日独伊による「ヨーロッパ新秩序」および「大東亜圏」の建設計画およびその境界線、計画実現のための諸段階とスケジュール、「目下および将来における諸計画の枠内でのソ連邦の位置」などに関する「探索」、ヨーロッパ、中東、中央アジアでのソ連の勢力圏に関する腹案の作成、フィンランド、ドーナウ領域、ブルガリア、トルコ、ルーマニア、ハンガリー、ギリシア、スウェーデン、バルト海などヨーロッパに関する独ソの間での勢力圏に関する協定締結の試み、などが挙げられた。東アジアに関しては、三国同盟が「東アジア圏の境界線」をどこに確定したか確認すべきであるとされた（強調は原文）。スターリンは、三国同盟により、外モンゴルや新疆やチベットやインドが「東アジア圏」に入るのか否かを確認したかったのである[39]。

スターリンは、中国に関しても、ベルリンで交渉し、調印すべき秘密議定書のなかで言及するように指示した。その内容は、ソ連はドイツおよびイタリアとともに日中戦争を仲介する役割を果たす用意があり、その際中国（蔣介石）に「名誉ある和平」を求める必要があるというのであった。さらにスターリンは、インドネシアを日本の勢力圏として承認すること、「満洲国」が日本の勢力圏に留まることに異存はないと記した。[40] 約四ヵ月半前のドイツの対仏戦勝利（一九四〇年六月二二日）と、ヴィシー政権成立によるフランスの親枢軸化を受けて、スターリンは、いわば蔣介石政権の「ヴィシー化」による日中戦争の解決を求めていたといえよう。

モロトフを派遣するベルリンでの交渉は、しかし、スターリンにとって、いわば「瀬踏み」の場であった。彼は、ベルリン会談で独伊とのいかなる協定も締結する意志はなく、本格的な協定交渉は、近い将来、リッベントロップをモスクワに招請して行うつもりであった。[41] すなわち、ベルリン会談の継続として、独ソによるモスクワ会談が予定されていたのである。

こうしたスターリンの指示を携えてモロトフはベルリンを訪問し、ヒトラーおよびリッベントロップと会談した。一一月一三日晩に開かれた最後の会談でリッベントロップはモロトフに、日独伊ソの「四国協商」案（「リッベントロップ案」）を提出した。その草案は「日独伊の三国同盟諸国政府とソ連政府は、その自然的な領域内において加盟国民すべての福祉に奉仕する秩序を形成し、この目的のための協力に確固とした持続的な基礎を作り出すため、以下のごとく合意した」との前書きを持つ二条の条文と、二つの秘密議定書からなっていた。秘密議定書では「領土的要求の重点」として、ドイツには中央アフリカを、イタリアには北アフリカおよび北東アフリカを、日本には日本本土および満洲国以南の地域を、ソ連にはインド洋方面を分け与えるという勢力圏分割が規定されていた。この構想は「破産したイギリスの総資産」を日独伊ソの四国で山分けしようというもので、きわめて反英的な色彩の濃い構想であったといってよい。[42]

しかしその後ソ連がドイツに突きつけた要求は、予定通り、きわめて広範なものであった。モスクワに戻ったモロトフは、一一月二六日、ドイツの駐ソ大使シューレンブルクにリッベントロップ案に対する公式回答を手渡した。

それは一一月一三日に提案された四国協定を「受け入れる用意がある」としつつも、その条件としてつぎのような要求を提示したのである。(1)フィンランドからのドイツ軍の撤退、(2)ブルガリアおよびボスポラス・ダーダネルス両海峡におけるソ連の安全保障の確保、(3)バーツム・バクーからペルシャ湾までの地域に対するソ連の要求の承認、(4)北樺太における日本の石炭・石油利権の放棄。[43]これは、スターリンのもくろみとしては「瀬踏み」であったが、対英戦でのドイツの困難を見越したソ連のきわめて膨張主義的な要求と解釈される余地は、もちろん、十分に存在したといえよう。

実際、このソ連の要求にヒトラーは激怒したと伝えられている。一九四〇年一二月一八日、ヒトラーは「総統司令第二一号　バルバロッサ計画」を発し、ドイツ国防軍に対ソ戦争の準備を命じた。[44]こうして、ヒトラーの独ソ戦論とリッベントロップの日独伊ソ大陸ブロック構想の間で揺れ続けたドイツ外交は、対ソ戦争遂行で統一されることになる。

なお最後に付け加えておけば、日本外務省の四国同盟構想においては、ドイツおよびソ連の影響力に依拠して蔣介石政権との間で和平を達成するという目的も重要な位置づけを与えられており、その一つの背景としては当時同時に進行していたいわゆる「銭永銘工作」が存在していた。

日本政府は一九四〇年一〇月八日、銭永銘工作の進展を前提に、陸海外三相が「対重慶和平交渉の件」を決定し、「右和平交渉は汪蔣合作を意図し、まず日支の直接交渉によりこれを行うものとす」との方針を示した。ここで注目されるのは、「本交渉を容易ならしむるため、要すれば独逸をして之が仲介たらしむる」とともに、「対ソ国交調整をも利用することあるものとす」とされたことである。日中和平工作である銭永銘工作は、対独・対ソ交渉と連動していたのである。ただし、この決定は、「一〇月中に目鼻」をつける予定であり、しかも「汪政府の承認は本件に拘わらず予定通り進捗せしむる」との姿勢を示していた。[45]

こうした方針の下に松岡は、一〇月七日にオット（Eugen Ott）大使と会談し、蔣介石との直接交渉に関し「ドイツの支援」を期待できないか探りを入れ、[46]一〇月三〇日にはベルリン駐在日本大使館参事官加瀬俊一が「日中戦争を解決するため松岡外相が蔣介石に対し自ら直接的に提案をおこなう意志がある」とし、「日中戦争の解決はたんに日本と中国の利益になるのみならず、枢軸諸国の利益にもかなう」と主張していた。[47] さらに一一月一三日、大橋忠一外務次官がオットと会談し、⑴ソ連に影響力を行使して日ソ不可侵条約を受け入れさせて欲しい、⑵ソ連に影響力を行使して蔣介石政権支援を断念させて欲しい、⑶蔣介石に影響力を行使して日本との和平締結に導いて欲しい、との要請を行った。[48] ドイツの日ソ仲介を通じて日中和平をも達成しようとしていた日本の意図が明らかである。

リッベントロップもこうした日本の意を受けて、一一月一一日、陳介中国大使を外務省に呼びつけた。そのとき彼はドイツによる汪兆銘政権承認の可能性を示唆して政治的に威嚇しつつ、蔣介石政権に対日妥協の可能性があるか否かを打診したのである。[49] さらにヒトラー自身も一一月一二日・一三日のモロトフとの会談で「日中関係の調整に配慮するのはロシアとドイツの任務」であるとしたうえで、[50] 場合によっては「中国も覚醒した国々の勢力範囲に参加しうる」と述べ、日独伊ソ四国構想に中国を加える可能性さえ示唆していたのである。[51]「ユーラシア大陸ブロック構想」のなかでは、日中戦争を調停したうえで、中国にヴィシー・フランスのような位置づけを与えることが考慮されていたといえよう。中国に対する政策において、ヒトラーとスターリンの考えは一致していた。

一方蔣介石は、三国同盟を、まったく異なる角度から観察していた。第一に、蔣介石は、三国同盟がわずか三週間ほどで調印に至ったことについて、「盲目的な少壮軍人の主張」に引きずられ、日本の情勢が「急迫」しており、外交政策の実施が「慌ただしく、でたらめである」と見ていた。それは「敵国と東亜のためにも長嘆を禁じ得ない」ほどであった。[52] 第二に、蔣介石によれば、日独ソの思惑とは裏腹に、三国同盟は、結果的にアメリカの対日封じ込め政策を強化することとなった。また、その意味で、三国同盟成立は中国にとって有利であると考えられた。蔣介石は「三国同盟の締結はまさに中国の最終勝利への転機であり、同時に日本の失敗への最大の鍵である」と位置づけた。蔣介石にとって、三国同盟は「わが抗戦にとって絶対に有利」に作用すると考えられたのである。[53] 第三に、蔣介石によれば、三国同盟は「明らかにわが国を誘ってその策略に加入させる」ことを狙っており、中国に「適当の地位」を与えるとしているが、これは「倭寇の唯一の夢想」であると考えられた。日本は三国同盟の締結

により ドイツによる日中仲介を望んでいるが、それは「愚の骨頂」であるという。蔣介石は、日独による中国の「ヴィシー化」戦略を見抜いていた。第四に、しかしながら、蔣介石によれば、ドイツの仲介提案に対し反対の態度を取る必要はないという。なぜならそれにより、英米ソ三国に対し、中国を「以前のように軽く扱う」ことをさせないためである。[54] 蔣介石は、三国同盟の提案を逆手にとって、英米ソ三国に中国の国際的地位の拡大を認めさせようとしたのである。

ドイツの対フランス戦勝利と、ヨーロッパ大陸におけるドイツの覇権確立は、国際政治に大きな衝撃をもたらしたが、その後、一九四〇年秋、世界情勢は大きく変化していた。ドイツは対英戦で軍事的には打つ手を失っていた。一方アメリカ合衆国は、三国同盟締結二日前の九月二五日、蔣介石政権に二五〇〇万ドルの借款供与を発表し、一一月三〇日には五〇〇〇万ドルの借款が追加された。さらに一二月二日にアメリカ議会は一億ドルの対中借款案を可決していた。中国国民政府がこの時点で枢軸側に加わるメリットは相当程度失われていた。一〇月三一日、蔣介石は日記に「日中講和は下策である」と記した。[55] 中国側にとって「銭永銘工作」は、日本の汪兆銘政権承認を遅らせるための意義しかなかったのである。[56]

こうした情勢を背景に日本は、一一月二八日に交渉中止を決定し、三〇日に「日華基本条約」を締結して汪兆銘政権を承認した。[57]

5　ヒトラーの「バルバロッサ計画」と日ソ中立条約

ヒトラーにとって独ソ戦は、すでに見たように、一方でイギリスに屈服を強制するための戦略的手段であった。しかし他方それはかれが『我が闘争』以来求め続けてきた「ゲルマン民族支配下の東方帝国の建設」という目的そのものでもあった。したがってヒトラーにとって対ソ戦は、対仏戦・対英戦のような「ヨーロッパ通常戦争」とは異なり、イデオロギー的な「人種的絶滅戦争」としての性格を帯びることとなった。例えばヒトラーは一九四一年三月三〇日、将軍たちを前に二時間半の演説をし、独ソ戦は「二つの世界観の戦い」であり、この戦争が「絶滅戦争」であるとし、とりわけ「ボリシェヴィキ政治委員」と「共産主義的インテリゲンツィア」の「根絶」の必要について長々と強調していたのである(58)。

ここから、ヒトラーにとって、対ソ戦と日独関係に関し、二つの重要な帰結が生じたといえよう。第一に、対ソ戦は、ヒトラーにとって人種主義的な「聖戦」であり、本来ゲルマン民族独力で戦うべきものであった。したがって、日本の対ソ参戦に必ずしも積極的ではないというヒトラーの姿勢が生まれる。しかも対ソ戦は数週間から数ヵ月で終了する予定であったから、軍事情勢が有利な時期には、日本の対ソ参戦に対するヒトラーの無関心が目立つことになる。第二に、対ソ戦は、ヒトラーにとって「手段」と「目的」がかかった、すなわちかれの政治生命のすべてがかかった戦争であった。したがってそれは必然的に非和解的な戦争たらざるを得なかった。条件つき講和や単独講和ははじめからあり得なかったといえよう(59)。

さてその「バルバロッサ計画」は、「ドイツ国防軍は対英戦終了以前の段階であってもソヴィエト・ロシアを迅速に打倒するための準備を整えなければならない」とし、一九四一年五月一五日までにその準備を終えることを命じていた。さらにヒトラーは「攻撃意図を察知されないことが決定的に重要である」と厳命していた。一九四一年三月五日、最高司令部長官カイテル名で出された「総統指令　第二四号」は「日本との協力」について規定していたが、「バルバロッサ計画については日本にいかなる示唆も与えてはならない」との前提のもとで、「三国同盟に基づく協力の目的は、東アジアにおいて可及的速やかに日本に積極的な行動をとらせること」であるとされ、具体的には「東アジアにおけるイギリスの最重要拠点シンガポールの奪取」が明示されたのである。日本のシンガポール攻撃により「強力なイギリスの戦力が釘付けにされ、アメリカ合衆国の関心の重点が東アジアに向けられる」であろうと期待された(60)。対ソ戦については一切知らせぬまま、日本にシンガポール攻撃をけしかけ、イギリスの早期屈服を図り、アメリカ合衆国を牽制させる。これがヒトラーの対日戦略の核心であった。

しかし日本はこうしたドイツの意図を公式にはまったく知らされぬまま、日ソ交渉を進める意志を示した。一九四〇年一〇月三〇日、建川美次新駐ソ大使はモロトフと会見し、独ソ不可侵条約とほぼ同様の日ソ不可侵条約を提案していたのであった[61]。その後ベルリン会談でリッベントロップより日本側の意欲を聞いたモロトフは、帰国後建川に「日ソ中立条約」案を逆提案したが[62]、北樺太における日本の石炭・石油利権解消問題などをめぐって双方折り合わず、交渉は膠着した。こうした状態を打開するため、松岡は、自ら訪欧し、ドイツおよびソ連との間で交渉に当たるとの計画を立てたのである。

松岡は一九四一年三月一二日に日本を出発し、モスクワを訪問してからベルリンに向かい、熱狂的な歓迎を受けたのち、三月二七日から二九日までの間にヒトラーおよびリッベントロップとの数度の会談を行った。この会談で明らかになったことは、ドイツが日ソ仲介にまったく関心を示さなかったこと、ドイツはむしろ日本のシンガポール攻撃を期待していることであった。二八日のリッベントロップとの会談で松岡は「ドイツの尽力とその戦力がなければ日ソ関係を完全に改善するチャンスはない」と述べてドイツの仲介に期待をつないだが、リッベントロップは「三国同盟へのソ連の加入は問題外」であり、松岡に「現在の状況に合致しないから、モスクワでこうした問題にできるだけ言及しないよう」示唆したのである[63]。さらに二九日の会談の冒頭でもリッベントロップは「全体状況から判断すれば、ロシアとこうした問題を深く議論しないことが最善ではないか」と述べ、「もしロシアが日本を攻撃すればドイツはいつでも即座に攻撃に出る」から、「日本はロシアとの紛糾を恐れることなく南進し、シンガポールを攻撃すべきである」と慫慂したのである[64]。

松岡はこのベルリンでの会談後、ローマでムッソリーニ（Benito Mussolini）首相、チアーノ（Galeazzo Ciano）外相と会見、さらにベルリンに戻ってモスクワに向かった。モロトフとの会談は北樺太の利権問題で暗礁に乗り上げたが、交渉の最後にスターリン自身が松岡との会談に参加し、若干の文言上の妥協を加えたのち、四月一三日、急転直下、日ソ中立条約が締結されたのであった[65]。

6　独ソ戦の勃発とドイツの汪兆銘政権承認

一九四一年六月二二日未明、ドイツ軍は大挙してソ連領内に攻め入った。これは日本に対して正式な予告のない攻撃であった。近衛文麿の言葉を借りれば、ドイツの「第一回の裏切り行為」（独ソ不可侵条約の締結）に続く「第二回の裏切り行為」であり、日本の官民が受けた政治的衝撃は甚大であった。[66] これに対し日本政府・軍部内部では大きく意見が分かれた。いうまでもなく一つは、ソ連の北方での圧力が軽減されたいま、資源問題の解決を求めて南方への進出を求めるもの（南進論）で、いま一つは、ドイツとともにソ連を挟撃し、北方の安全を確実にしようというもの（北進論）である。

すでに近衛と松岡は日米交渉の方針で対立を深めていたが、独ソ戦に対する方針をめぐって対立は決定的となった。六月二五日、政府大本営連絡会議は南部仏印進駐を決定、七月二日には御前会議で「情勢の推移に伴う帝国国策要領」が決定された。[67] これは対ソ戦の準備を行いつつも南方進出のため対英米戦を辞せずというものであった。北進論を主張する松岡は、こうして規定方針通り南方施策実施を進める近衛内閣のなかで孤立し、事実上彼が更迭されるかたちで七月一八日における第三次近衛内閣の発足となった。

一方ドイツでも、日本に北進（対ソ参戦）を求めるか南進（シンガポール攻撃）を求めるかで路線の対立が顕在化した。一つはリッベントロップの動きである。彼は大島の賛意をも得つつ、六月二八日、日本政府に正式に対ソ参戦を要請した。その際注目されるのは、「ドイツがロシアの油田地帯と穀倉地帯を獲得したら、全ヨーロッパに十分な供給が確保され、イギリスの大陸封鎖もまったく無意味となる」とし、自給自足的なユーラシアの形成による反イギリス路線が示唆されていることである。[68] また七月一日にリッベントロップは松岡に直接親書を送り、具体的な攻撃場所としてウラジヴォストークを指定した。その際目的とされたのは、「シベリア鉄道と航空路をもちいてロシア全体を横断する日独の直接的な連絡を作り出す」ことであった。[69] すでに見たようにリッベントロップは「日独伊ソ・ユーラシア大陸ブロック構想」を追求していたが、ヒトラーの「バルバロッサ計画」によりそれが不可能となると、彼はいわば次善の策として、日本の対ソ参戦と日独伊の対ソ戦勝利による「ソ連なきユーラシア大陸ブロック構想」ともいうべき路線を追求しはじめたのである。

しかしながら、すでに見たように、対ソ戦に際しヒトラーが日本に期待したのは日本の対ソ参戦ではなく、南進、具体的にはシンガポール攻撃であった。したがってリッベントロップの日本に対する北進要請は独断専横だった可能性が高く、実際彼は戦後の回想録でこの時ヒトラーに「厳しく叱責された」と述べている。[70] ヒトラーは日本の御前会議決定を知った後も、たとえば大島に「〔日本の〕支援が必要なわけではない。この戦争は〔ドイツ〕単独で遂行しうる」と述べ、日本の対ソ参戦に比較的冷淡な態度を取っていた。[71]

独ソ戦争は、ヒトラーにとって、彼の政治生命のすべてをかけた戦争であり、いかなる妥協も講和もあり得なかった。さらに独ソ戦争は、欧州戦争におけるソ連の立場を確定し、英米ソなど連合国と日独伊など枢軸側の戦いという国際政治配置を最終的に成立させた（日ソ関係を除く）。ドイツにとって、ソ連を仲介とした日中戦争の調停はもはやありえず、また、「ユーラシア大陸ブロック」に蔣介石政権を加える必要もなくなった。さらに加えて、日本を南進へと向かわせるには、「南京国民政府」すなわち汪兆銘政権を承認することが適当と思われた。こうして一九四一年七月一日、ナチス・ドイツによる汪兆銘政権承認が行われたのである。

これに対し、翌二日、中国国民政府は、以下のように、独伊との国交断絶を以て激烈に反応した。[72]

ドイツ・イタリア両国はついに南京偽政府を承認した。これは両国の侵略政策が極東にまで推し進められたことを示しており、かつまたナチス・ドイツとファシスト・イタリアがすでに中国の敵国と助け合って悪事を働いていることを十分証明している。〔中略〕これは実に中国に加えられた重大な侮辱である。〔中略〕中国はドイツ、イタリア両国と外交関係を断絶したことをここに正式宣告する。

おわりに

一九四一年一二月八日、日本が真珠湾を奇襲攻撃すると、ドイツもアメリカに向けて宣戦を布告し（一二月一一日）、これをうけてアメリカも枢軸国に向けて正式に宣戦を布告した。中華民国も、真珠湾攻撃の翌日、独伊と戦争状態にあることを宣布した。[73]

最近ドイツ、イタリアと日本はその侵略行動を拡大し、太平洋全体の平和を破壊している。かれらはじつに国際正義に害をなす賊であり、人類文明の敵である。中国政府と人民はこの重大な災難をもはや容認することはできない。中華民国三〇年一二月九日一二時をもって、中国はドイツ・イタリア両国に対し、戦争状態に入ることを正式に宣言する。

ここに第二次世界大戦では、日ソ関係を除き、連合国・枢軸国両陣営の対決という基本的な布陣が確定することとなった。蒋介石政権は、対ドイツ宣戦布告をもって、最終的にドイツとの提携可能性という外交カードを捨て去ったのである。

もちろんその後も中国国民政府は、ナチス・ドイツ政府やドイツ内反ヒトラー派との密かな関係を維持するが、[74]当然のことながら、それらはもはやまともな政治的・外交的選択肢とはなり得なかった。また中国国民政府は、第二次世界大戦中、若干の例を挙げるだけでも、例えばインドをめぐるイギリスとの対立、[75]新疆をめぐるソ連との対立、[76]スティルウェル（Joseph Warren Stilwell）をめぐるアメリカとの対立など、[77]連合国との多くの政治的・外交的紛争を抱えざるを得なかった。しかし、とはいえ、それらの対立や紛争は、英米ソと連合して日独伊と戦うという中国国民政府の基本方針全体を揺るがすまでには至らなかった。中国国民政府は、こうした戦線配置を懸命に維持しつつ、一九四五年九月三日の「抗日戦争勝利の日」を迎えることになる。

註

(1) Memorandum Chen Lifu von November 1937, in: Mechthild Leutner (Hrsg.), *Deutschland und China 1937–1949, Politik–Militär–Wirtschaft–Kultur: Eine Quellensammlung*, Berlin, 1998, S. 118–121. 晩年の回想録で陳立夫は、「ドイツの外務省には私の提言がまだ残っているかも知れない」と述べている。たしかに「提言」は残されており、冷戦終結後に旧東ドイツ国家中央文書館でドイツ語文書として発見された。しかし陳は、同じ回想録で、驚くべき事に、提案したのは「中独ソ同盟」ではなく「中独日同盟」だったと主張している。陳立夫『成敗之鑑　陳立夫回想録』（松田州二訳）（原書房、一九九七年）下巻一五―一八頁。証言をした時の陳立夫が高齢であったことを勘案しても、単なる記憶違いであるとは考えにくい。

(2) 一九二〇年代における孫文および蔣介石の「中独ソ三国連合」構想に関しては、田嶋信雄「孫文の『中独ソ三国連合』構想と日本――『連ソ』路線および大アジア主義再考」（服部龍二・土田哲夫・後藤春美編『戦間期の東アジア国際政治』中央大学出版会　二〇〇七年）三―五二頁参照。

(3) Aufzeichnung Hoßbach vom 10. November 1937, in: *Akten zur Deutschen Auswärtigen Politik 1918–1945. Aus dem Archiv des Deutschen Auswärtigen Amts* (folgend zitiert als *ADAP*), Serie D, Bd. I, Dok. Nr. 19, S. 25–32.

(4) Ribbentrops „Notiz für den Führer“ vom 2. Januar 1938, in: *ADAP*, Serie C, Bd. I, Dok. Nr. 132, S. 132–137.

(5) „Weisung für Fall Grün“ vom 30. Mai 1938, in: *ADAP*, Serie C, Bd. II, Dok. Nr. 221, S. 281–285.

(6) „Schnellbrief“ Göring vom 5. April 1938, in: Bundesarchiv Lichterfelde, R901, 106417.

(7) ナチス・ドイツの対中国支援については、田嶋信雄『ナチス・ドイツと中国国民政府　一九三三―一九三七』（東京大学出版会　二〇一三年）参照。

(8) 角田順編『現代史資料』第一〇巻（みすず書房、一九六七年）二六二―二六四頁。外務省編『日本外交文書　第二次欧州大戦と日本　第一冊　日独伊三国同盟・日ソ中立条約』（六一書房、二〇一二年）九一―九二頁。

（9）„Freundschafts- und Bündnispakt zwischen Deutschland und Italien“ vom 22. Mai 1939, in: *ADAP*, Serie D, Bd. VI, Dok. Nr. 426, S. 466-468.

（10）斎藤治子『独ソ不可侵条約』（新樹社、一九九五年）一八二―一八三頁。Запись Потемкина, 1. Июля 1939 г, *Документы Внешней Политики СССР*, Том. 22, Книга 1. 1 января — 31 августа 1939 г., Москва 1992, Док. Но. 402, стр. 514-515.

（11）細谷千博「三国同盟と日ソ中立条約（一九三九年―一九四一年）」（日本国際政治学会太平洋戦争原因研究部編『太平洋戦争への道』第五巻（朝日新聞社、一九六三年）二三七―二三八頁に引用。

（12）Aufzeichnung Weizsäcker vom 18. August 1939, in: Leonidas E. Hill (Hrsg.), *Die Weizsäcker-Papirere*, Frankfurt am Main 1974, S. 159.

（13）軍事委員会政治部致各級政治部密電、一九三九年八月二九日、中国第二歴史档案館編『中徳外交密档　一九二七―一九四七』（桂林・広西師範大学出版社、一九九四年）四九〇頁。

（14）角田順編『現代史資料』第一〇巻、一三三頁。

（15）本章と似た問題意識から書かれた研究として、三宅正樹『スターリン、ヒトラーと日ソ独伊連合構想』（朝日新聞社、二〇〇七年）がある。しかし、四国連合構想の理解には中国要因を加える必要がある、というのが本章の立場である。

（16）ドイツ駐在日本陸軍武官馬奈木敬信がドイツ国防省防諜部のグロースクルトに述べた言葉。Privattagebuch Groscurth, Eintrag vom 24. August 1939, in: Helmuth Groscurth (hrsg. von Helmut Krausnick/ Harold C. Deutsch), *Tagebücher eines Abwehroffiziers 1938-1940*, Stuttgart 1970, S. 181.　田嶋信雄『ナチズム極東戦略』（講談社、一九九七年）二二五頁。

（17）Aufzeichnung des Staatssekretärs von Weizsäcker vom 26. August 1939, in: *ADAP*, Serie D, Bd. VII, Dok. Nr. 327, S. 278.

（18）Aufzeichnung Knoll vom 5. Oktober 1939, in: *ADAP*, Serie D, Bd. VIII, Dok. Nr. 201, S. 171-173.

（19）シャハトやトーマスやゲーリングの対中国政策について、詳しくは、田嶋信雄『ナチス・ドイツと中国国民政府　一九三三―一九三七』参照。

（20）陳介致外交部電、一九三九年八月二九日（中国国民党中央委員会党史委員会編印『中華民国重要史料初編――対日抗戦時期』第三編　戦時外交（二）、一九八一年）（以下『中華民国重要史料初編』と略）七一七頁。
(21) 陳介致外交部電、一九三九年九月九日（『中華民国重要史料初編』）六九一頁。
(22) 陳介致外交部電、一九三九年九月一九日（『中華民国重要史料初編』）七一七―七一八頁。
(23) 鹿錫俊「世界化する戦争と中国の『国際的解決』戦略」（石田憲編『膨張する帝国　拡散する帝国』東京大学出版会、二〇〇七年）二二八―二三三頁。
(24) 「北部仏印進駐に関する所謂『松岡アンリー』協定」一九四〇年八月三〇日（外務省編『日本外交年表竝主要文書　下』原書房、一九六五年）四四六―四四八頁。
(25) 「蔣介石委員長接見徳国代弁畢徳談話紀録」一九四〇年六月一日（『中華民国重要史料初編』）六九三―六九四頁。
(26) Aufzeichnung Weizsäcker vom 27. Mai 1940, in: *ADAP*, Serie D, Bd. IX, Dok. Nr. 327, S. 364-365.
(27) 朱家驊致 Keitel 大将書、朱家驊『朱家驊先生言論集』（台北・中央研究院近代史研究所、一九七七年）六五七―六五九頁。
(28) 蔣介石日記、一九四〇年七月一〇日条（呂芳上主編『蔣中正先生年譜長編』第六巻、台北・国史館、中正紀年堂、中正文教基金会、二〇一四年）三四八―三四九頁。
(29) 陳介致張群電（『中華民国重要史料初編』）六九六頁。
(30) 鹿錫俊「欧州情勢への対応と日独ソ関係への処置」（防衛省防衛研究所『戦争史研究国際フォーラム報告書　太平洋戦争と連合国の対日戦略』二〇〇九年）一〇八頁。「国防最高委員会第三十六次常務会議記録」一九四〇年七月一八日（中国国民党中央委員会党史委員会『国防最高委員会常務会議記録』台北・近代中国出版社、一九九五年、第二冊）四七六―四七七頁。なお翻訳にあたり若干の字句を改めた。
(31) 同右「国防最高委員会第三十六次常務会議記録」（一九四〇年七月一八日）。なお一九二三年から二四年にかけて、当時ドイツに留学していた鄧家彦は、孫文の明示的な指示に基づき、ドイツ外務省を相手に中独軍事協力の可能性について打診していた。参照、田嶋信雄「孫文の『中独ソ三国連合』構想と日本」とくに一九―二三頁。
(32) 鹿錫俊「欧州情勢への対応と日独ソ関係への処置」一〇九頁。呂芳上主編『蔣中正先生年譜長編』第六巻、三五六頁。
(33) Udo Ratenhof, *Chinapolitik des Deutschen Reiches 1871-1945*, Boppard/Rh.: Harald Boldt Verlag 1987, S. 521.　薛月

順編『蔣中正総統档案 事略稿本』一九四〇年七月二七日条、第四四巻（台北・国史館、二〇一〇年）一一〇頁。

（34）Franz Halder (hrsg. vom Arbeitskreis für Wehrforschung Stuttgart), *Kriegstagebuch*, Bd. 1-3, Stuttgart: W. Kohlhammer, 1962-1964, Bd. II, S. 46-50.

（35）外務省編『日本外交年表竝主要文書 下』（原書房、一九六五年）四五九—四六二頁。

（36）細谷千博「三国同盟と日ソ中立条約（一九三九年—一九四一年）」二六六—二六八頁に引用。日本外務省の内部にまで分け入って「四国協商」構想の内実を分析したものとして、森茂樹「松岡外交と日ソ国交調整」（『歴史学研究』八〇一号、二〇〇五年）を参照のこと。

（37）小池聖一、森茂樹編集・解題『大橋忠一関係文書』（現代史料出版、二〇一四年）四三二頁。

（38）Ribbentrop an Stalin vom 13. Oktober 1940, in: *ADAP*, Serie D, Bd. XI, Teilband I, Dok. Nr. 176, S. 248-253.

（39）Некоторые Директивы к Берлиской Поездке, 9. Ноября 1940 г., *Документы Внешней Политики СССР*, Том. 23, Книга 2 (часть 1), 1. Ноября 1940 г.-1. Марта 1941 г., Док. Но. 491, Стр. 30-32; Direktiven Stalins für Molotovs Verhandlungen in Berlin vom 9. November 1940, in: Horst Günther Linke (Hrsg.), *Quellen zur Deutsch-Sowjetischen Beziehungen 1917-1945*, Darmstadt: Wissenschaftliche Buchgesellschaft 1998, Dok. Nr. 117, S. 214-216.

（40）Ebenda.

（41）Ebenda.

（42）Aufzeichnung Hilger vom 18. November 1940, in: *ADAP*, Serie D, Bd. XI, Teilband I, S. 472-478.

（43）Schulenburg an das AA vom 26. November 1940, in: *ADAP*, Serie D, Bd. XI, Teilband II, Dok. Nr. 404. S. 597-598.

（44）Hilters „Weisung Nr. 21. Fall Barbsrossa", in: *ADAP*, Serie D, Bd. XI, Teilband II, Dok. Nr. 532. S. 750-753.

（45）「対重慶工作の件」昭和一五年一〇月一日陸海外三相決定（日本国際政治学会太平洋戦争原因研究部編『太平洋戦争への道』別巻資料編、朝日新聞社、一九六三年）三〇二頁。

（46）Ott an das AA vom 8. Oktober 1940, in: *ADAP*, Serie D, Bd. XI, Teilband I, Dok. Nr. 161, S. 229.

（47）Aufzeichnung Knoll vom 30. Oktober 1940, in: *ADAP*, Serie D, Bd. XI, Teilband I, Dok. Nr. 257, S. 366-367.

（48）Ott an das AA vom 11. November 1940, in: *ADAP*, Serie D, Bd. XI, Teilband I, Dok. Nr. 311, S. 431-432.

(49) 陳介致蔣介石電、民国二九年一一月一一日（『中華民国重要史料初編』）六九九―七〇〇頁。Aufzeichnung Stahmer vom 11. November 1940, in: *ADAP*, Serie D, Bd. XI, Teilband I, Dok. Nr. 315, S. 434-435. 周恵民「日独同盟と中国大陸――『満洲国』・汪精衛『政権』をめぐる交渉過程」（工藤章、田嶋信雄編『日独関係史　一八九〇―一九四五　第二巻　枢軸形成の多元的力学』東京大学出版会　二〇〇八年）一四五―一七三頁。

(50) Aufzeichnung Schmidt vom 15. November 1940, in: *ADAP*, Serie D, Bd. XI, Teilband I, Dok. Nr. 328, S. 462-472.

(51) Aufzeichnung Schmidt vom 16. November 1940, in: *ADAP*, Serie D, Bd. XI, Teilband I, Dok. Nr. 326, S. 455-461.

(52) 蔣介石日記、一九四〇年九月三〇日条（呂芳上主編『蔣中正先生年譜長編』第六巻）四〇九頁。

(53) 鹿錫俊「欧州情勢への対応と日独ソ関係への対処」とくに一一〇―一一三頁。呂芳上主編『蔣中正先生年譜長編』第六巻、四〇七―四〇八頁。

(54) 蔣介石日記、一九四〇年九月三〇日条（呂芳上主編『蔣中正先生年譜長編』第六巻）四〇九頁。

(55) 蔣介石日記、一九四〇年一〇月三一日条（呂芳上主編『蔣中正先生年譜長編』第六巻）四二九―四三〇頁。

(56) 銭永銘工作については、島田俊彦「日華事変における和平工作――とくに『桐工作』および『松岡・銭永銘工作』について」（下）（『武蔵大学人文学会雑誌』第三巻第二号、一九七一年）一―二三頁参照。

(57) 「日本国中華民国間基本関係に関する条約」（一九四〇年一一月三〇日）、外務省編『日本外交年表竝主要文書　下』四六六―四七四頁。周恵民「日独同盟と中国大陸――『満洲国』・汪精衛『政権』をめぐる交渉過程」一六五頁。

(58) Franz Halder, *Kriegstagebuch*, Bd. II, S. 335-338.

(59) Andreas Hillgruber, *Hitlers Strategie. Politik und Kriegführung 1940-1941*, München: Bernard & Grafe Verlag, 1965, S. 566-567, S. 572.

(60) „Weisung Nr. 24. Über Zusammenarbeit mit Japan", in: *ADAP*, Serie D, Bd. XII, Teilband I, Dok. Nr. 182, S. 181-182.

(61) 細谷千博「三国同盟と日ソ中立条約（一九三九年―一九四一年）」二六九頁に引用。

(62) 同右。

(63) Aufzeichnung ohne Unterschrift vom 31. März 1941, in: *ADAP*, Serie D, Bd. XII, Teilband I, Dok. Nr. 230, S. 334-337.

(64) Aufzeichnung ohne Unterschrift vom 31. März 1941, in: *ADAP*, Serie D, Bd. XII, Teilband I, Dok. Nr. 233, S. 340-346.

(65) ボリス・スラヴィンスキー『考証　日ソ中立条約』（岩波書店、一九九六年）。
(66) 細谷千博「三国同盟と日ソ中立条約（一九三九年―一九四一年）」三二一頁。
(67) 外務省編『日本外交年表竝主要文書　下』五三一―五三二頁。
(68) Ribbentrop an die Botschaft in Tokio vom 28. Juni 1941, in: *ADAP*, Serie D, Bd. XIII, Teilband I, Dok. Nr. 53, S. 51-53.
(69) Ribbentrop an die Botschaft in Tokio vom 1. Juni 1941, in: *ADAP*, Serie D, Bd. XIII, Teilband I, Dok. Nr. 35, S. 33-34.
(70) 大木毅「ドイツの対米開戦（一九四一年）」（『国際政治』九一、一九八九年）一一一頁。
(71) Aufzeichnung Hewel vom 15. Juli 1941, in: *ADAP*, Serie D, Bd. XIII, Teilband II, Anhang II, S. 829-834.
(72) 「外交部在重慶発表中国与徳義二国断絶外交関係宣言――民国三〇年七月二日」（『中華民国重要史料初編』）七〇三―七〇四頁。ドイツ・イタリアその他の枢軸国による汪兆銘政権承認について、詳しくは、周恵民「日独同盟と中国大陸――『満洲国』・汪精衛『政権』をめぐる交渉過程」とくに一六一―一六九頁参照。
(73) 「国民政府在重慶宣布対徳義両国立於戦争地位布告」（『中華民国重要史料初編』）七〇四頁。
(74) 楊天石『找尋真実的蔣介石――蔣介石日記解読』（北京・華文出版社、二〇一〇年）一三一―一六七頁。
(75) 楊天石「蔣介石とインド独立運動」（渡辺直土訳）（西村成雄・石島紀之・田嶋信雄編『国際関係のなかの日中戦争』慶應義塾大学出版会、二〇一一年）二八九―三二四頁。
(76) 李玉貞「抗日戦争期の蔣介石とスターリン」（黒木信頼訳）（西村成雄・石島紀之・田嶋信雄編『国際関係のなかの日中戦争』）二〇七―二三五頁。
(77) バーバラ・W・タックマン『失敗したアメリカの中国政策――ビルマ戦線のスティルウェル将軍』（朝日新聞社　一九九六年）。

第7章　日本人の日中戦争観
――一九三七―一九四一――

戸部良一

はじめに

一九三七年七月に日中戦争がはじまったとき、これがその後八年にもわたって激しく戦われる戦争になることを予想した日本人はまれであった。多くの日本人にとって、それは満洲事変と同様に、中国の屈伏によってすぐに、しかも局地的に「解決」されるものと見なされた。にもかかわらず、中国の厳しい抵抗によって戦争は全面化し長期化する。そうした事態の推移を受けて、日本人は、なぜこの軍事紛争がこれまでとは異なり長期化しているのか、なぜ中国がこれほどまでに日本に抗戦を続けるのか、を真剣に考えざるを得なくなってゆく。この戦争の本質はいったい何なのか、何のために日本は戦っているのか、を自らに問わなければならなくなる。

このような日本人の日中戦争に対する見方は、この戦争を日本の侵略に対する抗戦と捉えた中国人の見方と際立った対照をなしている。また、「抗日戦争」という呼称に象徴されているように、中国人の戦争観はほぼ一致していたと考えられるが、日本人の戦争理解はさまざまであり、しばしば対立・矛盾をはらんでいた。こうした日本人の日中戦争理解は、この戦争の重要な一面を反映し、戦争に対する日本人の態度にも少なからぬ影響を与えたといえるだろう。

本章は、当時の論壇誌である『外交時報』と『中央公論』に掲載された論文を材料とし、その内容分析から日本人の日中戦争理解の特徴を明らかにすることを目的とする。(1)『外交時報』は半月刊で外交問題の専門誌、『中央公論』は月刊の代表的な一般論壇誌で現在でも引き続き刊行されている。むろんこの二誌だけが論壇誌であるわけではないが、二誌とも保守中道系に位置しつつ、多様な立場から執筆された論文を掲載しているので、当時の日本の論壇の主要な傾向を見るためには、適切な材料を提供してくれるだろう。

言うまでもないことだが、論壇に登場する知識人の日中戦争観が日本人一般のそれを代表しているわけではない。ただし、彼ら言論人が、いわばオピニオン・リーダーとして、一般の人々の日中戦争観に対して、少なくとも間接的に、あるいは若干のタイムラグを置いて、影響を及ぼしたことは疑いない。

なお、考察対象の時期は、盧溝橋事件から太平洋戦争開戦までとし、四つに区分する。

1　盧溝橋事件から南京陥落まで——一九三七年七月—一二月

(1)　華北の衝突

日中戦争は、盧溝橋事件から約三週間、事件の外交的解決が模索された。七月二八日に日本軍が本格的な武力発動に訴えて軍事紛争が拡大した後も、しばらく紛争は華北に限定されていた。それが全面戦争の様相を帯びるのは、八月一三日、上海で武力衝突が発生した後である。

そうした初期段階の議論では、事件の直接的な原因よりも、事件後に紛争が拡大し解決の曙光が見えないことに焦点が置かれている。そして、その紛争未解決の責任はすべて中国側の態度に帰せられた。例えば、外交時報社長の半沢玉城は、紛争未解決の原因を、中国人の「中華意識」と、中国が部分的に達成した進歩から生まれた「慢心」「自己陶酔」と、日本についての「認識の錯誤」とに求めた(2)。この三つの要因は、この後、多くの論者によって、表現を少しずつ変えながら、何度も繰り返し指摘されることになる。

紛争未解決に関し日本側に問題があるとすれば、それは前年の西安事件以後に高まった「支那再認識論」であるとされた。「支那再認識論」とは、それまでの対中政策のあり方を反省し中国の国家統一事業をあらためて理解しようとする気運であったが、東京日日新聞（東亜調査会主事）の中保与作によれば、この再認識論こそ中国を「増長」させる結果を招いたのであった。[3]

多くの論者は、蔣介石ないし国民政府が実施してきた抗日政策が紛争未解決の背後にある最も重大な要因であると論じた。東京日日新聞（東亜課長）の田中香苗によれば、抗日がナショナリズムと同義語となってしまい、抗日ナショナリズムによって中国の統一が進められたことこそ問題であった。[4]抗日政策と抗日教育を手段として国家統一を進めたことが紛争拡大の主因である、という主張はすでにこの時点でパターン化された論理となっている。

七月下旬、華北で日本軍が本格的な武力発動に訴えると、論調は国民政府に対してより厳しさを増す。中山優（外務省嘱託、のち満洲建国大学教授）は、日本の武力発動を中国の抗日・侮日に対する「無礼打ち」だと評している。中山は中国のナショナリズムや統一の動きに否定的ではなかったが、そのナショナリズムがイギリス資本を基盤とし、コミンテルンに踊らされていることを批判した。[5]中山の論理のなかには、イギリス資本主義とコミンテルン（ソ連共産主義）が中国のナショナリズムや抗日政策を支え促しているという見方が含まれているが、こうした見方は当時、多くの人々に共有され、これもその後何度も繰り返されるテーマとなる。

（2）全面戦争へ

戦火が上海に飛び火した後、日本の言論人に大きな衝撃を与えたのは八月二一日の中ソ不可侵条約の締結である。半沢玉城は、日本の戦争目的に、「抗日・侮日」の膺懲に加えて、世界の赤化拡大を防ぐ「世界的使命」が加わった、と論じた。[6]中国で教育事業に従事していた（戦後に桜美林学園を創立）清水安三も、戦争の意義は「暴戻なる」中国を膺懲することから、中国を共産主義から救うことに変わったと指摘している。[7]宮崎龍介（宮崎滔天の息子）は、戦争を、国民政府の「誤れる国際政策」を正す「義戦」であるとしながら、日中両国を「民族解放の運命的戦友」と位置づけ、蔣介石に対して「支那民族を白人の手に委する勿れ。白人の奴隷として売り渡すこと勿れ」と呼びかけた。[8]すでにこの時点で、人種主義的主張が顔を出していることが注目されよう。

日中間の軍事紛争が、予想に反して、全面戦争の様相を帯びてくると、あらためてこの戦争がどのような性質を持っているのかについて議論が交わされるようになる。元外交官（奉天総領事、ブラジル大使）の林久治郎は、この戦争は「同文同種」の日中両国間の「根本的闘争」ではなく、慈愛深い兄が、不良行為を働いた弟を懲らしめるための鞭であって、弟が反省し悔悟すれば、「円満なる家族関係」に戻るだろう、と述べたが、[9]同じ外交官であっても、米内山庸夫は、悲観的で皮肉な見通しを語った。中国で長く領事を務めた米内山は、中国の「民族性」を強調し、漢民族は国家統一を成し遂げ国力を強大にすると、必ず周囲の民族を征服しようとするので、「日支不親善は宿命的である」と論じたのである。[10]米内山によれば、戦争の原因は日中「両民族の本能的生存競争」にあった。[11]もう一人の元外交官、岡部三郎は、この戦争の目的が漠然としてとらえどころがなく、国民が戸惑っていると指摘したが、[12]こうした指摘には、戦争をどのようにとらえたらいいのかについての論者自身の戸惑いが含まれていたと考えられる。

戸惑いの多くは、意外なほどの中国の抗戦力に由来していた。半沢は、中国軍の進歩と強靱さを認め、隣国として頼もしく感じるほどだと述べている。[13]同盟通信の及川六三四は、「勇猛果敢」「堅忍不抜」「必勝の信念」はもはや日本軍の独占物ではなく、中国軍にも備わっていることを指摘した。[14]同じように中国軍兵士の精神力に着目し、中国は「鋼のやうに」たたかれて強くなったとする評価もあった。[15]

意外なのは抗戦力だけではなかった。なぜ経済的に脆弱性を抱えた中国が長期戦を戦えるのかも意外であった。国民新聞の直海善三は、中国は完全な近代的統一国家でないだけに、国民政府がたとえ中央政府としての実体を失ったとしても、それが地方に存続する限り抗戦を続けることができると論じている。[16]及川六三四も同様に、中国経済の非近代性がかえって持久力をもたらしている、と指摘した。[17]むろん、東京朝日新聞（論説委員）の大西斎のように、中国の近代化の進展が日本軍の攻撃に対する脆弱性を生み、長期抗日を困難にしている、という観察もあったが、[18]論壇ではそれは少数派の見解であったと見られる。

いずれにしても、まったく妥協の姿勢を見せず抗戦を継続する国民政府に対しては、多くの論者が厳しい批判を表明することとなった。のちに興亜院嘱託となる井村薫雄は、中国民衆の利害を少しも考慮していない軍閥政権たる蔣介石政権から民衆を救い出すことこそ日本の使命であるとし、国民政府は「否定さるべきである」と論じた[19]。また、大西斎は、国民政府がいつまでも「反省」しなければ、日本としては和平の交渉を試みようとしても、交渉相手がいなくなる場合も想定しておかねばならない、と指摘した[20]。南京進撃がはじまる前から、国民政府否認論に近い主張が出ていることに注目すべきだろう。

（3）南京攻略

戦局は中国の厳しい抗戦により上海戦線が膠着状態に陥ったが、一一月上旬、ようやく中国軍は上海から後退し始め、日本軍は南京進撃に突進してゆく。

首都陥落が予想されるなかで、にわかに論議の対象となったのは和平問題であった。そもそも蔣介石は和平に出てくるのか、それに日本は応じるべきなのか。読売新聞や満洲日日新聞に勤めた金崎賢は、日本が戦っているのは抗日分子であって、中国国民や中国国家ではないのだから、国民政府が抗日分子や共産分子を排除し「日本の真意」を理解するのならば、東アジアの安定のために協力できるだろう、と和平交渉に肯定的な見解を提示した[21]。

だが、米内山庸夫は、蔣介石を相手とする和平に消極的であった。彼によれば、たとえ和平が実現しても一時的な弥縫策にすぎず、いずれ将来、より深刻なかたちで日中間に戦争が再発するだろうから、現段階での和平が日本にとって得策であるかどうかは疑問である、とされた[22]。また、東亜経済調査局の梶原勝三郎は、そもそも国民政府は和平交渉に応じないだろうし、たとえ交渉に応じたとしても、首都移転を表明して地方政権に転落してしまった蔣政権と交渉しても徒労に終わるだけだ、と論じた[23]。

東京日日新聞（政治部長）の吉岡文六は、いずれ蔣介石は対日和平に傾くだろうが、決して対日屈伏というかたちを取ろうとはしないだろうと予測した[24]。しかし、この吉岡ですら、やがて蔣介石との和平には否定的となる。日本はこれまで蔣介石の反省を待っていたが、その兆候がまったく見えないからには、降伏以外は一切の交渉に応じないと腹を決めるべきだ、と述べるに至ったのである。[25]日本外交協会幹事（のち中央大学教授）の田村幸策も、国民政府に与えた反省のための時間は期限切れとなっており、同政府を相手として交渉を行うことはもはや不可能であると主張している。[26]こうした主張が、一九三八年一月一六日のいわゆる「対手トセス」声明以前に現れていることに注意すべきだろう。

では、和平交渉があり得るとした場合、どのような条件ならば容認すべきなのか。南京攻略以前には、日中提携と防共を掲げる華北自治政権が認められれば、それで「一段落」ついたとして満足すべきだという見解が表明された。[27]しかし、南京攻略に戦局が移行すると、条件論議も硬化する。同盟通信の横田実は、蔣介石の即時下野が停戦の条件だと論じた。[28]外国紙の報道からドイツ仲介の和平工作の進行を知った吉岡文六は、満洲国の承認、華北一帯の非武装地帯、防共協定締結などが和平条件として報じられると、こんな条件は盧溝橋事件の一ヵ月後くらいならともかく、これだけの犠牲を払った後では問題にならない、と切り捨てた。[29]

日本政府の公式見解は、中国国民を敵視せず、領土拡張の意図もない、というものであり、論壇でもこれに同調する議論が多かったが、他方では政府見解と矛盾する主張も出てきた。明治大学教授の三枝茂智は、従軍した兵士には満洲・華北の土地を、戦死した留守家族の寡婦・孤児には資源開発の持株を与えるべきではないか、と提案した。[30]田村幸策は、開戦責任の所在を明らかにし、国内に生じかねない不満に対処し、戦後の復興を図るためにも賠償金が必要だと論じた。[31]

和平そのものについても和平条件についても、論壇では強硬論が大勢を圧したが、南京陥落によって戦争は終末段階に入ったかというと、必ずしもそのようには見なされなかった。南京陥落以前から、国民政府が南京を放棄した場合、その本体はまるで下等動物のように「絶対的急所」を持たない存在として「頗る厄介な代物」になるおそれがあると予想されていた。[32]南京陥落によって国民政府は一地方政権に転落したと考えられた一方で、にもかかわらず蔣政権は地方政権として存続し抗戦を続けると判断された。[33]中国問題に関して評論活動をする藤枝丈夫によれば、南京陥落は、蔣政権にとって致命的打撃ではなかった。[34]少なからぬ中国専門家が、重慶に移った蔣政権で共産党の影響力が強まることを予測したが、たとえそうだとしても、抗日の姿勢は強まりこそすれ、弱まることはないと観測された。南京陥落によって日本国内には戦勝気分が横溢した、と従来は言われてきたが、中国問題専門家を含む言論人の間では、さすがにそうした楽観論が支持されたわけではなかったようである。

2 「対手トセス」声明から武漢三鎮・広東陥落まで——一九三八年一月―一〇月

(1) 抗戦継続と外力援助

一九三八年一月、「爾後国民政府ヲ対手トセス」との声明を発表した後、日本は国民政府を事実上否認し、それに代わる中央政権を擁立して、これとの間に新たな国交関係を樹立することを公式の方針とした。こうしたなかで、戦争が「スペイン化」したという見方が現れてくることは興味深い。すでに前年秋頃から、ソ連による蔣政権援助が強化され、これに対抗して日本が新政権を擁立した場合、東アジアには国際的対立と国内的闘争とが結びつき錯綜したスペイン的状況が生まれるのではないかとの懸念が示されていた(35)。しかし半沢玉城は、スペイン化を肯定的にとらえたようである。半沢によれば、国民政府が否認され、これに代わる新中央政権が出現すれば、中国もスペインと同様の内乱状態にあると考えられ、論理上、国民政府軍は反乱軍と見なされると指摘した(36)。スペイン内乱では、反乱軍であったフランコ派が勝利しその政権が正統政権として認められるようになったが、日中戦争でも日本によって擁立された新中央政権がフランコ政権と同様の役割を演じると期待されたのである(37)。

しかし、否認され反乱軍扱いをされた国民政府の抗戦は弱まる気配を見せなかった。抗戦陣営内での蔣介石の統制力、国共関係などについて論者の分析は必ずしも一致しなかったが、抗戦力の弱体化を指摘する論者は少数派であった。蔣介石の統制力はまだ維持されているとされ、国共対立はあるが、抗日が続く限り分裂をきたすことはないだろうと分析された。

南京攻略作戦の後、日本軍が実施した大規模な軍事作戦は、徐州作戦、漢口作戦、そして広東作戦である。大西斎の観察によれば、徐州作戦は南京攻略戦以上の戦果をあげ蔣政権に大きな打撃を与えたが、南京陥落が蔣政権の死命を制することにはならなかったように、徐州陥落の打撃も蔣政権にとっては致命的でなかった[38]。吉岡文六は、蔣政権が敗北を重ね財政も破綻しているのに、なぜ抗戦体制を維持できるのかという疑問に対し、蔣介石が過去一〇年間に構築した権力機構（官僚、軍隊、特務）の強靱さにその答えがあると分析した[39]。

企画院調査官の和田耕作は、中国の長期抗戦を支えているのは、その致命的な弱点とされている「封建的性格」と「植民地的性格」に理由があると述べている。「封建的性格」とは、経済が必ずしも国家単位で統一されておらず、一地方の経済が切断されても、国民経済全体は機能を失わないことであった。ミミズが真っ二つに切断されても生き延びるのと同じである、と和田は言う[40]。

和田の言う「植民地的性格」とは、とくにイギリスの経済力に牛耳られていることを意味した。つまり、イギリスが自らの利益のために蔣政権の長期抗戦を支えている、という見方である。こうした見方は以前からあったが、戦争の長期化とともに、中国の抗戦を支える外力すなわち外国勢力に対する批判、非難あるいは憎悪が高まったのである。例えば井村薫雄は、蔣政権を「撃滅粉砕」することは英ソの「魔手」から中国人を救出することだと述べ、イギリス系のユダヤ財閥が戦争で金を儲けるために中国を援助しているのだ、と言わんばかりの議論を展開した[41]。また半沢玉城は、日本の真の敵は中国ではなくて、その背後には中国を操っている存在があると決めつけた[42]。半沢はさらに、日中戦争は「一種の幽霊戦」であり、敵の本体は幽霊の背後にいるので、幽霊を叩きのめすことによって背後の本体を震え上がらせることが絶対に必要だと述べている[43]。

宮崎龍介は、日中戦争が日英戦であり日ソ戦であることは、今さら言うまでもないと論じた[44]。和田耕作によれば、長期戦化した日中戦争は、中国を植民地として長く確保しようとするイギリスの執拗な要求との抗争であり、世界赤化の重要拠点として中国を把握しようとするソ連との思想的闘争でもあった[45]。吉岡文六は、イギリスと蔣政権の「腐れ縁」を絶ち切るためには広東を攻略しなければならないと主張した[46]。

このように、この段階に外力のなかで批判の対象となったのは、それまでのソ連よりもむしろイギリスである。

そして、こうした批判は、イギリスに対して慎重であるように見受けられた政府の外交にも向けられていった。例えば梶原勝三郎は、蔣介石政権を撃滅するためには戦略的に広東を攻略することが必要不可欠だが、それをしないのは、政府がイギリスに遠慮しているからだと論じている[47]。だが、たとえ広東を攻略しても、蔣政権を軍事的に壊滅させることは難しかったのである。

（2）戦争の意味

広東を攻略しても、蔣政権の抗戦は終わらなかった。大西斎によれば、戦争がどこまで続くのか、いつになったらケリがつくのか、今後の戦争の前途がどうなるのか、誰にもその見通しはつかなかった[48]。勝利を重ねても敵がいつまでも戦いをやめず、戦争の見通しがつかない状況が続くなかで、いったいこの戦争は何なのか、何のために戦っているのか、ということが問われるようになるのは避けられなかった。

直海善三は、「聖戦としての意義を付与する事変の目標は世界史的見地に立つて人類に寄与する高遠な理想を伴ふものでなければならない」と述べたが[49]、この言葉には、膺懲とか防共といった目的ではもはや戦えない、という思いが滲んでいる。満鉄や華北交通に勤務した梨本祐平は、戦争の目的が中国の抗日政策の膺懲と、その背後にある国際勢力の遮断・排除にあると指摘しつつ、その究極の目標は、植民地ないし半植民地の境遇にある東洋の遅れた諸国や地域に「新しき脈々たる息吹を通はせて」、日本・満洲国・中国を基盤とした「東洋社会の新しき秩序」を建設することだ、と論じた[50]。堀真琴（法政大学教授）は、日本の戦争目的は中国を植民地や半植民地とすることではなく、中国に統一と解放の機会を与え、日中協力して「新たな世界秩序を創建し」東洋を列強の束縛から解放することにある、と主張した[51]。また、宮崎龍介は、「この事変は世界に於ける国民戦線対人民戦線、持てる者対持たざる者、現状維持派対現状打破派の闘争への第一歩なのである」と論じている[52]。

要するに、新たな戦争目的の追究は、かなり抽象的な理念を求める方向に傾斜したが、そこでは「新しい秩序」という文言が多用されていることに気付かされるだろう。こうした文言は、一一月三日に東亜新秩序声明が発表される前から、多くの論者によって、おそらくは相互に矛盾するさまざまな意味を込めて、使われていたのである。

そして、あらためて戦争の意味や目的を模索するこのような動きは、一部で政府批判にも通じていた。この点で政府批判をストレートに表明していたのは宮崎龍介である。彼は以下のように論じている。政府は、はたして何を考え、何をしようとしているのか。国民は乱れ飛ぶデマゴーグのなかで半信半疑し、また不安を抱いて、ただ成行を眺めているだけである。政府は国民に何を求め、どこに導こうとしているのか。「日本は何が故に戦ふか」「日本は何を目指して進んでゐるのか」。国民は政府の口から明快な答えを聞きたいと思ってきたが、今日まで、「国民の潜在的意志と欲求とを顕現する」ような、また「国民の心臓を突き、血潮を沸騰せしむる」ような「圧倒的にして魅惑的な宣言」を、国民はまだ聞いていない、と。(53)

（3）中国認識の反省

戦争目的の探求と並行して、この時期（一九三八年後半）には、それまでの中国認識の欠陥を反省する動きも見られた。ここではその代表的な議論を紹介してみよう。

その一つは東京朝日新聞（東亜問題調査会）の太田宇之助の議論である。太田は以下のように述べている。日中戦争開始後、中国政府、中国軍、中国民衆について、日本では見通しを誤ることが少なくなかった。一般に「支那通」と呼ばれる人たちの予想が次々と裏切られたため、日本人の多くは彼らに失望している。「支那通」には、中国政治が軍閥や政客の動向によって動くと考えて人物本位の考察を行う「旧派」と、マルクス主義に基づいて社会科学的な分析を行う「新派」とがあり、現在は「新派」が流行している。問題は、この「新派」が国民政府をブルジョア政権と呼んで、その倒壊を望んでおり、その点で、まったく対照的な立場に立つ「極右分子」の結論と一致してしまっていることである。中国の社会組織はきわめて複雑であって、これを基礎として成立している経済機構に近代的な経済機構が加わって、なおいっそう複雑になっている。この複雑な実体をマルクス主義で明快に解剖するのは甚だわかりやすいのだが、それでは「旧派」よりも甚だしい中国誤解を生んでしまう。(54)

太田の見方がどこまで正しかったか、それはわからない。ただ、これまで紹介してきた中国専門家の分析や観察を見ると、太田の指摘が少なくとも半分は当たっているように思われる。なお、太田は、国民党による国家統一の実績を評価し、満洲事変以来、国民党は抗日を推進力としてきたため「今日の破綻」を招いたが、この推進力がなかったら国内の団結もインフラの近代化もあり得なかっただろう、とも述べている。その推進力とは民族主義にほかならなかった。

もう一つの議論は、田中直吉（立命館大学教授）の主張である。田中は次のように論じる。日本の中国観には二つの傾向がある。一つは、中国がいまだに土匪と軍閥が支配する無秩序の半封建社会であるとする見方であり、もう一つは、国民政府の統一と建設の下で近代的な資本主義国家となりつつあるという見方である。しかし、どちらも中国の一面しか見ておらず、現在の中国を動かしている抗日民族運動を軽視している。だから見通しを誤り、期待を裏切られたのである。中国が精強な日本軍を相手にして一年以上も戦っているのは、蔣介石個人の力によるものではなく、中国全土に澎湃として起こっている抗日民族意識の力によるものである。[55]

田中は、この戦争で最後の勝利を勝ち取るためには、「東亜の諸民族の超民族的な共同社会」を建設しなければならないと主張したが、彼の場合にも、中国認識修正のキーポイントは中国の民族主義であった。

3　東亜新秩序声明から汪精衛政権承認まで――一九三八年一一月―四〇年一一月

（1）　東亜新秩序

一九三八年一一月三日の政府声明と一二月二二日の首相談話によって、日本の戦争目的は公式に定式化された。それは、日本、満洲国、中国の三国が協力して「東亜新秩序」を建設し、「善隣友好、共同防共、経済提携」を実現することであるとされた。後者の首相談話では、防共協定の締結と防共のための特定地域での日本軍駐屯を求め、日本は中国で経済的独占を図るものではないとしつつ、華北・内蒙の資源開発利用について「便宜」供与を要求した。また、領土・賠償を求めず、治外法権撤廃と租界回収について考慮することを強調した。これ以降の論壇では、とくに非併合・無賠償の表明が多くの論者によって引用される。日本の和平条件がいかに寛大であるか、なぜ蔣政権はそれを理解できないのか、といった論点が何度も繰り返して提起されることになるのである。

ところで、この政府声明は、戦争目的の不明確さを指摘する言論人たちの批判にも応える結果となった。政府の側に、批判に応えるという意図があったかどうかはわからないが、この後、宮崎龍介が突き付けたような政府批判は登場しなくなる。ただし、単なる膺懲や防共ではなく、東亜新秩序建設という理想的な戦争目的が掲げられたとはいえ、この新たな戦争目的はきわめて抽象的であった。それゆえ、東亜新秩序の意味内容をめぐって多くの議論が交わされることになるが、そのなかで焦点の一つとなったのが蠟山政道（東京帝国大学教授）の「東亜協同体論」である。[56]「東亜協同体」が東亜新秩序の内容を示していると受け取られたからであった。

東亜協同体論について重要なのは、尾崎秀実が鋭く指摘したように、それが中国の民族主義を再認識するところから出発していることであった。[57]前節で述べたように、中国の民族主義は、戦争の長期化によって、いわば「再発見」されていた。尾崎によれば、「低い経済力と、不完全な政治体制と、劣弱な軍隊」しか持たない中国が、なぜここまで戦い続けてこれたのか、その答えは、単なる抗日政策や抗日教育ではなくて、その根底にある中国の民族主義にこそあると考えなければならなかった。かくして東亜協同体論は、中国民族に「積極的協力を要請する」ことによって日中戦争を解決するものとされた。また、東アジアの生産力増大を、半植民地的状態からの脱却を求める中国民族の「解放と福祉」に貢献させることを重視するので、権益拡大を求めて大陸進出を図る日本の資本主義的要求と対立する、とも考えられた。この点で、東亜協同体論は日本の国内改革を要請したのである。[58]

蠟山自身も、中国民族主義の問題が出発点であることを、次のように強調している。「若し、日支両国民族の協同が成立しないと仮定するならば、今次事変は如何なる意味を有つに至るであらうか」。民族と民族は対立抗争する以外に道はないというならば、中国の抗日を是認しなければならない。しかし、そうでないならば、どんなに難しくても民族の協同をつくり上げる以外に道はないではないか。重要なのは、東亜協同体を建設するという「情熱」であり、「共感」であり、「意思」である。このように蠟山は主張したのである。[59]

東亜協同体論は、しかし、やがてしりすぼみになってしまう。それは、これがあまりに理論に傾きすぎて現実的な具体策を示さなかったことに、主要な理由があった。具体策欠如への批判は、梨本祐平のように東亜協同体論に一部理解を示す者からもなされたが[60]、そうした理念をまったく受け付けない者による批判はより厳しかった。それは、中国の「民族性」を強調する立場の人々による批判である。そのような論調は、すでに指摘したように、戦争発生の初期段階から登場していた。

その代表格は米内山庸夫である。彼の中国民族性批判は強烈であった。米内山によれば、中国人は「日本に力無ければ日本を軽視し、日本に力があれば日本を憎む」、「図に乗る国民、付け上る人々、増長して居丈高になる民族、かうした対手に対して付け上らせ、増長させ、火に油をそゝぐやうなことばかりやつて来た」ために、戦争が起こり長期化したのだとされた。日中間の親善は、日本が力で中国を支配するか、日本が中国に屈服するか、それ以外にあり得ない、と米内山は言う[61]。そもそも中国人が東亜協同体論のようなものを理解するだろうか、それを必要と考えるだろうか、とも米内山は論じる。理想で日中提携が成り立ち、理想で中国が治まるなら、日中戦争などはじめから起こるはずはない、というのであった[62]。

高木友三郎（法政大学教授）も、中国人の民族性を前提とすれば、戦争の途中で、いくら対等の協同提携を持ち掛けても、逆効果を生むだけではないか、と批判した[63]。戦争が日本民族と中国民族の「世界観」の相克であり衝突である、という大谷孝太郎（前東亜同文書院教授）の議論は、中国の民族性を論じた典型的なものだろう。中国人は「虚無的で、自信力なく、無感動で、分に安んずるが、空虚に尊大で、自信を与へられると極端に自信力を回復し、憎悪には熱中し、合理的打算に長じ、それが極端に趨つて却つて非合理に堕し、……」といった調子である[64]。中国の民族性の否定的側面を強調する論者には、中国経験の豊かな者が少なくなかった。東亜協同体論のような「理論」は知識人には魅力的だっただろうが、一般の人々にとっては、民族性を語る経験者の観察のほうが説得力を持ち得たかもしれない。

（2）　汪精衛政権

一九三八年一二月下旬の近衛首相談話の直後、汪精衛が重慶を離脱した。汪が重慶政権から離脱したことは日本の言論人に大きな衝撃を与え、重慶政権内での和平派の台頭を示すものと受け取られた。ただし、汪の陣営には軍の実力者がいないため、和平派としての彼の力に限界があることが指摘された(65)。そして、その後しばらくの間、重慶政権に対抗する反蔣派のリーダーとしての汪に寄せられた期待はしぼんでしまう(66)。汪に続いて重慶を離脱した実力者が期待されたほど多くはなかったからである。汪の離脱による重慶政権の動揺もさほどではないと分析された。太田宇之助は、汪の和平論は評価できるとしても、実際政治家としての彼の役割は終わった感があると述べるほどであった(67)。梶原勝三郎は、汪に対するジャーナリズムの冷淡さを批判し、汪の和平運動に対し日本はもっと積極的に協力すべきだと論じた(68)。

一時、「所在不明」であった汪の動きがふたたび注目されるようになるのは、一九三九年七月からである。汪は「反共和平救国」運動を開始し政権樹立の意図を表明した。横田実は早速、汪が樹立すべき政権を中央政権とすべきであるという持論を展開し、汪の和平運動によって東亜新秩序建設への第一歩が踏み出されたと論じた(69)。大阪毎日新聞（東亜問題調査会主事）の松本鎗吉は、汪が卓越した実際政治家ではなく、政治的実績は失敗の連続で、情熱家ではあっても包容力は弱く強靱性にも欠けていることを認めながら、汪政権が中国の民衆、とりわけ青年知識層の支持を獲得できるよう日本が援助すべきことを説いた(70)。哲学者の三木清は、汪に東亜協同体の実現を訴えている(71)。

汪政権は一九四〇年三月末に成立するが、論壇ではその動きを歓迎してはいるものの、それほど熱狂的ではない。汪政権には軍事的実力が欠けていること、汪政権が発足しても重慶政権は存続し戦争は終わらないこと、が繰り返し指摘された。松本鎗吉は、現地中国人の汪政権に対する態度が微温的であるとし、そうであるがゆえにかえって日本の支援が必要であると論じている(72)。

汪政権の成立後、議論の焦点となったのは日本と汪政権との間に締結すべき条約問題である。そこでの議論の大部分は、できるだけ汪政権の自主独立性を認めることを訴えた。半沢玉城は、「支那を征服する代りに今後の発達を保障し、支那国民に敗戦の屈辱を与ふる代りに、和平建国の名誉と安居楽業の悦びを得させ」「新政府要人の愛国心を認容し、支那の主権を尊重し、彼等をして十分其の面目と活動の余地を得せしむるの考慮が肝要であらう」と主張した(73)。東京日日新聞（上海支局長）の田知花信量によれば、時局収拾の第一要件は汪政権による民心把握であり、そのためには権益獲得を期待する一部の日本人を抑制しなければならない、とされた(74)。

しかし、ようやく一一月三〇日に日本と汪政権との間に締結された日華基本条約は、同政権の自主独立性を容認するものとはならなかった。権益要求も必ずしも抑制されなかった。そして、条約締結によって戦争終結の展望が開けたわけでもなかったのである。

(3)「東亜」から「大東亜」へ

この時期、日中両国を取り巻く国際情勢は大きく動いた。一九三九年五月にノモンハンで日ソ軍事紛争が始まり、八月には独ソ不可侵条約が締結され、翌月ヨーロッパで大戦が勃発した。それがしばらく小康状態となった後、一九四〇年五月からドイツが電撃戦によって西ヨーロッパを席巻し、これに促されて日本は日独伊三国同盟を結び、北部仏印進駐に始まる武力南進に踏み切った。

その間、論壇では、そうした国際情勢の変化が、外国勢力の蔣政権に対する態度にどのように反映され、またそれが中国の抗日陣営にいかなる影響を及ぼしているのか、が議論された。ノモンハン事件は、日中戦争が、抗日政権の背後にいる「非アジア的勢力との抗争」、すなわち一種の日ソ戦争であることを確認させた(75)。中保与作は、独ソ不可侵協定によって、ソ連ないしコミンテルンがアジアでの活動を積極化させる可能性を指摘し、その意を受けた中国共産党の動きを警戒せよと論じた。中保によれば、たとえ蔣政権が没落しても戦争は終わらず、共産勢力が表面に出てきて「真の戦ひ」が始まる、とされたのである(76)。同盟通信（東亜部次長）の半谷高雄は、ヨーロッパの戦争勃発のために蔣政権への軍需品供給が止まり、重慶政府は困難に陥るだろうと予想したが(77)、吉岡文六は、ヨーロッパの大戦勃発は、英ソのアジアからの後退を促し、蔣介石を困らせはするが、それで蔣政権の崩壊とはならないと分析した[78]。

大戦勃発によるヨーロッパ諸国の東アジアからの後退と並行して、前面に出てきたのがアメリカである。九州帝国大学教授の大沢章は、汪政権に最もあからさまに非協力的なのはアメリカであると批判した[79]。東亜新秩序をめぐっても、日本とアメリカの対立が繰り返し論議された。

一九四〇年五月、ヨーロッパの戦局が動くと、日中戦争の理解に変化が生じる。半沢玉城は、「支那事変は単なる日支間の紛争に非ずして、抗日支那を通して白人の世界君臨性を膺懲しつゝある事業である」と論じた[80]。そして半沢は、東南アジアの欧米植民地をこのままの状態にしておいては、東亜新秩序の本格的樹立は難しいと主張するに至る[81]。一方、昭和研究会の平貞蔵は、「支那事変とヨーロッパ大戦とは形の上では統一されてゐないが、共に世界的規模と世界史的意義を有する点で繋がつてゐる」と述べている。しかも、英仏は存亡の淵に立ってそのアジア支配は弛緩し、アメリカは英仏救援に忙しく、独伊はアジアを顧みる余力がなく、ソ連もアジアで事を構える余裕はないので、日本だけがアジアで自主的に行動することができる。このチャンスを利用してアジア解放のための協力を訴えて中国との戦争を解決すべきである、というのが平の主張であった。平は、こうした重大な時期に力をほかに転じるべきではないとし、この頃にわかに沸騰してきた南進論に警鐘を鳴らした[82]。

しかし、七月の第二次近衛内閣の登場に伴い、日中戦争と南進を直結させる議論が沸騰した。田中香苗は、いまや日本は「南洋を包括しての東亜共栄圏確立の大運動に挺身」しているとし、東アジア三国が運命共同体として前進すれば、欧米植民地主義勢力の支配下で苦悶しつつある周辺のアジア諸民族も刺戟を受け、全アジア運命共同体の自覚が生まれるだろう、と論じた[83]。実際の日本の南進行動に対してアメリカが厳しい対応を示すと、大西斎はアメリカの「敵性」が「著大」になったと批判した[84]。大阪毎日新聞の橘善守は、東亜新秩序建設は「欧米帝国主義の東亜支配体制への死刑の宣告であり、そこに東亜解放の戦ひが必然的に激発する」と論じた[85]。こうした例に見られるように一部の言論人の言葉は空虚に躍ってゆく。東亜新秩序や東亜協同体といった文言は、あたかもそれでは不十分でもあるかのように、「大」東亜「共栄圏」に置き換えられていったのである[86]。

4　汪政権承認後から太平洋戦争開戦まで――一九四〇年一二月―四一年一二月

(1)　汪政権の強化をめぐって

日本政府は汪政権を承認したが、言論人の多くが要望したほどには、汪政権に自主独立性を与えなかった。新明正道（東北帝国大学教授）は、「これまで我々は汪氏の勢力の微弱である事を口にして来た割にはこれを伸張せしむるために必ずしも十分な援助をなして来たとは云へなかった」と述べている。[87]当時は、汪政権による統治の安定を「局部和平」と呼び、蔣政権との戦争終結を「全面和平」と呼んだが、「全面和平」はもちろん、「局部和平」でさえ、まだ前途遼遠の観があった。

日本外交協会幹事の宇治田直義は、南京政権（汪政権）、重慶政権（蔣政権）、延安政権（共産政権）の三政権鼎立状況のなかで、どこが勝利を収めるかを決めるのは、民衆の生活を安定させることと、知識階級の民族意識をつかむことの二要件であるとし、この要件を汪政権に満足させるためには、日本はできるだけ干渉をやめ、自由を与えるべきだと主張している。[88]松本鎗吉は、政権成立一周年を迎えても、なお政権強化が要望されているのは、この一年、汪政権が期待に応えていないことを意味すると述べた。[89]吉岡文六は、問題は日本側の干渉だけにあるのではないとし、汪政権そのものが「あり合せの材料で急造されたバラック」で、タガが緩んでいることにも問題があると批判した。[90]汪政権強化をめぐる議論はその後も続く。それが続いたということは、なかなか強化されなかったということにほかならなかった。

汪政権への期待がしぼんでゆくのとは逆に、一時的ではあったが、蔣政権に対する評価が高まったことは注目されよう。その主たる原因は、一九四一年一月に生じた新四軍事件にあった。要するに、蔣介石が共産勢力を弾圧したことが評価されたのである。半沢玉城でさえ、抗日戦を戦ううえで蔣介石が共産党の勢力を利用しつつ、その増長を抑圧して中国の全面的な赤化を防止したのは、彼の強力な統制力の功績である、と述べるほどであった。[91]橘善守は、「重慶政権は、最近、明かに立ち直りつ、ある」と評した。[92] 抗日陣営内部での国共対立は、以前から注目され、綿密な分析の対象とされてきた。新四軍事件も、その点で関係者の大きな注目を集めたが、結論として下されたのは、蔣介石の統制力が回復し、重慶政権の抗日態勢が強化されたということであった。「全面和平」につながる動きとは見なされなかったのである。

（2）南方問題との交錯

汪政権への期待よりも、言論人の関心は南に向かっていた。直海善三は、日中戦争を群がるハエとの戦いになぞらえ、ハエの群れをたたいても絶滅させることは無理であり、ハエの発生を断つ「衛生的」措置を講じなければならないが、その「衛生的」措置こそ「南方問題の処理」であると論じた。蔣政権は「英米の糟粕」を嘗めて生き長らえているのだから、その糟粕を除去してしまえばよい、というのが南方問題の処理を通しての日中戦争の解決であった。[93] こうした「実践」方法論的な観点からではなく、東亜新秩序建設という理念の観点からも南方問題の処理、つまり南進を説く見解があった。亀井貫一郎（大政翼賛会東亜部長）は、日中戦争は世界新秩序建設のための戦いの一部となり、「率直にいつて、もはや、主観的には支那事変なるものは存在しない」と言い切った。[94] 平貞蔵は、日中戦争は世界大戦の一部となっているので、日中だけで解決するのは不可能であり、「世界的規模」で解決されなければならない、と論じた。[95]

一方、報知新聞（論説委員）の小室誠は、日中戦争は重慶政権打倒以外にも、白人諸国による半植民地化政策を駆逐し、その帝国主義的桎梏を排除するという目標を持っているので、その点で「世界性」を有し南方問題と交錯している、と述べながら、[96] だからといって、日中戦争を世界大戦と一括して、あるいはその一部として解決すべきだという主張は間違いであり、「理論的遊戯」に等しいと批判している。そうした主張はまた、日中戦争の解決が当分困難であることに由来する「諦観」を意味しているかもしれないが、戦争が長期化するのははじめからわかっていたことなのだから、その不明を恥じるべきである、と小室は言う。[97]

しかし、南方問題や世界大戦と切り離して小室が提示した日中戦争解決のための措置は、ほとんどが従来から唱えられてきた汪政権強化策の蒸し返しにすぎず、とても実効性のあるものとは思われなかった。そして、小室が憂慮したように、やがて日中戦争をめぐる論議は南方問題や世界大戦をめぐる論議のなかに埋没してゆくのであった。

おわりに

本章で材料としたのは、『外交時報』と『中央公論』に掲載された日中戦争関連の論文である。冒頭で述べたように、そこに表れた日中戦争観は日本人一般のそれとは必ずしも全面的には一致しないだろう。また、二誌の掲載論文だけしか材料としていないので、知識人・言論人に共通した日中戦争観と見なすにも、一定の留保が必要だろう。そのことに留意したうえで、以下に、当時の日本人の日中戦争観として、注目すべき特徴を挙げてみたい。

まず、これも冒頭で述べたことだが、日本人の日中戦争観には、中国人の抗日戦争観のようなコンセンサスが形成されなかった。しかも、その戦争観は、戦争の長期化とともに変化した。例えば、初期段階では敵が一部の抗日勢力とされたが、やがてそれは抗日政権たる国民政府全体に転換し、さらにその抗日を支える「敵性」外力がクローズ・アップされた。戦争目的も、抗日勢力の排除・撲滅、防共に加えて、東亜新秩序の建設という「理念」が付加された。

こうした敵や戦争目的の変化には、当然ながら、政府の公的立場が関係している。「対手トセス」声明や東亜新秩序声明が、言論人たちの議論に大きな影響を与えたことは疑いない。ただし、言論人たちの主張が、しばしば政府の方針表明に先行していたことも注目すべきだろう。国民政府否認論や新秩序論に、それは端的に示されている。また、言論人は政府に対して明確な公的立場の表明を要求することもあった。

さらに、とくに『外交時報』の傾向としていえることだが、言論人の主張は政府よりも強硬な場合が少なくなかった。政府より強硬であっただけではない。ときには軍よりも、あるいは外交に関して軍以上に強硬であった外務省革新派よりも、強硬であった。[98] これが何を意味するのか、安易に結論を導き出すことには慎重であるべきだろう。ただ、こうした強硬論が日本人一般の日中戦争観に影響を与えたことは否定できない。掲載論文の執筆者に中国問題専門のジャーナリストが多いことは、この点で注目されよう。

執筆者のなかには、マルクス主義的な分析用語や概念を用いる者が少なくなかった。太田宇之助が指摘したように、彼らの「社会科学的」分析が、ブルジョア政権たる蔣介石政権打倒という結論において、観念的な「極右」の主張と一致していたことは、なかなか興味深い。日本政府の「言論統制」「思想統制」の効果が表れたと見るべきか、それとも左翼知識人が「本音」を語っていたと考えるべきか、解釈は難しい。

津田左右吉が指摘したように、[99] 日中戦争が長期化するにつれて、中国についての日本人の知識があまりにも不足しているのではないか、という反省が生まれた。近代化が十分でないにもかかわらず抗戦を続ける中国に関して、強い関心が向けられ、研究・分析がなされた。その成果とも言うべきものが中国民族主義の「再発見」であり、上述したように、それは「東亜協同体論」に結びついた。

中国の民族主義とともに、「再発見」されたのは中国の「民族性」である。民族主義の再発見が抗日勢力の客観的な評価につながったとすれば、民族性の再発見は、「前近代的」で「尊大」な中国イメージを強めた。民族主義と民族性のどちらが日本人の日中戦争理解に影響を与えたのか、これも断定は避けるべきだが、知識人ではなく日本人一般のレベルでは、民族性を強調する見解のほうが説得力を持ったように考えられよう。

最後に、大東亜戦争がはじまってから数ヵ月経った頃の、ある言論人が書いた論文のやや皮肉な一節を紹介しよう。「支那事変処理の方向は、多くの点が今尚ほ抽象的な理念のまゝに放置されてゐる有様である。……今日でも「支那事変を解決せよ」といふ声を聞く。が、一体事変解決とは何を意味するのか返答し得る者があるだらうか。解決とは何うい ふことかといふことから解決しなければならぬ」。[100] 解決とはどういうことなのか、この時点でも明確でなかったとすれば、いったい何のために戦っているのかも、まだ明確ではなかったといえよう。

註

（1）『外交時報』については、伊藤信哉『近代日本の外交論壇と外交史学——戦前期の『外交時報』と外交史教育』（日本経済評論社、二〇一一年）を参照。
（2）半沢玉城「支那国民に望む」（『外交時報』〔以下『時報』と略す〕一九三七年八月一日号）。
（3）中保与作「北支事変の必然性と合法性」（『時報』同号）。
（4）田中香苗「北支事変と廿九軍並びに支那軍隊」（『中央公論』〔以下、『中公』と略す〕八月号）。
（5）中山優「無礼打ちの後に来るもの」（『時報』九月一日号）。
（6）半沢「東亜の西班牙化を救へ」（『時報』九月一五日号）。
（7）清水安三「支那事変の見透し」（『中公』一一月号）。
（8）宮崎龍介「蔣介石に与ふるの書」（『中公』一〇月号）。
（9）林久治郎「日支事変終局の目標」（『時報』一〇月一日号）。
（10）米内山庸夫「日支両民族の対峙」（『時報』同号）。
（11）米内山「南京政府の将来」（『中公』一二月号）。
（12）岡部三郎「日支事変は如何にして終局を告ぐるのか」（『時報』一一月一日号）。
（13）半沢「支那側の事変対策如何」（『時報』一〇月一日号）。
（14）及川六三四「支那の対日長期抗戦は可能か」（『中公』一〇月号）。
（15）原勝「対日抗戦か社会革命か」（『中公』六〇〇号記念臨時増刊）。
（16）直海善三「事変の永続不可避とその対策」（『時報』一〇月一五日号）。
（17）及川「支那の対日長期抗戦は可能か」。
（18）大西斎「南京政府の行方」（『中公』六〇〇号記念臨時増刊）。
（19）井村薫雄「東亜の繁栄と支那民衆」（『時報』一〇月一日号）。
（20）大西「南京政府の行方」。
（21）金崎賢「事変拾収方策実現の要点」（『時報』一二月一五日号）。

(22) 米内山「南京政府の将来」。
(23) 梶原勝三郎「日支直接交渉の相手は誰か」(『時報』一二月一日号)。
(24) 吉岡文六「蔣介石独裁の動揺を思ふ」(『中公』一二月号)。
(25) 吉岡「聡明を欠いた蔣介石」(『時報』一九三八年一月一日号)。
(26) 田村幸策「時局に対処すべき三大急務」(『時報』一月一五日号)。
(27) 清水「支那事変の見透し」。
(28) 横田実「瓦解せる南京政権」(『時報』一九三七年一二月一五日号)。
(29) 吉岡「聡明を欠いた蔣介石」。
(30) 三枝茂智「時局拾収の根本認識」(『時報』一二月一五日号)。
(31) 田村「時局に対処すべき三大急務」。
(32) 直海「事変の永続不可避とその対策」。
(33) 吉岡「蔣介石独裁の動揺を思ふ」。
(34) 藤枝丈夫「抗日民族戦線の行方」(『中公』一九三八年一月号)。
(35) 岡部「日支事変は如何にして終局を告ぐるのか」。
(36) 半沢「首相・外相の演説」(『時報』二月一日号)。
(37) ソ・支情報「支那はスペイン化するか」(『中公』二月号)。
(38) 大西「漢口攻陥の価値」(『時報』八月一日号)。
(39) 吉岡「徐州戦とその後に来るもの」(『中公』六月号)。
(40) 和田耕作「長期戦の特質と大陸政策の方向」(『中公』七月号)。
(41) 井村「支那事変の帰結」(『時報』二月一五日号)。
(42) 半沢「徐州陥落後の新段階」(『時報』六月一日号)。
(43) 半沢「支那事変一周年」(『時報』七月一日号)。
(44) 宮崎「広東攻略すべし」(『中公』一〇月号)。

(45) 和田「長期戦の特質と大陸政策の方向」。
(46) 吉岡「広東攻略の重要性」(『中公』一〇月号)。
(47) 梶原「日本の新たなる危機」(『時報』四月一五日号)。
(48) 大西「事変と新支那再建」(『時報』一一月一日号)。
(49) 直海「事変収拾の目標とその基本的要件」(『時報』八月一日号)。
(50) 梨本祐平「大陸政策の基本的問題」(『中公』八月号)。
(51) 堀真琴「大陸経営の諸工作について」(『時報』八月一五日号)。
(52) 宮崎「広東攻略すべし」。
(53) 同右。
(54) 太田宇之助「新支那認識への道」(『中公』一一月号)。
(55) 田中直吉「長期建設と対支新認識」(『時報』一一月一五日号)。
(56) 東亜協同体論については、高橋久志「『東亜協同体論』――蠟山政道、尾崎秀実、加田哲二の場合」(三輪公忠『日本の一九三〇年代』創流社、一九八〇年)、五味俊樹「一九三〇年代の国際政治観における逆説――蠟山政道を中心にして斎藤隆夫との比較」(『外交時報』一九八四年八月号)を参照。
(57) 尾崎秀実「「東亜協同体」の理念とその成立の客観的基礎」(『中公』一九三九年一月号)。
(58) 同右。
(59) 蠟山政道「東亜協同体と帝国主義」(『中公』九月号)。
(60) 梨本「事変処理の政治的任務」(『中公』四月号)。
(61) 米内山「興亜院の設立と我が対支政策」(『時報』一月一五日号)。
(62) 米内山「大陸政策の理想」(『時報』四月一五日号)。
(63) 高木友三郎「東亜協同体論の批判」(『時報』三月一五日号)。
(64) 大谷孝太郎「事変と支那民族の世界観」(『時報』八月一日号)。
(65) 田中香苗「汪兆銘の脱出とその影響」(『時報』二月一日号)、吉岡「汪兆銘論」(『中公』二月号)。

(66) 大西「事変処理の前途」(『時報』四月一日号)。
(67) 太田「汪兆銘の影響」(『時報』五月一日号)。
(68) 梶原「汪兆銘と日本の関係」(『時報』五月一日号)。
(69) 横田「汪兆銘コースと重慶の動揺」(『中公』九月号)。
(70) 松本鎗吉「新政権に対する援助の限界」(『時報』一二月一日号)。
(71) 三木清「汪兆銘氏に寄す」(『中公』一二月号)。
(72) 松本「支那民衆の動向に就て」(『時報』一九四〇年三月一日号)。
(73) 半沢「東亜時局の本格的進展」(『時報』七月一日号)。
(74) 田知花信量「事変処理への考察」(『中公』七月号)。
(75) 大西「事変と本格的段階」(『時報』一九三九年八月一日号)。
(76) 中保「独ソ不可侵条約と支那共産党」(『時報』一〇月一五日号)。
(77) 半谷高雄「支那新中央政府の樹立」(『時報』一〇月一日号)。
(78) 吉岡「蔣介石の苦悶」(『中公』世界大戦・支那事変処理臨時増刊)。
(79) 大沢章「新生支那と国際秩序」(『中公』一九四〇年五月号)。
(80) 半沢「世界動乱と日本の役割」(『時報』六月一五日号)。
(81) 半沢「東亜新秩序と蘭印・仏印」(『時報』七月一五日号)。
(82) 平貞蔵「事変処理の視角から」(『中公』七月号)。
(83) 田中香苗「運命共同感と東亜民族主義」(『時報』一〇月一日号)。
(84) 大西「事変完遂の大試練」(『時報』一〇月一五日号)。
(85) 橘善守「南京交渉の妥結と外交転換」(『時報』一一月一日号)。
(86) 川上散逸「東亜連盟のために」(『時報』一二月一五日号)。
(87) 新明正道「新東亜建設の現段階」(『時報』一九四一年一月一五日号)。
(88) 宇治田直義「事変処理の政治的段階」(『時報』三月一日号)。

(89) 松本「南京政府の強化と基礎との関係」（『時報』四月一日号）。
(90) 吉岡「汪政権強化の一方法」（『時報』六月一五日号）。
(91) 半沢「褚大使の来任に際して」（『時報』二月一五日号）。
(92) 橋「重慶抗戦態勢再建の新動向」（『時報』三月一五日号）。
(93) 直海「事変終結策としての南方策実践論」（『時報』二月一日号）。
(94) 亀井貫一郎「興亜団体統合の構想」（『中公』三月号）。
(95) 平「世界政局と事変処理」（『中公』六月号）。
(96) 小室誠「新東亜建設推進の次期段階」（『時報』五月一日号）。
(97) 小室「近衛・汪共同声明の意義と指向」（『時報』七月一五日号）。
(98) 外務省革新派については、拙著『外務省革新派』（中公新書、二〇一〇年）を参照されたい。
(99) 津田左右吉「日本に於ける支那学の使命」（『中公』一九三九年三月号）。
(100) 山野義一「大東亜戦争と支那の将来」（『支那』一九四二年六月号）。

第8章　グローバル・ヒストリーのなかの日中戦争

――一九四三年中国の条約改正問題を手がかりとして――

馬　暁華

はじめに

第二次世界大戦が勃発する二年前の一九三七年七月七日に中国北京郊外で起こった盧溝橋事件は、その後八年にわたる日中全面戦争の発端となった。一九三一年の満洲事変にはじまる日中一五年戦争、あるいはアジア・太平洋戦争は、第二次世界大戦の一部であるが、この戦争の大きな特徴は、アジア諸民族側から帝国主義の植民地支配体制を打破する重要な契機となった点である(1)。日中戦争は、国内外で政治・軍事・外交・経済などの多くの分野で厖大な研究が蓄積されている。日中戦争とは何だったのか。この戦争はアジア・太平洋地域における国際関係の転換、さらに戦後国際秩序の再編においてどのような影響を与えていたのか。戦後七〇周年を迎え、グローバル・ヒストリーの視点から日中戦争を再考することは、単に歴史的に意味があるだけでなく、現代的な示唆も含まれていると思われる。

上記の問題意識を踏まえ、本章では、西欧列強のアジア侵入にはじまる「近代的」国際関係、つまり不平等条約体制の崩壊と再編過程を、日中戦争期の国際関係、とりわけアメリカと日本の「新秩序」再建をめぐる政治的駆け引きの力学に焦点を当て、アジア・太平洋地域における国際関係の転換過程を検証する。中国における列強の不平等条約の撤廃問題を取り巻く重層的な国際関係を解明することによって、戦時中のアジア・太平洋地域における国際関係の一断面を浮き彫りにすることが可能となるであろう。

1　問題意識と分析の枠組み

二〇世紀に入ってからのアジア地域は、世界が帝国と植民地とに分割・分類されていくなかで植民地の側に位置し、そこでは帝国主義諸列強の下で、植民地化・半植民地化がどのように進められていたのかという点が今まで主な研究対象とされてきた。しかし、欧米諸国とアジアとの国際関係の展開過程において、支配する側と、される側の国家・民族関係は、どのように形成され、さらにどの程度、どのように変容されたかという問題は、従来の研究においてほとんど関心を持たれなかった。とくに主権国家の独立という問題が、世界秩序の再編過程とどのような関係において展開されていたかは、欧米諸国とアジアとの国際関係の変容過程を解明するうえで、きわめて重要な論点である。

より長いグローバル・ヒストリーの視野で捉えれば、一五世紀ヨーロッパの世界進出から、東洋と西洋との間には不平等な「近代的」国際関係が築きあげられてきた。この「近代的」国際関係とは、「民族国家」を単位とする列強間の激しい覇権争いと、その結果としての周辺地域の従属化が見られる重層的な世界システムである[2]。しかし、一九四五年の日本の敗戦を契機に、アジアにおいて支配的であった欧米の植民地支配体制が崩壊し、主権国家・民族間の平等な関係を目指す民族解放運動がはじまった。この点で、歴史学者油井大三郎が指摘したように、第二次世界大戦は、重層的な「近代的」国際関係から、主権国家の間や諸民族間のより平等な関係を目指す「脱近代的＝現代的な国際関係への分水嶺」であったといえる[3]。

しかし、この戦争は、どのように、重層的な「近代的」国際関係から主権国家・民族・人種間のより平等な関係を目指す「脱近代的」な国際関係へ転換させられたのだろうか。さらにいえば、第二次世界大戦によって、従属的な国家・民族に対する常態化した「近代的」国際関係が、どの程度、どのように、主権国家・民族間のより平等な関係を目指す現代的な国際関係へ転換させられたのかという問題は、グローバル・ヒストリーの視点から見れば、近代東洋と西洋の国際関係史の全歴史過程を貫くもっとも重要な課題であろう。

以上の問題点を基本に据え、本章では、東洋と西洋の国際関係の転換過程を、アメリカと日本の対中不平等条約の撤廃問題という側面から取り上げる。具体的には、一九四一年日米開戦以後のアメリカと日本の対中不平等条約の撤廃問題に焦点を当て、アメリカと日本の対アジア政策の展開、とくに対中政策の転換過程を解明しようとするものである。これらの問題を歴史的に明らかにすることによって、第二次世界大戦期におけるアメリカ・日本の対中関係の一断面を浮き彫りにすることが可能となり、アジア・太平洋地域における国際関係の重層的構造を解明することが可能であろう。

2　「近代的」国際関係の成立と不平等条約体制

アジアにおける近代国際関係は、一九世紀アジアに到来したヨーロッパ勢力とアジアとの接触から始まる。一八四〇年中国では、イギリスとの間にアヘン戦争が勃発した。一八四二年八月、戦争に敗北した結果、清朝政府はイギリスと南京条約を締結した。南京条約は中国が外国と締結した最初の近代的な条約であり、のちに五港通商章程や虎門追加条約と合わせて不平等条約を構成するものであった(4)。これらの条約は、イギリスの在中権益を認め、治外法権と片務的最恵国待遇や協定関税などを規定する、いわゆる不平等条約であり、これによって、中国の主権は著しく侵害された。

ここで注目すべき点は、これらの条約に治外法権と片務的最恵国待遇の条項が盛り込まれていたことである。この条項はほかのいかなる一国に有利な条件や権限が与えられた場合も、当条項を持つ国は自動的に同様な条件と権限に預かる決まりである。そのため、以後相次いで条約を締結したアメリカ、フランス、ロシアおよび日本（日清戦争後）などの国々は、すべてこの条項を取り入れ、相互に他国の得た特権を我がものとする態勢を整えた。さらに、アロー号事件後の英仏連合軍の中国出兵によって、清朝政府は一八五八年に天津条約、一八六〇年に北京条約

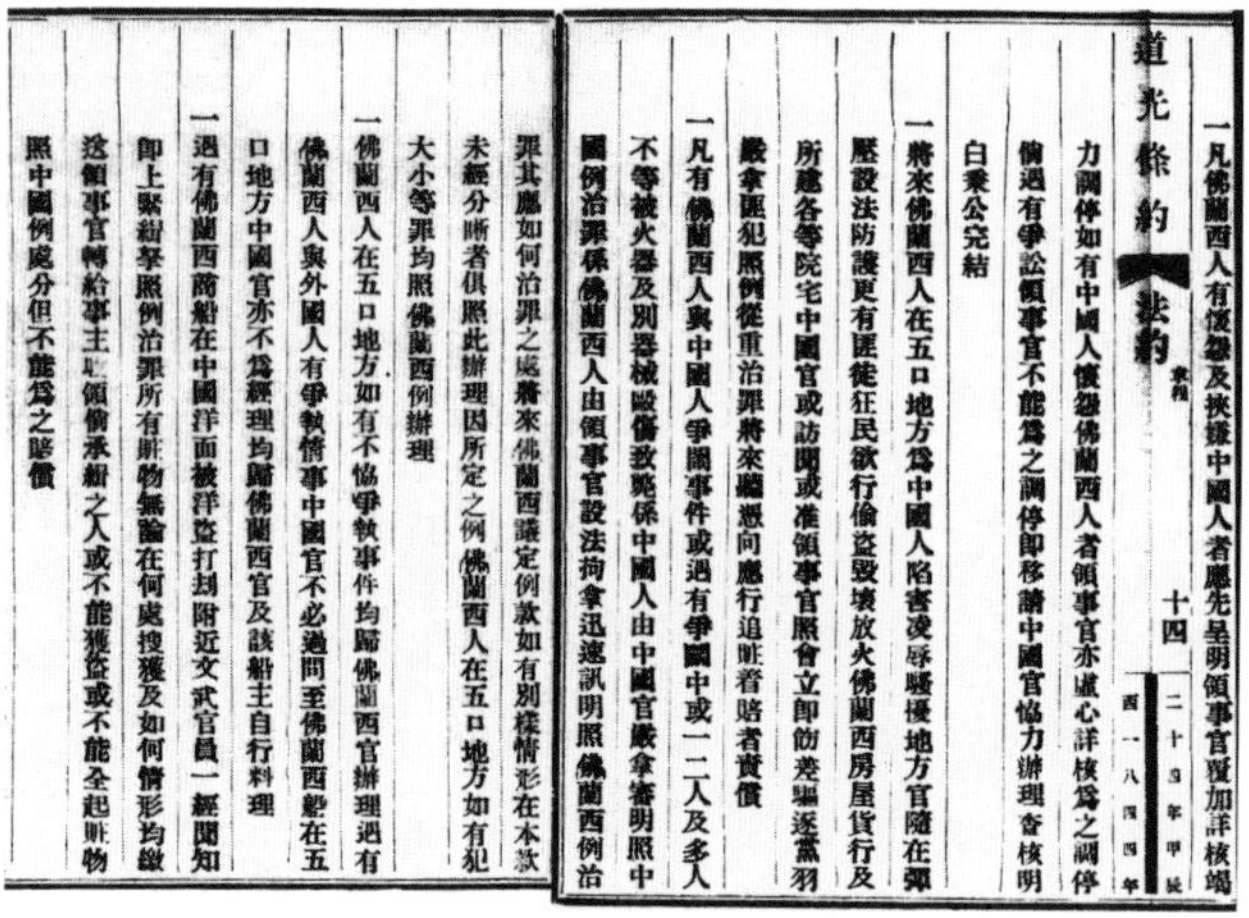
一凡佛蘭西人有倏怨及挾嫌中國人者應先呈明領事官覆加詳核竭
道光條約　法約
十四
二十四年甲辰
西一八四四年
力調停如有中國人懷怨佛蘭西人者領事官亦虚心詳核爲之調停
倘遇有爭訟領事官不能爲之調停即移請中國官協力辦理查核明
白秉公究結
一將來佛蘭西人在五口地方爲中國人陷害凌辱騒擾地方官隨在彈
壓設法防護更有匪徒狂民欲行偷盗毀壊放火佛蘭西房屋貨行及
所建各等院宅中國官或訪聞或准領事官照會立即飭差驅逐黨羽
嚴拿匪犯照例從重治罪將來聽憑向應行追贓着賠者責償
一凡有佛蘭西人與中國人爭鬭事件或遇有爭鬭中或一二人及多人
不等被火器及別器械毆傷致斃係中國人由中國官嚴拿審明照中
國例治罪係佛蘭西人由領事官設法拘拿迅速訊明照佛蘭西例治
罪其應如何治罪之處將來佛蘭西議定例款如有別樣情形在本款
未經分晰者俱照此辦理因所定之例佛蘭西人在五口地方如有犯
大小等罪均照佛蘭西例辦理
一佛蘭西人在五口地方如有不協爭執事件均歸佛蘭西官辦理遇有
佛蘭西人與外國人有爭執情事中國官不必過問至佛蘭西船在五
口地方中國官亦不爲經理均歸佛蘭西官及該船主自行料理
一遇有佛蘭西商船在中國洋面被洋盗打刦附近文武官員一經聞知
即上緊緝拏照例治罪所有賍物無論在何處搜獲及如何情形均繳
送領事官轉給事主收領倘承緝之人或不能獲盗或不能全起賍物
照中國例處分但不能爲之賠償

図8-1　1844年の中仏黄浦条約

アヘン戦争の結果，清政府は1843年にイギリスと五港通商章程（南京条約の追加条約）を締結し，領事裁判権（治外法権）を認めた。翌年の中仏黄浦条約のなかでフランス人が中国で起こした刑事犯罪はフランスの法律で裁くことを明確に規定し，列強の領事裁判権の行使を明文化した。
（台湾中央研究院近代史研究所所蔵）

を締結して不平等関係が一層強化され、外国に多くの特権を与えた。その一連の条約のなかで、諸列強に与えられた特権は、主に領事裁判権（治外法権）、関税自主権、沿岸貿易権、内河航行権、駐兵権、駐艦権、租界および租借地などである。これらの条約は広範囲な外国の特権を規定しており、それ以後の不平等条約の根幹となった。のちに、治外法権などの特権を持つ国は一九ヵ国までに増えた。(5) 中国が諸列強との間に不平等条約を締結するに至った過程は、ある意味で中国の近代史そのものを語ることになる。

このようにして、清朝政府は領土の主権、司法権、行政権、裁判権などを著しく喪失した。その結果、同条項の存在は国際社会における中国の劣勢を強めるものとなった。要するに、アヘン戦争を始点とする一連の条約の成立によって、中国と欧米諸国・日本との関係は伝統的な朝貢体制から近代的な条約体制、さらに厳密に言えば、不平等な条約体制に変更させられたのである。

3　第二次世界大戦期における不平等条約の撤廃運動

アヘン戦争以来、中国と欧米諸国との関係は不平等条約が存在したため、対等的な関係とはいえなかった。一九一一年、孫文の指導した辛亥革命が発生し、中国は主権国家としての独立を求め続けた。中華民国政府がその樹立の時点において、いち早く取り上げた重要課題は不平等条約の撤廃問題であった。一九二〇年代に中国各地では、ナショナリズムの高揚により、それまで諸列強に与えていた諸権益の回収を目指す国権回復運動が行われた。

（1）日中戦争期における国権回復運動

中華民国は成立した一九一二年以後、一九一九年のパリ講和会議や一九二一年のワシントン会議などで繰り返し関税自主権の回復、治外法権の撤廃および租界の還付などを諸列強に求めた。(6) 一九二四年一月二三日、孫文は中国国民党第一回全国大会において、民国政府が自らすべての不平等条約を廃止すると声明した。また中央・各省区聯席会議では、不平等条約の撤廃、関税自主権の回収、中国の立場を尊重した新条約の締結、および外国人の投資の規定などを決議した。(7) その後、一九二七年に、北伐を達成した南京国民政府は、外交政策の中核として「一日も早く不平等条約を撤廃せよ」という外交方針を打ち出し、不平等条約撤廃に厳しい態度でその実現を求める革命外交をとった。さらに、同年八月一三日、南京国民政府は一切の不平等条約の取り消しを宣言し、平等や主権互尊の立場から新条約の締結の意向を各列強に通告した。(8) アメリカは諸列強のなかで、最初に南京国民政府を承認し、最恵国条項付きで中国の関税自主権を認めた。その結果、一九二八年七月、国民政府はアメリカとの間で関税条約を結ぶことに成功し、関税自主権の回復に向け大きな一歩を踏み出した。その後、年末までに、国民政府はイギリスやフランスを含む各国との間で関税自主権の承認を含む新しい条約に調印し、イギリスは威海衛租借地の還付協定も締結した。(9)

関税自主権の回収のみならず、不平等条約の全面的改定も実現しようとする革命外交のスローガンを掲げた国民政府は、第一に関税自主権の回復、第二に治外法権の撤廃、第三に租界の回収、第四に租借地の回収、第五に鉄道利権・内河航行権・沿岸貿易権・駐軍権などの回収、という五つの段階を設定して不平等条約改正の実現に努めた。治外法権は外国人が中国の行政と司法の支配から免れ、活動の自由を保障されるものとして、低率関税協定ととも

図 8-2　日本側からみた欧米列強の治外法権

華中地域において発行された日本の国策新聞『大陸新報』に掲載され，後に英文誌 *China Weekly Review*（July 5, 1941）に転載された漫画。租界で中国人の血を吸う帝国主義の罪悪を訴え，米英の利己的な自由主義的世界観や異民族に対する抑圧・搾取・支配の帝国主義政策を激しく非難している。

に不平等条約体制の根幹をなすものとみられてきた。

そのため、一九二八年七月七日、国民政府は関税政策の改革を行うと同時に、期間満了の不平等条約を廃棄し、未満了の条約については正当の手続きを通じてこれを解除し、その代わり臨時措置を取り、後に対等な新条約を締結する、という一方的な形の不平等条約撤廃宣言を発表した。翌年に入ると、米・英・仏・日などの諸列強に上書を出し、治外法権の撤廃を正式に要請した。だが、諸列強の対応がきわめて消極的であるため、一九二九年一一月二五日、国民政府は治外法権撤廃の意向を再度米・英両国に伝えた。[10] 米・英両国側の反応がほとんどみられなかったため、一二月二八日、国民政府は「中国領域に居住する全ての外国人は、一九三〇年一月一日から中央政府および地方政府の法令に従わなければならない」、という治外法権撤廃特別法令を公布し、治外法権撤廃断行を宣言した。[11] さらに一九三一年四月二〇日、国民政府は「在華外国人管理条例」を実施し、治外法権の廃止や不平等条約の撤廃問題を円満な解決を図る方針を諸列強に強硬に打ち出した。[12] 同年五月四日、王正廷外交部長は、翌三二年一月一日をもってすべての治外法権交渉および不平等条約を停止すると宣言した。[13] この王正廷の五月四日宣言は、アメリカ国務省が最大の交渉阻害要因であったと指摘しているものである。[14]

こうした国民政府の強硬な姿勢にはアメリカから強い反発が見られた。国民政府の法令が公布された当日、国務省極東部長ホーンベック（Stanley K. Hornbeck）は駐米大使伍朝枢と会談を行い、「中国の不当な行為についてきわめて遺憾である」と抗議した[15]。だが、条約上の問題が解決されなければならないとして、アメリカは英・仏などの諸列強と協調関係を維持しつつ、治外法権問題をめぐって交渉をはじめた。このような状況のもと、英中間の交渉を促進した要因になった。その結果、一九三一年六月五日、中国はイギリスと治外法権撤廃を旨とする条約草案を仮調印し、七月にアメリカも同じような条約草案を起草した。しかし、アメリカはイギリスとは異なり、たとえ中国による一方的治外法権停止措置がとられるとしても、交渉において治外法権を完全に撤廃することは拒否すべきだと認識し、中国の不正当性を諸外国に訴えるべきであると考えた[16]。ホーンベック極東部長は、中国が一方的な治外法権停止措置を行った場合には、租界において軍事力を行使することも検討していた[17]。その結果、中国の司法制度や監獄制度の不備などを理由に、「廃止時期尚早」との結論が出され、廃止するなら、条件を付すべしと米国は諸列強に打診した[18]。

他方、このような中国の国権回復運動やナショナリズムの高揚に対して、関東軍が危機感を抱き、満洲事変の大きな原因となった[19]。日本は中国における特権的地位が失われることを恐れ、ついに武力手段を行使し、ワシントン体制への挑戦を開始した。一九三一年九月一八日に、関東軍は中国の瀋陽市郊外にある南満洲鉄道の線路を爆破した柳条湖事件に端を発し、中国の東北地域を占領した。満洲事変（九・一八事変）以後の歴史は、諸列強との条約交渉の継続を一挙に吹きとばした。

満洲事変直後の一九三七年一二月、ハル国務長官（Cordell Hull）は中国情勢の悪化を考慮し、アメリカ軍が在中アメリカ市民の安全と「中国の運命」を守るため、中国に駐留すべきであると認識した[20]。さらに、一九四一年五月三一日、ハル国務長官は在中アメリカ軍の撤退に反対し、在中アメリカ市民の利益を保護するために、治外法権存続の必要性を訴え、「平和回復後」、中国との条約改正を国民政府に約束した[21]。しかし、太平洋戦争の展開はこの課題に対して新たな局面をもたらすこととなる。

図8－3　アメリカの参戦理念

大西洋憲章は地球上のあらゆる地域に適用されると強調するルーズヴェルト大統領の姿が描かれたアメリカ側の漫画。（*Amerasia*, November 1942, Vol. VI, No. 10）

（2）　太平洋戦争の勃発と米中同盟の影

欧米世界秩序に挑戦し続けた日本は、一九四一年一二月七日（ハワイ時間）、真珠湾を攻撃し、米英に宣戦布告をした。翌日、中国は米英とともに日本との開戦に踏み切り、米・英・中同盟が結成された。米中提携によって、翌年の春、アメリカ政府は中国に五億ドルの武器貸与をし、また、スティルウェル将軍（Joseph W. Stilwell）を中国へ派遣した[22]。

しかしながら、米中同盟が結成されても、アメリカの対中援助は積極的に行われなかった。戦争初期、アメリカ人の日本観は、「ジャップは軍事的に無能だ」という人種偏見に基づき、日本の軍事力を過小評価し、ヨーロッパ戦争に重心を置いていた[23]。こうしたヨーロッパ第一主義の戦略のもとで、アメリカの対中援助はイギリスやソ連へのそれと比べてわずかなものであり、貸与全体の三％弱を占めるにすぎなかった[24]。国際政治の力関係を考えれば、中国は依然として半植民地の状況に置かれており、大国の地位を獲得したとはいえなかった。

一九四二年四月、全米対中救済委員会ホフマン会長（Paul Hoffman）は、「対日戦略において、中国はなくてはならない。一日も早く戦争終結に向けて、中国人の士気昂揚に資することが何よりも重要だ」とアメリカ世論に呼びかけた[25]。また『ニュー・リパブリック』誌（*New Republic*）は、「今こそ、中国を格下の同盟国とみなすことをやめ、最も重要な同盟国の一員であるとすべきである」として、「侵略者と勇敢に戦う中国人に平等な権利を与えるべきである」と訴えた[26]。こうして、アメリカ世論はアメリカの参戦によって、「中国に平等な権利を与えよう」という方針を進める方向に傾いたのである。

アメリカの参戦目的は、一九四一年にルーズヴェルト大統領（Franklin D. Roosevelt）がイギリスのチャーチル首相（Winston Churchill）とともに発表した大西洋憲章に表明されているように、開放的でグローバルな経済秩序および民族自決や主権国家間の平等に基づく政治秩序を築くことである。[27] 大西洋憲章では、領土不拡大、民族自決の原則、世界の通商の均等な開放、すべての国民が「各自の国境内において安全に居住することを可能とし、かつすべての国のすべての人類が恐怖および欠乏から解放されて、その生命を全うすることを保障するような平和」の確立などがうたわれた。連合国側の参戦目的となったこの憲章は、その第三項において、「米英両国は、すべての国民に対して、彼らがそのもとで政体を選択する権利を尊重し、主権および自治を強奪された者に、それらが回復されることを希望する」という「民族自決」の権利を訴えたものである。後にルーズヴェルト大統領は、「すべての植民地に自由を約束し、平和な手段で、しかし早急に彼らが解放されるよう努力することを、戦後におけるアメリカ外交政策の主な原則である」と表明した。[28] こうしたルーズヴェルト大統領の反植民地主義的姿勢は、植民地主義の桎梏に苦しむ世界各地の諸民族の民族解放闘争を鼓舞するものであった。

しかし、現実の国際政治において、アメリカの対中不平等条約はその主権国家間の平等の理念とは矛盾するものであった。日米開戦後、間もなく中国に対する差別問題について、アメリカ知識人や元在中宣教師たちは国務省に書簡を送り、日本の「アジア人のアジア」と「大東亜共栄圏」などのスローガンを粉砕するため、「中国に公正かつ平等な待遇を与え、対中不平等条約を廃止すべきだ」と国務省に要請した。[29]

図8－4　大西洋憲章の欺騙性を暴く日本側の宣伝

大西洋上の軍艦で会談するチャーチルはルーズヴェルトに語る：「誰も聞いてる者がいないから本当の事を言うがネ，ワシはもうこんな傷だらけの仕事には疲れたんだよ，兄弟」。（*China Weekly Review*, August 30, 1941）

しかしながら、戦争初期、極東部長ハミルトン（Maxwell M. Hamilton）を中心とした国務省の官僚たちは、戦時中における治外法権の廃止を「適当ではない」と考えていた。その具体的な理由は以下の二点である。第一に、日米開戦以前、アメリカ政府は、「平和回復後、条約改正を行う」ことを中国政府に約束していた。第二に、日本の軍事占領によって事実上、治外法権の実行が困難であるため、現時点で撤廃するのは、「意味があることではなく、アメリカの弱さを示すことになってしまう」と考えたことによる。ハミルトンは「戦時中に治外法権を撤廃することによって、損失がより大きくなる」との結論に達した。(30) ホーンベック補佐官も、「現時点では、中国人の士気を鼓舞し、中国人を懐柔するような特別な行動を取る必要はまったくない。ただし、我々にとって利益をもたらす時機が来れば、我々は即時準備し、このチャイナ・カードを使うべきである」と考えた。(31)

だが、こうしたアメリカの対中姿勢は中国から激しい非難を浴びた。一九四二年春から中国では「中国に平等を与え、不平等条約を撤廃せよ」との世論が高まっていた。その代表例は、蔣介石夫人宋美齢の言論である。一九四二年三月一三日、宋美齢は、『ニューヨーク・タイムズ』（*The New York Times*）に寄稿し、欧米帝国主義の中国への不公正な態度を公然と非難し、中国における列強の不平等条約を厳しく糾弾した。また、宋美齢は人類の平和や正義を勝ち取るために、「西洋人は中国に対する不公正な取り扱いをやめなければならない」と語り、「相互平等の原則に基づき、平和な世界の基礎を築くため中国に真の平等や自由を与えなければならない」と訴えた。(32)

こうした中国側の批判に対して、同年四月二五日、ハル国務長官は、イギリス駐米大使ハリファクス（Edward Halifax）と会談を行い、在中治外法権問題の解決を話し合った。(33) 国務省はイギリスと意見を交換したうえで、「現時点で治外法権の撤廃はアメリカにとってまったくメリットがない」と結論づけ、「平和回復後」、中国政府と順次に解決するとの方針を決めた。(34) 五月一二日、イギリス駐米大使ハリファクスは、在中治外法権問題を解決するため、ハル国務長官とふたたび会談を行った。日本占領下の中国の情勢を考慮し、米英両国は「戦時中、治外法権撤廃の必要性はまったくない」と確認し、戦争終結後、在中治外法権問題を検討したほうが有利であるとの結論を出した。

さらに六月中旬、アメリカ駐英大使ウィナント（John G. Winant）はイギリス外相イーデン（Anthony Eden）と意見を交換し、「現時点で在中治外法権の廃止は妥当ではない」ことを再度確認し、米英両国は合意を達した(35)。

しかし、「アジアの解放」を戦争の目的に掲げた日本は、米英の対中不平等条約を利用し、イデオロギー戦争において米英を攻撃し続けた。例えば、日米開戦後、大東亜調査会によって発行された『米英の東亜攪乱』のなかには、米英の対中不平等条約を厳しく批判し、「租界の存在そのものが究極のところ東亜新秩序の建設を目指す我が国の大理想と根本において相容れざる関係にあったことを忘れてはならない」と論じた。そのため、「米英の禍根を剪除しない限り、租界問題の根本的解決は、百年河清を待つに等しいものである」と説き、米英の対中不平等条約を非難し続けた(36)。さらに一九四二年八月二九日、南京条約の百周年目を迎えるにあたり、大川周明などの急進的ファシスト知識人は「アジアの解放」を実現する絶好の機会として、欧米帝国主義を打倒するためのさまざまな宣伝活動を行った。八月二一日に、大川は「英が吸血の始まり：東亜の屈辱いま清算」と題し、「吸血鬼」であるイギリスの「百年の暴虐の歴史」を訴え始めた(37)。彼は、日本こそが欧米の植民地支配に苦しめられているアジアを救済し、「アジア人のアジア」を実現する使命を有していると考えた(38)。大川周明のような急進的大アジア主義者は、欧米帝国主義の植民地支配を憎み、戦争を通じて日本が先頭に立って「アジアを解放」しなければならないと訴え、米英の対中不平等条約問題や租界問題を欧米帝国主義の打倒のための道義的な根拠とし、必死に宣伝戦に取り組んだのである。

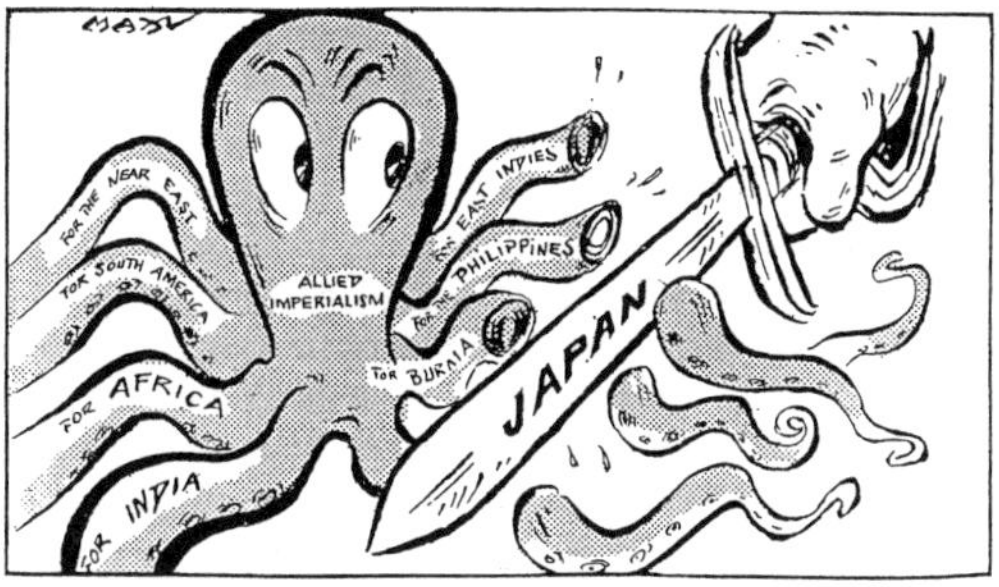

図8-5　日本の戦争目的――アジアの「解放」

「大東亜戦争はアジア諸国を欧米列強の植民地支配から解放するために日本が立ち上がった戦争だ」との日本側の宣伝であり，欧米帝国主義の植民地支配を非難するものであった。（*The Times Weekly*, June 26, 1943）

こうしたアジア諸民族の「解放」の聖戦イデオロギーは、アジアの指導者の使命感によって美化された、明治以来のアジア主義的な発想の太平洋戦争段階における現れでもあった。こうした理念の底流にあるのは、現在の世界秩序は、欧米列強の、欧米列強による、欧米列強のための秩序であり、その支配下にアジアが隷従している。日本の戦争目的は、まさにそうした現状を打破することにある、という認識であった。さらに欧米の世界秩序が主権国家・人種平等の理念をアジア諸民族に適用しなかったからこそ、日本は「アジアを解放する」ために立ち上がったのだと自らを正当化したのである。こうして近代国際秩序が変容していくなかで、一九世紀末に近代化を成し遂げた日本は、欧米列強の帝国主義の植民地支配体制を参入する一方、アジアの支配・分裂競争の過程で、独特な大アジア主義を持つに至り、「新秩序」の再建に着手したのである。

4　「新秩序」構築の競り合い

米英と開戦以前の一九四一年一一月五日、日本政府は御前会議で「帝国国策遂行要領」を決定し、「公正ナル極東平和ヲ確立スル」ため、「帝国ハ現下ノ危局ヲ打開シテ自存自衛ヲ全フシ大東亜ノ新秩序ヲ建設スル」との戦争目的を明らかにした。(39)日米開戦後間もなく、一二月一一日に日本の最高戦争指導機関である大本営政府連絡会議は、「今回の対米英戦争及び今後情勢の推移に伴い生起することあるべき戦争は支那事変をも含め大東亜戦争と呼称する」と決定し、日本国民に対して発表した。(40)翌年一月二一日に、東條英機首相は帝国議会の演説のなかで、「大東亜共栄圏建設ノ根本方針ハ、実ニ肇国ノ大精神ニ淵源スルモノ」であると強調し、「大東亜ノ各国家及各民族ヲシテ、各々其ノ所ヲ得シメ、帝国ヲ核心トスル道義ニ基ク共存共栄ノ秩序ヲ確立セントスルに在ル」として、米英のアジア諸民族に対する態度とはまったくその本質を異にするものであると語り、戦争目的の「新秩序建設」を表明した。同時に、「資源極メテ豊富ナルニモ拘ラズ、最近百年ノ間米英両国等ノ極メテ苛烈ナル搾取ヲ受ケ、為ニ文化ノ発達甚シク阻害セラレタル地域」、および「大東亜ノ諸民族」を欧米帝国主義の制圧と搾取から「解放」することを強調した。(41)要するに「大東亜共栄圏」の本質は、「帝国ヲ核心トスル」といった表現に端的に示されているように、諸国家・諸民族間の平等的な関係を原則とした国際秩序ではなく、日本を「指導者」としたピラミッド型の階層的な秩序が想定されたものである。

ちなみに、一九四二年五月二七日、東條総理は第八〇回帝国議会の演説のなかで、「英米ノ桎梏ニ呻吟」していた「大東亜ノ諸民族」は、「八紘一宇」の精神に包容され、そのアジアの「本然ノ姿」に復帰すべきであると述べ、「道義」に基づく「新秩序」を建設するとの戦争目的を重ねて強調した[42]。そのため、対外宣伝任務の一つは、「皇国」を核心とする「道義」を基礎とする「東亜新秩序」を建設するという日本の大理想を徹底させることであった。

そもそも欧米列強がアジアを搾取し、植民地を領有する法的根拠を与えたのは、不平等条約であった。日中間の不平等条約関係は、一八九五年の日清戦争（甲午戦争）に日本が勝利を収めた後の一八九五年四月一七日に締結された日清講和条約（下関条約）にはじまる。そのなかでは、日本の片務的な最恵国待遇および欧米列強と同等な特権が認められた。その後のいくつかの条約の調印によって（例えば、一八九六年の日清通商条約および一九一五年の二一条など）、日本の在中特権がいっそう強化されることになる[43]。

満洲事件後まもなく、日本によって「満洲国」が建設された。一九三二年三月二日に成立された「満洲国」は、「建国宣言」において、中国民国が以前各国と結んだ条約および債務はすべて国際慣例に従い継続する、すなわち中華民国時期の諸条約を引き継ぐということを表明した。したがって、従来の不平等条約をどのように解消するかが「独立国家」である「満洲国」の最大の課題の一つとなっていった。

満洲事件以後、在中不平等条約問題をめぐって日本はさまざまな方策を模索しはじめた。満洲における治外法権問題について、日本は「満洲国」を建設する時に、廃止の構想を考えていた。一九三二年一〇月二一日、関東軍は「満洲共和国統治大綱案」を作成し、「治外法権に関して原則上之を撤廃す」と提案した[44]。ともに日本は満鉄附属地を「満洲国」に返還することを約束した[45]。ついに一九三七年一一月五日、日本は「満洲国ニ於ケル治外法権ノ撤廃及南満洲鉄道附属地行政権ノ移譲ニ関スル日本満洲国間条約」に調印し、「満洲国ニ於テ有スル治外法権ヲ完全ニ撤廃ス」と決めた[46]。

のみならず、「満洲国」以外の軍事占領地域でも、日本は治外法権の撤廃問題に着手した。一九三八年一一月二〇日の「日華秘密協議」が行われた際、日本は日本軍の中国駐屯および「満洲国」の承認を前提条件として、「東亜新秩序建設ノ理想ノ下ニ」、「東洋ノ半植民地的地位ヨリ漸次解放シ日本ハ中国ヲ援助シテ一切ノ不平等条約ヲ撤廃スル」と約束した。(47) さらに、同年一一月三〇日の御前会議において「対支新関係調整方針」が採決された。そのなかで、中国における日本の軍事的・経済的特殊地位の確立という前提条件のもと、「日満支三国ハ東亜ニ於ケル新秩序建設ノ理想ノ下ニ」、「日満支善隣関係ノ具現ニ伴フ日本ハ漸次租界、治外法権等ノ返還ヲ考慮ス」と決定された。(48) 日米開戦後、日本は中国での軍事占領を正当化するため、中国の「独立」を具体的に進展させていくことになる。その主な背景は中国のナショナリズムへの対応であった。

前に述べたように、日本の占領地域では不平等条約の撤廃を目指し、「打倒英美」（英米を打倒せよ）というナショナリズム運動が高まってきた。一九四二年八月初頭、汪兆銘は南京条約の一〇〇周年を迎える際に、中国が欧米列強に縛られた不平等条約から解放し、「一〇〇年の恥虐をすすごう」と日本占領地域の国民に訴えた。(49) さらに、八月二三日に、汪兆銘は「南京条約百周年記念」を目的とする特別ラジオ演説を行い、八月二三日から二九日の一週間を「反英宣伝拡大週間」とし、「英米の一〇〇年の罪悪の歴史を清算せよ」と国民に大いに呼びかけた。(50) さらに八月二六日から汪兆銘政権宣伝部は、「反英運動」を「反英興亜運動」に変え、「英米帝国主義のアジア民族に対する暴虐な侵略の罪悪を徹底的に清算し、アジア人のアジアを建設せねばならない」と訴えた。同時に、反英米帝国主義の内容を中心とする宣伝報道の方策を指令し、それをいっそう強化することに着手した。(51)

こうした日本占領地域における反英米運動が、八月二九日の南京条約の一〇〇周年を迎える日にさらに盛り上がった。同月二九日に、汪兆銘政権は南京で「反英興亜国民大会」を開催した。同会場で、汪兆銘は「不平等から平等へ」と題し、英米一〇〇年の中国侵略の暴行を訴え、「アジアの解放」を目指した「大東亜戦争」を完遂するために、「四億の中国人は日本と協力し、アジアの百年の恥辱を徹底的に清算せねばならない」と呼びかけた。(52) 一方、林柏生宣伝部長は、「不平等条約の廃止を実現させるのはまずイギリス帝国主義を打倒することから始まる」と題し、不平等条約が撤廃されない限り、中国人に真の自由と平等がないと説き、「英米東亜侵略の最大の罪悪は南京条約に始まる」と語った(53)。さらに褚民誼外交部長は、「英米の桎梏から共存共栄の道へ」を中心に、国際法の観点から一〇〇年以来、中国人がいかに米英帝国主義に蹂躪されたかを訴え、不平等条約撤廃の意義を訴えた(54)。このように、一八四二年の南京条約一〇〇周年を契機に、日本占領地域では、反英米を中心とするナショナリズム運動がいっそう高揚した。こうした中国国内の世論の高まりやナショナリズムの高揚をきっかけに、諸列強の対中外交姿勢は変わらざるをえなくなり、その結果、中国の対外関係は新しい局面を迎えるに至った。

(1) 中国――「独立」への道程

日本占領地域におけるナショナリズム運動の高揚とほぼ同時に、蒋介石政権の中国各地においても、不平等条約を撤廃する機運が高まった。一九四二年八月初旬、林語堂（中国で最も知られた知識人の一人）は蒋介石に書簡を書き、南京条約の一〇〇周年を迎えるに際し、「不平等条約を撤廃し、国民革命の主な目標を実現しなければならない」と国民政府に要請した。また林語堂は南京条約一〇〇周年を迎えるにあたり、「中国政府は不平等条約を廃止すべきである」と強く主張した(55)。こうした情勢は蒋介石政権にとって、不平等条約撤廃交渉の絶好なチャンスの到来を意味した。八月三日、林語堂の書簡を受け取り、蒋介石は駐英大使顧維鈞、および駐米大使魏道明に電報を打ち、不平等条約撤廃の意向を米英両政府に打診した(56)。

一方、それとほぼ同一時期、連邦議会でも対中不平等条約問題が議論されるようになった。同年八月一七日、連邦議会上院外交委員会委員トーマス議員（Elbert D. Thomas）は、「戦争遂行の手段として米英両国は治外法権の廃止を中国に対して声明すべきである」と語り、

図8-6　「大東亜戦争」の目的

「10億のアジア人は団結し，欧米帝国主義侵略者をアジアから追い出そう」。（ハガキ，個人所蔵）

「一九四二年八月二九日、つまりアヘン戦争による悪業の一〇〇年後のこの日こそ、治外法権を廃止する、まさに最善の日である」と連邦議会に呼びかけた。[57]

こうした世論や連邦議会からの圧力、さらに中国政府からの強い要望が加わり、九月に入ると、ハル国務長官は駐英大使ウィナントに電報を打ち、イギリス政府との交渉を訓令した。[58] こうしたアメリカ政府の外交姿勢に対して、中国に多くの権益を有するイギリスは反発し、アメリカ側の要求に応じなかった。だが、イギリス政府は治外法権問題それ自体には積極的な姿勢を見せ、米英間の一致した対応が可能となった。一〇月九日、イギリス政府は治外法権の撤廃を中心としたアメリカ側の条約草案を受け入れ、中国政府に伝えた。[59] 米英両国は一〇月一〇日、つまり中華民国の独立記念日の際に蔣介石に通告し、それによって対外宣伝を強化することを決定した。[60]

では、条約の改正に関して中国側の主張はどんなものであったのだろうか。一〇月初旬、蔣介石は、「治外法権以外のすべての特権を一切同時に撤廃せよ」との条約改正の方針を外交部長宋子文、駐米大使魏道明、および駐英大使顧維鈞に訓令した。[61] しかし、交渉中、アメリカ側の条約草案の第五条、つまりアメリカ市民の在中待遇などについて米中両国は激しく対立し、問題の解決は難航した。[62]

一八八二年五月六日に、アメリカ連邦議会では中国人の渡米禁止という法律、いわゆる排華法を可決した。この法律はアメリカ社会で最初の人種による移民制限法であった。その後のいくつかの中国人差別法の成立によって、中国人移民の流れは完全にせき止められ、また中国人が「帰化不能外国人」とみなされ、アメリカ社会において、人種的・法的差別を受けることとなった。[63] こうした一連の排華法の成立によって中国人の渡米が完全に禁止されると同時に、在米中国人はアメリカ社会で法律的に人種的差別を受けた。そのため、中国政府は「アメリカ市民は中国への自由旅行、居住、商業、経営、不動産の所有権を保障し、在中アメリカ市民は中国人と同等な権利を有する」との条項に反発し、アメリカと衝突した。[64] その後、アメリカ政府は、「在中アメリカ市民の在中権利は米中交渉の最大の争点の一つとなり、交渉は一時的に難航したが、一一月中旬に入ると、アメリカ政府は、「在中アメリカ市民の権利は中国人より低くない」という中国側の提案を受け入れ、米中両国はほぼ合意を達成した。[65] アメリカはイギリスとともに、一九四三年一月一日に中国政府と新条約を締結すると提案し、新条約が調印されるまで秘密を厳守することを中国側に要請した。

アメリカの積極的姿勢に対して、中国はイギリス政府との条約交渉を順調に進行しなかった。イギリス政府は既存の利益を最大限維持しようと考え、香港や九龍半島の中国への返還を含めたいとする中国側の要求に強く反対した。チャーチル首相は、イギリス帝国領土が、大西洋憲章の民族自決の原則の「適用範囲外」であると認識しており、「イギリス国王に忠誠を誓っている地域や住民の自治問題の進展とはまったく別問題である」と主張していた(66)。一九四二年一一月一一日に、チャーチル首相は、「イギリスは既存の権利を失うために戦うのではなく、名誉のため戦うのだ」とし、「私は大英帝国を滅亡させるため帝国を統治する最初の首相ではない」と内外に宣言し、香港の中国返還に猛反発した(67)。だが、アメリカは中国の香港主権の回収を支持し、イギリスと衝突した。ハル国務長官は、「香港の中国返還はアジアにおけるイギリスの勢力を弱めることができる」と考えていた(68)。最終的に一九四二年一二月末、中英両国の交渉が行き詰まり、ほぼ決裂の状況に陥った。そしてアメリカ側の計画、つまり一九四三年一月一日、蔣介石政権と治外法権の撤廃を求める新しい条約を締結し、米英中三国共同宣言を行うという試みは頓挫した。だが、この時期、一つの予想外の事件が発生し、日米間に見えざる戦いがはじまろうとしていた。

一九四二年一二月二七日、新年を迎える際に、蔣介石政権の機関紙『中央日報』は、「従来の不平等条約を撤廃し、平等互恵の原則に基づく新しい条約をアメリカ、イギリスとの間でまもなく締結する」ことを、新年の「祝典」として報じた(69)。このことによって、連合国側の隠密な計画は突然漏れてしまったのである。その後、アメリカ政府は中国政府が「約束を履行しない」と非難し、蔣介石は一時期苦しい状況に置かれた(70)。だが、米英両国の一致した行動は日本の対中政策に大きな影響を及ぼした。

（2）「大東亜共栄圏」の光

日中戦争後、中国への侵略を拡大していくにつれ、一九四〇年一一月二九日に日本は、南京で汪兆銘を首班とする中華民国維新政府を樹立し、米英に公然と挑戦し続けた。「東亜新秩序建設ノ共同目標達成ノ為」、翌日、日本は

図８－７　「東亜新秩序の建設」――重慶側からみた汪兆銘政権

日本の軍事力によって樹立された南京政府の汪兆銘はこう聞く：「これは新秩序だね」。
（*China Weekly Review*, February 10, 1940）

汪兆銘政権と日華基本条約を締結し、治外法権の撤廃を約束した。[71] だが、それはあくまでも建前のもので、日本は具体的な行動は何も行わなかった。

一九四一年一二月八日の米英開戦通報と時を同じくして、日本は中国における米英の敵性排除措置を図った。同日、日本軍は上海共同租界に進駐し、天津、塘沽および秦皇島、さらに広州などの米英権益を相次いで接収した。ついに一二月二五日、英米の極東における三大拠点の一つといわれる香港を占領し、翌年二月一五日にはイギリスのアジアにおける最大拠点として位置づけられたシンガポールも陥落させた。

しかしながら、開戦初期太平洋方面において赫々たる戦果をあげた日本軍は、一九四二年六月五日のミッドウェー海戦に大敗を喫した。その後、全戦局の主導権を失うことになり、八月七日にアメリカ軍はガダルカナル島に大挙上陸して対日反撃に出、日米両軍は死力を尽くして激闘を展開したが、大本営はついに日本軍の撤退を決定するに至った。こうした悪化した戦況を打開するために、日本は占領地域である中国に対する新たな政策を熟慮しはじめた。

一九四二年一〇月一五日に、北京駐在の土田豊参事官は、「物資ノ不足及至物価ノ昂騰」により、「支那側ノ民心把握ハ益々困難トナル」ことを考慮し、「此ノ際租界及治外法権問題ノ処理、在支占領地ニ於ケル政治的ノ根本的改善措置」として、「英米側ノ政治的攻勢ニ対抗スル宣伝」のため、「英米ト同様ノ措置ニ出スヘキコトヲ期待スル」と提案した。[72] これにより、南京駐在の重光葵大使が主唱した「対支新政策」が生まれた。[73] このように、中国の「民心把握」という観点から、太平洋戦争を通じて不平等条約の撤廃が最も有効な手段と認識されたことは、米英も日本も同様であった。

一〇月二九日、大本営政府連絡会議は、「支那側の対日協力を促進し大東亜戦争の完遂」を進めるため、「支那における租界、治外法権其の他特異の諸事態は支那の主権及領土尊重の趣旨に基き速に之が撤廃乃至調整を図る」と決定し、一二月二一日の御前会議で汪兆銘の南京政府の参戦を中心とする「大東亜戦争完遂ノ為ノ対支処理根本方針」を採択した。その具体的な方策は、第一に、戦争協力に関する日華共同宣言の締結、第二に、日本専管租界の還付、第三に、上海および厦門共同租界の移管、第四に、北京公使館区域移管、第五に、治外法権の撤廃、第六に、在華米英敵産処理などであった。また治外法権撤廃と租界の返付など、および戦争協力に関する日華共同宣言と同時に締結し、公表することを決定した[74]。この「対支処理根本方針」を決定した御前会議の前日の一二月二〇日、国民政府主席汪兆銘は日本を訪問し、翌日、東條英機総理ら日本側首脳と会談した。その会談のなかで汪兆銘は、中国がいかに「一〇〇年来英米帝国主義に蹂躙された」かを訴え、日本の「東亜新秩序」建設のスローガンに応じ、「国民政府は同甘共苦より一歩を進め、参戦を決意する」ことを申し入れた[75]。

こうした汪兆銘の「参戦決意」に対して、東條総理は国民政府の希望に応じ、参戦の時機が「明年一月中旬以降適当なる時機を捉へらる」と決定した[76]。汪兆銘は一二月二五日離日挨拶のため東條総理を再度訪問し、中国の参戦時期については来年の一月二〇日頃を希望し、日中提携の意向をさらに明確に表明した[77]。その後、日本は国民政府の参戦をめぐる交渉を着々と進んだ。一九四三年一月二日、重光大使は汪兆銘と会談を行い、中国の参戦などに関する折衝を開始した[78]。一月六日、重光大使は汪兆銘と再度会談し、この交渉の際、アメリカ政府が近く治外法権を撤廃するという新しい対中政策に関する情報を入手し、即時日本政府に報告した。またそれに応じて米英の「宣伝を制する」ため、重光大使は「中国の参戦期日を一月一〇日に繰り上げる」と提案した[79]。

こうした情勢の急変に対応して、一九四三年一月七日の大本営政府連絡会議において、具体的な対応策に関して、第一に中国の参戦期日を一月一〇日に繰り上げるか、第二に参戦と切り離し、アメリカの施策の機先を制するため、日本政府が単独声明を発するか、第三に既定方案に従うかなどの案を議論した。参戦と切り離し、声明のみを出す

図8－8　「中国が100年の桎梏から解放された」

「日華共同宣言」が調印されて間もなく中国の占領地域で出された日本の漫画である。「アジアの解放」を目的とした「大東亜戦争」を通じて，欧米列強の支配下で虐げられていた中国が日本の援助によって「独立」を実現できたといっている。「解放」された中国人の桎梏の上に「治外法権」（EXTRA-TERRITORIALITY）が書かれている。
（*The Time Weekly*, March 29, 1943）

時は米英側に協定全文の発表を促進させ、参戦および諸取決めの発表によって、迫力や政治力が失われることとなると認識された。そのため、参戦期日の繰り上げについて議論を進め、共同宣言、諸取決めの発表は、批准前にする場合も「御裁可済ならば差支なし」と伝達した。「御裁可済」は正式文書でなくとも可能であるとして、八日の枢密院会議でこれを決定し、重光大使に訓令した。[80] 同日、重光大使は汪兆銘と会談し、英・米・重慶側が日本の治外法権の撤廃などを察知したことを述べ、宣戦布告時期の繰り上げを汪兆銘に強く要請した。[81] 当日、重光大使は汪兆銘の内諾を得て、即時日本政府に通達した。[82] そのため同日の枢密院会議では、翌日九日の正式の発表、すなわち共同宣言の締結および国民政府の参戦期日を一月九日に繰り上げると決定した。[83]

ちなみに、一九四三年一月九日に「戦争完遂ニ付テノ協力ニ関スル日華共同宣言」などの調印に先立ち、国民政府は米英に対して宣戦布告をした。当日、汪兆銘は今回の不平等条約の撤廃を契機に日本と「同生共死」の決意を表明した。[84] また彼は、今回の不平等条約の撤廃が日本の「中国の独立や自由を尊重する象徴」であり、「地下に眠る国父（孫文）も、四億の中国人も、生涯の歓喜である」と語った。[85] 一方、東條総理は「帝国政府声明」を行い、「大東亜十億ノ民心ヲ無視シ、専ラ自国ノ為東洋ヲ制覇セントスル米英ノ野望ニ抗シ帝国ト志ヲ同ジニシテ東亜積年ノ禍根ヲ芟除シ、新シキ東亜ヲ建設シ以テ世界平和ニ寄与スル」との演説を行った。[86]

これを受け、蔣介石は、一九四三年一月九日の日記の中で「米国の外交は愚かで無能だ」と記し、「中米新条約は最高の宣伝材料や機会になるはずだったのに、米国が再三延期したため、倭寇と（汪兆銘）偽政権は先に宣伝を制し

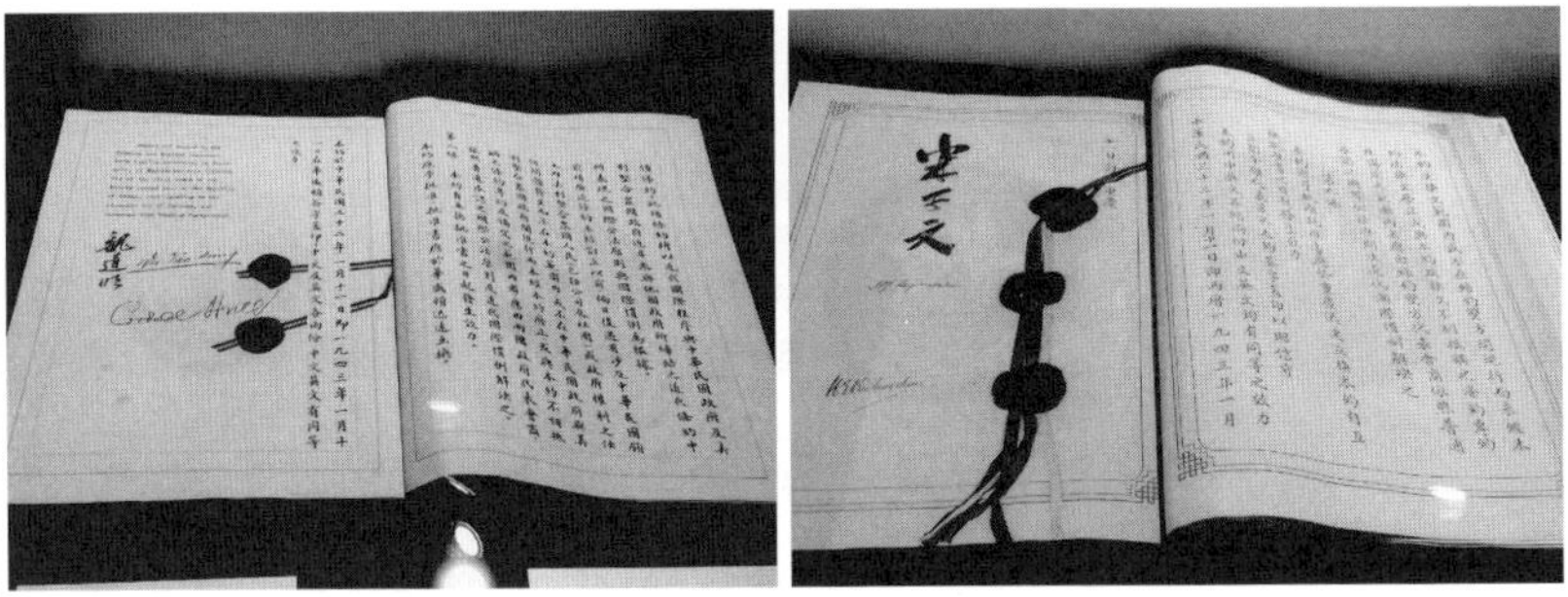

図8-9　1943年1月11日に調印された中米英新約
（台湾国史館所蔵，筆者撮影）

た」との遺憾の意を表明した。[87] 米中交渉の際に、蔣介石がアメリカの内河航行権を留保することに反対したため、一九四二年一二月に入ると、米中間の交渉は一時的に難航した。[88] 一九四三年一月一日にアメリカは、新条約の締結を一月五日に延期すると中国側に通告し、その後、新条約の調印は再度延期された。[89]

最終的に、中国側の最大限の譲歩により、「日華共同宣言」調印二日後の一月一一日、米英両国は治外法権の撤廃を中心とした新しい条約を蔣介石政権と締結した。[90] 当日、蔣介石は、国民大会で「今回の不平等条約の撤廃はわが中華民族史上、最も大きな歴史的出来事であると同時に、英米同盟国が世界、さらに人類の自由のために邁進するもっとも輝いている光である」と語っている。[91] 翌日、蔣介石政権の機関紙『中央日報』は、「中米・中英新約を締結することは、中国対外関係の歴史に新しい一幕を開いた」と報じた。[92] ほぼ同時に一月一三日の『ニューヨーク・タイムズ』紙には、今回中国との不平等条約の撤廃が「極東における新たな時代の夜明けである」と報道し、不平等条約撤廃の歴史的意義を論じた。[93]

一九四三年一月の米・英・日が主導した対中不平等条約の撤廃に始まり、一九四七年に至るまでの間、中華民国政府は、ブラジル（一九四三年八月二〇日）、ベルギーおよびルクセンブルグ（一九四三年一〇月二〇日）、ノルウェー（一九四三年一一月一〇日）、カナダ（一九四四年四月一四日）、スウェーデン（一九四五年四月五日）、オランダ（一九四五年五月二九日）、フランス（一九四六年二月二八日）、スイス（一九四六年三月一三日）、デンマーク（一九四六年五月二〇日）、ポルトガル（一九四七年四月一日）などの連合国・中立国と次々と条約を改正することに

図8－10　1943年の不平等条約撤廃を記念するため発行された中華民国切手

この「平等新約記念郵票」は，中国人民抗日戦争の勝利と自由平等の権利の獲得を記念するために1945年７月７日に中華民国政府により発行されたものである。

成功した[94]。こうして、太平洋戦争の勃発によって、一〇〇年にわたる不平等条約体制が最終的に崩壊することとなり、主権国家としての「独立」した中国はようやく樹立されたのである。

おわりに

二〇世紀の世界で人類に起こった最も重要な変化の一つは、植民地支配体制の解体であった。イギリスの評論家マーティン・ジャック（Martin Jacques）は、「未来から眺めてみた場合に二〇世紀最大の出来事となるのは、一九一七年でも一九八九年でもなく、第二次世界大戦終結後の植民地体制の崩壊と民族解放の勝利であった」と評している[95]。植民地支配体制とは、支配する側に立つ国々や人々と支配される側に立つ国々や人々に大きく分けられていた世界であった。二〇世紀初頭、アジア・太平洋地域において、独立主権国家と呼ぶことができる国々の数はきわめて限定されており、世界の広大な地域は、植民地・半植民地や保護国などの形で欧米列強や日本（アジア地域）の支配下に入っていた。しかし、第二次世界大戦とその後の一連の変化を経て現出した現代世界では、それまで支配される位置にあった多くの国々が独立し、世界が支配する側と支配される側に二分されるという状況はまったく見られなくなった。つまり第二次世界大戦は、脱植民地化（decolonization）を進め、世界の構造変化を推進していく機会となったことを示唆している。さらに言えば、現代世界の変容の過程は、脱植民地化の過程であったといっても過言ではない。

冒頭の問題提起に対して、第二次世界大戦が西欧列強を中心とした「近代的」国際関係から、どの程度、どのように、主権国家・民族間のより平等な関係を目指す現代的な国際関係へ転換したのかという問題に対して、ここでは中国における不平等条約の撤廃を通じて、以下の解答を導き出したい。

第二次世界大戦によって、中国ではアヘン戦争以来、一〇〇年にわたる不平等条約体制が最終的に崩壊したことである。戦後七〇周年を迎えるにあたり、台湾台北の中心部にある「国軍歴史文物館」および「国史館」の抗日戦争勝利七〇周年記念展示のなかで、一九四三年の不平等条約撤廃の歴史的意義は、「八年間にわたる抗日戦争の最大の成果」であると評価されている。つまり強大な主権国家としての中国は、国際的地位を獲得するため、不平等条約の改正が不可欠であり、「大国」に向けてきわめて重要な第一歩であった。この撤廃は、単に国際法的な面で対外的な主権、対外的な平等関係の樹立を獲得したというだけではなく、国際関係においても、中国と列強との不平等関係を徹底的に清算するものであったと考えられる。言い換えれば、日中戦争を通じて中国はアヘン戦争以来の半植民地状態から脱却し、ようやく主権国家として「独立」を実現できたのである。

しかし、この戦争を契機として不平等条約体制の崩壊を目指す動きを推進したのは、日本でもなく、アメリカでもなかった。日本は欧米列強による支配から「アジアの解放」というスローガンを掲げて戦ったが、植民地支配のなかで「同文同種」を唱えながらも、実際には占領地の人々への差別意識を持っていたから、この理念が欺瞞的な性格を帯びていたことも確かである。「大東亜共栄圏」というスローガンが連帯と侵略、共感と蔑視という矛盾性を抱えていたため、その構想は、欧米列強の植民地主義にとって代わる新たなる植民地主義の到来にすぎなかった。要するに日本が目指したものは、アジア・太平洋地域における帝国支配にほかならなかったのである。その結果、重光葵が唱えた「対支新政策」とその後自ら推進した「大東亜政策」は、アジア諸国の危機の解決に向けて結集させることができず、逆に抗日運動はアジア全域に広がることになった[96]。ついに日本は敗戦を認める以外の選択肢はまったくなくなった。不平等条約が消滅し、国家・民族・人種間の平等という理念を体現した「大東亜共栄圏」は、日本の「指導」や「盟主」という矛盾した方法で一つの空想として残され、実現することができなかったのである。

他方、不平等条約の撤廃過程をみれば、植民地主義を否定し、主権国家・民族間の平等を標榜したアメリカ・イギリスには、いずれも自国権益を追求するという側面が色濃く残っていた。例えば、香港問題は結局未解決のままであった。周知のように、戦後五〇年あまりが過ぎてから、イギリスの植民地香港、さらに一九九九年一二月二〇日、四四二年間にわたって支配され、アジアの最後の植民地として残されたマカオも中国に返還された。それによって一六世紀以降に本格化した西欧列強によるアジアの植民地支配の歴史にようやく幕を閉じたのである。いずれにせよ、アメリカ・日本の撤廃動機をみれば、第二次世界大戦期における列強の対中不平等条約の撤廃は、戦後アジア・太平洋地域における覇権争いのための措置であったと言わざるをえない。

総じて、日米開戦以後の不平等条約撤廃運動によって、欧米列強とアジアとの関係は、重層的な「近代的」国際関係から脱却し、主権国家・民族間のより平等な関係の実現に向かいはじめたのである。その意味で日中戦争期における不平等条約撤廃運動は、アジアの国際関係にとって、「脱近代的」な国際関係を目指す一つの出発点であったと位置づけられるであろう。さらに言えば、第二次世界大戦は、不平等条約の撤廃運動を通じて世界各地に主権国家・人種・民族に関する認識上の革命をもたらし、それが現在まで引き継がれているのである。

註

（1）日中戦争の性格や構造はきわめて複雑であるため、日本では日中戦争の進展や拡大により各時期の呼称が変わっていく。この戦争の呼称を統一するのが困難であるため、本章では、引用側の資料や時代の背景により、「日中戦争」、「一五年戦争」、「アジア・太平洋戦争」、「太平洋戦争」、「第二次世界大戦」、および「大東亜戦争」を用いる。日本における戦争呼称の変化については、荘司潤一郎「日本における戦争呼称に関する問題の一考察」（『防衛研究所紀要』第一三巻、第三号、二〇一一年三月）四三―八〇頁、参照。

（2）油井大三郎『日米戦争観の相克』（岩波書店、一九九五年）一五〇頁。

（3）油井大三郎『日米戦争観の相克』一五一頁。

（4）アヘン戦争後の不平等条約の成立過程については、茅海建「鴉片戦争与不平等条約」（『歴史研究』第四期、一九九二年）一二四―一三六頁、および川島真『中国近代外交の形成』（名古屋大学出版会、二〇〇四年）第Ⅱ部、参照。

（5）本来は一八ヵ国であったが、スウェーデン・ノルウェーは一九〇五年にスウェーデンとノルウェーに分立し、一九ヵ国に変わった。不平等条約の変容過程については、姚其清「我国不平等条約與国際法的研究」（中華民国建国史編輯委員会編『中華民国建国史討論集』第四冊、台北、一九八一年）七八―一〇〇頁、および張廷灝『不平等条約的研究』（台北文海出版社、一九七七年）参照。

（6）服部龍二『東アジア国際環境の変動と日本外交一九一八―一九三一』（有斐閣、二〇〇〇年）四〇―四三頁。二〇世紀初期における不平等条約の改正問題については、閻立「二〇世紀初頭の中国における不平等状条約改正の始動と対外交渉」（『大阪経大論集』第六〇巻、第二号、二〇一五年）二七―四二頁参照。

（7）大畑篤四郎「中国国民革命と日本の対応――不平等条約改正提議を中心に」（入江昭、有賀貞編『戦間期の日本外交』東京大学出版会、一九八四年）一四一頁。

（8）呉孟雪『美国在華領事裁判権百年史』（社会科学文献出版社、一九九二年）一七九頁。

（9）中国の関税自主権の回収については、久保亨『戦間期中国「自立への模索」』（東京大学出版会、一九九九年）二三―四九頁参照。

（10）この時期の不平等条約改正問題については、高文勝「王正廷外交について」（『日本福祉大学研究紀要』二〇〇三年一〇月、第一〇九号）一一三―一二九頁参照。

（11）馬暁華「〝大東亜共栄圏〟における法秩序再構築の道――米日の対中条約改正を中心に」（浅野豊美、松田利彦編『植民地帝国日本の法的展開』信山社、二〇〇四年）二六三頁。

（12）「中央執行委員会政治会議附油印政府命令及管轄在華外国人実施条例各一件」中華民国二〇年（一九三一年）四月二三日、「国民政府領事裁判権撤廃」一九三一年四月二〇日―一九三七年三月六日、台湾台北国史館所蔵。

（13）王正廷と治外法権をめぐる「革命外交」については、高文勝「治外法権撤廃と王正廷」（『日本福祉大学情報社会科学論集』二〇〇三年、第七巻）五一―六八頁参照。

（14）高光佳絵『アメリカと戦間期の東アジア――アジア・太平洋国際秩序形成とグローバリゼーション』（青弓社、二〇〇八年）八五頁。

（15）U. S. State Department, *Papers Relating to the Foreign Relations of the United States*, Washington D. C.: Government

Printing. 1929, Vol. 2, p. 666.（以下 *FRUS* と略記）

（16）高光佳絵「アメリカ外交における中国治外法権撤廃問題と互恵通商協定」（『史学雑誌』二〇〇一年、第一一〇巻）一―三一頁。

（17）高光佳絵『アメリカと戦間期の東アジア――アジア・太平洋国際秩序形成とグローバリゼーション』八五―八七頁参照。

（18）馬暁華「〝大東亜共栄圏〟における法秩序再構築の道――米日の対中条約改正を中心に」二六三頁。

（19）この点については、服部龍二編『満州事変と重光駐華公使報告書――外務省記録「支那ノ対外政策関係雑纂「革命外交」」に寄せて』（日本図書センター、二〇〇二年）、および筒井清忠『満州事変はなぜ起きたのか』（中央公論、二〇一五年）参照。

（20）Cordell Hull, *The Memoirs of Cordell Hull*, New York : The Macmillan, 1948, Vol. 1, p. 566.

（21）Confidential State Department Central Files : United States-China Relations, 1940-1949, National Archives, Washington D.C.（以下 *CSDCF* と略記）.

（22）第二次世界大戦期の米中関係については、Arthur N. Young, *China and the Helping Hand, 1937-1945*, Cambridge : Harvard University Press, 1963. および Michael Schaller, *The U. S. Crusade in China, 1938-1945*, New York : Columbia University Press, 1979 参照。

（23）第二次世界大戦期におけるアメリカ人の日本観については、John Dower, *War without Mercy : Race and Power in the Pacific War*, New York : Pantheon Books, 1986. 参照。

（24）任東来「評美国対華軍事租借援助」（中美関係史編集委員会編『中美関係史論集』第二巻、重慶出版社、一九八八年）三二六―三五三頁。

（25）*The New York Times*, April 23, 1942.

（26）*The New Republic*, April 20, 1942, p. 544.

（27）大戦期におけるルーズヴェルト大統領とチャーチャル首相の外交と大西洋憲章の構想については、Warren F. Kimball, *Forged in War : Roosevelt, Churchill, and the Second World War*, New York : William Morrow and Company, 1997, お

よび Robert Dallek, *Franklin D. Roosevelt and American Foreign Policy, 1932–1945*, New York and Oxford : Oxford University Press, 1995, Part 3. 参照。

(28) 滝田賢治『太平洋国家アメリカへの道――その歴史的形成過程』（有信堂、一九九六年）七八―七〇頁。

(29) Paul G. Hayes to Cordell Hull, February 17, 1942, *CSDCF*.

(30) Memorandum of the Chief of the Division of the Far Eastern Affairs (Hamilton), March 27, 1942, *FRUS*, 1942 (China), pp. 271–274.

(31) Memorandum of the Adviser on Political Relations (Hornbeck), April 9, 1942, *FRUS*, 1942 (China), pp. 274–275.

(32) *The New York Times*, April 23, 1942. および蔣夫人言論編輯委員会編『蔣夫人言論匯編』第一巻（台北、一九五六年）二〇九―二一七頁。

(33) Memorandum by the Secretary of State (Hull) of a Conversation with the British Ambassador (Halifax), April 25, 1942, *FRUS*, 1942 (China), pp. 275–276.

(34) Memorandum of Conversation by the Assistant Chief of the Far Eastern Affairs, May 8, 1942, *FRUS* (China), 1942, pp. 279–280.

(35) The Ambassador in the United Kingdom (Winant) to the Secretary of State (Hull), June 29, 1942, *FRUS* (China), 1942, pp. 280–281.

(36) 大東亜調査会編『米英の東亜攪乱』（毎日新聞社、一九四三年）二三五頁。

(37) 大川周明「英が吸血の始まり――東亜の屈辱いま清算」（『朝日新聞』一九四二年八月二一日）。戦時中の不平等条約をめぐる日本の宣伝については、拙稿、"China, Japan, and the United States in World War II: The Relinquishment of Unequal Treaties in 1943," *Contemporary Chinese Political Economy and Strategic Relations*, Vol. 1, No. 2, August 2015, pp. 451–488. 参照。

(38) 大川周明の大アジア主義の思想については、中島岳志「若き大川周明――煩悶から復興アジアへ」（松浦正孝編『アジア主義は何を語るのか――記憶・権力・価値』ミネルヴァ書房、二〇一三年）四七六―四九六頁参照。また、関岡英之『大川周明の大アジア主義』（講談社、二〇〇七年）、および玉居子精宏『大川周明――アジア独立の夢』（平凡社、二〇一二年）も見よ。大アジア主義に関する最新の研究としては、松浦正孝『「大東亜戦争」はなぜ起きたのか――汎アジア主義の政治経済史』（名古屋大学出版会、二〇一〇年）があげられる。
(39)「帝国国策遂行要領」（外務省編『日本外交年表竝主要文書』原書房、一九六六年、下巻）五五四―五五五頁。
(40) 木坂順一郎『昭和の歴史・太平洋戦争』第七巻（小学館、一九九四年）二七頁。
(41) 東條首相の議会演説「大東亜戦争指導の要諦」（外務省編『日本外交年表竝主要文書』下巻）五七六―五七七頁。
(42) 栄沢幸二『「大東亜共栄圏の思想」』（講談社、一九九五年）一〇一頁。
(43) この時期の日中関係と衝突については、奈良岡聡智『対華二一ケ条要求とは何だったのか――第一次世界大戦と日中対立の原点』（名古屋大学出版会、二〇一五年）参照。
(44)『現代史資料満州事変』第七巻（みすず書房、一九六四年）二二七―二二九頁。
(45)「満洲国」における日本の治外法権の撤廃問題について多くの先行研究がある。具体的に、副島昭一「「満洲国」統治と治外法権撤廃」（山本有造編『「満洲国」の研究』緑蔭書房、一九九五年）、浅野豊美「「満洲国」における治外法権撤廃問題と国籍法」（『渋沢研究』一九九八年一〇月、第一一号）一七―四〇頁、田中隆一「満洲国治外法権撤廃と満鉄」（小林英夫編『近代日本と満鉄』吉川弘文館、二〇〇〇年）、および平井廣一「満洲国における治外法権撤廃及び満鉄附属地行政権移譲と満洲国財政」（『北星論集』二〇〇九年三月、第四八巻第二号）一三―二七頁、などが挙げられる。
(46) 外務省編『日本外交年表竝主要文書』下巻三七五頁。
(47)「日華協議記録及同諒解事項並日華秘密協議記録」（外務省編『日本外交年表竝主要文書』下巻）四〇一―四〇四頁。
(48)「日支新関係調整方針」（外務省編『日本外交年表竝主要文書』下巻）四〇五頁。
(49)『中華日報』一九四二年八月一〇日。
(50)『中華日報』一九四二年八月二四日。
(51)『中華日報』一九四二年八月二八日。
(52)『中華日報』一九四二年八月三〇日。
(53) 同右。
(54) 同右。

(55)「中華民国国防最高委員会国際問題討論会奉令研究籍南京条約百年週期正式宣告廃止不平等条約之建議案」一九四二年八月七日、台湾台北中国国民党中央委員会党史委員会所蔵。

(56)「中華民国国防最高委員会国際問題討論会奉令研究籍南京条約百年週期正式宣告廃止不平等条約之建議案」一九四二年八月七日、台湾台北中国国民党中央委員会党史委員会所蔵。

(57) U.S. Congress, *Congressional Record*, 77th Congress, 2nd Session, Vol. 138, pp. 6856-6857.

(58) Secretary of State (Hull) to Ambassador in the United Kingdom (Winant), September 5, 1942, *FRUS*, 1942 (China), pp. 287-288.

(59) Ambassador Wei Tao-Ming's Telegraph to Chongqing on October 9, 1942' 中華民国外交档案「中美廃除不平等条約訂立平等条約」台湾台北国史館所蔵。

(60) *FRUS*, 1942 (China), p. 297.

(61) 中国国民党中央委員会党史委員会編（秦孝儀主編）『中華民国重要史料初編——対日抗戦時期』第三編（戦時外交、第三巻、台北、一九八一年）七一一頁。

(62) *FRUS*, 1942 (China), pp. 346-347.

(63) 一八八二年から一九〇四年に至るまで、連邦議会は中国人移民の渡米を制限するため、多くの中国人移民差別法——排華法を制定した。排華法の成立過程について、馬暁華『幻の新秩序とアジア太平洋——第二次世界大戦期の米中同盟の軋轢』（彩流社、二〇〇〇年）三六—四六頁、および *Chinese American Memory of World War II*（学術研究出版、二〇一五年）pp. 138-143 参照。

(64) *FRUS*, 1942 (China), p. 347.

(65) 魏道明大使至蔣介石電文（一九四二年一一月一六日）、「中美中英新約案」台湾中央研究院近代史研究所所蔵。

(66) 木畑洋一『支配の代償——英帝国の崩壊と「帝国意識」』（東京大学出版会、一九九六年）八〇頁。

(67) *Times* (London), November 11, 1943.

(68) Cordell Hull, *The Memoirs of Cordell Hull*, Vol. 2, p. 1596.

(69)『中央日報』（重慶版）一九四二年一二月二七日。

(70) 陳布雷『陳布雷回憶録』(台北傳記文学出版社、一九六七年)一八五―一八七頁。
(71) 外務省編『日本外交文書竝主要文書』下巻、四六六―四七四頁。
(72) 土田豊発外務大臣谷正之宛電報(一九四二年一〇月一五日)、「大東亜戦争関係一件――中華民国国民政府参戦関係・各国租界還付及治外法権撤廃関係」外務省外交史料館所蔵。
(73) 重光葵の「対支新政策」の背景と展開については、波多野澄雄『太平洋戦争とアジア外交』(東京大学出版会、一九九六年)第四章「対支新政策」七七―九四頁参照。
(74) 「大東亜戦争完遂ノ為ノ対支処理根本方針」、「大東亜戦争関係一件――中華民国国民政府参戦関係・日華租界還付及治外法権撤廃関係」第一巻、外務省外交史料館所蔵。
(75) 「東條総理大臣汪主席会談要録」、「大東亜戦争関係一件――中華民国国民政府参戦関係」第一巻、外務省外交史料館所蔵。
(76) 「国民主席汪兆銘来朝関係一件」外務省外交史料館所蔵。
(77) 伊藤隆、廣橋真光編『東條内閣総理大臣機密記録――東條英機大将言行録』(東京大学出版会、一九九〇年)一三七―一三九頁。
(78) 「大東亜戦争関係一件――中華民国国民政府参戦関係」第一巻、外務省外交史料館所蔵。
(79) 重光葵発青木一男大東亜大臣及谷正之外務大臣宛電報(一九四三年一月六日)、「大東亜戦争関係一件――中華民国国民政府参戦関係」第一巻、同右。
(80) 「新情勢ニ応ズル国民政府ノ参戦及同政府トノ諸取極ニ関スル措置振案」(一九四三年一月七日)、「大東亜戦争関係一件――中華民国国民政府参戦関係」第二巻、外務省外交史料館所蔵。
(81) 蔡徳金編『周仏海日記』(村田忠喜、楊晶など訳)(みすず書房、一九九二年)五一九頁。
(82) 「汪主席調印承諾ニ関スル件」(一九四三年一月八日)、「大東亜戦争関係一件――中華民国国民政府参戦関係一件」第二巻、外務省外交史料館所蔵。
(83) 谷正之外務大臣発汪主席及重光宛電報(一九四三年一月八日)、「大東亜戦争関係一件――中華民国国民政府参戦関係一件」第二巻、同右。

(84)「国民政府参戦ニ関スル汪主席演説」(一九四三年一月一〇日)、「大東亜戦争関係一件——中華民国国民政府参戦関係一件」第二巻、同右。
(85)『中華日報』一九四三年一月一〇日。
(86)「東條内閣総理大臣演説」、「大東亜戦争関係一件——中華民国国民政府参戦関係一件」第二巻、外務省外交史料館所蔵。
(87)「蔣介石日記」一九四三年一月九日、Hoover Institution, Stanford University 所蔵。
(88)「宋部長子文呈閲中美新約関於内河航行及沿海貿易問題魏大使本月一〇日呈電外交部」(一九四三年一月一〇日)台湾台北国史館所蔵。
(89) 魏道明大使電報(一九四三年一月一日)、「中美廃除不平等条約訂立平等新約」台湾台北国史館所蔵。
(90) 駐英大使顧維鈞によると一九四三年一月初旬、米・英両国は日本が在中治外法権の撤廃のため汪兆銘政権と交渉を行っているという情報をすでに入手した。そのため、米・英両国は蔣介石政府との交渉を急いだ。顧維鈞『顧維鈞回憶録』第五冊(中国社会科学研究所訳、中華書局、一九九一年)一七〇—一七一頁。
(91) 蔣委員長言論匯編委員会『蔣総統言論匯編——中国之命運』(台北、一九五六年、第四巻)八〇頁。
(92)「中美中英新約締成中国対外関係史之新頁」(『中央日報』重慶版、一九四三年一月一二日)。
(93) *The New York Times*, January 13, 1943.
(94) 一九四二年末から一九四三年初頭に至り、日本は枢軸国側のイタリア、フランス(ヴィシー政権)と協力を行うことで、汪兆銘政権はイタリア(一九四三年一月一四日)、フランス(ヴィシー政権、一九四三年二月二三日)と新しい条約を締結し、治外法権の撤廃と租界の中国への返還を行った。ドイツとの条約の改正は太平洋戦争の前に行われ、一九三六年四月八日、中国とドイツの間で中独条約が締結された。中独間の条約改正については、田嶋信雄『ナチス・ドイツと中国国民政府——一九三三—一九三七』(東京大学出版会、二〇一三年)一九〇—一九一頁参照。
(95) Martin Jacques, "Nationhood Is Way Forward," *Guardian Weekly*, September 23, 2005.
(96) 重光葵の「大東亜政策」については、波多野澄雄『太平洋戦争とアジア外交』第六章と第七章、一一九—一八〇頁参照。

第9章　国共関係と日本
――戦争末期の「容共」をめぐる葛藤――

波多野澄雄

はじめに

太平洋戦争末期の一九四四年七月三日、大本営政府連絡会議（以下、連絡会議とする）は、中国における米英と重慶の合作、重慶と中共との合作の阻止、そして米英ソの対日提携の防止を目的とした「対支作戦に伴ふ宣伝要領」を決定した。この宣伝要領には、次のような方針が含まれていた(1)。

中共本拠は之を延安政権（仮称）と呼称し、又之に属する軍隊にして、我が討伐を要するものは之を匪賊呼称を以て取扱い、且又反共、剿共、滅共等の名称の使用は真に已むを得ざる場合の外之を避くるものとす。中共の名称も成るべく之を使用せざるものとす。

それまで、「共匪」などと呼ばれていた中国における共産勢力を、拠点を有する独立した「延安政権」と認めたのは、日本政府としてはこれが最初であった。さらに、これに関連し、反共、剿共、滅共そして「中共」といった言葉の使用を慎むよう求めている。

後述のように、こうした一種の「容共政策」あるいは中共に対する宥和政策を国策として浮上させたのは参謀本部戦争指導班であったが、政府レベルにおいて、これを推進したのは重光葵外相であった。重光にとって、中国における容共キャンペーンは必ずしも単なる宣伝・謀略を意味せず、彼の国際政治観と戦後アジアに対する展望を反映していた。

一九四四年後半に陸軍や政府内で議論された「容共」をめぐる問題は、戦争末期の国共関係や対ソ関係とは相互作用の関係にあったが、重光は、この問題をどのような国際的文脈のなかでとらえていたのであろうか。それは、中国における現地軍の対共産主義キャンペーンとどのような関係にあったか、これらの問題を考察する。

1　延安の台頭・重慶の凋落

支那派遣軍は「対支作戦に伴ふ宣伝要領」を伝達されたとき、「以上の対共態度は実に一八〇度の転回なり」、北支軍（北支那方面軍）の剿共方針、対国民政府指導にも影響する処頗る大なり」と反発した。[2]とくに華北において大規模な反共キャンペーンを展開していた北支那方面軍にとっては「容共政策」への転換であった。北支軍では、中共の秘密組織、秘密活動の破砕などを主任務とした北支那特別警備隊が中心となって、河北省において活発化していた中共勢力の遊撃戦に対抗するため、大規模な治安作戦を展開していた。現地軍の反発は当然であった。

北支軍の強い反発を受けた派遣軍は、陸軍中央と折衝の結果、「飽く迄謀略行為にして且容共にあらず」という点で了解し、一九四四年八月一〇日、あらためて「対延安政権宣伝謀略実施要領」が参謀総長指示として派遣軍および方面軍に伝達される。この要領は、「中共は延安地方政権として取扱ひ、其の施策の重点は専ら延安政権の抗戦名目の解消にある」との目的をかかげている。そのうえで、七月二日の決定と同様の内容を伝えるとともに、宣伝要領として、「延安政権が政治的には事実上地方独立政権にして、思想的には共産主義より民族主義へ逐次に脱皮しつつある点」を強調するものとされていた。[3]注目すべき点は、延安政権は、政治的には「地方独立政権」であることを認め、思想的には「共産主義より民族主義へ逐次脱皮」しつつあると見なしていることである。いずれにせよ、現地軍は、この要領を積極的に実行する意思に乏しかった。[4]

ところで、こうした延安政権への妥協策を国策として浮上させた組織は、参謀本部戦争指導班であった。一九三九年に設置された戦争指導班は、名称や組織上の位置づけに多少の変動はあったものの、陸軍内のみならず外務省は海軍などと調整しつつ重要な対外国策を立案する役割をになっていた。この戦争指導班に、転向声明によって日本共産党を離党後の鍋山貞親と佐野学が一九四四年はじめ頃から出入りし、しばしば班員と会談を行っていた。戦争指導班は、彼らの中共分析に注目した。[5]

とくに、鍋山は参謀本部支那課長・晴気慶胤大佐の指示によって一九四四年二月に北京に渡り、中共の動向を研究し、二ヵ月後に「中共の長所と弱点」と題する報告書を提出したという。その要点は、①延安政権は辺境に基地をもつ独立政権である、②延安との和平交渉は考慮の価値があるが、モスクワの延安政権への影響力は無視できない。③延安政権は蔣介石政権と異なり清潔であるが、真の共産主義者ではない、などであり、これらの分析は戦争指導班内で共感を得られ、前述の「対支作戦に伴ふ宣伝要領」の基礎資料となった。[6]

鍋山や佐野の中共分析のうち、戦争指導班がとくに着目したのは、中共の政治的自立性とともに、「中共に対してはソ連のみならず、米の勢力相当侵入しある点」であり、重光も同様の事態を強く感じていた。重光は同班の班長であった松谷誠大佐を通じて情報に接していた。[7]

中共に対する米国勢力の浸透という観察は、かなり的確なものであった。大戦期のアメリカの中国政策は、基本的には重慶政権の支援を通じた対日抗戦体制の一元化、そして連合政府の樹立がその目標であったが不安定な国共関係は悩みの種であった。一九四四年には重慶政権の独裁制や腐敗に対するアメリカの批判は強まり、それと反比例するかのように延安（共産勢力）に対するアメリカの期待と評価は高まっていた。中共勢力の現状を視察するため派遣された、いわゆるディキシー・ミッション（延安視察団）の一員であったジョン・エマーソン（John Emerson）は、一九四四年一一月七日、大統領特使として延安に派遣されたパトリック・ハーレー（Patrick Harley）の共産党指導部による歓迎パーティについて、「おそらく、このときが中国共産党と米国の友情のクライマックスであった。それは、一九七二年にリチャード・ニクソンが毛沢東に乾杯するまで、二度と見られなかった光景である」と記している[8]。

共産勢力に対する評価の高まりは、日本軍の一号作戦（大陸打通作戦）による重慶政権の動揺という事態と密接に関連していた。上記の宣伝要領は、端的には、一号作戦の軍事的成果を背景に、政治的効果を求めようとするものであった。

一九四四年四月、総軍（支那派遣軍）は五〇万を超える大兵力をもって中国を南北に縦貫する一号作戦を開始する。主な目的は中国戦線の動向に大きな影響を与えると考えられた西南地区の在華アメリカ空軍基地の占領にあった。この大作戦による国民党軍の壊滅的な後退は共産党軍の勢力伸張をもたらしていた。一九四四年は解放区の軍事力が強化され、局部的な反攻が開始された年であったが、一号作戦も反攻に有利な条件を与えたのである[9]。八路軍、新四軍、華南遊撃隊の正規部隊は一九四四年には七八万、四五年には一三一万にのぼり、共産党軍は日本軍との抗戦においてその比重を高めていた。

他方、抗戦初期の民主化の動きを後退させ、「一党独裁」体制を強める一方であった国民党（重慶政権）は、国内の民主化要求への対応と対外援助の獲得のため憲政実施のポーズを示していた。しかし、憲政実施の公約は、国民党の独裁体制への強い批判を含む広汎な民主化運動（第二次憲政運動）へと発展する引き金となり、一九四四年九月には、国民党独裁への批判を背景に、共産党の政治的要求に沿った形で一党独裁の廃止と政党政派による「民主連合政府」の樹立を主張する「中国民主同盟」が結成されるにいたる。

この間、憲政実施をめぐって国共両党の折衝が開始され、一九四四年五月二一日、中共中央委員会は、民主主義的政治制度の採用、中共および一切の愛国的政党・団体の合法的地位の承認、地方自治行政の実現保障など二〇ヵ条を提案する。しかし、重慶政権は一党独裁を崩さず、これらの民主化要求を受け入れなかった。こうした重慶・延安の対立は「国共の論争は続いており、内乱の危険は除去されていない」という情報として日本側にも伝わっていた[10]。

いずれにせよ、一九四四年前半の日本軍の軍事攻勢（一号作戦）と広汎な中国民衆の民主化要求の圧力とは、中国の抗日戦体制における共産党の比重を高め、日本側の対中共認識にも影響を与えていた。すなわち、参謀本部においては、一九四四年には、「中共は重慶政権と決して相容れぬ本質を有するにかかわらず、同政権の抗戦継続に便乗して巧みにわが占拠地区内に勢力を扶植拡大して、重慶政権に対立する全く別個の半独立政権を確立しつつある実態を正視しなくてはならぬ」という認識が生まれ、一貫して中共勢力を「剿滅」の対象としていた陸軍中央や現地軍においても変化が現れてくる。[11]

こうした対中共認識の変化は日本の対中国政策や対ソ政策にも少なからぬ影響を与えることになる。南京の畑俊六・支那派遣軍総軍司令官は、前述の「対延安政権宣伝謀略実施要領」を眼にして、これは「容共政策」であり「恐らくソ連への御機嫌とり政策なり」と観察したが、[12]延安政権に対する妥協策（「容共」政策）は、逼迫する戦況のなかで対ソ関係に対する配慮から生みだされたもの、との観測が一般的であった。とくに参謀本部にとって、一九四四年秋の対米決戦（フィリピン作戦）の遂行のためには、日ソ関係の安定は「絶対的要請」であった。[13]

しかし他方では、延安政権に対する妥協策は、単にソ連への配慮という側面を超え、延安を独立した政治勢力として認めることによって、新たな選択肢を日本外交に付与したものと考えられた。

2　対ソ外交における「容共」

中共に対する認識の変化は、まず、重慶に対する和平アプローチに新たな展望をもたらす。

開戦以来、重慶政権に対する和平工作は南京国民政府の手にゆだね、日本政府は直接関与しないという方針が日本の一貫した施策であった。[14]しかし、南京政府の態度は、重慶政権を含む「全面和平」の前提は南京政府の政治力強化にある、というものであり、重慶への和平アプローチに熱意を示さなかった。また、支那派遣軍や参謀本部も南京政府を通じたアプローチに懐疑的であった。一九四四年七月に成立した小磯国昭内閣は、行き詰まった重慶工作の見直しを行うが、それまでとは異なる特色が見られた。

その一つは、中共に関する認識の変化を背景に、ソ連の活用という観点が浮上してきたことであった。例えば、一九四四年八月一九日に最高戦争指導会議で決定された「戦争指導大綱」は、「重慶に対しては速かに統制ある政治工作を発動し支那問題の解決を図る。之が為極力『ソ』の利用に努む」と規定していた。ソ連利用という方法は「中共の立場を認め之を尊重する」こと、「ソ連の対支進出の容認」という二つの前提のもとに、ソ連の重慶政権または延安政権への影響力を活用し、ソ連に日本と重慶政権間の和平斡旋を依頼するか、あるいはソ連を介して行う「対中共工作」の促進という二つの方法が考えられた(15)。

また、陸軍省部の基本的な対外政策であった「今後採るべき戦争指導大綱に基づく対外政略指導要領」では、延安政権への妥協策を「拡充」するならば、ソ連の斡旋により対延安・対重慶和平も可能であるという展望が述べられ、戦争指導班の構想のように、延安政権に対する直接接触という方法もあり得た。しかし、具体的方法については、参謀本部においても「まったく手掛かりはない状態」であり、延安ルートの開拓にはいたらなかった(16)。

一方、対ソ外交に関する陸軍省と参謀本部の調整案によれば、一九四四年八月下旬頃に特使をモスクワに派遣し、ソ連をして「帝国と重慶（延安を含む）との終戦を、已むを得さるも延安政権との停戦妥協」を斡旋させ、かつソ連の対独妥協を勧奨するもの、とされている。この交渉のために日本がソ連に提供すべき条件は、①日独防共協定の廃棄、②南樺太の譲渡、③満洲の非武装化または北半分の譲渡、④重慶地区はソ連の勢力圏とし、日本占領地域は日ソ勢力の「混淆地帯」とする、⑤戦中・戦後における日ソ間の特恵的貿易の促進、などである(17)。これらの構想に見られる特徴は、ソ連の中共や重慶への影響力を自明の前提としていることである。

しかし、重光外相は、具体的な代償や譲歩を伴う対ソ交渉に臨もうとはしなかった。

それは九月一五日の戦争指導会議において、重光が「従来研究せる対ソ交渉の件は全部中止し、今後は日ソ間の共通問題に関し理念的なものを研究し度」と発言し(18)、事務当局の検討案を白紙に返したことに明瞭に現れていた。「理念的なもの」とは何か。それは、一九四三年一一月の大東亜共同宣言の諸原則を中心内容とする「大東亜新政策」と防共イデオロギーに関する独特の考え方を指していた。日ソ関係の「静謐保持」という、ほとんど唯一の日本外交の目標のため、一九四四年二月には、北樺太の石油・石炭利権をソ連に譲渡するという決断をしたばかりの重光は、なぜ、さらなる外交交渉を避け、こうした「理念的」アプローチに転換したのであろうか。

重光は一九四四年一一月のスターリン演説直後の佐藤尚武大使宛電報において、中国問題に関して「何等かの地方的了解（例へば民主主義を基礎とする国共妥協の下に日蘇支間に安全保障条約を締結する等）に達する」可能性についてソ連側に打診するよう指示している。[19] 重光によれば、米英は世界的規模での対ソ妥協のために、欧州においても、中国においても「共産勢力」を容認する方向に動いている、しかるに中国における共産軍の「全支的勢力」に鑑み、日ソ関係の調整のためには中国の「民主主義」を承認することが必要である。そこで「日蘇妥協の一要項は日本が支那に於て防共の看板を下し、民主主義を容認すること」にあるという。

重光は、すでに東條英機内閣時代に、日ソ関係の改善を図るためには、華北における「共産軍に対する遣り方にも改善を加え」る必要があると東條に説いていたが、[20] 小磯内閣時代にはそれが現実のものとなり、中国における「容共政策」は対ソ妥協のポイントとなるのである。

重光は入閣間もないころ、中国北方の共産党軍は「武力を以てしては之を鎮圧すること容易にあらず。寧ろ政治的手段に委せ武力を用ゐざる方針」に転換するならば、共産党軍を以て「対日前哨戦」と見なしているソ連に対して「緩和的効果」をもたらすはずである、と東條首相に説いている。こうした観点で重光は中国における「容共政策」の支持者となっていたのである。[21]

ただ、「容共」政策は、あくまでソ連を対日妥協に誘う重要な手段であり、それが奏功すれば、「日蘇中立条約の強化乃至は安全保障を目的とする日蘇間条約の如きものに遭ぎ着くる基礎」となるはずであった。[22] その場合に重要な対ソ説得の材料と考えられたのが「内政不干渉」と「民族主義政策の尊重」という二つの原則の強調であった。この二点の強調は、重光の大東亜新政策と深く関連している。

重光によれば、「容共政策」を推し進める場合、日本としては二つの考慮が必要であるという。第一は、日本の国策は共産主義を容認するものではなく、その点で日本の国策と矛盾するものであり、そこで「内政不干渉の原則」をもって対応すること、第二は、大東亜宣言など日本の東亜政策は「東亜民族の解放と独立とを目的」としており、それは「ソ連の民族政策と一致するもの」として強調することであった[23]。

重光にとって、対ソ妥協の手段としての「容共政策」の最大の問題点は、ソ連が「デモクラシー」実現の名の下に「欧州赤化」に続いて「東方赤化」をねらっていることにあった。すでに東條内閣時代に、「世界赤化」との関連で、中国共産党の動向に注意を促し、「東方赤化」を防ぐ手段が「対支新政策推進及ビルマ独立等の大東亜新政策の推進」である、と東條に述べていたが[24]、それが現実のものとなったのである。そこで「大東亜新政策」がソ連の東アジア政策と「民族主義の尊重」という点で同一であることを説いて対ソ妥協を図る一方、第八五議会演説で述べたように「統治形式や指導理念は内政問題」という論理を前面に押し出すことによって、容共に伴う「赤化」を防ぐというのである。モスクワの佐藤尚武大使にも、「民主主義の採用は無条件に何れの国に対しても之を承認すべきものに非ざることもとよりなるに依り、我方方針としては常に内政不干渉の原則を表示することとせり」と率直に述べている[25]。

しかし、佐藤大使はこうしたアプローチに懐疑的であった。佐藤の観察によれば、ソ連をして「大東亜新政策」に同調せしめんとする我が方の施策は、結局、ロシア革命以来の反共政策の放棄を意味し、それは「大戦下の日本として容易ならざる問題」であった。中国において共産軍を敵としない程度であれば未だ主義の問題ではないが、「一旦蘇連との協力の為容共の建前を取るに至らば長年帝国の取り来れる態度を棄つることとなり、次々と其の影響を受くるに至るべし[26]」。

重光によれば「防共」と「容共」とは、表裏一体の関係にあり、両者は対外政策の問題として位置付ける必要があった。彼の分析によれば、ソ連の対外政策は、帝国主義的な国家建設という側面とともに、「ボルシェヴィキ革命の世界的実現」という側面があり、とくに注意を要するのは、ボルシェヴィキ革命に適すよう巧みにアジア民族主義政策を運用していることである。換言すれば、国際関係において「思想又は主義の問題が直接外交政治の問題として取扱はれねばならぬ」ことになったのである[27]。

こうした観点から中国情勢を観察した場合、「支那に於ては現在、事実上共産党跋扈し居り、帝国としては実際問題としては之を黙認（或る意味に於て容共的政策）せざるを得ない立場」にあった。[28] 戦争末期の重光の中国政策はこうした認識を前提としていた。

3　帝国政府声明（一九四四年七月）の背景——もう一つの近衛声明

重光は、一九四四年八月頃の中国情勢を次のように観察している。

米英は、日本の大陸作戦のため窮状に陥っている重慶政権の離脱を防止するため軍事援助を強化しているが、重慶軍は米英から見れば「ほとんど戦争をして居らぬ。而も共同の敵に対抗する友軍たるべき共産軍とは恰も敵味方の関係に立ち、政治上の融和を欠くのみならず大軍を以て之を包囲し対抗的形勢に在る」。しかし、こうした形勢にあっても米英は国共合作を維持させ抗日に邁進させようとしており、重慶政権を米英より分離させることは困難であり、「結局国共妥協に向かう他道なし」と観察される。ただ、国共妥協は簡単ではなく、ソ連の支援する「共産軍の勢力が圧倒的となるか、蔣介石の勢力が指導的となるか何れかに落ち着く」であろう。[29]

つまり、重慶政権は窮地に陥っているが、米英支援のもとでは抗日戦争から離脱させることは困難であるものの、やがて国共妥協に向かうだろうが、その場合、ソ連の延安支援が鍵となるというのである。こうした見通しのうえで、重光はこう指摘する。

「日本は日支事変以来、支那に於ける二大抗争勢力であった蔣介石政権と共産政権とを抗日の大旆《たいはい》に結合せしめて之を一手に引き受けたのであった」。しかしながら、「今日の軍事上の状況に於て共産軍と重慶軍とを益々結合させて其勢力を一手に引き受くるが如きは甚だしく具策」である。

そこで、軍事的には、「作戦の目的を英米軍事基地の掃討、米英勢力の駆逐におき、支那民衆は固より之を直接の目標とせず、支那軍とは已むを得ずして戦ふものなることを標榜」する。換言すれば、「支那に於ては武力討伐より、民衆に対する政治工作に重点を転換すること」が必要であり、「武力政策の継続は結局米英の思う壺に陥り蘇聯と利害衝突」は免れ得ないものとなる。武力衝突は回避されたとしてもソ連は日本を敵視し、日ソ関係を悪化させるであろう。

要するに、「大陸より敵米英を駆逐しつつ蘇聯との関係を悪化せしめず、同時に支那問題を少なくとも軌道に乗せる方策」が最上であるが、そのためには「対支新政策」の徹底が必要である。(30)

重光はこうも言う。「共産軍の力と重慶の力を結集せしめることは我が方の最も不利とする所である。従って我が方としては共産軍に対する施策に付ても修正を加え、又重慶に対しても自ら異った態度を以て臨む必要がある。……軍事上においては米英侵略勢力の駆逐、政治上では、重慶、延安にしても南京にしても支那人に対しては出来る得る丈け日本との間に於ける障壁を低くすることに努めねばならぬ(31)」。

一九四四年九月一三日、華北政務委員会（経済総署督弁兼聯銀総裁）の汪時璟が重光を訪問した。汪は、「日本は重慶と延安を如何なる風に見て居るのでしょうか」とたずねた。重光は、「日本としては重慶も延安も敵とせずして局面を纏めたいと念願して居るのです、……日本は中国より英米の勢力を駆逐して中国人により中国を治めて貰ふことを願ふのです、其中国の政治に何等干渉するものではありませぬ」と答えたうえ、次のように述べている。

今中国には重慶、延安、南京の三政権がありますが、延安政権によって中国を統一して貰いたいと希望する者は多くない……或いは南京政府と重慶政府との間に和平工作を試みることも一法、重慶、南京、延安との間に和平統一の交渉を進むることも一方法でしょう。

そこで汪は、「戦争が終わって、日本軍を引き揚げることは重慶は望まぬと思う、……即時撤退を好まぬ……それ程八路軍の勢力が各地に浸透しつつあるのです、之は事実であります、日本は重慶、南京、延安を平等の地位に認めて居らるる様に承りましたがそうでしょうか」と問い質した。重光はこう答えている。

日本から見た場合、重慶と延安とは何れも中国内部に於ける政権であって特に何れを可とすると云ふ様な区別をつけず何れの方からも敵とせずして時局を纏む道があればそれに依りたいと思って居るのであります……要するに敵は英米であります。(32)

要するに重光外相の中国政策は、軍事的には米英勢力の駆逐を目的とするが、政治的には重慶、延安、南京の三政権の存在を認めつつ、その動向に介入せず、「中国人により中国を治めて貰ふ」という「対支新政策」の趣旨を徹底するというものであった。

重光は、駐華大使の時代から、自ら「対支新政策」と呼ぶ新たな中国政策の推進力となっていた。それは、南京政府の自主自立を促すため、政治と経済の両面における「自由」を最大限に容認しようとするものであった。こうした関係が構築されるならば重慶政権の「抗日名目」は消滅することになり、日中全面和平の基礎が築かれるはずであった。一九四二年一二月に御前会議決定となった「新政策」では、その主目標は、日華基本条約（一九四〇年）を廃棄して、主権尊重と平等互恵を基調とする新たな条約（日華同盟条約）を締結することに置かれていた。(33)つまり、日華同盟条約の締結と南京政権の自主自立を促す、という目的とは表裏一体であったが、他方で、あくまで重慶政権との和平を目指す参謀本部や現地軍の意図とは矛盾する面があった。

こうした重光の考え方は、「対支作戦に伴ふ宣伝要領」の決定から二日後の一九四四年七月五日に発表された「帝国政府声明」に反映されている。そこでは「今次支那に於ける我が軍事行動の目的は、一に敵米英の侵寇制覇の企図を破摧するに存し、支那民衆は固より我が友にして苟も米英との協力を排するものは重慶側軍隊といえども我が敵にあらず」と述べていた。この声明は、「対手とせず」声明を修正した第二次近衛声明（一九三八年一一月）、すなわち、国民政府（蔣介石政権）といえども、従来の指導政策を変更するならば、敢えてこれを拒否するにあらず、と述べた声明と類似している。実際、数次の近衛声明を参照しつつ作成されたものであった。(34)

しかし、いずれも重光が作成に関与した「対延安政権宣伝謀略実施要領」も「帝国政府声明」も現地軍にはまったく理解されることはなかった。「容共政策」はいうまでもなく、重光が重視する「対支新政策」も、かえって現地軍の組織的な反共キャンペーンの妨げとなるのである。とくに華北における中共の遊撃戦に対抗するため、治安粛正のための組織的活動を展開していた北支方面軍（北支那特別警備隊）は四三年の活動を振り返って次のように指摘していた。

「民衆は新政権（南京政府）に対する期待を裏切られ、全く中共側宣伝の正鵠なりしを再認識するが如き恐るべき結果を招来しあり。新政権の不敗堕落は一面民衆をして思想的抗日新政権化せしむる利敵効果を発生しあるとともに、一面直接間接なる対共援助をなす結果となりたり(35)」。

ところで、重光の対華政策は、南京政府を日本が承認したからには、「支那統一論」の観点から「大義名分の大道を履み、国際信義を重んじ、……対支新政策を徹底せしむる」ことでなければならなかった(36)。換言すれば、重慶工作からもはや引き揚げ、和平の軸心を南京国民政府強化の一本に絞っていたのである。それがために、小磯や宇垣一成の「南京政府解消」を前提とするに重慶工作に終始批判的であった。小磯や宇垣の「南京政府解消論」の背景には、「支那は決して統一的に治むることは出来ぬ、況や弱体なる南京政府をや、支那は少く共、河北、蒙疆、華中、華南の諸地域に於て分割統治せらるべきものである」という旧式の中国観が横たわっていた。

重光にとって、中国民族は自由と独立を与えられるべき「非解放民族」であり、重慶と南京という二つの政府の存在にもかかわらず、主権回復を図られるべき存在であった。延安も例外ではなく、それがために「対延安政権宣伝謀略実施要領」において、延安政権を政治的には「地方独立政権」であることを認め、思想的には「共産主義より民族主義へ逐次脱皮」しつつあると明記したのであった。

しかし、「支那統一論」の立場から、中国民族を主権回復の対象として正しく位置づけながら、もはや中国政治の主体たり得ない南京政府の擁護の立場に固執し、重慶工作を「南京政府解消論」として排除し続けた点に重光の矛盾があり、その立場を抜き差しならぬものとしたといえよう。

戦争末期の対ソ妥協策や、大陸における「容共政策」（「延安政権」との妥協策）は、日本の一部の指導者に共産化の脅威と映っていた。例えば、一九四五年二月一四日、拝謁をゆるされた重臣・近衛文麿（元首相）が天皇の前で読み上げた、いわゆる近衛上奏文は、「親ソ空気は次第に濃厚になりつつある様に思はる。軍部の一部にはいかなる犠牲を払ひてもソ連と手を握るべしとさへ論ずるものあり。又延安と提携を考へ居る者もありとのことなり」と指摘する。上奏文によれば、ソ連は「共産党公認、共産者主義者入閣」といった形で「やがて日本の内政にも干渉し来れる危険十分ありと思はる」のであった。

4　「容共政策」の限界

近衛上奏文の危機感は特異なものではなかった。近衛上奏文に影響を与えた人物として大東亜共同宣言の立案にも関わった外務省調査局第二課長・尾形昭二を挙げることができる[37]。尾形は一九四四年ころから近衛をはじめ重臣の求めに応じて、数度にわたって国際情勢の説明を行っている。近衛の手許には尾形を通じて提出されたと思われるいくつかの資料が遺されている。その一つは、ソ連勢力の欧州、東アジア進出の意図を強調し、次のように論じている[38]。

ソ連は、資本主義諸国間の抗争激化による混乱と弱体化に乗じて、「親ソ容共的政権の樹立」による『勢力の扶植』」をはかっており、東アジアでの当面の闘争は、「反帝国主義即ち半植民地乃至従属国の解放闘争」を通じて中共を中心とする「民族統一戦線の結成」である。その意味で中共は、ソ連の「対東亜前衛」である。すでに、中共勢力の傘下に、日本人共産主義者同盟や日本人反戦同盟が結成され、その影響は日本内地、朝鮮、台湾に及びつつある――。こうした分析は近衛上奏文と一致している。

木戸幸一内大臣もその一人であった。一九四五年三月三日、宗像久敬が旧知の木戸を訪問して米英との直接和平の必要を説いた際、木戸は、戦争の帰趨を左右するのはソ連であり、米英との直接和平は考慮外であるとして次のように述べた。ソ連は、ドイツ降伏後には日本に仲介を申し入れ、それを受け入れなければ武力侵攻するであろう。そうなれば共産主義者の入閣を要求するだろうが、日本は条件次第では受け入れてもよい。「共産主義といふが、今日はそれほど恐ろしいものではない、世界中ガ共産主義ではないか、欧州モ然り、支那も然り、残るは米国位のものではないか」[39]。

近衛にも面会していた宗像は、「日本が率直に米と和し（時期は別として）民主主義を容れ、皇室及国体を擁護するや、ソビエットと手をにぎり共産主義でゆくべきかは之は大なる問題なり」とその日記に認めているが[40]、共産主義の浸透に対する危機感は、二つの和平論を生んでいた。一つは、共産化を避けるためにも米英との直接和平を急ぐべきだという近衛らの和平論であり、もう一つは、この際、共産主義の浸透をある程度容認することを条件に、ソ連を仲介とした和平を模索するという方向であった。

結局、日本政府は後者を選ぶことになるが、「国体の破壊」に繋がり兼ねない共産主義の際限のない容認は避けねばならなかった。そこで、第三の和平論として、中国における容共を武器として、「日中ソ提携」という構想が浮上する。

すなわち、日本政府は、中国共産党を独立した「延安政権」と認めることを前提に、共産党に大きな影響力をもつとみなされたソ連を利用して、延安政権（共産党）と重慶政権（国民党）との妥協、あるいは日本と重慶政権との和平斡旋を促そうとするのである。つまり、日中戦争を対米英戦争とは切り離して終結させるため、「容共政策」をもってソ連と中共を引きつけ、日ソ支提携の素地を作ろうとしたのである。これを推進した重光外相の構想は、中国における容共政策だけではなく、「東亜の解放」や民族主義の尊重という政策は日ソ共通のもの、と説く点でも特徴的であった。

日中ソ提携構想は、一九四五年四月中旬の最高戦争指導会議において了承され、「日中ソ極東安全保障」の構想として、六月からの広田・マリク会談でも提案されるのである[41]。言うまでもなく、ソ連がこれを受け入れることはなかった。

モスクワの佐藤大使は、中国における日中ソ提携という構想は、カイロ会談などで米英ソ中の結束が強まるなかで実現性の乏しいものと批判したように、まったくの幻想にすぎなかった。米英は、蔣介石独裁政権に対する不信感にもかかわらず、重慶政権支援を崩すことなく、共産党との和解による抗日戦争への一致団結を促していたのである。

一九四五年一月初頭、佐藤はクレムリンにおいてモロトフ（V. M. Molotov）と会見した。数日前の『イズベスチア』紙に、中共とソ連の協力がなかったために重慶政府は日本軍の打倒に失敗した、という趣旨の論文が発表され、佐藤はこの趣旨を問いただす形でソ連の対中国政策の基本を問いただした。しかし、モロトフは「中国には共産党と共産軍が存在するが、それらは genuine communist であるか否か疑わしく、ソ連が支持しているわけではない。ソ連の基本政策は内政不干渉である」と述べた。それは、「容共政策」によってソ連を対日妥協に誘導するというアプローチが婉曲に否定されたことを意味した(42)。

戦争末期の政軍指導者の国共関係に対する態度は、かなりの部分がソ連の中共に対する影響力の強さや両者の親密な関係を前提に形成されていたが、モスクワと延安の関係は、日本の指導者がイメージするほど親密ではなかったのである。

おわりに

防共は、一九三五年の広田三原則以来、中国における軍事行動を正当化する有力な根拠とされてきた。しかし、日中戦争の拡大と長期化は防共概念に変化をもたらす。一九三八年一一月の東亜新秩序声明は、東アジアから欧米を排除する構想として警戒心を煽る一方、対中外交の目標としての「防共」は「新秩序」という曖昧な目標の前に影の薄いものとなり、中央政府のレベルでは空洞化して行く(43)。

その一方、防共は華北地域における駐兵を正当化する根拠ともなっていた。一九四〇年一一月の汪兆銘政権の承認と同時に締結された日華基本条約は、華北における国防上、経済上の優越権の設定、中国による満洲国の承認のほか、「共同防共」を目的にかかげ、そのため「所要の軍隊を蒙疆及び華北の一定地域に駐屯せしむる」と規定していた（第三条）。

一九四一年四月からの日米交渉は、結局、この日華基本条約をアメリカの斡旋の下で、中国（蔣介石政権）に承認させることによって中国問題の解決を図ることが日本の交渉目的であった。日本にとって日華基本条約を中国が受け入れることは、とりもなおさず陸軍が最後まで固執した華北駐兵の貫徹を意味していたのである。

陸軍省軍務局員として、一九四一年の日米交渉の一翼をになった石井秋穂大佐によれば、対米交渉において、日本政府が一貫して華北・蒙疆地域における永久的な「防共駐兵」を主張したのは、「北支の共産化の実情をつぶさに説明すれば……米といえども理解する望みはある」と考えられたからであった(44)。

開戦後、対ソ関係の安定（静謐保持）が戦時外交における、ほとんど唯一の目標となるに及んで、「防共」はもはや死語同然となっていた。重光が推進した日華基本条約の破棄——日華同盟条約の締結は、国策としての中国における「防共」の放棄を意味していた。しかし、反共軍事キャンペーンをにない続けていた華北の現地軍にとっては、防共の放棄は軍事キャンペーンの正当化の根拠が失われることを意味した。それは、戦争末期における外交と軍事戦略の乖離と迷走を象徴する事態であった。

註

（1）伊藤隆ほか編『続・現代史資料（四）陸軍　畑俊六日誌』（みすず書房、一九八三年）四七七頁（以下、『畑日誌』）。
（2）『畑日誌』一九四四年八月二一日の条。
（3）参謀本部所蔵『敗戦の記録』（原書房、一九六七年）二八—二九頁。防衛研修所戦史室『北支の治安戦（二）』（朝雲新聞社、一九七一年）五二三—五二五頁。
（4）同右。

（5）　軍事史学会編『大本営機密戦争日誌』（錦正社、一九八八年）、四四年三月一七日の条には次のように記されている。「佐野学氏より対中共観を聴取す中共の弱点は建設面を有しあらざること、並に中共に対してはソ連のみならず、米の勢力相当侵入しある点は従来の観察を一歩進めたるものにして、将来の施策上参考となる点多し」。
（6）　明石陽至「太平洋戦争末期における日本軍部の対延安政権との和平模索――その背景」（軍事史学会編『第二次世界大戦（三）終戦』錦正社、一九九五年）。
（7）　軍事史学会編『大本営機密戦争日誌』三月一七日、一八日。
（8）　ジョン・エマーソン『嵐のなかの外交官』（宮地健次郎訳）（朝日新聞社、一九七九年）一六八頁。
（9）　石島紀之『中国抗日戦争史』（青木書店、一九八四年）一八三―八四頁。
（10）　情報局分室「敵性情報」（四四年八月二二日）、「敵性情報」第一五、一六号（四四年七月二七日）（外務省記録A7.0.0.8-43-4）。
（11）　「剿共指針」（防衛研修所戦史室『北支の治安戦（二）』）五二三頁。
（12）　『畑日誌』四四年七月五日、七月八日。
（13）　「昭和十九年末頃ヲ目途トスル帝国戦争指導ニ関スル説明」（第二〇班、七月二七日）（「昭和一九年大東亜戦争戦争指導関係綴　一般之部」大本営第一五課、防衛研究所所蔵）。
（14）　戸部良一「対中国和平工作（一九四一―一九四五）」（『国際政治』一〇九号、一九九五年）。
（15）　参謀本部所蔵『敗戦の記録』一〇〇頁。
（16）　「今後ノ対『ソ』施策ニ対スル意見」（種村大佐、一九四四年四月二九日）（「昭和二〇年度大東亜戦争戦争指導関係綴一般之部」参謀本部第二〇班、防衛研究所所蔵）。
（17）　参謀本部所蔵『敗戦の記録』三五―三八頁。
（18）　軍事史学会編『大本営機密戦争日誌』九月一五日。
（19）　一一月七日重光発佐藤宛電報（一六〇一号）（外務省記録A7.0.0.9-55）。
（20）　伊藤隆ほか編『続・重光葵手記』（中央公論社、一九八八年）一五四―五五頁。
（21）　同右、三四三頁。

(22)　一一月八日重光発佐藤宛電報（外務省記録 A7.0.0.9-55）。
(23)　一一月二五日重光発佐藤大使宛電報（第一六九九号）（同右）。
(24)　伊藤隆ほか編『続・重光葵手記』一五四―五五、一四一、二〇六―二〇七頁。
(25)　一一月二四日重光発佐藤宛電報（外務省記録 A7.0.0.9-55）。
(26)　一一月二七日佐藤発重光宛電（二四一八号）（同右）。
(27)　「欧州の政局――之に対する帝国の地位」（一九三七年三月）（重光葵記念館編・武田知巳監修・解説『重光葵外交意見書集　第一巻、現代史料出版、二〇一〇年）。
(28)　一二月一二日重光発佐藤大使宛電報（第一七九一号）（外務省記録 A7.0.0.9-55）。
(29)　「支那問題を中心として米英及蘇と日本」（四四年八月二〇日記）（伊藤隆ほか編『重光葵外交意見書集　第三巻』）。
(30)　「支那問題と国共妥協の背景」（四四年六月五日）（同右）。
(31)　「対外政策の動向」（四四年九月八日）同右所収。
(32)　「大東亜戦争関係一件　本邦の対重慶工作」（外務省記録 A7.0.0.9-61）
(33)　波多野澄雄『太平洋戦争とアジア外交』（東京大学出版会、一九九七年）第四―六章による。
(34)　軍事史学会編『大本営機密戦争日誌』（四四年六月二日）、重光外相は「対重慶政治工作を活発ならしむ要あり、之が為、帝国の真意を披歴する近衛声明の如きもの必要とし目下研究中」と種村大佐に述べている。また、種村佐孝『大本営機密日誌　新版』（芙蓉書房、一九八五年）（四五年六月二日の条）にも、重光外相の発言として、「打通作戦とも関連し重慶工作を活発にする必要がある。これがため帝国の真意を披歴する近衛声明のようなものを必要とする。中共に対しては、これを介して、ソ、英、米を結合させないような着意の下に研究中である」（二一五頁）と記されている。
(35)　「剿共指針」（四四年四月）（防衛研修所戦史室『北支の治安戦（二）』）四八〇頁。
(36)　伊藤隆ほか編『重光葵手記』（中央公論社、一九八六年）四八六―四八七頁。
(37)　庄司潤一郎「『近衛上奏文』の再検討」（『国際政治』一〇九号、一九九五年）。
(38)　「『ソ』聯ノ対欧進出ト其ノ意図――其ノ東亜ヘノ意向」（独蘇抗戦力判断資料七〇号、昭和一九年二月一〇日）（「近衛文麿公関係資料」陽明文庫所蔵）。

(39)「宗像久敬日記」を用いた松浦正孝「宗像久敬ともう一つの終戦工作（上）（下）」（『ＵＰ』二九一号、二九二号、一九九七年）による。

(40) 同右。

(41) 波多野澄雄「広田・マリク会談と戦時日ソ交渉」（『軍事史学』二九巻四号、一九九四年）。

(42) Magic Diplomatic Summary, U.S. War Department, Office of A.C. of Staff, G-2,（University Publications of America, 1980, Microfilm）No. 1021（10 Jan. 1945）.; Jonathan Haslam, "Soviet Entry into the War againt Japan, 1945", a paper presented to the 50th Anniversary Conference "Fifty Years After: The Close of the War and the Asia-Pacific" at Shimoda, Japan, August 23-26, 1995.

(43) 酒井哲哉「防共概念の導入と日ソ関係の変容」（『北大法学』四〇巻、五・六合併号）。

(44)「石井秋穂大佐回想録」（厚生省引揚援護局調整、一九五四年）。

第Ⅲ部　終戦から戦後へ

第10章　鈴木貫太郎と日本の「終戦」

鈴木多聞

はじめに

鈴木貫太郎は、降伏時の首相として有名である。原爆が広島に一九四五年八月六日に、長崎に八月九日に投下され、同日ソ連が参戦すると、御前会議が同日夜と八月一四日の二度にわたって開かれた。この御前会議において、いわゆる「聖断」に持ち込んだのが、時の首相の鈴木貫太郎（七七歳）であった。

鈴木貫太郎は長い海軍生活から「帰納した信念」を持っていた。彼は「艦長」には船の安危に責任があること、艦長が動揺すれば「危険」が増すこと、操舵のタイミングを間違えれば危険であることなどを認識していた[1]。また、一九二九年から一九三六年まで侍従長をつとめていた。二・二六事件の際には、陸軍の「蹶起《けっき》部隊」から襲撃を受けて銃弾を浴び、死線をさまよった。これは首相になる九年前の事件で、穏健な政治姿勢が一部のグループから「君側の奸」扱いされたためであった。

このような経歴の鈴木貫太郎が負け戦のなかで首相を引き受けた。従来の研究は、その政治姿勢を陸軍との対抗関係を軸に、解明しようとしてきたといってよい。しかし、「終戦」を考えていたのは首相も陸海軍大臣も変わりはなかった。「国体」が護持できないのであれば「継戦」もやむをえないという点では、両者は一致していた。その相違は「終戦」の時期や方法、条件の問題や戦局の局面評価の相違にあった。戦争を継続するのも和平（降伏）にするのも手段であって目的ではなかった。当時の政治・軍事指導者は苦渋の決断を下すうえで、何を判断の基準にしたのか。

戦前の明治憲法体制においては、首相も陸相も対等な関係であって、仮に陸相が単独辞職してしまえば、内閣は崩壊するかもしれなかった。そのうえ統帥権独立の伝統によって、陸海統帥部（参謀本部と軍令部）は内閣から独立していた。首相といえども、陸海軍の作戦計画に注文をつけることはできなかった。

そのような状況で、「和平派」（降伏派、終戦派）の鈴木首相は「継戦派」の陸軍を刺激しないように「腹芸」を行ったともいわれている。(2) 鈴木首相は公私の立場を峻別し、軍事・外交上の秘密も守っていた。阿南惟幾《これちか》陸軍大臣は最後まで鈴木首相に敬意を失わず、重責にある首相の公私の立場をよく理解していた。(3)

海軍生活の長かった鈴木貫太郎は、日本という船が暴風雨のなかにあると思っていた。本章は「操舵」すなわち国家という船の舵取りという視点に立って、鈴木首相が拠りどころの一つとしていた中国古典に関する発言にも注目しながら、鈴木首相が降伏を決断した価値判断の基準は何であったのかを明らかにしようとするものである。

1　暴風雨のなかの直進航海

一九四五（昭和二〇）年四月一日、米軍が沖縄に上陸した。五日、首相の小磯国昭が辞表を提出すると、内大臣木戸幸一は、陸海統帥部の責任者（参謀総長、軍令部総長）から戦争の実情を聞いた。陸海統帥部は内閣から独立しており、内閣総辞職の影響を受けないばかりか、軍事機密を独占していたのである。

陸海統帥部は、石油の問題に苦慮していた。陸軍の参謀総長梅津美治郎の見通しでは、①沖縄戦の勝敗にかかわらず、飽くまで戦う内閣が必要である、②統帥（統帥部）と国務（内閣）を一緒にすることは困難である、③石油が一番心配だが数ヵ月はある、というものであった。海軍の軍令部総長及川古志郎も、①戦局はさらに深刻になる、②戦争遂行には今の形が一番良い、③石油は六月位まではある、と悲観的であった。(4)

当時の慣例では、次の総理大臣は首相経験者を中心メンバーとする重臣会議によって、その候補が選ばれることになっていた。五日の重臣会議では、議長役をつとめていた木戸内大臣も鈴木貫太郎を推薦した。ところが、重臣の東條英機が陸軍の畑俊六大将を推薦して譲らず、両者は口論となった。東條が「陸軍がそっぽを向けば、内閣は崩壊すべし」と陸軍の権力を背景に圧力をかけると、木戸内大臣は「国民が（陸軍に）そっぽを向く」と反論し、重臣会議は騒然となった。この口論を聞いていた鈴木貫太郎枢相は、東條が「自説を貫徹」するため「はなはだ穏当を欠く発言」をしていると思った。(5)

昭和天皇は、五日午後九時五八分、鈴木貫太郎を呼び、内閣総理大臣として組閣するよう命じた。鈴木は軍人は政治に関与すべきではないという持論を述べ、回答を保留してしまった。(6)

翌六日朝八時、小石川区丸山町にあった鈴木貫太郎（海兵一四期）の私邸に重臣の岡田啓介（海兵一五期）が訪れた。(7)有名なことだが、九年前の二・二六事件のとき、岡田は首相、鈴木は侍従長であり、両者は運良く、奇跡的に助かった二人であった。

（岡田）軍人は政治に関与しないという気持ちはわかるが、軍人であるならば死ぬということは知っているだろう。

（鈴木）そりゃ死ぬことは知っているよ。軍人だから……。

（岡田）この内閣はね、死ぬことさえ知っていればつとまるんだよ。(8)

当時、陸士・海兵出身の職業軍人は、自己の生命より国家の名誉を重視するよう、一〇代から徹底した教育を受けており、軍人の命をかけた信念は、文官のそれを圧倒していた。しかも陸海軍という巨大な官僚組織は、文官のコントロールが及ぶところではなかった。

四月七日、鈴木貫太郎内閣が成立する。鈴木は組閣にあたり、二・二六事件で浴びた銃弾と首筋にあてられた銃口を思い出したという。首相秘書官には長男の鈴木一が就任した。その鈴木一は、二・二六事件の翌年、陸軍に臨時召集され、中国大陸で死線をさまよった経験があった。(9) 鈴木首相は散っている桜を官邸から眺め、ローマやカルタゴの存亡について思いをめぐらせたという。国民は光輝ある日本の歴史を信じ、軍部は戦争の実情を隠していた。八日午後七時過ぎ、鈴木首相は「大命を拝して」と題してラジオ放送を行った。新聞は次のように報道した。

戦局かくのごとく急迫した今日、私に大命が降下した以上、私の最後の御奉公と考えると同時にまず私が一億国民諸君の真先に立って、死花を咲かせるならば国民諸君は私の屍を踏み超えて国運の打開に邁進することを確信致し、謹んでおうけ致したのである。〔中略〕世界の戦争を見ても、大国必ずしも勝たず、小国必ずしも敗れず、小国の大国に勝つ場合は総てあくまでも頑張って戦い抜いた場合のみである。帝国が世界の大国米英を敵とするこの戦争であるから、今日のごとき事態は当然起ることであり敢て驚くには足らぬ。(10)

大国米英を相手に戦争をはじめた責任は、開戦時の軍首脳部にあった。鈴木首相が愛読していた『孫子』には「小敵の堅は大敵の擒なり」とある。海軍出身の国務大臣左近司政三が聞いたところによれば、鈴木首相は「小国日本が世界の強大国を向うに廻して無理な大戦争をやっている、ここでもし我国の面目を維持し得て講和ということが成立てば、それだけで日本の勝利といい得る」という態度であったらしい。首相の講和条件は「国体を護持しその上若干適当な条件」あたりに感じられたという。(11)

鈴木内閣の成立した日（四月七日）は、戦艦大和が沈没した日でもあった。二日前の四月五日には、ソ連が日ソ中立条約の不延長を通告している。先行きは暗かった。このような状況のなか、鈴木首相の念頭にあったのは、連合艦隊司令長官のときに経験した暴風雨の教訓であった。暗夜、雨が降り、風が吹き、波のしぶきが霧を吹いて、前が見えない。針路変更の地点にまで来たとき、燈火信号で命令を出すかどうか迷った。だが、命令を全艦に正しく伝えることは困難で、針路変更の位置や時期に誤差が生じた場合、軍艦同士が衝突し、大混乱に陥る可能性があった。鈴木長官は「直進航海を続けよ」と命令し、ブリッジの先頭に立って、運を天にまかせて、風がやむのを待った[12]。

鈴木首相が操舵の心境であったことは、地方長官会議における訓示において確認できる。『朝日新聞』は次のように報道している。

私が子供の時分、『十八史略』で読んだ元の名宰相耶律楚材の「一利を興すは一害を除くに若かず」という言葉である。子供の時にはそれがどういう意味かよく判らなかったが、今日の時局に際しこれはまことに至言であることに思い至るのである。各位においてはこの言葉を特に玩味して頂きたいと思う。なお今日は各方面に色々な不平不満の声も聞くし、また若干の感情の衝突もないではないことは実情である。このようなことは戦時にあり勝ちのことで、一面やむを得ない状況であるとは思うが、何としてもこの際は皆が平生の感情の蟠《わだかま》りを忘れて、心を一にして懸命に暴風雨と戦う船のごとく、国家という船を安全に彼岸に着く様にしなければならない[13]。

「一利を興すは一害を除くに若かず」という耶律楚材の言葉を引用している。国家の「利」よりも国家の「害」を除くことを優先すべき時局であった。危険は回避しなくてはならない。海軍では、船の安全については艦長に全責任がある。したがって、船の航海については航海長にまかせるべきであるが、船の安全については、艦長と航海長とでダブル・チェックする必要があった[14]。

四月一三日の夜の空襲は、小石川の鈴木邸の周辺をも火の海とした。七七歳の鈴木首相は一睡もせずに、翌一四日午前四時半に登庁し、夜には国民にむけてラジオ放送を行った。内閣誕生以来、首相官邸には毎日一〇〇通以上の手紙や投書が届き、これらの諸情報は秘書官を通じて首相に届けられた。鈴木首相は誰の意見でも聞くという態度であった[15]。

鈴木内閣が最初にとりかかった仕事は、長期戦になった場合、日本はどのようになるのかという予測であった。B29による空襲によって国力は急速に低下していた。鈴木内閣の国務大臣であった安井藤治陸軍中将はガソリンを少しでも節約するため、毎日、途中まで電車に乗って出勤した。官邸で出る食事が目当てであった。鈴木首相の妻の鈴木孝子も「七月かな、八月かな」と鈴木貫太郎が嘆息しているのを耳にしている。(16)

2　水面下での水掻き

適当な時機に適当な条件で舵をきりたいと考えていた鈴木首相は、メディアを通じて、アメリカにシグナルを送っていた。四月一二日、ルーズヴェルト大統領が急死した際には、米国民に対して「深い哀悼の意」を表明していたし、六月九日の第八七臨時議会の首相演説でも「〔大正七年練習艦隊司令官時代に〕日米戦争の理由なきこと、若し戦へば必ず終局なき長期戦に陥り、洵《まこと》に愚なる結果を招来すべきことを説き、太平洋は名の如く平和の海にして、日米交易の為に天の与へたる恩恵なり。若し之を軍隊輸送の為に用ふるが如きことあらば、必ずや両国共に天罰を受くべしと警告したのであります」と述べていた。(17)

五月八日のドイツの降伏は、日本の対外政策の根底を変化させた。日独伊単独不講和協定が消滅し、日本は単独で講和交渉ができるようになった。また日本陸軍は、ソ連が兵力をヨーロッパからアジアに移動させていることを察知し、外交に柔軟な姿勢をとるようになった。ドイツ降伏後の首相放送の原稿には「我には必勝の備えがある」という部分が「我には万全の備えがある」と変更された。この裏話は政界の噂となり、伝え聞いた人のなかには意味深長だと感じた人もいた。(18)

ドイツの崩壊とソ連の動向を受けて、六巨頭（首相、外相、両大臣、両総長）は、五月一一日から一四日にかけて、六人だけの会議を開き、ソ連の参戦をいかに防止するのかを秘密裏に話しあった。最終譲歩ラインについては意見の一致をみなかったが、だいたい日露戦争以前に戻ることは、やむを得ないということになり、重臣の広田弘毅元首相に依頼して、ソ連の意向を偵察することに決めた。(19) 鈴木首相の腹は「皇室は是非守らねばならぬ」という点にあり、(20) 秘密が漏れることを極度に怖れた六人は議題内容を秘密にした。(21)

鈴木首相は、沖縄戦において米軍を叩くことができれば、外交のキッカケをつかめるのではないかと考えていた。ソ連の対日態度も、沖縄戦の勝敗に左右される。[22] 一方、本土決戦を重視するのであれば、航空兵力を温存する必要があった。

戦局の悪化は明らかであった。一九四五（昭和二〇）年一月には次のような冗談までもが雑誌にのるようになっていた。

第一線

南方の基地にて

兵士「おい第一線のおじいさんから手紙がきたぜ」

兵士「エへーお前のおじいさん第一線に居るのかい。いくつだい」

兵士「いやね、今は東京も第一線だからね」[23]

五月二五日夜の空襲では、皇居の宮殿も焼けた。六月六日、最高戦争指導会議が開催され、日本の戦争目的は、国体の護持と国土の確保のラインにまで後退した。翌日の閣議で、鈴木首相は「帝都は之を固守する」と述べた。当時、大本営を東京から松代（長野）に移動させる計画があり、暗にそれに反対したのである。その理由は「あんな通信連絡の不便な所に行って戦争など出来るものではないし、戦争終結も出来ない」という点にあった。[24]

六月八日、本土決戦の方針を決定するため、御前会議が開かれた。陸海統帥部は「必勝」の信念を披露し、内閣側は国力の限界を報告した。

「我軍は勝利か然らずんば死の一念に徹し挙軍刺違の戦法を以て敵を大海に排擠殲滅せざる限り攻勢を中止せざる強固なる信念を堅持する」「其の時機〔本土進攻〕は九州四国方面に対しては七八月の候に関東方面に対しては

初秋以降と判断す」（参謀総長代理）
「敵全滅は不能とするも約半数に近きものは水際到達前に撃破し得るの算ありと信ず」「其の時機（本土進攻）は九州四国方面に対しましては七八月の候に関東方面に対しましては初秋以降と判断しております」（軍令部総長）
「生産の見透は更に急激に悪化する可能性がある」（軍需大臣）
「現在の配給量維持は不可能」「最低量を破ることを一日も早く国民に知らせたいと思うが民心の動向、戦意の昂揚に注意せねばならぬ」（農商大臣）

陸海統帥部と内閣の報告が矛盾していると思った昭和天皇は何も発言しなかった。内閣の見通しでは、六月以降、計画的な輸送ができず、石炭はなくなり、工場は運転休止となり、国民は飢餓状態になるという。航空ガソリンも八月か九月にはなくなる。ところが、鈴木首相は、死中に活を求めるべきだと、陸海統帥部を激励した。この首相発言を聞いた陸軍の河辺虎四郎参謀次長は「老首相の胸底に些毫の疑いを投ずるの要なき」と感激した。[25]一方、東郷茂徳外相は、首相は「二重人格」で、国民指導と政府方針とを混同していると思った。[26]

昭和天皇は、六月一三日、大本営を松代（長野）に移動する計画を聞かされた。同日午後三時半、天皇の内意を受けた木戸内大臣は鈴木首相に対して、早期交渉と撤兵を骨子とする「時局収拾対策試案」を説明した。ところが、鈴木首相は「米内は何と思っていますかな」と言い、米内光政海相は「総理は何と思っていますかなぁ」といった。両者は、重臣の広田弘毅がソ連のマリク大使と接触していることを天皇と内大臣にも秘密にしていたのである。[27]鈴木首相が、五月上旬の六巨頭会議の決定を昭和天皇に伝えたのは、沖縄の組織的戦闘が終了した六月二〇日のことであったと推定される。[28]

六月二二日午後三時五分、昭和天皇は、突然、自らの発意で六巨頭（首相、外相、両大臣、両総長）を集め、非公式に秘密御前会議を開催し、外交について意見を求めた。この会議は正式な手続きを踏んでいなかったため、憲法に抵触することをおそれた天皇は「懇談会」であるということにした。昭和天皇は最初に鈴木首相を指名し、首相は外交上、手を打つことが必要であると口火をきった。次に米内海相が、五月上旬の最高戦争指導会議の決定事項を報告し、対ソ外交の開始を主張した。外相も海相と同趣旨の意見を述べた。だが、陸軍の梅津参謀総長は、対ソ外交には「慎重を要す」と反対した。天皇は「慎重に措置すると言うのは敵に対し更に一撃を加えた後にと言うのではあるまいね」と反論して、陸軍の主張を押し切った。(29)

昭和天皇は元侍従長の鈴木首相に絶大な信頼をおいていた。天皇と首相の間では、かなり率直な会話があったようである。(30)例えば、拝謁した鈴木首相が、国民を激励する詔書を出してほしいといったところ、昭和天皇は断った。その理由は『昭和天皇独白録』によれば「出すとなると、速かに平和に還れとも言えぬからどうしても、戦争を謳歌し、侵略に賛成する言葉しか使えない、そうなると皇室の伝統に反する事になるから」であった。「鈴木だから、隔意なく思う事」が言えたという。(31)

皇族に対しては、鈴木首相は、率直な発言を行っている。例えば、六月二九日、高松宮から「いつ戦争を終結するが一番善いと思いますか」と聞かれると、「兵力による反撃の可能な時機、即ち今が一番善いと思います」と明確に返事をしている。(32)

陸軍軍人に対しては、鈴木首相は、長期にわたって戦争が継続できないことをほのめかした。七月二日、鈴木首相は、新任の東京防衛軍司令官飯村穣中将に対し、「いざ、というときは東京を六ヵ月だけ守ってほしい」と意味深長に述べた。陸軍の飯村中将は、首相の言外の意味をすぐに理解したが、六ヵ月も東京は守れないと思った。(33)

閣議のような公式な席では、鈴木首相はもっぱら聞き役にまわり、含みのある言葉を使い続けた。その理由は「外交」ならぬ「内交」上の混乱を回避するためであったという。「外部に洩れた場合、事あれかしと望んでいる自称、他称の国士たちが、どういう所行に出るか、想像しても恐るべきである。そんな事が起ればいっさいがっさい、めちゃめちゃである。私はそれを恐れた。水鳥のそれのごとく悠々と水の上に浮んでいるようだが、その足は絶え間なく水を掻いていたのである」という。(34)

昭和天皇は、七月七日、鈴木首相を呼び出して対ソ外交を督促した。鈴木首相は、奉答を保留して六巨頭会議を開き、近衛文麿を特使としてモスクワに派遣することを決定した。外務省は七月一三日ソ連に対して、和平の仲介を申し入れている。だが、ソ連はすでにアメリカに対日参戦を約束しており、ポツダム会談を口実に対日回答を引き延ばした。(35)

3　間髪を入れずに旗を振る

七月二六日、米英中はポツダム宣言を発表し、日本軍の無条件降伏を要求した。ポツダム宣言の条項（条件）としては、カイロ宣言履行・保障占領・武装解除・戦争犯罪人処罰・領土縮小などが提示されていた。ソ連がポツダム宣言に加入していないことは、水面下で対ソ外交を行っていた鈴木内閣に期待を抱かせることになってしまった。ソ連の回答を待ってから、ポツダム宣言への対応を考えても遅くはない。七月二八日午前の最高戦争指導会議において、ポツダム宣言に反論を行わず、「黙殺」が決定されたようである。そして、午後の記者会見で、鈴木首相は「この宣言は重視する要なきものと思う」との意味の答弁をしたとされる。(36)すでにメディアは前日から「政府は黙殺」と報道していた。しかし鈴木首相は「黙殺」という言葉は口にしなかったのではないかという説も強い。(37)当時、次のような意見もあった。

「和平気運あるならんと勝手な見解を採り『政府は黙殺云々』を『政府は黙認云々』と故意に曲解する慮れもあると思う」（大日本言論報国会　斉藤忠）

「大東亜諸民族や朝鮮、台湾人等には或る程度の影響なしとは保し難いので警戒を要する」（陸軍中将　建川美次）

「黙殺」も「黙認」と受け取られかねなかった。一九四三年のカイロ宣言の時は、東條英機首相が「被圧迫民族の解放に関しては、この夢物語においてすら、一言も触れておらない」、「東亜における旧領土の処分まで具体的にすら思った。[39]

示すべき」と反論していたが、鈴木首相はポツダム宣言に反論していない。[38]南九州の特攻基地で戦っていた宇垣纏（第五艦隊司令長官）は、反論がなかったことに不満で、むしろ日本側から、米英中に無条件降伏を勧告すべきだとすら思った。[39]

鈴木首相はソ連に和平斡旋の依頼をしていることを、一般閣僚に秘密にしていた。秘密が洩れれば政局が混乱するからである。八月二日の閣議で、鈴木首相は「背水陣には必ず勝つべし」と激励した。八月三日の内閣顧問会においても「此方はしっかりと構えて居れば、向うが先にへこたれるから、そういう宣言をラジオ放送したからといって何も戦争を中止する必要はない」と述べた。もう少し待つという方針であった。このような鈴木首相の態度は、本土決戦に見切りをつけていた米内海相を不安に陥れていた。「総理の言うことも解らぬ。口を開くと、小牧山とか大坂冬の陣とか、そんなこと許り強いことを言ってる」と漏らしている。[40]

他方、鈴木首相と旧知の仲であった石黒忠篤農相は、左近司政三国務相から聞いた話を思い出し、首相の真意は別にあると考えていた。昔、鈴木長官は、海上で英艦隊と正面衝突しそうになった時、英艦隊のコースを見切るため、ギリギリまで舵をきらなかった。[41]鈴木長官には、針路さえ正しくとっていれば、ほかの軍艦にぶつからないという固い信念があった。危なくなっても、潮が反対に押し返すか、ほかの船が避けてくれるということであった。[42]

八月六日午前八時一五分、広島に原爆が投下された。午前一〇時頃〔ママ〕、首相官邸の警察電話が鳴り、「一大閃光と共に広島全域は潰滅の模様」という第一報が入った。[43]同日、アメリカのトルーマン大統領は原子爆弾を投下したと発表した。陸軍と海軍は、それぞれ別々に原爆調査団を広島に派遣した（正式な報告書の到着は一〇日）。[44]

八月八日、モスクワの佐藤尚武大使から、午後五時（日本時間午後一一時）にモロトフ外相と会見する旨の報告があった。この電報を受けとった東郷外相は、すぐに首相官邸に行き、翌日に六巨頭会議を開催する根回しを行った。鈴木首相は、翌日の閣議で決心を述べるといい、迫水久常書記官長は、原稿の作成にとりかかった。[45]

八月九日零時、ソ連は日ソ中立条約を破棄して対日参戦した。「溺れるものは藁をもつかむ」かのような淡い期待は裏切られたのである。午前八時、鈴木首相は東郷外相に対し、「この内閣で結末をつけることにしましょう」

と決意を表明した。午前一〇時一〇分に参内した首相は、木戸内大臣から天皇の意向を聞かされた。

午前一〇時半から六巨頭会議が開かれた。会議の冒頭、鈴木首相が「広島の原子爆弾で非常に大きなショックを受けているところへ、今度はソ連の参戦で、四囲の情勢上到底戦争継続は不可能というの外はなく、どうしてもポツダム宣言を受諾せざるを得ないのではないか、皆の意見が聞きたい」と述べると、一瞬、座が白けた。数分間の沈黙が続いた。米内光政海相が、皆黙っていてもしようがない、無条件受諾か、条件を付けるかだというと、条件の数をめぐって活発な討議が開始された。東郷茂徳外相は一条件（国体護持）でポツダム宣言を受諾すべきだという、阿南惟幾陸相、梅津美治郎参謀総長、豊田副武軍令部総長は、四条件（国体護持、保障占領拒否、自発的武装解除、自主的戦犯処罰）を主張した。東郷外相は、四条件であれば交渉が決裂すると反対した。鈴木首相も「故意に交渉を打破して継戦を強行せんとの腹なるべし」と四条件に反論した。[46]

午後二時半、第一回臨時閣議が開かれた。閣議の前に、東郷外相は首相に対し、意見がまとまらない場合は「聖断」以外に方法がないが、その前に陸相が辞職するようなことがないように気をつけてほしいと内々に話した。閣議において、鈴木首相は次のような発言をしている。

「戦争の形勢はソ連の参戦により一変した。一方、原子爆弾により戦局は重大化した。今後、戦争継続は可能なりや、閣員の意見を率直に述べられたい」（第一回臨時閣議での発言）

「内閣の責任は重大である。この事態は当然来るべき運命であった。組閣当初より考えていた。軍の成り行きも外交も、今日の事態になることはすでに覚悟していた。日本の今日の運命は初めから決心していた。ソ連に対する外交も不運であった。いま少し早く始めればよかった。組閣当初から交渉すればよかった。時期を失したのは残念である。今、内閣が責任を感じて辞職しても、陛下の御許しはなかるべし。この重大事項を決定せずして内閣を去るわけにはゆかぬ」（第二回臨時閣議での発言）[47]

閣議の休憩の間、首相は、早めに決断しなくては犠牲者が増えると思い、「聖断」をあおぐ決意を固めていた。だが、「大国を治むるは、小鮮を烹るが若し」という『老子』の言葉を思い返し、ゆっくり各責任者の議論を聞こうと思った。適当な火加減で辛抱強く、ゆっくり煮る。むやみに箸でつつくと、魚の姿を崩してしまうからだ(48)。

午後一〇時五五分、鈴木首相は東郷外相とともに昭和天皇に拝謁して、御前会議の開催と平沼騏一郎枢相の出席を願い出た。鈴木首相には、国家の滅亡に際して「輔弼の責任があってみたところで何の役にも立たない。若し責任を論ずるならば、陛下御自身がその責任に任ぜらるるわけである」という持論があった(49)。

八月一〇日午前零時三分、宮中防空壕内において第一回御前会議が開催された。会議の冒頭、鈴木首相は「多数の主張せられたる外相意見を原案とす」と述べた。東郷外相は一条件（国体護持）によるポツダム宣言受諾を主張した。米内海相、平沼枢相も、外相案に賛成した。他方、阿南陸相と梅津参謀総長、豊田軍令部総長は、ポツダム宣言の受諾に異議はないが、四条件を附することは絶対に必要だと主張した。

天皇の前で、三対三で議論が分かれると、阿南陸相は、平沼枢相の主張が四条件論と共通する点があることに気がつき、「議長」と発言を求めた。ところが、鈴木首相は耳が遠く、「皆じゅうぶん意見を吐露したものと認めます」と述べて、突然立ち上がり、天皇の前に進み出て、天皇の意見を求めた。昭和天皇は、目の前の鈴木首相に対し、席に戻るようにいったが、鈴木首相は耳に手をあてて聞き直した。天皇は、今度は左手を出して、席に戻るようにいった(50)。

昭和天皇は外相案に賛成した。九十九里浜の築城の遅れを指摘して「之ではあの機械力を誇る米英軍に対し勝算の見込なし。朕の股肱たる軍人より武器を取り上げ、又朕の臣を戦争責任者として引渡すことは之を忍びざるも、大局上明治天皇の三国干渉の御決断の例に倣い、忍び難きを忍び、人民を破局より救い、世界人類の幸福の為に斯く決心したのである」と述べた。列席していた池田純久総合計画局長官は、鈴木首相が閣議で三国干渉、臥薪嘗胆といっていたことを思い出し、昭和天皇と鈴木首相の主張は同じであると感じた(51)。

八月一〇日午前二時過ぎの第一回の「聖断」の後、鈴木首相は天皇の意向を背景に、短期間で降伏の決定を行った。それはあたかも、決定の先延ばしを回避するための決定であったかのようにも見える。一三日に連合国の回答文（バーンズ回答）を読んだ鈴木首相は、閣議で次のように述べた。

「最後に問題は国体護持の上より危険を感じているが、さればとて今どこまでも戦争を継続するかと言えば、畏れ多いが大御心は此際和平停戦せよとの事である。もし此〔の〕まま戦えば背水の陣を張っても原子爆弾のできた今日、あまりにも手おくれである。それでは国体護持は絶対にできませぬ。いかにも一縷の望はあるかも知れませぬ。死中に活もあろう、全く絶望ではなかろうが、国体護持の上から見てそれはあまりにも危険なりと言わねばならぬ。万民の為に赤子をいたわる広大なる思召を拝察しなければならぬ。臣下の忠誠を致す側より見れば、戦い抜くと言う事も考えられるが、自分たちの心持だけは満足できても日本の国はどうなるか誠に危険千万である。かかる危険をも御承知にて聖断を下されるからは、我等はその下に御奉公する外に道なしと信ずる」（八月一三日の閣議での発言）

翌一四日、第二回御前会議が開かれ、二度目の「聖断」が行われた。かなり早い段階から降伏を主張していた高松宮ですら「大体の進み方は予想していたが、それでも最後の数日の『テンポ』には全く思索が追及出来ず」と感じるほどのスピードであった。また、陸軍部内は「不眠不休」「約五日ばかり眠って居らぬ」といった状況になり、クーデターをするにも「何しろ時日がとても短かった。組織的行動を起すには余裕がなかった」という状態にあった[52]。

七七歳の老齢で、ある日突然、首相となった鈴木貫太郎は、軍人は政治には素人であると考え、「終戦を告げる旗を何時振るか」という一点に意識を集中していたという。首相となって一ヵ月後に対ソ偵察を開始し、三ヵ月後にソ連に和平仲介を申し入れ、約四ヵ月で戦争を終結させた。政治の経験が不足していた鈴木首相が、もう少し早い段階で「聖断」に持ち込むことができたかどうかは、解釈の分かれるところである。

八月一五日午前四時一五分頃、首相官邸の前で機関銃の音が聞こえた。襲撃に来たのは、降伏に不満を持った陸軍大尉佐々木武雄の指揮する「国民神風隊」であった。ところが、首相は、官邸日本間が空襲で焼けていたため、自宅に泊まっていた。

官邸から急をつげる電話が入ると、寝ていた首相は目を覚まし、周囲に「おれについて来い。いつも命は助かるよ」と冗談をいった。この電話は二日前に完成した直通電話であった。[53]また、鈴木邸は質素であったため、「国民神風隊」は間違えて隣家の千葉三郎の邸宅に突入した。

首相が脱出した直後、国民神風隊は隣の鈴木邸に突入した。佐々木大尉は、振り上げた拳のやり場を失った。鈴木首相がまだ家のどこかに隠れているのではないかと思った。

「よし、焼き打ちだ」

「万歳！」

佐々木大尉の絶叫に、国民神風隊は燃え上がる鈴木邸を前に、銃をあげて万歳を三唱したという。[54]

おわりに

首相鈴木貫太郎は、日本という船の「安全」を考え、当分の間は直進航海を続け、好機をつかんで一気に舵をきるつもりであった。その価値判断の基準は「危険」を少しでも回避することにあったと考えられる。暴風雨の中での操舵は、波や天候のタイミングをみて、なるべく短い時間で行わなければ、船の安全は確保できない。実際、鈴木首相は、ソ連参戦から二十四時間以内に第一回御前会議に持ち込んでいる。当時の感覚から見れば、これは寝耳に水の「急転直下」の出来事であった。多くの政治日程が短い時間的制約のもとにおかれたことは、政治的均衡を崩し、勢いを生み出したのである。

鈴木首相が公然と口外できなかったのは、船の舵取りの問題だけではなく、船の燃料の問題もあった。石油が秋以降にはなくなってしまうということは、天皇、首相、関係閣僚、軍上層部しか知り得なかった当時の最大の国家秘密であった。したがって、鈴木首相が、石油がなくなる前に「操舵」を行うことは、それを知り得ていた人には、ある程度まで理解できることであったが、ほかはそうではなかった。

海軍出身の鈴木首相が石油を気にしていたことは、首相の運転手をつとめていた柄澤好三郎の回想からも裏付けられる。

鈴木さんを最初に乗せたとき、重みが違ったように感じました。それまでの総理大臣はしばらくおつきあいしているうちに、こういっては失礼だが、底がわかったような気になったもんです。でも、鈴木さんだけは本当に底の知れない大きな人でした。どこまで奥行があるんだかわからない〔中略〕。私が知っているのは、徹底抗戦をいう貫太郎さんだけですけど、東條さんと違って、それだけじゃないという感じはしました。しかし、あんなに見事にパッと終戦へもっていくとは思いませんでした〔中略〕。夜の食事時には、鈴木さんが、私と護衛も含めて、みなを集めて、終戦にいたるまでの苦労話をいろいろ聞かせてくれました。終戦のころ、日本には一万機の飛ばせる飛行機があったそうなんですが、これに日本にある油を全部入れて飛ばしたら、どのくらい飛ぶと思うかって鈴木さんは聞きました。みんな答えられないでいると、たった二〇分しか飛べない。それを陸軍は一万機という数のことばかり考えて、本土決戦なんていっていると、笑いながら話していました。(55)

昭和天皇も敗戦後に「油故に開戦し油故に敗る」と側近に語っている。(56)

大正時代、連合艦隊司令長官であった鈴木貫太郎には、嵐のなかでも、激しい潮の流れのなかでも、船の針路さえ正しくとっていれば、ぶつかる心配はない、危なくなっても潮は反対に押し返す、正しく進めば他の船の方が避けてくれるという信念があった[57]。また、海軍では操舵において上下の信頼関係がないと、操舵員が「内緒で舵をとる」という事態が発生しかねない[58]。これは、あまり指摘されないことであるが、ポツダム宣言受諾の最終局面においては、陸軍が衝突を回避するシナリオと、天皇と首相が陸軍との衝突を回避するシナリオの二つがあったが、両者は政治的落としどころを異にしていた。鈴木首相は「阿南を疑へず」と信頼していた[59]。阿南陸相は苦悩の末、ポツダム宣言受諾の詔書に副署したうえで自決する。陸相と梅津参謀総長は「継戦派」とみなされがちだが、クーデター計画には同意を与えなかった。参謀総長は「聖断」を無視してクーデターを起こしても、軍が分裂するし「国民もついて来ない」と考えていたのである[60]。

最後に、鈴木貫太郎の歴史的評価の難しさについて言及しておく。第一に、国家間の戦争終結問題において、ある国家の指導者の個性がどの程度、要因として働くのかという点である。たしかに、国家間のパワーによって、戦争の勝敗を説明することも可能である。日本の降伏の場合、原爆投下、ソ連参戦、本土決戦という軍事的要因や、「無条件降伏」の「条件」という外交的要因によって、その対外行動は説明できる。他方、降伏時の首相が鈴木貫太郎ではなく、近衛文麿や東條英機、岡田啓介であったらという「仮定の事実」について考えるならば、国家間レベルと国内レベルの因果関係がどのように絡まっていくのかという難問に直面するだろう。第二に、明治憲法体制の理解の問題である。陸海統帥部が内閣から独立し、陸軍と海軍が対等な関係のなかで、首相と軍部大臣の力関係はどのように考えればよいのか。この点の解釈の相違により、鈴木首相が取り得た選択肢の解釈も異なってくるだろう。第三に、指導者の個性と「偶然性」の関係である。鈴木貫太郎は二・二六事件で襲撃されているが、助かっている。たしかに、これは、単なる偶然かもしれない。しかしながら、もし鈴木貫太郎が何らかの運を強く信じていたとすれば、非常に困難な状況であればあるほど、そのこと自体が何らかの形で影響を与えた可能性がある。

註

（1）　鈴木貫太郎述、文責鶴本丑之助「大日本帝国最後の宰相——鈴木貫太郎終戦秘録」（『日本週報』二一七号、一九五二

年）一七、三九頁。戦後、志賀直哉は「鈴木さんは舳だけを沖に向けて置き、不意に終戦という港に船を入れて了った」と書いている（外務省編『終戦史録』官公庁文献研究会、一九九六年、七六七頁）。

（2）波多野澄雄『宰相鈴木貫太郎の決断――「聖断」と戦後日本』（岩波書店、二〇一五年）は「鈴木は、戦争に正邪を認めず、アジアの解放や独立といった理念や正義の問題としてとらえることにも消極的であった」「鈴木は、もはや帰趨の決した戦争の終末を、無条件降伏がやむを得ないのであれば、それを自らの責任で受け容れ、同時に、国民の怒りも一身で引き受ける覚悟で政権運営に臨んだ」とする（二二二、二五四頁）。小堀桂一郎『鈴木貫太郎　用うるに玄黙より大なるはなし』（ミネルヴァ書房、二〇一六年）は「『玄黙』こそ鈴木の終戦工作に終始一貫底流していた戦略であり、その極意を象徴する字眼であると見てよい」「玄黙という政治運用の手法故に、鈴木はその同志からも対立陣営からも度々誤解を受けた」とする（三八九頁）。鈴木貫太郎に関する研究は数多く、小堀桂一郎『宰相鈴木貫太郎』（文藝春秋、一九八二年）、平川祐弘『平和の海と戦いの海』（新潮社、一九八三年）、馬場明「『大東亜戦争』終結と鈴木貫太郎」（『国学院大学紀要』二六巻、一九八八年）、花井等『終戦宰相鈴木貫太郎』（広池学園出版部、一九九七年）、櫻井良樹「鈴木貫太郎日記（昭和二一年）について」（『野田市研究』一六号、二〇〇五年）、苅部直「鈴木貫太郎」（御厨貴編『宰相たちのデッサン――幻の伝記で読む日本のリーダー』ゆまに書房、二〇〇七年）、黒沢文貴「昭和天皇の二度にわたる田中首相叱責と鈴木貫太郎」（黒沢文貴『大戦間期の宮中と政治家』みすず書房、二〇一三年）、黒沢文貴「海軍軍人としての鈴木貫太郎」（戸部良一編『近代日本のリーダーシップ』千倉書房、二〇一四年）、波多野澄雄「終戦をめぐる指導者群像――鈴木貫太郎を中心に」（戸部良一編『近代日本のリーダーシップ』）、庄司潤一郎「第二次世界大戦における日本の戦争終結」（防衛省防衛研究所編『歴史から見た戦争の終結』防衛省防衛研究所、二〇一六年）、櫻井良樹「鈴木貫太郎・タカ夫人と『昭和天皇実録』――タカ宛鈴木貫太郎書簡解説として」（『野田市史研究』二六号、二〇一六年）などがある。半藤一利『聖断　天皇と鈴木貫太郎』（文藝春秋、一九八五年）、小松茂朗『終戦時宰相鈴木貫太郎』（光人社、一九九五年）、立石優『鈴木貫太郎』（PHP研究所、二〇〇〇年）、堤堯『昭和の三傑』（集英社インターナショナル、二〇〇四年）、鳥居民『原爆を投下するまで日本を降伏させるな』（草思社、二〇〇五年）、若林滋『昭和天皇の親代わり　鈴木貫太郎とたか夫人』（中西出版、二〇一〇年）、石川秀勇編著『正直に肚を立てずに撓まず励め』（山崎農業研究所、二〇〇三年）も独自の取材に基づいて記述している。鈴木首相の「腹芸」については当時者の間では異論があるが、研究者の間ではほぼ認められているといってよい。この点、関口哲矢『昭和期の内閣と戦争指導体制』（吉川弘文館、二〇一六年）は『腹芸』に関していうと、取り上げる書き手の主観が入りやすいため、実証的な分析にもとづく議論が生まれにくい。ひいては、鈴木内閣が終戦内閣か継戦内閣かという水掛け論を誘発する危険性をもっている」とし、「水面下の調整という試みも十分に加味される必要がある」と問題提起する（二六一、二七九頁）。本章では「秘密」という言葉を使用している。鈴木一編『鈴木貫太郎自伝』（時事通信社、一九六八年）では「秘密」という言葉は次のような文脈で使用されている。「これはその当時は秘密なことだった。こういうことはいずれの戦争の時も多少まぬがれないことだろうと思う」「その辺がドイツ人の同業者間の信用で、お互いの秘密を守るところが知られて奥ゆかしい」「民間にある魚雷工場は各国に売るものだから秘密はない」「この会議はその頃秘密にわたることだったが、今は差しつかえないだろう」「もちろんこれは秘密に保つべきもので、白川家で秘密を保てば私の方は秘密を保つといった」「それに開戦に至るまでの計画は政府部内の秘密計画になっていたので、われわれは知る由もなかった」（四四、八五、九〇、一八四、二五九、二八一頁）。また、鈴木貫太郎は『孫子』の用間篇に持論があったようだが、その内容はわかっていない。鈴木邸で「用間」の講釈をたびたび受けた原敬吾は「今日も孫子のヨーカンの御馳走になった」と語ったほどだった（原敬吾「鈴木貫太郎大将のこと」『心』一六巻二号、一九六三年、六三頁）。なお、「腹芸」という言葉については、鈴木は別のところで次のような文脈で使用している。「〔日露戦争直前の日進春日の回航を回想して〕そこでもう事情切迫していると思うから、これはもうお互の腹芸ですね。日本海軍はアンサルド会社を信用して即刻只今受取る、もう検査なしに受取る、それから会社の方は若し不足なものがあったならば、いつ何時でも後からお送りする」（鈴木貫太郎「日進春日の廻航」時事新報社編『日露戦争を語る　海軍の巻』時事新報社、一九三五年、二一頁）。本章では、仮に鈴木首相が「腹芸」の心境であったならば、それは相互性を持つものであったと考えている。いわゆる研究史については、赤木完爾・滝田遼介「終戦史研究の現在――原爆投下・ソ連参戦論争とその後」（『〈慶應義塾大学〉法学研究』八九巻九号、二〇一六年）、石井修「原爆投下とソ連参戦」（筒井清忠編『昭和史講義2　専門研究者が見る戦争への道』筑摩書房、二〇一六年）が詳しい。

（3）佐藤元英、黒沢文貴編『GHQ歴史課陳述録　終戦史資料』上巻（原書房、二〇〇二年）四八四頁。

（4）木戸幸一『木戸幸一日記』下巻（東京大学出版会、一九六六年）一一八七―一一八八頁。

（5）木戸幸一『木戸幸一日記』下巻、一一九四頁、鈴木貫太郎述、文責鶴本丑之助「大日本帝国最後の宰相」一三頁。東條

が警告したように、陸軍が協力せず、内閣が崩壊する兆しがなかったわけではない。防衛省防衛研究所所蔵『政変に関する陸軍省軍務局軍務課保存資料』（文庫・柚・四五七）には「組閣に際し入閣交渉ありたる場合に於ける陸軍大臣応答案（昭和二〇年四月六日）」が残っており、陸軍の提出する「三条件」（「大東亜戦争」の完遂・陸海軍の一体化・陸軍の政策を躊躇なく実行すること）の一条件でも拒否された場合、陸軍大臣は「私より申上げましたる件は陸軍の総意、陸軍の信念でありますので是非とも再考を御願申上げなければなりません」と陸軍の信念を貫徹する予定だったようだ。この場合、仮に、天皇が陸軍に対して、鈴木への協力を要請しても「陸海軍の一体化の実現を期しまして先ず其線に副い内閣の組織に協力致します」（「阿南大将に対し新内閣に協力すべき優錠を賜りたる場合に於ける奉答案」）「陸軍と致しましては曩に御言葉を拝しました陸海軍の一体化の実現を期し得まする如き内閣の組織に協力致し度き覚悟で御座います」（「杉山陸軍大臣に新内閣に協力すべき優錠を賜はりたる場合の奉答案」）と奉答する覚悟があったようだ。なお、鈴木は「東条の信念、信念にも困ったものだ。信念だけでは戦争は勝てないのにねえ」（鈴木貫太郎伝記編纂委員会『鈴木貫太郎伝』非売品、一九七〇年、一六七頁）「東条という人は、気狂い犬のような人ですな」（原敬吾「鈴木貫太郎大将のこと」六四頁）と周囲に漏らしている。また、鈴木首相は、御前会議に重臣を列席させる案が出たときも、東條を除く案を提案している（茶谷誠一『昭和天皇側近たちの戦争』吉川弘文館、二〇一〇年、一九九頁）。

（6）宮内庁『昭和天皇実録』第九（東京書籍、二〇一六年）六三四頁、藤田尚徳『侍従長の回想』（中央公論社、一九八七年）九九―一〇一頁。

（7）『信濃毎日新聞』一九四五年四月七日。

（8）豊田隈雄『戦争裁判余録』（泰生社、一九八六年）二七八頁。

（9）鈴木貫太郎述、河野来吉編『終戦の表情』（労働文化社、一九四六年）一一―一二頁、鈴木孝子「観音信仰と鈴木貫太郎」（『大法輪』二二巻二号、一九五五年）四九頁。なお、鈴木内閣の内閣書記官長迫水久常は、六月の議会閉会後、ある軍人から「あなたもよく考えないと、いつ赤紙がきて召集されるかもわかりませんよ」と暗に脅迫されたという（迫水久常『機関銃下の首相官邸』恒文社、一九六四年、二〇七―二〇八頁）。

（10）鈴木貫太郎述、文責鶴本丑之助「大日本帝国最後の宰相――鈴木貫太郎終戦秘録」一六、三二頁、『朝日新聞』一九四五年四月九日、鈴木貫太郎伝記編纂委員会『鈴木貫太郎伝』二〇三頁。鈴木首相が「最後の御奉公」という言葉を使用し

たとき、亡父の鈴木由哲のことが念頭にあったと思われる。鈴木貫太郎「文武の道」（『婦人之友』三七巻九号、一九四三年）の中で「亡くなる前にはからずも、父の最後の御奉公であった学校〔関宿久世尋常高等小学校〕の建設が終り、請負師の手から町の方に無事全部の引渡しがすんだという報告をきき喜びつつ安んじて亡くなりました」と述べている（三三頁）。

(11)　下村海南『終戦記』（鎌倉文庫、一九四八年）五〇頁、佐藤元英、黒沢文貴編『GHQ歴史課陳述録、終戦史資料』上巻、二〇九頁。鈴木貫太郎は『孫子』と『老子』を愛読していた。八月一三日の朝、鈴木首相は、孫の鈴木哲太郎に「敢に勇なれば死し、不敢に勇なれば活く」（『老子』）といっている（鈴木哲太郎「祖父・鈴木貫太郎」『文藝春秋』六六巻九号、一九八八年、八二頁）。占領下、鈴木貫太郎は尋問に対して以下のように答えている。「たとえ、その戦闘に日本が勝ったとしても、負けたとしても、それはたぶん、戦争の決定的な勝利とは程遠いものであったに相違ありません。もしかして、局部的に勝ったとしても、われわれは現実的には敗北した国民であり、最後の勝利を得ることはとうてい覚束ないのであって、多分、それ以上の敵の攻撃には屈服するより外はなかったでしょう。言葉を替えていえば、本土決戦だけは日本にとって勝利という結果をもたらしたとしても、最後の段階はおそらく敗北という結果に終ったでしょう」「B29群の攻撃のみを基礎としても、日本は講和を望むべきだと私は信じていました。B29の空襲が最高潮に達した時、即ちポツダム宣言の直後に原爆が投下された。原爆投下は屈伏する為の追加的理由であると共に、非常に好都合なものであって平和談判を開始する為の好機会を与えました。私はB29の空襲だけを基礎としても、事態が望みないものと考えていました」（冨永謙吾編『現代史資料（三九）太平洋戦争（五）』みすず書房、一九七五年、七五四―七五六頁）。

(12)　鈴木貫太郎述、河野来吉編『終戦の表情』一二―一三頁、鈴木一編『鈴木貫太郎自伝』二三一―二三三頁。

(13)　『朝日新聞』一九四五年五月一五日。

(14)　鈴木一編『鈴木貫太郎自伝』は「危険」「安全」という言葉を次のような文脈で使用している。「すると井上〔良馨〕司令長官は、任務は果たさなかったが船を安全に保ちえたことは大いによかった、と賞められて安心した」「どんな危険な時でも心配するな。わが輩はお前たちを殺すような下手な戦争をしないから安心して行け」「これは戦争の定石で、これをやらないと危険だからだ」「航海のことは航海長がやっているが、船の安危に関しては艦長がいつでも航路の上のことは承知していなければならん、直ちに訂正しなければならぬ、その注意を怠ってはならぬという大教訓を得た。その後は、航海長に干渉はしないが、始終そのやることは頭に留めて、二重の安全装置をやって行くように勉めて行った」「いやしくも政治家とならば、国民の向かうところを示すために、国民のために最も危険な所に身をさらすということは、さすがに政治家としての要点をつかんでいると思った」「この船の集団が針路を換えればその時に混雑して危険がある」「昼間にはなるし各艦の連絡はつくし、安全と思って針路をかえて無事に佐伯湾に入港した」「私は前にもたびたびこうした危険に出合っている、水雷艇でも衝突したことがあった。ゴースタンをかけて後に下がったら良いだろう。前へ出るとなると舵が効きが悪いから、そうすると陸奥から横腹を衝かれる恐れがある」「真に重要な外交の問題をそういう筆法で決行して行くことはいかにも危険千万なことであったということを記憶しています」（二九、五一、一三一、一五〇、二〇三、二三二、二三四、二三五、二四七頁）。『鈴木貫太郎自伝』には、桜菊会版（一九四九年）、時事通信社版（一九六八年）があり、この点は小堀桂一郎「鈴木貫太郎の公生涯概観――自伝解読の補完として」『鈴木貫太郎自伝』（中央公論新社、二〇一三年）に詳しい。中国語の翻訳として、鈴木貫太郎著、陳鵬仁訳「鈴木貫太郎自伝（九）」（『伝記文学』六二六期、二〇一四年）などがある。

(15)　『朝日新聞』一九四五年四月二二日。

(16)　鈴木貫太郎述、河野来吉編『終戦の表情』一七頁、読売新聞社編『天皇の終戦』（読売新聞社、一九八八年）一一九頁、鈴木孝子ほか「終戦秘話」（『自警』四二巻八号、一九六〇年）九七頁。

(17)　小堀桂一郎『宰相鈴木貫太郎』四九―七九頁、平川祐弘『平和の海と戦いの海』一二六―一三一頁、波多野澄雄『宰相鈴木貫太郎の決断――「聖断」と戦後日本』六九―七四頁、鈴木貫太郎伝記編纂委員会『鈴木貫太郎伝』三二一―三二三頁。小堀桂一郎『鈴木貫太郎　用うるに玄黙より大なるはなし』は「暗号通信による和平外交の試み」とする（三四三頁）。国務次官のグルーの動きについては、廣部泉『グルー　真の日本の友』（ミネルヴァ書房、二〇一一年）を参照。戦時緊急措置法案については、官田光史『戦時期日本の翼賛政治』（吉川弘文館、二〇一六年）が詳しい。東照二『歴代首相の言語力を診断する』（研究社、二〇〇六年）は、東條英機から小泉純一郎までのスピーチスタイルを比較している。鈴木貫太郎の「〜あります」の使用頻度は極端に高く、九七パーセントである。なお、「〜こと」の使用率トップは東条英機とのことである（九二―九五頁）。

(18)　拙著『「終戦」の政治史』（東京大学出版会、二〇一一年）一一八―一二二頁、『朝日新聞』一九四五年五月四日、大木操『大木日記』（朝日新聞社、一九六九年）三一二頁。
(19) 拙著『「終戦」の政治史』一二〇―一二二頁。
(20) 伊藤隆ほか編『高木惣吉、日記と情報』下巻（みすず書房、二〇〇〇年）八六二頁。
(21) 佐藤元英、黒沢文貴編『GHQ歴史課陳述録、終戦史資料』上巻、一六一―一六二頁、東郷茂徳『東郷茂徳外交手記』（原書房、一九六七年）三三〇―三三一頁。
(22) 鈴木貫太郎述、河野来吉編『終戦の表情』一九、二五―二六頁、鈴木貫太郎述、文責鶴本丑之助「大日本帝国最後の宰相」二一頁。四月二六日午後七時四〇分、鈴木首相は、沖縄の現地将兵と官民に対し、ラジオを通じて感謝の言葉を述べた。「沖縄全戦域に一致団結して、全員必死特攻敢闘せらるる将兵各位並に官民諸君、私共一億国民は諸氏の勇戦奮闘に対し無限の感謝を捧げている」（『朝日新聞』一九四五年四月二七日）。
(23) 『新太陽』（一六巻一号、一九四五年）三二頁、早坂隆『日本の戦時下ジョーク集』太平洋戦争篇（中央公論新社、二〇〇七年）一九二―一九三頁。鈴木首相の長男の鈴木一の私邸は空襲により全焼している（鈴木道子「祖父・鈴木貫太郎の思い出」野田市教育委員会・関宿を語る会編『戦後七〇周年記念誌・貫太郎翁の想い出』野田市教育委員会・関宿を語る、二〇一五年、三頁）。
(24) 拙稿「昭和天皇と日本の『終戦』」（大澤博明ほか『歴史のなかの日本政治2　国際環境の変容と政軍関係』中央公論新社、二〇一三年）二七一―二七二頁、外務省編『終戦史録』三五一―三五四頁。水交会編『帝国海軍提督達の遺稿　小柳資料』上巻（水交会、二〇一〇年）三一九頁。
(25) 外務省編『終戦史録』三五七―三七一頁、防衛省防衛研究所所蔵『最高戦争指導会議に関する綴』其の二（中央・戦争指導重要国策文書・一一九六）、防衛庁防衛研修所戦史室『大本営海軍部・連合艦隊（七）』（朝雲新聞社、一九七六年）三四九頁、河辺虎四郎『河辺虎四郎回想録』（毎日新聞社、一九七九年）二二九頁。
(26) 伊藤隆ほか編『高木惣吉、日記と情報』下巻、八七七頁。
(27) 拙稿「昭和天皇と日本の『終戦』」二七三頁、国会図書館憲政資料室所蔵『木戸幸一政治談話録音速記録』二巻一二四―一二七頁、佐藤元英、黒沢文貴編『GHQ歴史課陳述録、終戦史資料』上巻、一八―二一頁。
(28) 宮内庁『昭和天皇実録』第九、七〇四頁。東郷茂徳『東郷茂徳外交手記』三三九頁。

(29)　宮内庁『昭和天皇実録』第九、七〇七―七〇八頁、拙著『「終戦」の政治史』一二七―一三〇頁。吉見直人『終戦史なぜ決断できなかったのか』(NHK出版、二〇一三年)は「『六月終戦』は充分にありえた」とする(二〇六頁)。山本智之『「聖断」の終戦史』(NHK出版、二〇一五年)も「一九四五年六月の天皇による早期終戦の『聖断』に終戦のクライマックスを置くとすると、終戦の要因は変わってくる」とする(一七三頁)。纐纈厚『日本はなぜ戦争をやめられなかったのか――中心軸なき国家の矛盾』(社会評論社、二〇一三年)は「ソ連に救済を一方的に求めようとする、文字通り他者依存型の姿勢がある」とする(一三八頁)。

(30)　『産経新聞』(二〇一四年九月九日)は『昭和天皇実録』の鈴木内閣期(一三一日)における拝謁回数を次のように報道した。木戸幸一内大臣(一〇二回)、梅津美治郎参謀総長(五五回)、阿南惟幾陸軍大臣(二三回)、鈴木首相(四三回)、米内光政海相(一五回)、豊田副武軍令部総長(二六回)、東郷茂徳外相(二一回)。記録に残っていない拝謁もあると考えられるが、首相の拝謁ペースは約三日に一回のペースである。松田好史『内大臣の研究』(吉川弘文館、二〇一四年)は「木戸の情報管理によって、天皇が一種の情報管理下」におかれていたとする(一七五頁)。

(31)　寺崎英成、マリコ・テラサキ・ミラー編著『昭和天皇独白録　寺崎英成・御用掛日記』(文藝春秋、一九九一年)八三、一一八―一一九頁。昭和天皇と鈴木貫太郎の間で「侵略」という言葉が使われたのかどうか、あるいは、言葉の定義問題は議論のあるところであろう。ほかにも次のような資料がある。「日本は典型的な侵略主義国家となり、帝国主義国家と評され、好戦国家とさえ指弾されるに至ったのである。世界の世論は、日本を抹殺せよ、とさえ極力している有様だ」(鈴木貫太郎述、文責鶴本丑之助「大日本帝国最後の宰相」一四―一五頁)。「日本は島国であり、資源の少ない国であるから誠に無理からぬ話であるが、その大陸を手に入れるためには一切の没道義なことも平然として行い、大陸さえ手に入れれば世界を相手にして戦争出来るような誇大妄想的な考え方に転落して行った。そういう空気は明治末期から、大正、昭和を通じて、満洲事変勃発頃には頂点に達し、この気持は更に拡大して隣邦支那を侮視し、東洋の盟主ということを自ら唱えるようになった。誠に救われない道義的転落である。しかもこれに対して冷静な批判をし、世界状勢を説くものは、非愛国者のように取り扱われ、遂に侵略政策を談じ、日本の古典を談ずる以外には、凡ての思想を禁圧する勢いに迄発展して行った」(鈴木貫太郎述、河野来吉編『終戦の表情』五五頁)。なお『終戦の表情』は占領下における出版であった。小堀桂一郎『鈴木貫太郎　用うるに玄黙より大なるはなし』は「その内容には『自伝』の続篇とは素直に看做せない問題点があった。何分その回想の中に登場する、乃至言及される蓋然性を有するのは皆知名の同時代人であり、そこに先づ口述者の遠慮が働く。中には東郷茂徳、木戸幸一、広田弘毅の様に、鈴木と志を同じうして終戦工作に尽瘁した同僚であるのに現在は極東国際軍事裁判所法廷の被告として巣鴨拘置所に囚われの身となっている人がいる。鈴木の回想の何ら批判的意味合いを持たない何気ない言及でもその人々の運命にどんな影響を及ぼすか、慎重に考えればうっかり名指しの批評すらできないことになる。東條英機、平沼騏一郎の如く、鈴木と立場を異にしていた人々の場合は猶更気遣いが必要である。勢、己が先頭に立って奮励していた終戦工作の過程に就いては、鈴木の回想はどうしてもその裏面乃至一皮剝いた深みに切り込んでは行かない、綺麗事に収まってしまう傾向がある。そういうわけで『終戦の表情』は評伝の史料としては今一歩それに依拠する事が憚られた」としている（iii―iv頁）。一九四七年七月八日、葦津珍彦が「閣下の『終戦の表情』という著述は、閣下の真意を語られたものだと解して差支ありませんか」と問うと、鈴木は「あれは私が話したのを原稿にして持って来られたのだが、私の話よりも多くの事が書かれている。校閲はしました。その時、二、三カ所アメリカ関係の所を削除した。他の所は別段差支がない様に思ったので、そのまま承認した。尤もあれには文責在記者と断っている」と答えている（葦津珍彦選集編集委員会編『葦津珍彦選集』第三巻、神社新報社、一九九六年、四四〇頁）。鈴木の海軍次官時代の書翰には「帝国本来の冀望は極東の平和を維持せんとするに外ならざるを以て、強圧を加へて支那の同意を求め反て擾乱を惹起するが如きは、帝国の断じて忌避せんと欲する処なり」とある（「田中義一宛鈴木貫太郎書翰」一九一五年一二月八日、山口利昭編「浜面又助文書」『年報近代日本研究――近代日本と東アジア』山川出版社、一九八〇年、二一一頁、平間洋一『第一次世界大戦と日本海軍』慶應義塾大学出版会、一九九八年、一八一―一八二頁）。鈴木が侍従長時代の書翰には「尚本日参謀総長宮殿下拝謁の際関東軍に増加せらるべき新兵に付上奏あり。陛下より其は熱河進軍の準備なるやとの御下問に対し殿下より其事は予而上奏済の予定行程の一に有之、各師団の兵力之に依りて増勢遂行の上は三月頃に至り第六師団を引揚る事と可相成奉答あり。次に陛下より満州事件は今日まで兎に角順潮に経過したれは功を一簣に欠く様の事ありてはならぬから熱河侵略の事は充分慎重に考慮せられ度旨御思召仰せられたるに対し殿下よりも充分慎重に考慮致しますと御承申上候由に御座候右御問答は武官長列席に有之候」とある（「牧野伸顕宛鈴木貫太郎書翰」一九三三年一月一四日、国会図書館憲政資料室所蔵『牧野伸顕関係文書』五一八ノ一）。

（32）　高松宮宣仁親王『高松宮日記』八巻（中央公論社、一九九七年）一〇九頁、伊藤隆ほか編『高木惣吉　日記と情報』下

巻、九〇二―九〇三頁。もっとも、高松宮は、首相は概念的に考えており、自分で事態を推進する気はないようだと観察した。

(33) 読売新聞社編『昭和史の天皇』三巻（読売新聞社、一九八〇年）一三二―一三五頁。七月三日の閣議で、主食の減配（一割減）が提案されたとき、首相は「一、二ヶ月待ってくれ」といい、一ヵ月遅らすことになった（佐藤元英・黒沢文貴編『GHQ歴史課陳述録、終戦史資料』上巻、二〇〇二―二〇三頁）。

(34) 鈴木貫太郎述、文責鶴本丑之助「大日本帝国最後の宰相」二五頁。

(35) 宮内庁『昭和天皇実録』第九、七一八頁、拙著『「終戦」の政治史』一三〇―一三三頁。日ソ関係については、波多野澄雄「日ソ関係の展開――対米開戦から日ソ戦争まで」（五百旗頭真ほか編『日ロ関係史――パラレル・ヒストリーの挑戦』東京大学出版会、二〇一五年）、米濱泰英「『米ソ提携』に日本軍はどう対応したか」（『Intelligence』一三号、二〇一三年）が詳しい。

(36) 拙著『「終戦」の政治史』一五三―一五五頁、鈴木貫太郎述、河野来吉編『終戦の表情』三二頁。

(37) 波多野澄雄『宰相鈴木貫太郎の決断――「聖断」と戦後日本』一四四―一四九頁、仲晃『黙殺――ポツダム宣言の真実と日本の運命』（日本放送出版協会、二〇〇〇年）一一一―一三六頁。小代有希子『1945　予定された敗戦　ソ連進攻と冷戦の到来』（人文書院、二〇一五年）は「日本政府がコメントしない、ということは、アメリカのみには降伏しない、という無言の意思表明だったのではないだろうか。そしてアメリカ政府も、その意図を理解したのではないか」とする（二三五頁）。長谷川毅『暗闘　トルーマン、スターリンと日本降伏』（中央公論新社、二〇〇六年）は、英語の語感では「無視」と「拒否」の間に相違があり、「ポツダム宣言を『無視』したことは、これを『拒否』することと同一ではなかった」とする（二八八頁）。

(38) 波多野澄雄「鈴木貫太郎の終戦指導」（軍事史学会編『第二次世界大戦（三）―終戦』錦正社、一九九五年）七二頁、粟屋憲太郎、川島高峰編集・解説『敗戦時全国治安情報』一巻（日本図書センター、一九九四年）七六―七七、八〇頁、外務省編『終戦史録』八三―八四頁。朝鮮半島、台湾の「処遇問題」は、鈴木が枢密院議長の時に枢密院で議論されていた（浅野豊美『帝国日本の植民地法制――法域統合と帝国秩序』名古屋大学出版会、二〇〇八年、五四二―五四六頁）。辛亥革命の前後、鈴木は水雷学校長として、中国大陸から多くの留学生を受け入れており、学生の中には、沈鴻烈、凌霄などがいる（鈴木一編『鈴木貫太郎自伝』一六八頁）。この点については、馮青『中国海軍と近代日中関係』（錦正社、二〇一一年）も参照されたい。実弟の鈴木孝雄（陸軍大将）は東亜育英会の会長をつとめ、留学生の世話をしていた（鈴木孝雄「留学生に望む」『満州国学生日本留学拾周年史』学生会中央事務所、一九四二年、一四頁）。鈴木武「鈴木孝雄篇によせて」（鈴木武編著『怒濤の中の太陽』鈴木貫太郎首相秘録編纂委員会、一九六九年）は「全国にある中学校、師範学校等に一、二名宛分散して留学させ、それも父が自ら生徒を伴なって汽車に乗り、いちいち地方の学校長に直接依頼し、生徒間の交友を特別親しく指導して貰ったことは、今日になって、アジアの国々に帰ったその人達が、自国のために立派に成長し、それぞれ、各国の中枢に大活躍している現実を考えると、その効果の大きかったことを、子として喜ばずにはおられない。この人達は、父の亡くなるまで、感謝の通信を寄せていたこと、葬儀に当たっても、台湾や中国、韓国の留学生達から、弔辞や花輪が送られて来たのでもよくわかる」と書いている（一六五―一六六頁）。また、戦後、鈴木一は日韓親和会会長になっている。この点については鈴木一『韓国のこころ』（洋々社、一九六八年）を参照。

（39）宇垣纏『戦藻録』（原書房、一九六八年）五四三頁。

（40）池田純久「終戦時の記録・池田」（国会図書館憲政資料室所蔵 *[Japanese records during World War II]* JRW-1, Reel13）、石黒忠篤『農政落葉籠』（岡書院、一九五六年）四二二頁、伊藤隆ほか編『高木惣吉、日記と情報』下巻、九二四頁。戦後、高木惣吉は鈴木首相を評して「あくまで名誉ある講和を望んだ老提督は阿南陸相の考えに共通したものがあって、偽装して陸軍を騙討ちにしたかのごとく解するは却ってその人柄を瑕つけると思う」と述べている（「終戦より進駐まで」『世界』六八号、一九五一年、一六〇頁）。六月八日の御前会議では、陸海統帥部は九州四国方面への上陸時期を七、八月、関東方面は初秋以降と予想していた。丹羽文雄『日本敗れたり』（銀座出版社、一九四九年）は「決戦結構、和平も結構といった、氷炭併せ容れる、あいまいな総理の態度は板についていた」「強いて言うなら、彼には和戦両様の構えがあったとも言える。が、彼の存在そのものが、本人の意識するとしないに拘らず、自ずと終戦にもっていくような、何かあいまいな、言葉にならないものが、雰囲気のようなものが、或る種の傾斜を備えていたのではなかったろうか」（一五一―一六、二四〇頁）と述べる。

（41）石黒忠篤『農政落葉籠』四二三―四二四頁。

（42）鈴木一編『鈴木貫太郎自伝』一六二頁。

(43) 西村秀治「終戦時の総理大臣官邸」東京都北区編『真赤な空は忘れられない』（非売品、一九八八年）二四八頁。この部屋は、二・二六事件で松尾伝蔵大佐が殺害された場所であった（西村秀治「終戦の日、首相官邸が決起将校たちに襲われた」『歴史と旅』二七巻一二号、二〇〇〇年、一三六頁）。

(44) 拙著『「終戦」の政治史』一五七—一五九頁。

(45) 中村隆英、伊藤隆、原朗編『現代史を創る人びと』三巻（毎日新聞社、一九七一年）九四頁。

(46) 外務省編『終戦史録』五六〇—五七〇頁、豊田副武『最後の帝国海軍』（世界の日本社、一九五〇年）二〇六頁、防衛省防衛研究所所蔵『豊田副武海軍大将日記摘録』（一・日誌回想・八一三）。豊田総長は「総理は聾の為、機微なる論旨を徹底せしむること殆ど不可能に近く、焦燥に陥り自説に服せざる者に対し、非常識呼ばはりをなし、又は問題を故意に破局に導き次で継戦を強行するの下心ならんなどと曲解するに至る」（八月一三日の記述）とみていた。豊田の苦しい立場については、柴田紳一「軍令部総長豊田副武と終戦」（『国学院雑誌』一一五巻四号、二〇一四年）を参照。

(47) 東郷茂徳『東郷茂徳外交手記』三五八頁、池田純久『日本の曲り角』（千城出版、一九六八年）一七二、一七九頁。

(48) 鈴木貫太郎述、文責鶴本丑之助「大日本帝国最後の宰相」四一頁。

(49) 鈴木貫太郎伝記編纂委員会『鈴木貫太郎伝』二三〇—二三一頁。

(50) 外務省編『終戦史録』五八六—六〇〇頁、池田純久『日本の曲り角』一八七頁、中村隆英、伊藤隆、原朗編『現代史を創る人びと』三巻、九六頁。平沼については、手嶋泰伸「終戦期の平沼騏一郎」（『日本歴史』八二〇号、二〇一六年）、萩原淳『平沼騏一郎と近代日本——官僚の国家主義と太平洋戦争への道』（京都大学学術出版会、二〇一六年）がある。

(51) 外務省編『終戦史録』五九九頁、加藤陽子「日本軍の武装解除についての一考察」（増田弘編『大日本帝国の崩壊と引揚・復員』慶應義塾大学出版会、二〇一二年）五六一—六〇頁、テレビ東京編『証言・私の昭和史』五巻（旺文社、一九八五年）一五三頁。御前会議の場で、昭和天皇が「戦争犯罪人」の問題から踏み込んで、いわゆる天皇自身の処遇問題について言及したのかどうかは解釈の分かれるところである。この点は、伊藤之雄『昭和天皇伝』（文藝春秋、二〇一一年）、古川隆久『昭和天皇——「理性の君主」の孤独』（中央公論新社、二〇一一年）、老川祥一『終戦詔書と日本政治——義命と時運の相克』（中央公論新社、二〇一五年）を参照されたい。

(52) 下村海南『終戦記』一四三頁、拙稿「『聖断』と『終戦』の政治過程」（筒井清忠編『昭和史講義　最新研究で見る戦争

への道』筑摩書房、二〇一五年）二六一頁、佐藤元英、黒沢文貴編『GHQ歴史課陳述録、終戦史資料』上巻、四〇六、四五一頁、波多野澄雄『宰相鈴木貫太郎の決断――「聖断」と戦後日本』二〇一頁。日中戦争が心理的にどのような影響を与えたのかは今後の課題であろう。鈴木内閣の大蔵大臣であった広瀬豊作は「その当時の予想としては交戦国のいずれが来るか、全然わかっていなかった。おそらく中国、アメリカ、ソ連と皆来るであろう。もっともソ連も満州でやったようなあんなむちゃをやるとは、当時は思わなかった。ソ連とは最近まで、条約によって戦争はなかった。逆に中国は満州事変、支那事変で先方において恨みを抱いておることが相当あって、中国が来たら相当の仕返しをするだろうということを一番懸念していた」（大蔵省大臣官房調査企画課編『聞書戦時財政金融史』大蔵財務協会、一九七八年、一四〇頁）と回想する。朝日新聞記者で中国問題専門家であった太田宇之助も、八月一六日の日記に「近日連合軍が東京に上陸して来て婦女子は陵辱されるというので大変な騒ぎで、現に近所でも知合いの人々が宅に相談に来たり、曄子に早く逃げなさいという狼狽振り。日本軍が支那で支那の女達を狼狽させたのが現に廻って来たのである。因果は廻るものだ」と書いている（望月雅士「太田宇之助日記」九『横浜開港資料館紀要』二八号、二〇一〇年、一八二頁）。手嶋泰伸『昭和戦時期の海軍と政治』（吉川弘文館、二〇一三年）は「『聖断』による抗戦派の統御はあくまでも結果であり、軍首脳部でそれが最初から目指されていたわけではなかったのではないだろうか」と問題提起する（二二五―二二六頁）。

(53)　鈴木一「終戦の旗振り役――父貫太郎の想い出」（『日本週報』二一七号、一九五二年）五〇頁、鈴木武編著『怒濤の中の太陽』一二〇頁。鈴木内閣の海軍次官であった井上成美は、戦後、次のように批判している。「かりに、終戦へもってゆくためのカムフラージュであったとしても、ほどほどで、クーデターがあっても、やるべきことはやるべきだと思う」（井上成美伝記刊行会編『井上成美』井上成美伝記刊行会、一九八二年）四七六頁。

(54)　千葉三郎「終戦に貢献した茅屋」（『月刊自由民主』二三五号、一九七五年）二八―二九頁、山口倉吉「鈴木貫太郎邸を襲撃す」（猪瀬直樹監修、福島鑄郎編『目撃者が語る昭和史』八巻、新人物往来社、一九八九年）一二七―一二八頁。佐々木武雄「一県勤王への敢闘」（『文藝春秋』一九巻四号、一九四一年）によれば「昨年一二月末中支戦線から帰還」した佐々木武雄（神奈川県民翼賛運動準備会幹事）は「事変は既に武力戦から思想戦、経済戦、外交戦に発展している」とし、「如何なる状況の変化がありましょうとも、強力なる皇道精神の武装化によって不明瞭なる一切の敗戦的思想の謀略を粉砕いたしまして、一県勤王の徹底を計り、高度国防国家の確立と、聖戦目的の貫徹のために、郷土を思想的に防衛することを決意」している（二二八頁）。戦後、佐々木は財団法人亜細亜友之会の理事長としてアジアからの留学生の世話をしている（新名丈夫『あなたが知らない太平洋戦争の裏話』新人物往来社、二〇一〇年、二四六—二四七頁）。

(55) 柄澤好三郎、NHK取材班『バックミラーの証言——二〇人の宰相を運んだ男』（日本放送出版協会、一九八二年）一五二、一六三—一六四頁。石油や海上護衛の問題については、三輪宗弘『太平洋戦争と石油』（日本経済評論社、二〇〇四年）、坂口太助『太平洋戦争期の海上交通保護問題の研究』（芙蓉書房出版、二〇一一年）を参照。食糧については、海野洋『食糧も大丈夫也　開戦・終戦の決断と食糧』（農林統計出版、二〇一六年）がある。

(56) 拙著『「終戦」の政治史』一二三頁、木下道雄『側近日誌』（文藝春秋、一九九〇年）七四頁。

(57) 鈴木一編『鈴木貫太郎自伝』一六二、二三一—二三三頁、鈴木貫太郎述、文責鶴本丑之助「大日本帝国最後の宰相——鈴木貫太郎終戦秘録」二五頁。

(58) 水交会編『帝国海軍提督達の遺稿　小柳資料』下巻（水交会、二〇一〇年）二一九頁。

(59) 高松宮宣仁親王『高松宮日記』八巻一三二頁。

(60) 佐藤元英、黒沢文貴編『GHQ歴史課陳述録、終戦史資料』上巻、三八一—三八二頁。

＊本章はJSPS科研費15K16826の助成を受けている。そして、口頭発表「鈴木貫太郎内閣について考える」（「二〇世紀と日本」研究会、二〇一三年八月三〇日）拙稿「第二次世界大戦末期の日本の対ソ外交」（日本と東アジアの未来を考える委員会編『日本と東アジアの未来を考える』第二巻、奈良県、二〇一五年三月）を基礎としている。お世話になった方々に御礼申し上げたい。学術研究の性格上、文中の敬称表現はすべて省略した。
なお、本章の脱稿後に、波多野澄雄「鈴木貫太郎——選択としての『聖断』」（筒井清忠編『昭和史講義3——リーダーを通して見る戦争への道』筑摩書房、二〇一七年）が出版された。あわせて参照されたい。

第11章　戦後初期国民政府の対日講和構想
――対日講和条約審議委員会を中心に――

段　瑞聡

はじめに

日中戦争が終結して、七〇年の歳月が経った。戦後日中関係に関する研究は数え切れないほど多い。しかし、多くの研究者は一九四九年一〇月一日中華人民共和国の成立を戦後日中関係の起点とし、あるいは一九五二年四月一八日「日本国と中華民国との間の平和条約」（以下「日華平和条約」と略称）の調印を起点として戦後日台関係を検討している。そのため、戦後初期すなわち国共内戦期における日中関係に関する研究は明らかに不十分である。従来の研究は主に蔣介石の「以徳報怨」政策、[1]国民政府の対日政策（日本占領問題を含む）、[2]賠償問題、[3]戦犯処理問題[4]および日本人留用[5]などに重点をおいているため、戦後初期国民政府の対日講和構想に関する研究はいまだ少ない。

石井明と袁克勤は主に対日講和会議に対する国民政府の立場について検討している。[6]殷燕軍の研究は戦時国民政府の対日講和政策から説き起こし、『日中平和友好条約』の調印まで検討し、戦後日中講和の過程を理解するのにとても有益である。[7]左双文と朱懐遠共著論文は主に国民政府外交部長王世傑と対日講和会議との関係について検討している。[8]曹藝はアメリカ外交文書を手掛かりに一九四七年から一九四八年にかけて対日講和条約の手続きについて考察している。[9]しかし、それらの研究はいずれも当時対日講和準備を担当していた国民政府外交部対日講和条約審議委員会に注目していない。最近、石源華は対日講和条約審議委員会が定めた政策について考察しているが、審議委員会の組織構造については言及しておらず、それらの政策についても体系的に検討していない。[10]

以上のような状況からして、本章では台湾・中央研究院近代史研究所档案館所蔵国民政府外交部档案と『蔣介石日記』など新しい資料を利用して、対日講和条約審議委員会の組織構造および講和構想について検討を加えたい。周知のように、一九五一年九月にサンフランシスコ講和会議が開かれたが、中共政権も国民党政権も参加できなかった。日中戦争の戦後処理は「日華平和条約」の調印によって一応決着がついた。しかし、対日講和条約審議委員会の構想はほとんど実現できなかった。そのため、日中間に対立の火種が残され、今日までくすぶり続けていると考えられる。日中戦争終結七〇年の今日において、いま一度戦後日中関係の原点に立ち戻り、歴史的に残されてきた諸問題に光を当てる必要があると思われる。

1　「以徳報怨」演説と対日講和方針

一九四五年八月一五日、昭和天皇の玉音放送によって、日中戦争が終結した。同日、蔣介石は重慶でラジオ演説を行い、「『旧悪を念わず』と『人に善を為す』ことがわが民族伝統の高く貴い徳性である」と強調し、「ただ武力を乱用する軍閥だけを敵とし、日本人民を敵としない」ことを宣言し、「報復してはならず、敵国の無辜の人民に対して汚辱を加えてはならない」と呼びかけた。[11]蔣介石は「もし暴行をもって、かつて敵が行った暴行に応え、奴隷的屈辱をもってこれまで彼らの誤った優越感に答えるならば、仇討ちは仇討ちを呼び、永遠に終息することがない」と考えていたのである。この演説は蔣介石自身によるもので、すべて彼の本音であるといえる。[12]そのためか、蔣介石はその演説が「今後の世界平和と日中関係に多大な影響を及ぼすだろう」と予想していた。[13]事実、この演説は後に「以徳報怨」演説と称され、戦後日中関係とりわけ戦後初期国民政府の対日講和政策の枠組みになったといえる。

一九四六年三月に開かれた国民党第六期二中全会において、「外交報告に関する決議案」が通過した。[14]決議案では中国が国連安保理常任理事国の構成員であるため、責任が重大で、今後一貫した政策に基づき、同盟国である米ソ英仏およびその他平和を愛する国と密接に協力し、国連の組織を強化しなければならないと強調している。対日政策に関して、決議案では次のように指摘している。「中国の日本管制政策としては、その民主勢力の養成に重点をおき、侵略主義と機関の復活を阻止し、永久に太平洋上の禍を根絶することである」と。また決議案では「中国が抗戦する時間が最も長く、損害が最も大きいため、同盟国に対する日本の賠償に関して、中国がおのずと優遇された割合と優先して賠償を享受するはずである。政府はこの原則に沿って、包括的な賠償案を提出し、同盟国が設立する賠償機関にも有利な形で参加し、中国の賠償要求を確実に実現させなければならない」と主張している。

一九四六年七月にパリ講和会議が開かれ、外交部長王世傑が自ら代表団を率いて参加した。八月九日に王世傑はパリのＶＯＡ（The Voice of America）でラジオ演説を行い、パリ講和会議に関する中国の態度を表明した[15]。パリ講和会議は主にイタリア、ルーマニア、ブルガリア、ハンガリー、フィンランドの五ヵ国との講和条約に関する問題を討論し、ドイツと日本との講和問題は議題ではなかった。しかし、王世傑はパリ講和会議の組織と手順は、ドイツと日本との講和の手本になると認識していた。例えば、パリ講和会議で定めた講和条約における領土、軍事と経済に関する条項は、ドイツと日本との講和条約に大いに関係があるものと思われる。そこで、王世傑は講和条約において、軍事条項に関しては厳しく、政治と経済条項に関してはあまり厳しくするべきではないと主張した。王世傑のそのような考えは国民政府の対日講和政策の指針になったといえる。

一九四七年三月の国民党第六期三中全会で通過した「外交報告に関する決議案」では、以下のような対日政策が唱えられている[16]。「日本に対しては報復主義をとらないが、その武力侵略主義の復活に関しては、必ず各同盟国と協力して、防がなければならず、同時に日本の政治の民主化を促進する。中国が日本の侵略戦争によって被った生命財産の悲惨な損害に関しては、正義、公正、合法的要求に基づいて、確実に賠償をさせなければならない」と。

以上からわかるように、対日戦後処理に関して、当時国民政府が最も重視したのは軍国主義の復活の防止、日本の民主化と賠償問題である。また、国民政府が一貫して同盟国との協調を重視している。換言すれば、国民政府の対日講和政策が必然的に同盟国の影響を受けることになるのである。

一九四六年一〇月に蔣介石は日記「本月大事予定表」において「対独講和会議の予想と対日講和会議の準備」と書いている。蔣介石がこの時期から対日講和会議の準備に着手したと考えられる。

2　対日講和条約審議委員会の成立と組織構造

一九四七年初、蔣介石は日記に「本年艱巨之予想（本年難題の予想）」一一項目を書き記している。その四番目は「対日講和会議において、ソ連とイギリスがきっとわが国を抑え、損害を与える」と書いている。ここからわかるように、対日講和会議をめぐって、蔣介石はソ連とイギリスに対して不信感を持っており、この時点ですでに対日講和の困難を予想していたのである。

一九四七年一月一七日に蔣介石は王世傑に打電し、今月中に対日講和会議の準備案と具体的人選を定め、報告するよう命じた[17]。一月二三日に王世傑は蔣介石に打電し、外交部内で対日講和条約委員会を設置し、外交部次長劉鍇を責任者とし、参事葉公超、条約司長王化成、亜東司長楊雲竹、顧問董霖、専門委員黄正銘、秘書胡育慶、秘書高蔭棠を委員とすると報告した[18]。一月二五日に外交部亜東司が電文を起草し、「対日講和条約の起草および講和会議開催段取り案」を蔣介石に提出する予定であったが、王世傑に止められた[19]。その理由はよくわからないが、国際情勢の影響があったと考えられる。

一九四七年七月一一日にアメリカ政府は八月一九日に対日講和予備会議の開催を提案した[20]。外交部は対日講和条約草案を詳細に審議するため、「対日講和条約審議委員会組織規程」を作成し、行政院に提出した。八月一九日に行政院第一七回政務会議でその組織規程が通過した[21]。組織規程によると、対日講和条約審議委員会は主任委員一人を設け、外交部長がそれを兼任し、副主任委員二名をもうけ、外交部次長がそれを兼任し、委員若干名を設け、外交部長によって指名し、亜東司長と条約司長が当然委員であることになっている。そのほかに、指導委員一〇―一四名を設け、外交部長によって招聘する。外交部内より人員を調達するほか、専門委員六―一〇名、専員六―

一〇名、助手八―一〇名、雇員八―一〇名を招聘することになっている。

筆者が入手した資料によれば、対日講和条約審議委員会指導委員は全部で一七名からなっており、組織規程が規定した一四名を上回っている。(22)具体的には呉敬恒、于右任、戴季陶など国民党長老が多く、民社党の張君勱、青年党の曽琦も名を連ねている。また、一七名のうち、一一名も日本留学経験者もしくは日本滞在経験者である。

指導委員のほか、専任審議委員五〇名も招聘されており、主に国民党第六期中央執行委員、国民政府監察院監察委員、国民参政会参政員および大手新聞社社長からなっている。(23)「対日講和条約審議委員会組織規程」には専任審議委員に関する規定がなく、それらの委員がどのように選定されたかに関しては不明である。

対日講和条約審議委員会メンバーは軍事、政治、経済、賠償、領土、管制と総合計七つのグループに分けられている。(24)そのうち、経済グループの人数が最も多く、二〇名で、その次は政治グループと賠償グループで各一四名、領土グループは九名、軍事グループと総合グループは各八名、管制グループは二名からなっている。そのうち、一人で複数のグループに所属しているケースもある。メンバーは外交部のほか、陸海空軍本部、国防部、教育部、内政部、交通部、財政部、全国経済委員会、資源委員会などの幹部と職員からなっている。ここからわかるように、外交部は対日講和条約を準備するために、国民政府各部門の人的資源を動員したのである。

一九四七年九月一三日に外交部は行政院司法行政部、社会部などに打電し、対日講和条約について意見を求めた。(25)それと同時に、対日講和条約審議委員会は新聞、雑誌に掲載している文章を随時収集し、世論の動向を非常に重視していたのである。(26)

同年九月二七日に外交部は指導委員に「対日講和条約審議事項」を配布し、意見を求めた。(27)「対日講和条約審議事項」は、領土、政治、軍事、賠償、一般経済の計五つの部分からなっている。そのうち、領土条項は日本の領土、琉球諸島およびその他日本から切り離された島嶼の処分、千島列島と北海道の間の諸島の処置、朝鮮の境域からなっている。政治条項は公職追放、日本人再教育、日本の工業水準、日本が参加している国際条約と日中間の条約に関わる問題が含まれている。軍事条項は対日管制機構とその職権、占領軍の撤退問題が含まれている。賠償条項は、中国国内の日本資産の接収、日本国内の資産、日本現行生産計画、中国の対日債務の抵当問題が含まれている。一般経済条項は、「偽組織」と台湾各経済事業の日本における資産、日本の国際貿易の制限問題が含まれている。それらの条項は、当時外交部が準備している対日講和条約の主要内容であると考えられる。

一九四七年一〇月八日に外交部次長葉公超が監察院長于右任を訪問し、対日講和条約について意見を求めた[28]。于右任は以下三つの問題について意見を述べた。第一、天皇制の問題である。于右任は天皇制を「廃止できればよいが、アメリカが廃止を望んでいないため、われわれが強く主張するべきかが頗る問題である。それに蒋主席はかつて日本人民に自由に国体を選択させると語っている。それゆえ（天皇制を）廃止するべきかどうかに関しては中央政治委員会で秘密裏に議論するべきである。国務会議でも議論するべきであり、各党派のリーダーの意見をも聴取する必要がある」と述べている。第二、琉球問題である。于右任は「蒋主席はかつて要らないと語ったが、アメリカと交渉するために、（講和会議で）要求を提出してもよい。数年後わが国に返還し、もしくはわが国が共同管理に参加することができる」と主張している。第三、賠償問題である。于右任は「日本に対して、生産品をもって賠償に充てる方法はよいが、それによって生じる日本の工場をどれほど残すかの問題に関しては綿密に検討するべきだ」と述べている。ここからわかるように、天皇制の存廃および琉球の帰属問題に関して、于右任と蒋介石の間には意見が分かれている。この点に関しては、のちに詳述する。

一〇月一一日に葉公超は考試院長戴季陶を訪問し、対日講和条約に関する意見を求めた[29]。戴季陶は蒋介石の「以徳報怨」演説が日本で大きな成果をあげたが、その後直接的あるいは間接的政策運営において、蒋介石の思惑通りになっていないと指摘している。また、戴季陶は中国の世論がいつもマッカーサーの対日政策を批判しているが、マッカーサーのやり方は十年来の自分の考えと同じであると強調している。ここからわかるように、戴季陶は蒋介石と同じように、日本に対して寛大な政策をとるよう望んでいる。

その他の指導員が対日講和条約に関して、どのような意見を持っていたかに関しては、現時点で関連資料が見つかっていないため、定かではない。しかし、于右任と戴季陶の意見が非常に代表性を持つものであるといえる。

3　対日講和条約審議委員会談話会

一九四七年九月に外交部は南京と上海で三回にわたって対日講和条約審議委員会談話会を開催した。(30)参加者は外交部職員以外、ほとんど専任審議委員である。五〇名の専任審議委員のうち、前後して二八名が出席した。そのほかに、対日講和条約審議委員会指導委員莫徳恵、陳立夫、邵力子、許世英、胡適、張君勱も談話会に出席している。談話会を開催するにあたり、外交部は毎回極東委員会が一九四七年六月二〇日に発表した「降伏後の対日基本政策」を参加者に配布している。(31)この文献が外交部の対日講和政策の拠り所になっていると考えられる。以下三回の談話会の主要内容を概観してみる。

第一回談話会は、一九四七年九月四日に外交部で開かれ、王世傑が司会を担当していた。王世傑はまず早急に検討しなければならない問題として、領土、賠償、管制と講和条約起草手順を挙げている。

領土問題に関して、王世傑は日本の領土問題がドイツのそれに比べると簡単であると認識していた。なぜなら、ポツダム宣言では日本の領土を本州、北海道、九州、四国および付近の若干の島嶼に限定しているためである。問題なのは千島列島南部諸島、琉球とりわけ沖縄、小笠原諸島など国連信託統治ではない諸島と対馬であると、王世傑は認識している。

賠償問題に関して、王世傑は「この問題は内容が複雑で、中国の戦時損失の調査が容易ではないだけでなく、接収した日本側の物資も正確に統計できていない」と指摘したうえ、「今次中国の財産損失はおよそ五八〇億米ドルで、死亡者は間接死亡者を除いて、約一一〇〇万人に達している」と述べている。一九四六年八月一九日に王世傑はパリで「中国対日賠償問題提案綱領」を起草し、日本の中国への賠償は賠償総額の四〇%を占めるべきだと主張している。(32)談話会において、王世傑は中国が三〇%の賠償が得られると予想していた。王世傑は、「賠償の基本問題は、割合の多寡ではなく、中国が今後日本の生産品を賠償に充てることを主張するかどうかが肝心である。もし、中国がそのような主張をするならば、一部の日本の工業を残さなければならない。そうすれば、日本が必ず生産力を回復し、中国の工業と競争することになってしまう。〔中略〕もし生産品を賠償に充てないと、現在の日本の賠償能力には限界がある」と分析している。この問題を解決するために、王世傑は以下二つの基準を守らなければならないと強調している。一つは危険性を持つ工業以外、日本に若干の生産力を持つことを認め、もって同盟国がより多くの賠償を得られるようにする。もう一つは、日本人が飢餓によって共産主義に傾くことを防ぐために、日本に一定の生産水準を持たせることである。当時、米ソ対立が徐々にエスカレートし、国共内戦も繰り広げられている。いかにして日本が共産主義に走るのを阻止するかは現実問題になっている。国民政府はより多くの賠償の獲得と日本の共産主義化の防止というジレンマに陥ったといえる。

対日管制問題に関して、王世傑は五つの問題を取り上げている。①陸海空軍の廃止、②軍事工業の排除、③軍事訓練の取り消し、④警察の武器使用の制限、⑤民間航空人員の制限である。王世傑は、日本の武装解除、侵略思想の根絶、賠償、政治制度と土地制度の改革、再教育などの問題は、ただ条文規定にだけ頼るのは無駄であり、有効な管制を行うことこそ重要であると認識している。

講和条約の起草方式に関して、アメリカは一一ヵ国会議を開き、三分の二の多数決制をとることを主張しているのに対して、ソ連はまず四ヵ国外相会議を開き、そこで講和条約起草方式を決めるべきだと唱えている。それに対して、国民政府は一一ヵ国の中で三分の二の多数決でいいが、米英中ソ四ヵ国中の三ヵ国が含まなければならないと提案している。この時は、王世傑は「講和条約の締結には困難があるが、米ソ間では和解の可能性がないわけではない」と楽観している。

第二回の談話会は、九月一五日に外交部で開かれ、外交部次長劉師舜が司会を担当した。談話会の議題は相変わらず領土、賠償、管制と講和条約起草方式である。

領土問題に関して、『救国日報』社長龔徳柏が済州島と対馬の地理的位置が重要であるため、日本に所有させるべきではないと主張した。琉球に関しては、胡煥庸は「琉球を中国に返還するのは上策で、中国による信託統治は中策で、中国が信託統治して、沖縄をアメリカの基地にするのは下策である。琉球の一部もしくは全部を日本に渡すことに絶対反対するべきだ」と主張した。胡煥庸は「もし中国が琉球を回収しなければ、太平洋国家になることができない。もし日本が琉球をとってしまうと、台湾が危険にさらされる」と分析している。そのため、胡煥庸はアメリカの硫黄島と小笠原諸島に対する領土要求、およびソ連の千島列島以南諸島に対する領土要求を支持し、その代わりにアメリカとソ連に中国が琉球を回収することに支持してもらうと提案している。それに対して、監察院監察委員萬燦が「琉球を中国への返還を求めるのは合法的ではなく、一つの緩衝地帯として、中国による信託統治だけ求めることができるのだ」と主張している。琉球の帰属をめぐって、胡煥庸と萬燦の間には意見の違いはあるが、琉球を日本に渡すことに反対する面においては一致している。

そのほかに、国民政府文官処長呉鼎昌が天皇制の問題を提起した。呉鼎昌は「天皇制は極悪非道な制度であり、天皇制が廃止されなければ、脅威は免れない。しかし、ポツダム宣言では日本の国体は日本人民自らが決定すると規定しているため、天皇制の廃止はすでに不可能である。とはいえ天皇の『天』という字は神道の意義と迷信の力量をもっており、日本人を毒して侵略する根源である」と述べている。呉鼎昌は、西洋人がこの点を知らないため、西洋人に『天』という字の力を宣伝し、将来日本の憲法において天皇の名称を「国王」もしくは「国皇」に改称するべきだと主張している。

一方、監察院監察委員張慶楨は「軍国主義も日本が侵略を発動する思想的根源である。そのため、軍国主義に関連する一切の心理、思想と制度を取り除き、小中学校教科書と各種刊行物、雑誌、新聞の中のそのような思想も必ず取り除き、天皇制、神社、神座など荒唐無稽な制度は必ず根絶しなければならず、小中学校の教科書も厳格な検査を経なければならない」と主張している。

第三回談話会は九月三〇日に上海で行われ、葉公超が司会を担当した。議題は日本の武装解除、管制、領土と賠償問題のほか、日本の工業水準問題と日本国民の再教育問題が加えられている。そのほかに、『大公報』編集長王芸生は戦犯に対する追及が不十分であると指摘している。『東南日報』社長胡健中は、岡村寧次がいまだ裁判を受けていないことについて質問した。それに対して、外交部亜東司長黄正銘が「極東国際軍事裁判が再三にわたって岡村寧次の引き渡しを要求したが、国防部が応じなかった」と答えている。ここからわかるように、戦犯処理問題において、国民政府は確かに岡村寧次を庇護したのである。のちに岡村寧次が「白団」を結成し、蔣介石の大陸反攻を助けようとしたゆえんはここにあると考えられる。

4　対日講和条約審議委員会各グループの構想

外交部は対日講和条約審議委員会指導員と専任審議員の意見を聴取すると同時に、講和条約作成の準備も進めた。各グループは約三ヵ月をかけて、それぞれ審議結論を提出した[33]。日中間の賠償問題に関しては、すでに多くの研究成果があるため、本章では主に領土、政治、経済と軍事グループの結論を取り上げることにする。これらのグループで検討した多くの問題は、今日に至っても日中関係に大きな影響を及ぼしているためである。

(1)　領土グループ

領土グループが主に以下四つの問題を検討している。日本領土の範囲、琉球諸島と日本から切り離された島嶼の処置、歯舞諸島の処置、朝鮮境域問題である。

それらの問題のうち、琉球問題が最も重要視されている。一九四三年一一月二三日に蔣介石がルーズヴェルト大統領と会談した際、琉球問題について意見交換を行った。領土問題でアメリカ側の不信を招かないために、蔣介石は「琉球に関しては、国際機構が中米に委託統治することができる」と表明した[34]。しかし、外交部亜東司第一課課長で対日講和条約審議委員会専門委員張廷錚が次のように主張している。「琉球は地理上わが国東方海上の前衛であり、歴史上わが国とは使節を派遣し、朝貢し、冊封を受ける関係にあり、それに台湾に隣接している。わが国の国防安全の面から言うならば、わが国との関係が実に重大である。わが国が海軍を強化し、太平洋に進出しようとしなければいいが、さもなければ、琉球は必ず争うところである。万やむを得ずに、わが国は台湾に隣接する八重山と宮古島列島をわが国に渡すよう主張するべきである」と。[35] 張廷鍔の意見は、当時国民政府内部の琉球問題に対する代表的なものであるといえる。

琉球諸島の境界に関して、領土グループは連合国軍最高司令官総司令部（以下「ＧＨＱ」と略称）の指令に基づき、北緯三〇度以南を琉球諸島の範囲とし、口之島、北大東島、南大東島、沖大東島はみな琉球諸島の範囲内にするべきだと提案している。[36]

では、琉球問題をどのように解決するべきであろうか。領土グループは四つの案を提起している。[37] 第一の案は、琉球を中国に返還もしくは中国が信託統治することである。これに関しては、張廷鍔は「返還を求める理由は不十分」であり、それに「カイロ宣言」では「同盟国ハ自国ノ為ニ何等ノ利得ヲモ欲求スルモノニ非ス又領土拡張ノ何等ノ念ヲモ有スルモノニ非ス」と規定していると指摘している。しかし、張廷鍔は琉球の信託統治を要求するには十分な理由がある。[38] その理由として、以下四点が挙げられている。①琉球はかつて中国の属国である。②琉球問題はいまだ日中間の懸案である。③琉球の種族、文化、風俗、習慣はみな中国と密接な関係がある。④琉球が台湾に隣接しており、中国東南海上の障壁であり、国防安全の面において、中国にとっては非常に重要であると。

第二案は中米共同で信託統治することである。張廷鍔はもし講和会議において中国の琉球の返還もしくは信託統治という要求が反対されるならば、次善策として中米による信託統治を主張している。彼は中国と琉球の地理的と歴史的関係、アメリカの実際上の力と貢献からして、共同で管理することが比較的妥当な方法であると認識しているのである。

第三案はアメリカによる信託統治である。それに対して、張廷鍔は中国が歴史的、地理的理由から反対するべきだと提案している。

第四案は、琉球を国連保護下の自由区にすることである。張廷鍔は、もしアメリカが単独で信託統治することに固持し、あるいは中米共同管理を拒むならば、中国が琉球を国連保護下の自由区域にするよう主張するべきだと提案している。

以上四つの案を見てわかるように、琉球に関して、領土グループの最大の要求は中国への返還もしくは中国による信託統治であり、その次は中米による共同信託統治である。

領土問題のうち、朝鮮の境域問題もとても重要である。領土グループは「韓国の境界は一八九五年を基準とし、韓国日本に併合された時代に、日本が中韓辺境において非合法的に奪い取った中国の領土および権益に関しては、韓国独立政府成立後、中韓両国が人員を派遣し、実地調査してから解決する」ことを提案している[39]。

済州島、対馬、鬱林島と竹島の帰属に関して、領土グループはみな朝鮮に帰属するべきだと提案している。済州島に関しては、中国の国防にとってとても重要であるため、領土グループは中国政府が朝鮮政府とその利用について協議するべきだと提案している。対馬に関して、領土グループは朝鮮との関係が最も深いため、朝鮮に帰属するべきだとしている。

千島列島と南樺太に関して、領土グループは中国が対日講和会議において「ヤルタ協定」に対しては、留保の態度を保つべきで、南樺太の帰属に関しては日本の要求を支持することができるとしている。もし国連によって信託統治することになったら、中国も参加するべきであり、最終的状況に応じて、ソ連を支持することもできると。ここからわかるように、当時領土グループは中国の国益に不利な「ヤルタ協定」に対して留保の態度を保ち、南樺太の帰属を外交交渉のカードとして利用しようとしていたのである。

伊豆諸島と南方諸島（孀婦岩を含む）に関して、領土グループは二つの方法で対処することを提案している。一つは日本に返還することであり、もう一つは日本から切り離し、小笠原諸島に編入して、一括で対処する。具体的には、対日講和会議に参加する中国の代表が臨機応変に対応することになっている。小笠原諸島とその付近各島嶼（中島、南島、硫黄諸島）に関しては、国連による信託統治にするべきで、歯舞諸島に関しては日本に属することにしている。

以上でわかるように、領土グループが検討した多くの領土問題はいまだ解決されていない。

（2）政治グループ

政治グループは一九四七年一〇月一五日から一二月一七日にかけて九回会合を開き、以下六つの問題について議論した[40]。①日本が過去に締結した条約の存廃、②日本が参加している国際組織、③軍国主義者の取り締まり、④天皇制の廃止と裕仁の戦争責任、⑤日本の教育改革、⑥日本の土地改革問題、である。

日本が過去に中国と締結した条約、協定および契約などに関して、政治グループは日中が新しい条約を調印する前に、それらを全部廃止するべきだと主張している。そのうち、直接あるいは間接的に中国大陸、台湾、朝鮮、琉球、千島列島、太平洋信託統治島嶼に関連するものは一律に廃止もしくは修正するべきだとしている[41]。

日本が参加している国際組織の問題に関して、政治グループは日本が講和条約調印前にいかなる国際会議もしくは組織に参加するべきでなく、対日講和条約発効三―五年後、同盟国が会議を開き、日本がその間の条約履行状況に基づいて、日本の国連への加盟とその他の政治性のある国際会議もしくは組織への参加を支持するかどうかを決める。それまでの期間において、日本はまず同盟国の監督機構の許可を得てから、はじめて政府側を代表する非政治性の国際会議もしくは国際組織に参加することができるのだとしている。

軍国主義者の取り締まりに関して、政治グループは対日講和条約発効後、日本政府が法令を制定し、軍国主義と極端な国家主義をもつ公職者・私人、および民主政治に違反する言論と行動を永久に防止しかつ懲罰するべきだと主張している[42]。

天皇制に関して、政治グループは永久に廃止するべきだとしている。その理由として、以下四点が挙げられている。「①天皇制は日本の徹底的民主化の一大障害である。②天皇制は迷信的な神道、強権の助長、そして人類を侮辱する反民主主義思想を潜んでいる。③天皇制はかつて日本軍国主義の侵略の道具である。もし天皇制を利用して日本の安定を図り、共産主義を克服しようとするならば、実に危険性のある政策である。④天皇制を廃止してこそ同盟国の対日政策の基本精神に合致するのである」と[43]。

天皇の戦争責任について、対日講和条約審議委員会専員林健民が調書を起草し、四つの側面からそれをとらえている(44)。第一、明治憲法における天皇の地位と権限に関する規定（第一、四—六、一〇—一三、五五—五六条）。例えば、第四条では「天皇ハ国ノ元首ニシテ統治権ヲ総攬シ」、第一一条では「天皇ハ陸海軍ヲ統帥」し、第一三条では「天皇ハ戦ヲ宣シ和ヲ講シ及諸般ノ条約ヲ締結ス」ることを規定している。第二、天皇の以下の行為から戦争責任を負うべきだという。例えば、一九三七年一一月一八日に大本営令の発布、一九三八年四月一日に国家総動員法の発布、一九四〇年九月二七日に日独伊三国同盟の締結、一九四一年一二月八日に米英に対する宣戦布告の発布などである。第三に「裕仁が指導した日本の侵略戦争の結果」として、世界平和の秩序が破壊され、国連憲章と国際条約が直接あるいは間接に破壊され、中国および同盟国の領土と属地の人民の統治権、公私財産、人的物的資源および人民の生命安全、国家秩序が侵害を受け、中国の被害が最も大きい。第四、天皇がポツダム宣言を受諾している。「ポツダム宣言」第六条では「日本国国民ヲ欺瞞シ之ヲシテ世界征服ノ挙ニ出ツルノ過誤ヲ犯サシメタル者ノ権力及勢力ハ永久ニ除去セラレサルヘカラス」と規定している。

カイロ会談において、蔣介石は戦後日本の国体については日本人民自らが決めるべきだと唱えている(45)。しかし、政治グループは天皇制と天皇の戦争責任に対して厳しい態度を示している。ここからは蔣介石と国民政府内部との考えの違いが見て取れる。事実、国民政府内部だけでなく、当時中国のほとんどの世論は天皇制の廃止と天皇の戦争責任の追及を望んでいたのである。この問題に関しては、別の機会に検討するつもりである。

日本の教育改革について、政治グループは対日講和条約調印後、同盟国対日管理機構は引き続き日本政府が下記の改革を行うよう督促するべきだと主張している。「神道主義関連施設と教材の徹底的廃止、軍国主義、神道主義、極端な国家主義を鼓吹する図書および神話が満ちて、史実を歪曲する歴史・地理教科書を引き続き糺し一掃すること、民主主義に合致し、平和を提唱する教科書と参考書を引き続き編纂すること、軍事訓練もしくは軍事研究関連の機構設備、学科と講座の設置もしくは復活しないこと、各学校の民主主義と国際平和関連の授業もしくは講座設置の奨励、女性の教育に対する差別の是正、初等および中等教育の地方分権化の実施、文教関係者に対する取り締まりの貫徹、教師に対する民主主義再教育の遂行、師範学校の民主主義教育の重視、映画、劇、ラジオ、新聞、出版などを含む教育文化界関係者に対する民主主義と平和思想の宣伝の奨励」と。

以上からわかるように、当時対日講和条約審議委員会が日本の学校の歴史・地理教科書の内容を重視していた。一九八二年に日本の中学校の歴史教科書における戦争に関する記述をめぐって、中国、韓国などアジアの国と地域が相次いで批判を行い、いわゆる教科書問題が発生した[46]。その対立の種はすでに戦後初期にまかれていたといえる。

政治グループは「日本の農民を解放し、彼らに封建制度の圧迫から脱却させ、民主主義の権威と勢力を強化させるために、日本の土地制度を徹底的に改革するべきだ」としている。具体的には、以下六点の提案を行っている。①耕す者に耕地所有権を取得させるために、小作と賃貸にしている耕地を再配分する。②皇室、華族などが所有する土地と農場を全部再配分する。③耕す可能の土地に対して、期限を定めて開墾してから直ちに配分する。④上記三項目は自作農を増やすことを原則とし、もって農民の生活を安定させる。⑤再配分された土地価格はなるべく低く抑え、もって自作農の負担を軽減する。⑥土地配分に関する市町村の組織においては小作農が絶対多数を占めるべきであると。

ＧＨＱは軍国主義の影響を徹底的に取り除くために、日本の経済構造を改革しなければならないと認識していた。具体的には二つの措置をとった。一つは財閥の解体であり、もう一つは農地改革である。戦前日本の農民数は総人口の四五％を占めており、生活が困難のため、軍国主義思想の影響を受けやすい。ＧＨＱの指導下で、日本は一九四五年一二月と一九四六年六月に二回にわたって農地改革を行った。その結果、一九四一年に二八％しかなかった自作農は、一九五五年に七〇％まで増加したといわれている[47]。しかし、一九六五年六月に佐藤栄作内閣は「農地被買収者等に対する給付金の支給に関する法律」を公布し、旧地主に対して補償金を支給している。

（3）　経済グループ

経済グループは一九四七年一〇月一五日から一二月一八日まで一〇回会議を開き、主に以下七つの問題について検討した[48]。日本の財閥の解体、工業水準の制限、日本における中国の経済事業の資産の接収、対外貿易の制限、未履行の契約の問題、経済動員の取り締まりと経済制度の改造、民間航空の制限問題、である。

日本の財閥の解体の理由について、対日講和条約審議委員会専員簡柏邨は次のように指摘している。「日本の財閥集団の資本の蓄積は一向にして正当な自由競争の段階を経ておらず、封建的特権を利用する政治的手段および直接もしくは間接的対外的略奪をもって、その特殊的蓄積過程を終えているため、独特的な軍事性と侵略性をもつ独占的権利を確立したのである(49)」。「その独占的財閥集団は近代日本軍国主義の主な部分を構成しているのである」と。そこで、経済グループは以下四点の要求を出している。①参戦した財閥集団の資産を没収し、賠償および日本人民の生活の改善に利用する。②独占的財閥集団の経済組織を解散させ、その資産の所有権と経営権を分散させる。③同盟国の監視下で、財閥解体担当機関には広範な社会階層が含まれるべきで、財閥およびその関係者の参加は許されない。④日本政府もしくは個人が国際カルテルの組織と活動への参加を禁止すると。

日本の工業水準の制限問題に関して、経済グループは以下のように認識している(50)。①カイロ宣言、ポツダム宣言と極東委員会による日本の戦争潜在能力を消滅させる決議に基づいて、日本の工業と経済の武装を解除し、ふたたび侵略することを防止する。②日本経済が長い間背負ってきた軍事の重荷を下ろし、戦後日本人民をして十分に平和的生活の再建と復興に従事させる。③規定水準以下の日本国民の経済活動は隣国人民の経済活動の脅威になってはならず、同時に同盟国の負担を増やしてはならない。④制限後の日本の工業は中国の将来の経済発展と適切にバランスをとらなければならない。中国が十分に発展する条件を備えている基本工業、例えば鉄鋼、造船、火力発電などに関しては、日本に対して厳しく制限するべきで、その他軽工業および比較的ハイレベルの工業に関しては、合理的な寛大政策をとり、それをもって国際収支のバランスをとると。

以上のような認識からして、経済グループは以下八点の要求を出している。①あらゆる武器の最終的製造品および軍事工業建設に関連する一切の設備、維持あるいは使用物資の生産、装備、貯蔵あるいは輸入を禁止する。②あらゆる特殊な用途をもつ機械と設備の発展、製造、装備、輸入もしくは保有を禁止する。③日本政府および日本人が日本国以外であらゆる戦争関連の重要な設備の保有あるいは経営を禁止する。④工業生産の集中を禁止し、各種大規模な工業組合を解散する。⑤戦争力の発展に直接貢献する一切の特殊な研究と教育を禁止し、平和的生活の発展を目的とするものに対しては、監督するべきである。⑥日本人民の平和を保障し、世界貿易に参加するために、日本の各種工業の規模と生産能力に対して制限をかける。⑦厳密な監督と管理制度を作り、この制限の目的の達成を保証する。⑧第六項の制限水準を超えている現有の工業設備と資材に関しては、解体して賠償に充てると。

日本における中国の経済事業の資産の接収に関して、経済グループは以下四点の状況に基づいて対策を定めている。①戦前日本における中国の経済事業の資産あるいは日本における支社の資産は平和回復後、中国に返還されるべきである。②戦争発生後、「偽政府」の一切の財産は、中国国内あるいは日本にあるにかかわらず、国民政府によって接収されるべきである。③日本によって占領された地域において、「偽組織」によって登録許可された会社に関して、国民政府はその存在を認める。④日本における台湾の経済事業の資産に関しては、以下三つの状況に基づいて対処する。つまり、台湾の公共財産は国民政府によって接収される。台湾で登録した会社の日本支社のすべての財産に関しては、接収を要求し、賠償に充てる。日本における台湾人民の資産に関して、国民政府が代わりに日本政府に賠償を求め、それからその権利をもつ会社もしくは人民に返還することになっている。

日本の対外貿易に関して、外交部亜東司専門委員・対日講和条約審議委員会秘書長李捷才が次のような理由から制限するべきだと主張している(51)。①日本の工業生産が生活需要を超えるのを防止する。②戦争関連の原材料が日本に輸入されるのを防ぐ。③中国の工業生産が日本商品のダンピングの影響を避けるためであると。

具体的に、経済グループは以下四つの要求を提起している。①日本の輸入を平時の生活必需品に限定し、同盟国管制機構がそれを査定し、配分する。②日本政府が故意に人々の生活水準を低く抑え、あるいは通貨を切り下げ、賃金を下げ、労働時間を増やし、輸送費を減らし、あるいは各種奨励の方法、あるいは独占的組織を使用し、締約国に対してダンピングしてはいけない。同盟国対日管制機構がそれを監督し執行する。③同盟国の人民の日本における通商、往来、居住、旅行、営業、製造およびその他一切の経済活動に対して、日本は国民的待遇および最恵国待遇を与える。輸入貨物の内地税に関して、締約国は国民的待遇および無条件最恵国待遇を享受する。④締約国の人民の日本における通商、往来、居住、旅行、営業、製造およびその他一切の経済活動に対して、日本は国民的待遇および最恵国待遇を与えるべきであると。

日本が履行していない契約に関して、経済グループは売買契約、保険契約および再保険契約、共同契約、日本の会社の株所有による契約関係、戦時中国自由区と日本商人との契約、日本占領地域の民衆と日本商人との契約、台湾人と日本人との契約などに分けて、対策を立てている。

日本の経済動員の取り締まりと経済制度の改革に関しては、経済グループはまず日本の国家総動員を取り締まるべきだとしている。具体的には、国家総動員と関係ある人員、食料、実業、交通、貿易、財政、警備および精神と金属などの計画法令、公文書、資料などを一律に同盟国対日管理委員会に移管し、処分する。国家総動員機関および動員の性格をもつ組織、例えば、戦時の企画庁、統監部、平時の調査局、資源局など、およびその補助機関をすべて徹底的に解散し、いかなる形式の再建も永久に認めない。また、経済グループは日本の経済体制の改革を求めている。具体的には以下三点が挙げられる。①国家統制および独占的工業組合の設立をしてはいけない。すでに設置されたものに関しては、徹底的に解散させる。②日本の保留が認められている重工業および化学工業に関して、日本人民が自由に経営することができるが、管制機構の監督を受けなければならない。③日本は国外経済集団に参加してはならないと。

日本の民間航空に関して、経済グループは次のような七点の要求を提起している。①日本政府と国民は民間飛行機およびいかなる用途の航空機器を保有してはいけない。現有各種飛行機は、故障して使用できないものは処分し、使用できるものは賠償物資とする。②日本政府と国民はいかなる国際および国内航空業を経営することができない。③日本の国際民間航空はそれぞれの締約国が各自で経営し、国内の民間航空は締約国が協議に基づいて共同で経営する。④日本政府と国民は民間飛行機を製造してはいけない。⑤日本国民が民間航空機のパイロットと技術者になってはいけない。現有パイロットと技術者は締約国がそれぞれ徴用する。⑥日本国民が航空学とその他航空関連の研究をしてはいけない。⑦日本の国際および国内航空輸送、民間空港、航空通信設備などは締約国の代表で委員会を組織し、あるいは第三項で定めた共同経営の会社によって管理すると。

以上でわかるように、経済グループは戦後日本の財閥の解体、工業水準、対外貿易、経済制度および民間航空などに対して、厳しい要求を提起している。そこには日本経済の復活によって、ふたたび中国の脅威になってはいけないという国民政府の懸念が見え隠れしていると考えられる。

(4) 軍事グループ

軍事グループは一九四七年一〇月一七日から一二月二日にかけて、七回会議を開き、日本の再軍備の防止、対日管制機構、占領軍の撤退と戦犯問題について協議した[52]。

日本の再軍備の防止に関して、軍事グループは以下三点の要求を出している。①日本の武装を徹底的に解除し、一切の軍備を廃止する。②軍事教育と訓練を停止し、もって再軍備を防止し、戦争の潜在力を消滅する。③警察制度、訓練人数および装備は厳格に制限されるべきであると。

対日管制機構の組織と機能に関して、軍事グループは対日講和条約発効後、日本が条約の義務を忠実に履行するのを監督するために、東京で「締約国管制日本委員会」を設置する必要があるとしている。その委員会は極東委員会一一ヵ国より代表一名ずつと専門家若干名からなり、委員会主席は中米英ソ四ヵ国代表が交代で担当する。第一期対日管制期間は暫時三〇年とする。管制期間満了前、締約国が期間変更もしくは延期するかどうかについて協議する。中国が「四強」の一員であるため、対日管制において自らの役割を果たそうとしていることが窺い知れる。

占領軍の撤退問題に関して、軍事グループは確実に対日管制の効果を挙げるために、同盟国の軍隊が三〇年間日本に駐在するべきだと主張している。駐在軍は「盟国管理軍」と称し、締約国管制日本委員会主席の指揮を受ける。管理軍は中米英ソ四ヵ国が派遣する陸海空軍からなる。締約国管制日本委員会および管理軍のすべての費用と給養物資は、日本政府が負担するとしている。

戦犯の問題に関して、軍事グループは以下三点を要求している。①日本の主要戦争犯罪容疑者に対して、法に基づいて審問し、厳しい刑罰を科す。②ＧＨＱによって公職追放された者は永久に公職への参加を禁止する。③対日講和条約調印後、同盟国はかつて侵略陰謀を支持した者を検挙し、それらの人々を戦争犯罪者として訴追する責任を引き続き有する。軍事グループのそれらの要求はいずれも厳しいものである。しかし、周知のように、後になって、多くの戦争犯罪容疑者が釈放され、かつて公職追放された者がふたたび政界もしくは財界に復帰した。それは対日戦後処理の不完全さを表しているといえる。

以上、領土、政治、経済、軍事の各グループの対日講和構想を概観してきた。全体的に見て、対日講和条約審議委員会は対日講和に関して厳しい要求を出していることがわかる。しかし、それらの構想はほとんど実現できなかった。そのため、後の日中関係に対立の火種が残されたといえる。

5　日の目を見なかった「対日講和条約草案」

筆者は二〇一四年九月に中央研究院近代史研究所档案館で国民政府ベルギー駐在大使金問泗、外交部欧州司長呉南如と外交部専門委員黄正銘が起草した「対日講和条約草案」を見つけた[53]。その表紙にある日付は「一九四六年一〇月七日」になっている。当時、金、呉、黄三人ともパリで講和会議に参加していた。「対日講和条約草案」は中国語と英語二つのバージョンがあり、黄正銘によって中国に持ち帰られた。ここからわかるように、外交部は比較的早い時点から対日講和条約案の作成に着手していたのである。

しかし、なぜか王世傑はその「対日講和条約草案」を重視しなかったようである。一九四七年一月一三日に、王世傑は日記に「近日中、外交部部員に対日賠償案と対日講和条約草案の起草を督促している」と書いている[54]。同年七月一七日に、王世傑はまた日記に「外交部は対日講和条約初歩草案を完成した」と書いている[55]。明らかに、王世傑がここで言っている「草案」は金、呉、黄三人が起草したそれとは異なるものである。事実、一九四七年九月三〇日に開かれた対日講和条約審議委員会第三回談話会において、葉公超が外交部にはいくつかの対日講和条約草案があると言及している。(56) しかし、筆者は中央研究院近代史研究所档案館所蔵の外交部档案を大量に閲覧したが、ほかの対日講和条約草案を見つけることができなかった。

なお、中国第二歴史档案館が出版した『中華民国史档案資料滙編』第五輯第三編「外交」にはある「対日講和条約草案」が収録されており、その日付は「一九四八年」になっている。筆者がそれを金、呉、黄三人が起草した草案と仔細に照らし合わせてみたところ、個別の文字と言葉が異なる以外、両者の内容はほぼ一致している。一九四六年一〇月から一九四八年にかけて、二年近くの間に、対日講和条約審議委員会があれほど準備をしたにもかかわらず、金、呉、黄三人が起草した草案と異なるものを作成できなかったのか、そして、王世傑が日記に書いている草案はどのようなものなのか、さまざまな疑問が残されている。今後、新しい資料の発掘がいっそう求められる。

6　国民大会代表らの対日講和要求

一九四八年四月に第一回国民大会が開かれた。従来の研究ではほとんどこの大会で行われた総統と副総統選挙にだけ焦点を当てていた。この大会において対日講和に関する原則案が通過したことはあまり注目されてこなかった。それは国民大会代表富徳淳など七一人が提出した「為請政府確定対日和約原則、以資奠定世界平和而衛国権案」（「対日講和条約の原則を確定し、世界平和の確立と国権防衛に資するよう、政府に要請する案」）（提案第一〇八号）である。(57) この提案は四月二一日に通過した。筆者はこの提案は当時中国の民意を代表しており、ここで一瞥する必要があると考えている。

まず、提案では次のように主張している。「わが国の日本帝国主義と抗争する時間が最も長く、犠牲が最大である。戦時中の損失は三〇〇億米ドル以上に達し、軍民死亡総数は計り知れない。日本降伏当初、蔣主席は全国軍民に寛大であるよう呼びかけた。われわれは主席が高邁な理想をもっていることに対して敬意を払うと同時に、次のように指摘しておかなければならない。つまり、寛大はぞんざいではなく、徳化は放任ではないと。対日講和は抗戦の最後の一章であり、祖国の復興、子孫の安全はすべてここにかかわっている」と。ここからわかるように、当時国民大会代表らは対日講和に多大な期待を寄せていたのである。そのため、提案では対日講和条約の採択に関して、中米英ソ四ヵ国が否決権をもつべきだとし、講和会議も中国国内で開催するべきだと唱えている。

対日講和条約の序文に関して、提案では「中国が最初に侵略を受けて、犠牲が最も多く、貢献が最も大きい」こと、「日本の侵略戦争は満州事変からであり、真珠湾攻撃からではない」ことを明記するよう求めている。

対日講和条約の内容に関して、提案は政治、経済、軍事、領土、賠償、思想、管制、監督と執行計八項目に分けて、具体的な原則を提起している。政治の面では、天皇制を廃止し、平和で民主的な政体を確立し、民間秘密組織を一掃すること。経済の面では、軍事工業の潜在力を徹底的に消滅させ、日本の工業水準を一九二八年から一九三〇年までとすること。軍事面では、日本の憲法に規定している「戦争放棄」の条項を徹底的に実施し、徴兵制を廃止すること。領土の面では、日本の領土は本州、四国、九州、北海道四島に限定するべきで、「琉球諸島の問題については、琉球とわが国との歴史上の関係、およびわが国の国防上の必要に基づいて合理的に解決するべきである」と。賠償に関しては、中国が対日作戦の時間が長く、貢献が大きいため、賠償総額の五〇％以上を獲得するべきだとしている。それは王世傑が当初提案した四〇％よりも多い。思想に関しては、「日本の学校の教材および文化活動に対して、軍国主義思想と侵略主義の余毒を徹底的に取り除かなければならない」とし、「神社のような日本国内における一切の帝国主義思想の心理的拠り所を壊さなければならない」と主張している。管制の面では、提案では「日本の軍国主義思想を徹底的に取り除くために、管制期間は五〇年にするべきだ」としている。それは対日講和条約審議委員会が提案している三〇年よりも長い。監督と執行に関して、提案では「四強（米英中ソ、筆者注）によって監督執行機関を組織」し、「連合国軍は日本の重要な地域に駐屯し、講和条約の条項が全部実施されるのを保証する」と求めている。

前述した内容からわかるように、当時富徳淳ら国民代表が提起した要求は、対日講和条約審議委員会が構想したものとは基本的に一致しているが、項目によっては、それを上回るものもあった。それは当時中国の一部の民意を反映しているといえる。しかし、それらの要求は蔣介石が唱えた寛大な政策とは開きがみられると言わざるを得ない。

おわりに

一九四八年五月二〇日に、蔣介石は総統就任演説のなかで、あらためてドイツ、イタリア、日本に対して寛大な政策をとるべきだと呼びかけている[58]。蔣介石は「中国は日本に対して、過分の要求はない。しかし、中国は日本の侵略を受け、八年以上も抗戦した国である。ゆえに対日講和条項を定める時に、ほかの同盟国に対して、中国が講和会議において一種の特殊な地位を有することを認めるよう求めなければならない」と強調している。ここからわかるように、この時点で蔣介石は対日講和会議に対して依然として期待を抱いている。

しかし、米ソ対立が次第にエスカレートしたため、アメリカ政府は一九四七年から徐々に対日政策を変更しはじめた。一方、国民政府はソ連との間に、東北の接収、新疆と中共問題をめぐって、対立も深まりつつある。それに国民政府は国共内戦において、日増しに劣勢に立たされるようになる。そのため、アメリカ政府は国民政府に対する信頼を失い、日本に対する支援を強化し、日本を共産主義の防波堤にしようと舵を切るようになっていく。そのような状況下で、一九四九年一月二一日に蔣介石はついに総統の任を辞する。三月五日に蔣介石は日記に「わが国の外交はインドと日本との連携、親善を唯一の根本的政策にするべし」と書いている[59]。国民党政権を保全するために、蔣介石はインドと日本に目を転じはじめたのである。

一九四九年六月三日に、国民政府行政院第六五回会議において外交部代理部長葉公超による下記の提案が通過した。「日本の国際協力への参加、対外貿易の発展、工業生産の向上などの面に関して、事情を考慮して緩和するべきだ」というものである[60]。国内外の情勢を鑑み、国民政府は対日政策をいっそう緩和したのである。

一九四九年八月五日に、アメリカ国務省が「中国白書」を発表し、蔣介石と国民党政権に大きな衝撃を与えた[61]。

同年一二月一〇日に、蔣介石は成都から台北に飛び立った。その時から中国のサンフランシスコ講和会議への道が断たれたと考えられる。日中戦争の「惨勝」によって、ようやく統一した中国が分裂してしまったのである。

周知のとおり、一九五一年九月八日にサンフランシスコ講和会議が開かれたが、中共政権も国民党政権も参加できなかった。一九五二年四月二八日に、「サンフランシスコ平和条約」発効直前に、「日華平和条約」が台北で調印された。しかし、対日講和条約審議委員会の当初の構想はほとんどといっていいほど実現できなかった。それに対して、蔣介石は日記に次のように書き記している。「中日講和条約は今月時々停滞と決裂に陥り、とりわけ月の初めは甚だしい。最終的に二八日についに調印できた。しかし、すでにさんざん侮辱に遭い、人が耐えられないほどの苦痛を耐え尽くしてきたのだ」と。[62]「日華平和条約」の交渉をめぐって味わってきた屈辱の気持ちを、蔣介石は日記にしか発散させることができなかったのである。

「日華平和条約」第一条では、日中間の戦争状態の終了が明文化されている。しかし、当初対日講和条約審議委員会各グループが提起した要求はほとんど絵に描いた餅になってしまった。それらの問題は今日に至っても、日中関係に影響を及ぼしていると筆者は認識している。日中戦争終結七〇年の今日において、いま一度戦後日中関係の原点に立ち戻り、それらの問題の解決策を模索する必要があると思われる。

註

（1）家近亮子『日中関係の基本構造』（晃洋書房、二〇〇三年）第二章第七節。袁成毅「戦後蔣介石対日〝以徳報怨〟政策的幾個問題」（『抗日戦争研究』、二〇〇六年第一期）。馮全普「戦後初期国民党政権対日〝以徳報怨〟政策之原因分析」（『東方論壇』二〇〇六年第二期）。黄自進『蔣介石與日本――一部近代中日関係史的縮影』（台北・中央研究院近代史研究所、二〇一二年）第六章。

（2）石井明「中国の対日占領政策」（『国際政治』第八五号、一九八七年五月）。翁有利「戦後初期国民党対日処置政策述論」（『西南師範大学学報』二〇〇〇年第六期）。陳奉林「戦後初期中国対日占領問題的来龍去脈」（『歴史教学』二〇〇五年第二期）。汪朝光「抗戦勝利的喜悦與対日処置的糾結」（『抗日戦争研究』二〇一三年第三期）。呉淑鳳「抗戦勝利前後国民政府処置日本態度的転変」（『国史館館刊』第三八期、二〇一三年一二月）。饒品良「蔣介石確立的戦後対日処置政策與方針的根由及影響」（『雲南行政学院学報』二〇一四年第二期）。

（3）遅景徳「戦後中国向日本索取賠償研究」（国父建党革命一百周年学術討論集編輯委員会編『国父建党革命一百周年学術討論集』第三冊、台北・近代中国出版社、一九九五年）。遅景徳「従抗戦勝利損失調査到日本戦敗賠償」（慶祝抗戦勝利五十周年両岸学術研討会籌備委員会編『慶祝抗戦勝利五十周年両岸学術研討会論文集』下冊、台北・中国近代史学会、一九九六年）。殷燕軍『中日戦争賠償問題』（御茶の水書房、一九九六年）。呉淑鳳「戦後中国対日求償之交渉（一九四五―一九四九）」（『中華軍史学会会刊』第一三期、二〇〇八年九月）。

（4）宋志勇「戦後初期中国的対日政策與戦犯審判」（『南開学報』、二〇〇一年第四期）。

（5）鹿錫俊「東北解放軍医療隊で活躍した日本人――ある軍医院の軌跡から」（『北東アジア研究』第六号、二〇〇四年一月）。鹿錫俊「戦後中国における日本人の『留用』問題――この研究の背景と意義を中心に」（『大東アジア学論集』第六号、二〇〇六年三月）。鹿錫俊「戦後国民政府による日本人技術者『留用』の一考察――中国側文書に依拠して」（斎藤道彦編著『日中関係史の諸問題』中央大学出版部、二〇〇九年、第六章）。鹿錫俊「蔣介石與戦後国共相争中的日本人角色」（『抗日戦争研究』二〇一三年第一期）。楊大慶「中国に留まる日本人技術者」（劉傑、川島真編『一九四五年の歴史認識』東京大学出版会、二〇〇九年、第五章）。堀井弘一郎『「満州」から集団連行された鉄道技術者たち――天水「留用」千日の記録』（創土社、二〇一五年）。

（6）石井明「中国の対日占領政策」。袁克勤『アメリカと日華平和』（柏書房、二〇〇一年）第三章。

（7）殷燕軍『日中講和の研究――戦後日中関係の原点』（柏書房、二〇〇七年）。

（8）左双文、朱懐遠「王世杰與戦後対日和約問題的交渉」（『抗日戦争研究』、二〇〇七年第三期）。

（9）曹藝「一九四七―一九四八年関於対日和約程序問題的討論――以美国外交文件為中心所作的探討」（『抗日戦争研究』二〇一一年第一期）。

（10）石源華「国民政府外交部対日和約初歩審議述論」（『聊城大学学報』、二〇一四年第五期）。

（11）蔣介石「抗戦勝利告全国軍民及全世界人士書」（秦孝儀主編『総統蔣公思想言論総集』第三二巻、台北・中国国民党中央委員会党史委員会、一九八四年）一一三頁。
(12)「蔣介石日記」一九四五年八月一四日。本章で引用する「蔣介石日記」はすべてアメリカ・スタンフォード大学フーバー研究所が所蔵するものである。記して感謝申し上げたい。
(13)「蔣介石日記」一九四五年八月一八日、「本週反省録」。
(14)「対於外交報告之決議案」（中国第二歴史档案館、海峡両岸出版交流中心編『中国国民党歴次全国代表大会曁中央全会文献滙編』第三五冊、北京・九州出版社、二〇一二年）三五一頁。
(15)「王外長世杰向国人広播巴黎和会之性質」（『当代文献』第五巻合訂本、一九四七年九月）一一九―一二一頁。林美莉編輯校訂『王世杰日記』上冊（台北・中央研究院近代史研究所、二〇一二年）八〇七―八〇八頁。
(16)「対於外交報告之決議案」（中国第二歴史档案館、海峡両岸出版交流中心編『中国国民党歴次全国代表大会曁中央全会文献滙編』第三八冊、北京・九州出版社、二〇一二年）一八九頁。
(17)「蔣中正致電王世杰」外交部档案、台北：中央研究院近代史研究所档案館所蔵、档号：012.6/0097。本章で引用する外交部档案はすべて中央研究院近代史研究所档案館が所蔵するものである。記して感謝申し上げたい。
(18)「遵令呈報対日和約委員会組織人選及工作由」外交部档案、档号：012.6/0097。
(19)「謹擬具対日和約之起草與和会召開程序之方案乙件呈請簽核由」外交部档案、档号：012.6/0097。
(20)西村熊雄『日本外交史二七サンフランシスコ平和条約』（鹿島研究所出版会、一九七一年）一二頁。
(21)「本部呈準設立締結対日和約審議委員会」（『外交部週報』第三六期、一九四七年九月三日）。
(22)「外交部対日和約審議委員会指導委員名単」（作成日時不詳）、『訪問対日和約審議会指導委員』外交部档案、档号：012.6/0024。
(23)「外交部対日和約審議委員会専任審議委員名単」（作成日時不詳）、『対日和約審議委員会談話会』外交部档案、档号：012.6/0141。
(24)「対日和約審議委員会工作人員分組名単」（作成日時不詳）、『対日和約審議委員会談話会』外交部档案、档号：12.6/0141。
(25)「司法行政部公函」、『対日和約各方意見輯要』外交部档案、档号：071.1/0102。「社会部代電」、『対日和約各方意見輯要』外交部档案、档号：012.6/0099。

(26)『対日和約各方意見輯要』外交部档案、档号：012.6/0103。

(27)「対日和約審議事項」、『訪問対日和約審議会指導委員』外交部档案、档号：012.6/0024。

(28)「于院長右任対和約意見」、『訪問対日和約審議会指導委員』外交部档案、档号：012.6/0024。

(29)「戴院長季陶接見葉次長公超之談話記録」、『訪問対日和約審議会指導委員』外交部档案、档号：012.6/0024。

(30)「外交部対日和約審議会談話会記録」（中国第二歴史档案館編『中華民国史档案資料滙編』第五輯第三編外交、南京・鳳凰出版社、二〇〇〇年）三六三―三九一頁。この部分の引用はすべてこの記録に依拠している。

(31)「遠東委員会対投降後日本之基本政策的決議」（田桓主編『戦後中日関係文献集一九四五―一九七〇』北京・中国社会科学出版社、一九九六年）四二―四八頁。紙幅の関係で、本章では極東委員会とGHQの対日政策が中国の対日講和構想に与えた影響については割愛する。

(32)「外交部抄送対日賠償問題中国提案綱領七条呈函」（中国第二歴史档案館編『中華民国史档案資料滙編』第五輯第三編外交）二二五―二二七頁。

(33)「対日和約審議委員会分組専題審議結論」、『対日和約』外交部档案、档号：012.6/0030。なお、この部分での引用は、特別な説明がなければ、すべてこの文献に依拠している。

(34)段瑞聡「太平洋戦争初期における蒋介石の戦後構想（一九四一―一九四三）」（『中国研究』第五号、二〇一二年三月）二一一―二二二頁参照。「蒋介石日記」一九四三年一一月二三日。

(35)「日本領土処理辦法研究」、『日本領土問題』外交部档案、档号：072.4/0001。

(36)「対日和約審議委員会領土組関於日本領土処置問題之建議」、『対日和約説帖』外交部档案、档号：012.6/0137。

(37)「関於琉球問題審議結論摘要」、張廷錚「琉球問題」、『対日和約説帖』外交部档案、档号：012.6/0135。

(38)張廷錚「琉球問題」、『対日和約説帖』外交部档案、档号：012.6/0135。

(39)「対日和約審議委員会領土組関於日本領土処置問題之建議」、『対日和約説帖』外交部档案、档号：012.6/0137。

(40)「外交部対日和約審議会政治小組歴次会議記録」（中国第二歴史档案館編『中華民国史档案資料滙編』第五輯第三編外交）三九一―四三五頁。

(41)「関於日本過去所訂条約存廃問題審議結論摘要」、「関於日本過去所訂条約存廃問題説帖」、『対日和約説帖』外交部档案、档号：012.6/0136。
(42)「関於整粛問題審議結論摘要」、「対日和約審議委員会政治組関於應被整粛之日本公私人員類別之説帖」、『対日和約説帖』外交部档案、档号：012.6/0136。
(43)「関於廃除日本天皇制度問題審議結論摘要」、林健民「関於廃除日本天皇制度之説帖」、『対日和約説帖』外交部档案、档号：012.6/0135。なお、林健民は対日講和条約審議委員会専員であり、政治グループと領土グループに属している。
(44)林健民「日皇裕仁対於侵略戦争應負責任之説帖」、『対日和約説帖』外交部档案、档号：012.6/0137。
(45)段瑞聡「太平洋戦争初期における蔣介石の戦後構想（一九四一―一九四三）」（『中国研究』第五号）一二三頁。「蔣介石日記」一九四三年一一月二三日。
(46)段瑞聡「教科書問題」（家近亮子、松田康博、段瑞聡編著『改訂版　岐路に立つ日中関係』晃洋書房、二〇一二年）第三章参照。
(47)石川真澄、山口二郎『戦後政治史』（岩波書店、二〇一〇年）一五―一六頁。
(48)「外交部対日和約審議会経済小組歴次会議紀要」（中国第二歴史档案館編『中華民国史档案資料滙編』第五輯第三編外交）四三六―四六一頁。
(49)簡柏邨「解散日本財閥問題説帖」、『対日和約説帖』外交部档案、档号：012.6/0137。
(50)簡柏邨「限制日本工業水準結論」、『対日和約説帖』外交部档案、档号：012.6/0137。
(51)李捷才「日本対外貿易之制限問題」、『対日和約説帖』外交部档案、档号：012.6/0136。
(52)「外交部対日和約審議会軍事小組歴次会議紀要」（中国第二歴史档案館編『中華民国史档案資料滙編』第五輯第三編外交）四六一―四七四頁。「軍事組関於解除日本軍備問題審議結論」、『対日和約説帖』外交部档案、档号：012.6/0136。
(53)金問泗、呉南如、黄正銘「対日和約草案」『対日和約草案』、外交部档案、档号：012.6/0107。
(54)林美莉編輯校訂『王世杰日記』上冊、八四三頁。
(55)同右、八七四頁。
(56)「外交部対日和約審議会談話会記録」（中国第二歴史档案館編『中華民国史档案資料滙編』第五輯第三編外交）三八四頁。

(57)「提案審査委員会第三審査委員会審査報告第一号」、『国民大会会議記録(三)』国民政府档案、台北・国史館、典蔵号：001-011143-0007。

(58)「宣誓就第一任総統職致詞」(秦孝儀主編『総統蔣公思想言論総集』第二二巻、台北・中国国民党中央委員会党史委員会、一九八四年)四六二頁。

(59)「蔣介石日記」一九四九年三月五日。蔣介石は早い時点からインドの独立を支持していた。段瑞聡「一九四二年蔣介石のインド訪問」(『中国研究』第三号、二〇一〇年三月)一一一―一四五頁参照。

(60)「院会議決酌情放寛対日政策」、『有関対日政策重要文件』外交部档案、档号：071.1/0001。

(61)段瑞聡「犯而不較與不出悪声――蔣介石対『中美関係白皮書』的應対」(呂芳上主編『蔣中正日記與民国史研究』上冊、台北・世界大同出版有限公司、二〇一一年)三三一―三五〇頁参照。

(62)「蔣介石日記」一九五二年四月、「本月反省録」。

＊本章は二〇一四年度慶應義塾大学学事振興資金の助成をいただいた。記して感謝申し上げたい。

第12章　村田省蔵と実業アジア主義
——戦前・戦中・戦後を貫くもの——

松浦正孝

はじめに

二〇〇六年から〇九年にかけて一年交替で首相に就任した、安倍晋三、福田康夫、麻生太郎、鳩山由紀夫という四人の政治家は、岸信介、福田赳夫、吉田茂、鳩山一郎という戦後の首相を祖父・父に持つ二世・三世の政治家である。彼らは、戦前・戦時期から戦後にかけて重要な政治的足跡を残した、父や祖父たちの継承者としてのアイデンティティを強く持っていることが知られている。日本の未来を構想するためには、戦後体制を作った人々の意識や行動が戦前・戦時期から戦後にかけてどう連続しているのか、彼らのなかで戦前・戦争がどう総括・決着されていったのかを問うことも必要である。

本章で扱うのは、財界人でありながら、戦前・戦中に政治の舞台で活躍し、戦後政治でも重要な役割を果たした村田省蔵である[1]。村田は、戦前・戦中は世界に進出する日本の代表的企業である大阪商船を社長などとして発展させるとともに、日本を「大東亜戦争」に導いた大アジア主義の旗振り役を務め、戦後は日本国際貿易促進協会の初代会長として日中国交回復に尽力した。思想的・イデオロギー的には反吉田茂的な位置にありながら、吉田とは親しい関係にあり、「大東亜共栄圏」形成を経済において担った経歴や戦後における共産中国との国交回復を唱える立場もあって、彼は吉田に対して率直な提言を惜しまなかった。一見正反対にも見える村田の戦前・戦中と戦後とに跨る経験をどう理解したらよいのか。それを考えることは、日本の戦前から現代に至る流れを辿り、日本とアジアとの関わりを理解するための重要な経糸を見つけることにもなる。その際のキーワードは、アジア主義である。[2]

アジア主義については筆者なりの見解を別の機会に論じたことがあるが、[3]竹内好が喝破したように、アジア主義とは、「アジア主義とよぶ以外によびようのない心的ムード、およびそれに基づいて構築された思想」であり、厳密な定義に馴染まない。普遍的な形でアジア主義を定義しようとすれば、「自らの帰属地域を起点として、『アジア』という概念を使うことで『他者』を競争・抗争・排除の対象とし、『アジア』という範囲の中での連帯を求める政治プロジェクト」となる。[4]日本を起点とするアジア主義の特色は、①イギリスに代表される西洋帝国主義や西洋文明を排除・駆逐し、②中国・朝鮮との連携を中心に「アジア」との連帯を掲げ、③アジアの平等性を建前としつつも天皇を頂く日本を盟主とし西洋への優位を確保することを目指す、の三つにまとめられる。大アジア主義などの場合には、②の意味合いが表向きにはその通りであっても、実質的には前近代までの東アジア秩序のスタンダードであった中華を中心とする華夷秩序の「中華」の地位を日本が獲得することに、大きく傾斜した。[5]ただし、今挙げた三つの特色は、人によってその重点の置き方が変わるし、同じ人でも時期によって構成が変わり得る。本章は、紙幅の関係から、当初予定していた村田と藤山愛一郎、水野成夫という三人の財界人におけるアジア主義の比較を行うことを断念し、村田省蔵についてのみ、詳しい検討を加えることとする。三人の比較については、別稿[6]をご参照頂ければ幸いである。

これから扱う村田の場合、戦前・戦中期には、実業における世界競争の最前線にいた大阪商船の立場を代表して、①の西洋に対する対抗の側面と、③の日本を盟主とするアジア・世界制覇への指向とを強く持っていた。戦後になると、戦時中にフィリピン大使として体験した日本統治の残虐と横暴、拙劣への批判や、それと比較したアメリカのフィリピンにおける人心掌握の巧妙さへの感心から、それらは次第に影を潜め、代わりに中国との通商を通じた平等な連帯を求める②の側面が前面に出るようになる。

「アジア」という概念を特徴づけるものとしてしばしば挙げられるのは、肌や髪の色、漢字の使用、儒教や仏教などの人種的・文化的な要素である。西洋由来の資本主義が貨幣（その発展形態である電子情報などを含むが、この電子情報が個人情報として管理されるようになると、非人格的な情報から反転してそれは人格的な情報になると言えるかもしれない）による非人格的な交換を原理とし、マルクス主義がテキストを読み理解することを前提とするのに対して、アジア主義において大事なのは、「会う」という直接対面的契機である。カロライン・S・ハウと白石隆によれば、孫文は宮崎滔天をネットワークのハブとして、日本に滞在していた中国留学生たちと知り合い、犬養毅と会った。フィリピン独立運動活動家マリアノ・ポンセは犬養宅で孫文と出会い、さらに孫文を媒介として朝鮮改革活動家の朴泳孝や兪吉濬らと知り合いになった。東遊運動のために日本にやって来たベトナム独立運動のファン・ボイ・チャウは、梁啓超を通じて犬養に会い、犬養の紹介で孫文と知り合って漢字による筆談で対仏蜂起を協議した(7)。インド総督爆殺未遂犯だった独立革命運動家のラース・ビハーリー・ボースは日本に上陸して、日本に亡命中の孫文を箱根に訪ね、ボースに危険が迫ったことを察知した孫文の紹介で頭山満と寺尾亨に引き合わされ、頭山の同志内田良平の紹介で新宿中村屋に匿われた(8)。アジア主義においては、「会う」ことでもたらされる人格的結びつきや、そこから生まれる幻想、祖先や故人を含む共通の友人・知人を通じてのネットワークを介して、たとえ実際には会ったことがないとしても、自分が「アジア」的共同体に属していると実感・想像できることが必要である。さらに言えば、アジア主義は、「アジア」との出会い方によって、その特徴を大きく変えるのである。

それでは、村田省蔵のアジア主義は、如何なる系譜の中に生まれたのか。村田においては、アジア主義が「会う」契機によってどのように形成され、どう変化していったのか。一見矛盾しているように見える戦前・戦中・戦後の村田の足跡の連続性を明らかにするとともに、村田の行動を通して見えてくる戦前・戦後の日本の断面を論じたい。

1　実業アジア主義の系譜――岸田吟香・荒尾精・白岩龍平

（1）　実業アジア主義の先駆者たち

村田省蔵の中国現地に融合するビジネスのあり方とそれと結びついたアジア主義を、本章では実業アジア主義と呼ぶことにする。実業アジア主義は、銀座と上海に薬品・書籍販売の楽善堂を開いた岸田吟香に遡る。

岸田は、一八三三（天保四）年美作国に農民の子として生まれ、儒学を昌平坂学問所などで学び、藤田東湖らと交わり勤王家として活動し、挙母藩の儒官となったが脱藩した。その後、左官見習、八百屋の荷担ぎ、湯屋の三助、芸者の箱屋、妓楼の主人などを遍歴し、一八六六（慶應二）年、J・C・ヘボンの和英辞書『和英語林集成』刊行の手伝いでヘボンと共に上海に半年間渡った。そしてヘボンに製法を授けられた目薬を「精錡水」として販売、新聞広告を打つなどして成功し、「精錡水」や書籍などを扱う銀座の楽善堂を開いた。岸田は、近藤圭造が五年前に編集した『輿地誌略　東半球之部』の一部を抽出して、八二（明治一五）年『清国地誌』全三巻として刊行した。[9] さらに岸田は楽善堂から自ら編集した「中外方輿全圖」、「清國輿地全図」[10]（一八九四年）を、また学農社から津田仙とともに「精密正確兵要清韓新地圖　第二編」（一八九四年）を刊行しており、日清戦争に際して収益をあげたと思われる。上海、蘇州、福州に楽善堂の支店を設置して中国に販路を開き、陸軍軍人荒尾精を支援して漢口にも支店を開いた。荒尾の死後には同文会を設立し、さらに近衛篤麿らと国民同盟会を組織した。[11] 中国におけるビジネスと地誌に関する情報収集への熱意こそ、実業アジア主義の嚆矢としての岸田吟香の特徴である。

荒尾精は名古屋出身で、陸軍士官学校を卒業後、歩兵第一三連隊付（熊本）を経てかねてからの希望通り参謀本部支那部付となり、諜報担当を命じられた。彼は西郷隆盛を尊敬したが、彼自身は、後に名古屋出身の松井石根をはじめとする「支那通」軍人や大陸浪人らの崇敬を集めることになる。清国に渡った荒尾は上海に岸田吟香を訪ねて協力を依頼し、一八八六年以降諜報費用の捻出と扮装のために、書籍・薬剤・雑貨などを扱う楽善堂漢口支店を設けて拠点とし、[12]支那服の商人姿に身を窶し、宗方小太郎・井手三郎ら同志とともに情報収集に当たった。ここで収拾された情報とは、狭義の軍事用情報だけでなく、地誌、人口、人物、風俗、産業、商慣習、政治経済制度に至る中国一般の情報であり、その成果は、一八八九（明治二二）年に三年間の漢口駐在を終えた荒尾が参謀本部に提出した復命書と、九二年に根津一が執筆し日清貿易研究所編で刊行した『清国通商綜覧』[13]にまとめられている。[14]復命書を提出した荒尾は軍籍を離脱し、一八九〇年岸田吟香の資金援助を受けて芝区西久保明舟町（現在の港区虎ノ門）に日清貿易商会を開設し、その日清貿易研究所を上海に開所した。荒尾は、西洋帝国主義に対抗するためにはまず不平等条約下の商権（治外法権撤廃と関税改正）を回復することが最優先であり、[15]そのためには日清貿易を振興し、これらを通じて日清提携と富国強兵とを図らなければならないと考えた。そして、将来は亜細亜貿易協会を設立して亜細亜貿易研究所を付設し、アジア各地から研究生を募集して各国に亜細亜貿易協会の支店を置き、アジア間貿易によって日本を東洋のイギリスにするという目標を立てた。日清貿易研究所のカリキュラムは圧倒的に漢語の習得に重きを置き、度量衡使用法など中国における商務を現地で実習し、日清貿易の現場に強い人材を養成することを眼目とした。

日清戦争が始まると、政府の補助金を受けていた日清貿易研究所の卒業生はすべて、参謀総長川上操六の厳命により各地で通訳・諜報活動につくことを命じられ、そのうち何人かは命を落とした。戦争が終わっても日清貿易研究所出身者は辞職を許されず、義和団事件、日露戦争などで軍関係の諜報・宣撫活動に従事することを求められたという。そして日清貿易研究所自体は、九三年八九名の卒業生を出すとともに資金難と日清戦争とによって閉鎖され、九六年荒尾も病気で急逝した。[16]研究所の卒業生で荒尾の後継者と目されていた白岩龍平は、荒尾の死とともに上司に強く要請して軍役を離れ、経済実業の道を志すことになった。荒尾精もまた、軍籍を離脱した際すでに清への軍事的膨張ではなく日清間の通商発展を志すようになっており、日清戦争勝利に際して、領土割譲・賠償金獲得などを要求することは列強の干渉や中国分割を招くとしてこれに反対し、『対清意見』と『対清弁妄』[17]を出版して世間の批判を浴びた。荒尾の弟子である白岩は、同郷岡山の出身である岸田吟香や西毅一（岳父となる）、財界の渋沢栄一、貴族院議長近衛篤磨らの支援を受けて、一八九八年大東汽船を設立しさらに湖南汽船を興し、日清汽船の専務となった。彼は、荒尾の遺志を継いで中国における実業の道へと転じたと言われている[18]。

一八九八年東亜会と同文会をあわせて東亜同文会が結成されたが、同文会も東亜同文会も、貴族院議長近衛篤磨を中心に白岩龍平や岸田吟香らが加わって作られた。その上海支部会員には、村田省蔵や陸軍少佐松井石根らも名を連ねている[19]。

一九〇一年荒尾と陸士同期の根津一は荒尾の遺志を継いで、東亜同文会が上海に設立した東亜同文書院の院長となった。根津は、創立一〇年にその趣旨を下記のように語っている。

既に創立後一〇年を経まして其の人材を養つた成業の結果を見まするると、先刻申した支那語は勿論、支那の商業慣習、度量衡、通貨と云ふようなことから其の他欧米人等が迚ても分らぬような、事柄を学科の中に組み入れまして之を三ケ年教授する、そうすると卒業期には支那人と同様に知得出来ます。是は私達の実験致して居る所でありまする、此の上海の東亜同文書院を卒業した者は昨年までに四七〇人ある此等の人物は何れも満洲から北清、中清、南清の各要所要所に配布せられまして、種々の経済事業に従事して居りまする、即ち此等の人達は皆支那の内地或は開港場に入り込み、支那の商業慣習に依り支那の度量衡支那の通貨を用ひ所謂コンプラドルを使はずして自ら支那人と直接に取引を致して居りまして少しも不自由困難を感じない、就中直接の取引に就きましては、漢口に居りまする一部の連中の行動は尤も趣味を感じつつあります。彼等は支那服を着け河南の棉、豆の産地に入り、支那の通貨度量衡、商業慣習に依り直接に生産者より買ひ受けるのであります、さうすると大層利益がある。在漢口の独逸商人等が為す能はず常に羨んで居る事でありま[20]す

荒尾精の日清貿易研究所と同じコンセプトである。すなわち、同文同人種の特性を利用し語学・慣習・制度を完全に知悉して現地人に溶け込み、西洋列強の商人が依存せざるを得ない現地の買弁（コンプラドル）を利用せず、

直接生産地と取引することで低価格の買い付けをして収益をあげるというのである。楽善堂――日清貿易研究所――東亜同文書院の系列と、これから述べる三井物産とが、こうした実業アジア主義を実践していたと言えよう。[21]

日本における教育の現場で実業アジア主義を教えたのは、東亜同文書院と、村田省蔵も学んだ高等商業学校である。実際には高等商業学校における商業教育の実態は、現地調査に立脚した実践的で実業アジア主義的なものよりは学理研究を中心としたものであったが、[22]村田のように、現地でのビジネスと交流に沈潜した経験に基づき、「支那民衆本位」の政治経済認識を組み立てる者も生んだ。

（2）ビジネスの現場における実業アジア主義

三井物産は、当時の上海において、日本郵船、横浜正金とともに日系商社のトップを占めていた。上海租界では、税関をイギリス人が握り、司法・行政も西洋列強が持ち、清は半植民地の状態で、欧米系も含めて主要な銀行・商社は華商の買弁を代理人として雇っていた。[23]日本商社のうち、三井物産のみが山本条太郎上海支店長の下で買弁制度を廃止し、一八九八（明治三一）年支那部商業見習生制度、九九年支那修行生制度を作って、それぞれ尋常中学三年修了程度（一五歳）、中学全科卒業程度（一七歳）を支店ごとに採用した。そして現地の風俗である辮髪にさせ、支那服を着用させ、漢語や商慣習、文化を習わせて将来に備えさせた。その結果、一九〇二（明治三五）年には買弁を全員解雇することに成功したという。[24]三井物産初代社長となった益田孝は、次のように語っている。

外国の商人が支那の商人を相手に取引するには、コンプラドルに頼み、その代り金額の百分の一を支払ふことになつてゐたが、三井物産会社では、長い間の習慣とはいへ、あまりに馬鹿々々しいことなので、断然これを廃止して、直接取引をする方針を決定し、これが実行を山本に命じた。そこで山本は色々な困難と戦ひ抜いて、つひに直取引を開始して、日本の商人は勿論、支那にゐる外国商を驚かせたものだ。これは全く山本であつたから出来たことで、当時はもとより今日でも大いに感謝してゐる。

コンプラドルを廃めれば三井物産自身でその代りをせねばならぬ。そこで山本自らクリー姿になつて、他の店員も支那服を着て支那語を話し、支那人の心理、支那商人の信用、商品の動き等細大漏らさず調査研究して、コンプラドル無しで結構商売するやうになつた。

殊に支那人の心理や国民性を知るには、支那のファミリー・ライフを体験する必要があるといふので、わざ〳〵社員を支那人の家に寄宿させたり、また支那の女と結婚する者には奨励金を出すといふ規定まで作つた。しかし、これは誰一人実行したものはなかつたやうだ。兎に角日清戦役後、三井物産会社ではコンプラドルを廃止してゐるが、この間における利益はけだし莫大なものである。[25]

こうした上海ビジネスの現場から、高木陸郎、森恪らが辮髪組の最優秀者として育った。[26]高木陸郎は、東京商工中学卒業後三井物産に入社し、二年目の一八九九（明治三二）年に第一期支那修行生として上海支店で採用された。一九二二（大正一一）年から昭和にかけて日中合弁の中日実業副総裁となり、日本を代表する「支那通」の一人として活躍した。高木の二歳年下である森恪も東京商工中学卒業で、東京高等商業学校受験に二度失敗、父と山本条太郎とのコネで、第二期支那修行生として、一九〇二（明治三五）年に三井物産上海支店に採用された。ここで高木と森とは出会い、以後親友として交際したという。[27]しかし山本上海支店長はその頃、上海では一日九時間半におよぶ独自の語学研修により漢語は上達するものの、幅広い応用力を持つような期待する人材を得られないことを嘆いていた。その後理事となった山本は、支那修行生制度が優秀な人材も養成しているものの、優秀な人材を安定して送り出すようになった東亜同文書院の卒業生を採用すれば支那修行生制度は廃止してもよいと述べるようになった。そして三井物産では、一三（大正二）年に従来の年少者の現地派遣が打ち切られ、一五年には高等教育卒業生を採用して社内の海外研修プログラムによって教育する制度へと切り替えられたという。[28]支那修行生制度は、現地の漢人に溶け込むことを目指して育成された現地支店による教育制度であったが、高木陸郎や森恪ら数名の成功者を生んだものの十分に根付くことはなく、日露戦争後に学卒者を中心として近代的に整備された官僚的な組織人材育成システムに取って代わられたのである。しかし、当時、日本という国籍の枠を踏み越えて、大陸浪人のように中国の現地に溶け込みたいというアジア主義的心情を持つ者は、実業の世界にもかなりいたことであろう。

なお、一九〇九（明治四二）年、財界の渋沢栄一らを後ろ盾とし、白岩龍平を中心として、鉄道・造船・電気・鉱山開発・工芸製造など清国における経済開発のための調査・設計・投資を行う東亜興業が設立された。[29] 一方、白岩のライバルである三井物産の山本条太郎、森恪、高木陸郎らは、一九一四年東亜興業と競合する中国興業（後の中日実業）を設立し、東亜興業と同趣旨のものに中国側の参加を求め日中合弁組織とすることを目指して、孫文や袁世凱らを巻き込んだ。[30] 中村義の整理によれば、前者は「揚子江組」と呼ばれ、現地の華人商人の間に入り込んで経済的に彼らと不可分の関係を築き、それによって日貨排斥に対応しようとする揚子江イデオロギーに立脚するものであった。[31] 一方、後者は三井物産の上海支店に発しながらも、対華二一ヵ条要求以降、日中関係において重視されるようになった満蒙問題へと重点を移していった。そして田中義一内閣で山本条太郎が満鉄総裁となり、森恪が関東軍などと深く結びつくようになると、東方会議に見られるように、満洲事変へと連なるような軍事的膨張の動きと密接な関係になっていった。[32]

以下に紹介する中橋徳五郎の「日支共同経営論」は前者に属するものであったし、日中戦争期に池田成彬大蔵大臣兼商工大臣の命を受けて宗像久敬日銀調査局長が、上海を舞台にリース・ロス幣制改革への協力構想の延長として、イギリス・ベルギーなどと華中国際管理による日中戦争収拾構想を推進しようとしたのも、[33] こうした揚子江イデオロギーによるものであったと言うことができよう。

実業アジア主義の系譜が、荒尾精から白岩龍平へと連なる揚子江イデオロギーによるものから、森恪ら三井物産出身者に見られる軍事膨張と連携するものまで、大きな幅を持っていたことは確かである。しかし、それが個人の個性によるものなのか、企業に特有のものなのか、あるいは同じ企業や人でも拠点や焦点が満洲・華北にあるか華中にあるかで変わってくるのか。それらに直ちに答えることは、難しい。

2　大阪商船社長中橋徳五郎と村田省蔵の中国体験

（1）　中橋徳五郎と大阪商船

一八七八（明治一一）年九月六日、後の東京府豊多摩郡渋谷村宮益で生まれた村田省蔵に最も大きな影響を与えたのが、大阪商船社長の中橋徳五郎である。村田が、高等商業学校（後の一橋大学）卒業に際して、それまで何の縁もなかった大阪の、しかも瀬戸内海航路を主とし、近海航路は台湾・朝鮮・揚子江沿岸にわずかの配船を行う程度で、「ボロ会社」、「小便会社」と呼ばれていた大阪商船を就職先として選んだのは、中橋徳五郎が社長だったからにほかならない。先輩の多い一流会社では出世できないと考えた村田は、「未完成の会社」で、しかし逓信省鉄道局長の地位を擲って大阪の実業界へ転身したと評判の中橋の下で働いてみようと思ったのである。[34]大阪商船に入社して見習い期間を済ませたばかりの村田は、一九〇一（明治三四）年の暮れ、揚子江に航路が開かれたため新設されることになった上海支店に赴任し、堀啓次郎支店長の下で岡田永太郎と共に揚子江航路の経営に当たることとなる。ちょうど中橋社長が、店頭には暖簾が下がって畳敷き、社員は和服に前垂れ、角帯という番頭手代風の会社からの転換を図り、旧式社員を整理して機構を改革し、村田の卒業の前年から帝国大学や高等商業出身の人材を続々採用するようになっていた。村田は、それに賭けたのである。[35]

中橋徳五郎は大阪商船社長就任と同時に、逓信省で面識のあった台湾総督児玉源太郎と提携し、九九年に台湾総督府命令航路として三角（熊本県宇城市）経由神戸・基隆線および神戸・打狗（高雄）線を開設するなど台湾・華南への航路を開拓した。そして、それまで独占状態にあったイギリス商ダグラス汽船会社と激烈に競争し、北清事変（義和団事件）を経てこれを台湾・華南航路から撤退させ、台湾・朝鮮・中国への航路を軸とする船会社へと雄飛した。日露戦争や戦後経営にあたっても、中橋は政府に協力して満洲や華北への航路を開設し、ロシア・ヨーロッパとも連絡させた。華中で中橋は、日清戦争の結果揚子江の内河航行権を獲得して以後、揚子江沿岸航運で官立の招商局と英商経営の太古洋行（Butterfield & Swire Co.）、怡和洋行（Jardin, Matheson & Co.）の三汽船会社などとの競争をはじめた。これに対して清の官立の招商局は、イギリス系の二社と三公司同盟を結び、ドイツ、フランスやさらに後発の日本の船会社を排斥しようとした。この競争の渦中に、新人の村田省蔵は上海駐在員として投入されたのである。

中橋が揚子江航路開拓の最重要拠点として出張所を昇格させた上海支店に、支店長として赴任したのが、一八九五（明治二八）年に大阪露油合資会社（田中市兵衛らが経営）から、田中の女婿である中橋が社長となった大阪商船に転じてきた堀啓次郎であった。中橋と同じく金沢出身の堀は、東京帝国大学法科大学卒の逸材として、仁川支店長、神戸支店長を歴任し、上海支店長となった。[36]当時社内で優秀と期待される人材が上海支店に集中されたことは、一九一四（大正三）年に堀が、政界へと完全に転じた中橋を襲って社長となった後、その下で副社長となった村田、取締役に昇進した岡田永太郎、堀新らが上海支店出身であったために「上海内閣」と称せられたこと、社長の座もまた、堀、村田、岡田と受け継がれたことからも明らかである。[38]

上海では、先発の三公司が港で船の着けやすい場所に波止場と倉庫を持っていたのに対し、後発の日本資本は場末にしか波止場や倉庫を作れず、乗船に距離と時間がかかる立地となっていた。大阪商船は現地事情を詳細に調査したうえで倉庫・庫船・桟橋などの水陸連絡設備を充実させ、船舶を増強し、運賃を割安にし、支店長自ら小舟で乗客を何度も本船まで送るようなサービスで対抗するしかなかったという。[39]この後、日本郵船・大阪商船の揚子江航路部門と湖南汽船・大東汽船は、合同して日清汽船となったが、当時のイギリス系汽船会社との競争は熾烈であり、村田と共に上海に派遣された岡田永太郎は後日こう述べている。

長江及支那沿岸に以前から根城を下してゐる招商局、太古洋行、怡和洋行の三社同盟の勢力範囲内に斬込むのだから、全く白昼白兵戦のやうな真剣勝負が見られたものだ。阿片戦争以来喰込んで築上げた英国の商権、その船権の根強さは、若い僕等には全く胆に銘じて滲み込んだ。三社協定を振翳しての新競争者に対する圧迫は、それは本当に凄いものであつて、流石はジョンブルだと思ふと同時に、打倒英国航権、之なくしてなんの己れが桜哉の感を強くした。

日本の支那に於ける経済的発展は、先づ英国のそれに打克たずんばどうにもならぬ。その過程には協定も妥協も諒解も止むを得ないが、日本と英国は東洋の天地に於ける限り二者併存を許さないものである。喰ふか喰はれるか。存在か滅亡か二つに一つであるのが日英の運命だと思ひ込んだのも、この上海生活が僕達に教へた尊い体験である。大東亜戦争はまあ止むを得ない暫定的な経過時間の期限満了による宿命の顕現だといつても、僕達には誇張でもなければ饒舌でもない。来るべきものが来たのだ、受取るべきものを受取つたものでしかない。(40)

中橋社長の下で大阪商船は、中国沿岸航路に進出するとともに、西洋諸国と競争して遠洋航路に乗り出した。日本にとって重要な紡績業が依存する棉花を調達するためにインドとの航路を開くべく、日本郵船が開いた孟買航路に参入し、ジャワ糖輸入のため爪哇航路開設への調査・準備を行った。(41)揚子江を軸とする中国南方や台湾・南洋へ経済進出し、イギリスなどと対抗する競争に突き進んだのである。大阪商船は重点航路として、一方で上海を中心に漢口、宜昌へとつなぐ揚子江航路を開拓し、他方で児玉台湾総督の南方経営方針と提携して台湾を拠点とする航路を対岸の福州・厦門・汕頭・香港に伸ばし、さらに東南アジアへと南進しようとした。(42)後者のように台湾を拠点に南進することは、イギリス・オランダ・アメリカなどの西洋列強と衝突する危険を孕んだものであった。(43)一方前者の拠点である上海支店では、上述のように岡田がイギリスとの国際競争が西洋諸国との「大東亜戦争」に至るのは時間の問題であると思っていたように、村田も熾烈な国際競争意識を持って日夜働いていたのである。(44)

イギリスを中心とする西洋との角逐という側面を強く持っていた大阪商船であるが、中国官立の招商局との対抗はあったものの、当初、中国資本との対立はそれほど強く意識されていなかったように思われる。大阪商船を退いた中橋徳五郎が一九一八（大正一八）年に発表した「日支共同経営論」では、中国に対する領土的野心を放棄することを主張し、その統一や幣制改革を支持している。また、日本は株式会社経営の経験と知識、資金とを中国に提供し、中国は資源と労働力を提供する「日支共同経営」を行い、海陸防衛を日中で分担する、という日中攻守同盟を提唱した。中橋は、当時行われた内外綿による紡績工場進出を支持し、さらに製紙・製麻・製糖・製鉄などの工場進出にも期待した(45)。中橋にも、現地で尖兵として働く村田らにも、こうしたアジア主義的な心情は強く共有されていたと言えよう。

（2）中国ビジネスの最前線にて

大阪商船の上海支店で一年半を過ごした村田省蔵は漢口支店に移ったが、一年後そこから奥地で四川の商業の中心地である重慶へと赴任することになった。上海・漢口から宜昌までは汽船で行けるが、そこから重慶までは民船で二、三ヵ月かかり、しかも遭難が非常に多いため、中橋社長の命で汽船を通す方法を探ることになったのである。きわめて危険な任務であった。当初、重慶行きには、大卒後五年に満たず漢語にも通じない村田ではなく、漢口支店次席であった角田陸郎が中橋社長から指名された。村田によれば角田は、「支那通としてその当時有名だった白岩龍平氏と荒尾門下の同窓で、中国通の錚々たる人」であった。日清貿易研究所の出身者だったのである。当時の中国市場におけるビジネスの最前線の現場では、日清貿易研究所など、荒尾精から白岩龍平に連なる実業アジア主義スクールとも言うべき系譜が重きをなしていたことがうかがえる。しかし実業アジア主義のエリートである角田は、故郷に老父が一人で居るため危険な四川省行きは嫌だと断ったため、母一人子一人であった村田が「人のいやがることでもしなければ出世もしないだろう」と引き受けたのだという(46)。

重慶に赴任した村田は、揚子江の本流・支流沿岸や成都を旅行する際、刀剣・銃などの護身具を持つとかえって反感を持たれて危険だと考え、丸腰で行った。村田はこう回顧する。

そのかわりに、われわれは仁丹とかセイキ水、ヨードホルム、クロロホルムとかいった、いろいろの薬を多量にもっていった。もちろん自分たちもつかうが、つれていった人夫や、土地の人々にも施薬した。かれらは生まれてから薬というものを用いたことがないので、そのききめはすばらしい。人夫などはとうとうわれわれを「東洋の大医生」（クイイサン）にしてしまった。[47]

医療が友好や宣撫に役立つことや、荒尾精が扱った楽善堂の目薬「精錡水」や仁丹などの医療品がビジネスおよび諜報の必携品であったことを、生き生きと伝えるエピソードである。

大阪商船は資金不足などもあり、重慶―宜昌航路を開くことはできずに終わったが、村田は一年半で漢口支店、さらに上海支店へと戻り、アメリカ勤務、イギリス出張などを経て、一九（昭和四）年副社長、三四年社長となった。専務時代には北米航路、社長時代には南米航路の開設に成功した。[48]二一年経理部長兼営業部長に就任した頃には、社員に対して「君、大臣にならなくては」と漏らすなど、すでに抱負経綸を行う意欲を持っていたという。[49]副社長時代には大阪財界で、抜きん出た村田の中央政界への進出を応援し、郷誠之助の番町会にならって一〇名前後の会合を作ろうという計画が起こった。村田は「ご厚意は非常にありがたいが、私はそういうだれだれが中心というような会には反対だ。だいたい番町会というようなものは感心しないのだ」と述べたが、時局を語る会を作ることには賛成した。それが、大阪財界のインナーサークルである火曜会の発端となったという。[50]昭和に入ると、大阪商船も満洲・華北における航路の改善に努めるようになり、それがきっかけで、営業部長だった村田は一九二七年天津総領事の吉田茂と面識を持つようになった。そこから、戦後に至る二人の交友が始まっている。[51]

3　経済競争から世界経済戦争へ

村田の回想によると、揚子江航行権を中心にイギリスが持っていた莫大な権益に挑戦するため、日本側の大東汽船・大阪商船・日本郵船・湖南汽船が合同して日清汽船会社が成立した。政府の補助金もあって、一九二〇年代半ばにはイギリス船を圧倒するほどの形勢になったという。ところが、ちょうどこの頃から、国民政府の成長ともに、中国における排日運動が組織化され強くなってきたために、日清汽船をはじめとする日本権益が非常に圧迫されていると、村田には感じられるようになった。日本製品の不買運動が起こるのみならず、日本船への搭乗拒否、積荷拒否からさらに、日本人と取引したり日本人に雇用されたりする中国人が暴行を受けるほど深刻になったというのである。(52)さらに一九三〇年頃から満洲で在留邦人に対する圧迫が始まり、居留民の引き揚げが急増するとともに、日本から満洲へ渡る日本人が減り始めた。このため、満洲放棄論が起こる一方で、居留民を中心に満洲の危機が叫ばれ、村田によれば、その結果満洲事変が起こった。しかし満洲事変のお蔭で大阪商船の神戸―大連線は豪華新造船へと変わり、月二〇回の定期運航となるなど、目標に近づく発展をみたと村田はいう。(53)

村田は、イギリスとの争覇戦を制する間際で蔣介石政府の伸長と排日運動が起こったため、日本の海運が中国市場で勝利を挙げられなくなったと感じ、その原因はイギリスと蔣介石政府の排日運動支持との結託にあると考えるようになったと思われる。満洲事変は、村田ら日本資本にとって、排日運動で阻害された中国権益を回復するための待望の機会と思えたのであろう。事変勃発直後、『大阪毎日新聞』一九三一年九月二五日付には、大阪商船副社長村田省蔵の、「日貨ボイコットを戦闘行為と認める以上これが解決を実力にまつのもあえて不当ではない」というコメントが掲載されている。(54)

後にフィリピン大使時代、村田はアキノ内務長官、アルーナン農務長官、エーロー司法長官らを「満洲国」の視察へと帯同し、アメリカ統治下にあったフィリピンと比較して「満洲国」に対する日本の植民政策が優れていることを誇示した。治安の向上、農業・軽工業・重工業・鉱業などの発展を見せるとともに、「満洲国」の統治が「満洲国」皇帝以下満洲人によるもので、日本人官吏は次官以下にしか就けないことなどを、村田はフィリピン側に説明した。「満洲国」の建前を、村田は強く信じていた。(55)

アメリカ軍の攻勢に伴い、フィリピン共和国のホセ・ラウレル大統領とともに辛くもフィリピンを台湾へと脱出した村田は、一九四五年四月一四日、ラウレルらにこう語った。

日本の産業界が如何に世界的飛躍をなせるか、紡績や人絹事業は世界第一となり、水産業又然り、日本雑貨は地球上到らざる所なく、海運亦第二位を占むるに至り、其他の事業も続々英米を凌駕せんとせり、我等産業人は斯くして今後十年、二十年の歳月を経れば我等は優に英米を圧し得べしと信じ居たり。

斯る際大東亜戦争は勃発せり、米国が我を圧迫して日本の国力の未だ其域に達せざるに先ち之が打倒を企てんと解釈し得ざるにあらず〔中略〕

予は嘗て山下軍司令官に対し閣下は曩きにマライ半島より英軍を掃討し今や比島に於て米軍と雌雄を決せんとせられをるが予の如きは海運人として既に四十年間彼等と戦ひ太平洋よりは既に英米を駆逐し印度洋、濠州よりは将に英国の勢力を一掃せんとする瀬戸際迄漕ぎ付けたり。此点に於て予は閣下より一歩先んじ居れりと言ひし事あり[56]

村田は、イギリス・アメリカなどとのアジアにおける経済競争の最前線にあった大阪商船の視点から、世界経済戦争で鎬を削るなかでついにアメリカが日本の経済力を脅威に感じ、軍事力を背景とする経済制裁で抑え込もうとした結果、「大東亜戦争」が起こったという認識を、赤裸々に語っている。経済競争が戦争を呼び寄せる契機の一つとなるというのはその通りであるが、競争が直ちに戦争に結びつくわけではなく、その間の説明にはいくつもの政治経済的な媒介項が必要である。しかし、同じような歴史観を持つ日本人は、今でもかなりいるのではないだろうか。

戦後、公職追放が解除されて間もない一九五一年一〇月頃に行われた対談で語った村田の歴史観は、戦前から持っていたものであろう。そこで村田は、「この優秀な日本民族を島国だけに閉じ込めておこうと思うのが大間違いだ」「日本が満洲国を作り上げたのは当然だ。日露戦争も無論当然である」と述べ、ロシアが朝鮮に乗り出して来たために日本が朝鮮を守るために戦ったのと、アメリカが朝鮮戦争を戦ったのとは同様であると言う。村田によれば、「満洲国」建設を侵略などというのはまったく見当違いであり、それは日本のためにも中国のためにもなることであった。「満洲国」は傀儡ではなく完全な独立国であり、その証拠に日本人はみな次官までしか務められなかった。「馬賊の国」であった満洲に「満洲国」ができると僅か一、二年で治安が良くなったし、「満洲国」の軍備が充実すれば関東軍も喜んで引き上げることになっていた。「日本の膨張を防ごうと思うのが自然に反しておる」、「日本として間違つたのは、軍人が満洲国出現に際し北京までも伸びすぎたのがいけなかつたんであつて、満洲国の出現というものは少しも不都合なことはない」。以上の内容を、村田は巣鴨拘置所で検事に対して堂々と主張したという。[57]

4　日中戦争から「大東亜戦争」へ

日中戦争勃発後、村田は高木陸郎中日実業副総裁および津田信吾鐘紡社長とともに、大亜細亜協会の評議員となった。[58] 大亜細亜協会は、「満洲国」建国一周年の一九三三年三月一日に、荒尾精に私淑して「支那通」軍人となった松井石根を中心に設立された民族主義団体であるが、当初の役員に実業家は含まれていない。[59] 日中戦争が全面戦争化し、松井が上海派遣軍司令官として最前線に赴くとともに、反英運動が全国で燃え広がった。蔣介石の排日抗日の裏にはイギリスの使嗾があると捉える反英運動の中心には、大亜細亜協会や、中国と深い関わりを持つ関西財界があった。村田は、津田信吾や大阪商工会議所会頭の安宅弥吉安宅商会社長らとともにそうした運動の先頭に立ち、南京が陥落しても蔣介石政権の背後には敵があると述べた。[60] 敵とは、イギリスのことである。上海・漢口・重慶を舞台とするビジネスで、イギリス海運会社やそれと結んだ中国の招商局と展開して来た競争・対抗の歴史を、そのまま反映した世界観であった。それは海運の世界だけのことではない。鐘紡と大阪商船が、綿業と海運業を代表して日本とイギリスなどとの経済競争の最先端にいたことは確かであり、ラウレルに対して語ったように、紡績、人絹、雑貨、水産、海運といった産業が世界経済戦争の主戦場であると村田は考えていた。日本の綿業が世界を席巻するに至ったのは、村田の大阪商船が、ダンピング覚悟の安い運賃でインドやアフリカなどの海外市場へと運んだからだという指摘もある。(61) 村田が満洲事変後に成立した大亜細亜協会に参加したのも、イギリスなどのアジアからの駆逐と中国などアジアとの夾雑物なき同盟・提携とを主張する大アジア主義イデオロギーに共鳴したからである。

ただし、管見の限りでは、大亜細亜協会の機関誌『大亜細亜主義』に村田が論文を発表したことも、大亜細亜協会の会合に出席者として記されたこともない。村田は、大アジア主義を普及する本格的なイデオローグとなったわけではなかった。東亜同文会上海支部以来の同志である松井との関係などもあり、村田は海運業界の代表として、繊維業界の津田とともに大亜細亜協会の表看板となったものと考えられる。村田にとって、中国人は戦う相手ではなく、真の敵は、蔣介石政権を使嗾して抗日戦争を戦わせるイギリスなど西洋帝国主義であった。中国現地でのビジネス経験を土台とする実業アジア主義が、世界、とくにアジア各地で起きている商戦の延長として、満洲事変から「大東亜戦争」に至る戦争の時代を見通す視座となっていたと言えよう。

なお、村田は一九三六（昭和一一）年に公布された航路統制法など政府の海運統制の方針に呼応して日中戦争勃発直前に海運自治連盟を結成し、理事長として戦時期の海運自治統制に当たった。(62) また、海運各社を結集し、東亜海運株式会社という国策会社を設立して上海に本拠を置き、(63) 一九四〇年には第二次近衛文麿内閣の逓信大臣兼鉄道大臣となった。第一次近衛内閣の時には北支那開発会社初代総裁に就任しないかという打診があり、その後も何度か入閣の要請を受けたが、(64) 村田は受けなかった。それを今度は受けたのは、民間人で海運の自治統制を行うことには限界があり、政権に入って海運の統制に当たらなければ業界の混乱を防ぐことができないと考えたためである。(65) 逓信大臣兼鉄道大臣に就任すると、村田は、下関―釜山間にトンネルを掘り、鉄道はすべて広軌化して東京から北京・漢口へ直通させる大アジア鉄道網を作る構想を語った。(66) これこそ、村田が大阪商船で追求した、実業アジア主義の到達点としての東亜経済圏構想であった。

その背景には、重慶から漢口支店に戻っていた一九〇六年に開通した京漢鉄道（当時は平漢線と呼ばれた北京と漢口を結ぶ線路）の効果に衝撃を受けた体験があった。鉄道ができるまでは市場へのアクセスがないため農家は自分で消費する分しか生産しなかったが、鉄道が通じると道路が開け、沿線で綿花がどんどん栽培され市場に出荷されるようになって、集散地に過ぎなかった漢口を中心に綿作地帯が急速に拡大していった。棉花だけでなく、胡麻、苧麻、鶏卵、大豆、落花生などが盛んに生産されて漢口に集まり、ヨーロッパへと輸出されていくようになった。生産力が増えると購買力も増え、さまざまな消費物資に対する需要も増え、経済が発展していった(67)。こうした様を実地に見聞した村田は、鉄道・船舶による運輸・交通・通信こそが経済発展の軸であることを痛感し、これでアジアを繋ごうと考えたのである。

第二次・第三次近衛内閣で逓信大臣兼鉄道大臣を務めた後、中国各地を視察する旅を続けていた村田は、旅先で真珠湾攻撃のニュースを聞いた。そして、戦争がはじまった以上は挙国一致で結束・邁進するしかなく、自分も一兵卒となって何か協力しなければならないと考え、帰国した。村田を呼び出した東條英機首相は、第二次近衛内閣での同僚だった村田に「満洲事変ではすべて軍人のみの判断によってことが行われた。大東亜戦争はその失敗を繰り返さないために、軍司令官に配するに親任官一人をつけて、その専断に陥らないようにしたい」と述べ、フィリピンの第一四軍最高顧問への就任を、友人として引き受けてくれるよう依頼した。一九四二年二月に村田がフィリピン派遣軍の軍政顧問として赴任した時は、本間雅晴司令官以下第一四軍がマッカーサー軍と戦闘中であったが、それを撤退させた後はゲリラとの戦闘に苦しんだ。四三年一〇月に日比同盟条約が結ばれフィリピンが共和国として独立するにあたって、村田はフィリピン大使となった。ホセ・ラウレルを大統領とする共和国政府が成立した後は、四四年九月からマッカーサーの反撃により、共和国政府をマニラから避難させることになった。包囲されてともに山中を逃走した村田とラウレルは、辛うじて四五年三月末に台湾に退避し、そこから内地に六月にたどり着いた。フィリピンからの逃避行中の四五年四月、村田は、フィリピン統治の失敗は憲兵の横暴を始めとする日本の政策によるものだとして、これを逐一批判する「対比施策批判(68)」をまとめている。

戦後村田は、フィリピンに対する戦争責任について、次のように述べている。日本はアメリカ軍と戦争したのであってフィリピン人を敵としたのではなく、「フィリピンを戦場にしたことはフィリピンに非常に相済まないことです。したがってフィリピン人には賠償しなければならないと思う」。フィリピンに対する残虐行為は、ゲリラ戦が始まりマッカーサーがオーストラリアから再起してレイテ島に移り反撃に出て、日本が負け戦になってからのことであり、「ひとたび敗け戦になり、ああいう状態になりますと、人間は獣性になって人間味を忘れてしまうもので」「そういう行為の犠牲になった人に対してはめい福を祈らざるを得ません」[69]。当時フィリピンの対日感情が著しく悪かった原因を村田は、敗戦直前の三、四ヵ月に、日本軍が食糧不足の中で生死の境目に陥ったために行った「残虐行為」や「不倫の行為」であると考えていた[70]。

5　戦後中国をめぐる認識の変化

敗戦後、村田は四五年九月一五日に横浜拘置所に入所、四七年八月三〇日に巣鴨拘置所を出所するまでA級戦犯容疑者として二年間獄中にあり[71]、自由にできる時間の多くを読書に集中した[72]。巣鴨を出所した村田は、自分が四〇年春に設立して会長になった長江産業経済開発協会の後身である日華経済協会に、毎日のように通った。日華経済協会は、副会長の河田烈が五二年日華平和条約締結のため特命全権大使として赴くなど、蔣介石政権との折衝や台湾との貿易促進にあたっていた。五一年八月に公職追放が解除になった後も、先に紹介したように一〇月頃には満洲事変について日本を正当化する強い態度を見せていた村田であったが、この頃から少しずつ変わりはじめる。

中国六億の民衆との友好や平和共存を念願としていることを理由として、一九五三年三月村田は協会の会長を副会長だった河田烈に譲り、顧問に退いた。それは、当初こそ朝鮮戦争をはじめとする国際対立の中で国民政府側にコミットし、北京政府の専制・残虐・侵略などに関わる情報を自らも信じ人にも啓蒙してきたものの、その後「中共が少数の共産党員により指導せられているとしても、六億の民衆が僅か数年のうちに、そんなに性格が全く一変するような民衆になれるかどうか」と考え、台湾政府のみに偏する日華経済協会のあり方に疑問を感じるようになったためである。「この際、毛沢東であろうが、蔣介石であろうが、問うところではない。われわれは日本として六億の民衆との友好を深め、広大なシナ大陸と接近をはかるべきである」と思い、一方的な先入観を離れて実際に戦後中国を見てみたいと考えた。[73] 政権・政治体制の如何を問わず、中国民衆との関係が大事だと考える村田の考えを反映したものである。[74] 政治的見地から付き合う相手を選ぶということをしない、現地本位の実業アジア主義の表れでもあった。

一九五二年四月二八日の講和条約（一九五一年九月八日締結）発効に際し、今後とるべき外交方針を問われた村田省蔵は、当面は日米安全保障条約の下で国民政府と結ぶという方針を受け入れるべきだと述べた。しかし、現在と将来の展望は峻別すべきだと続け、「現在は国民党政府とだけ交際するわけだが、そういうことが永久に続けられるか、どうか。私のいう中国とは、中共政府の中国でなくて、四億八千万の中国人と、あの厖大な国土にあるのだが、それを目標に日本は進むべきではないか」と、北京政府との国交回復を主張した。そしてさらに、「とにかく、これからの日本は、アメリカから見た見解のみでなく、日本は日本独自の立場から中国、東南アジア、ソ連などに対する考え方をもたなければいけないと思う」と述べた。[75] 後に一九五五年一月に中国を訪問する村田が見ていたのは、政権ではなく、ビジネスの相手となる「六億の民衆」と「広大なシナ大陸」であった。[76]

村田によれば、戦前日本の政府に中国を真に理解する人がなかったことが、国を誤らせた一つの原因であった。大正初期の日本の貿易相手は中国しかなかったにもかかわらず、その後排日運動が起こって中国に物が売れなくなると、大阪などは非常に困窮し、土地が広大で人口も多い隣の中国を措いて東南アジア、インド、アフリカ、南米に販路を求めて出て行った。戦後の日本も当面は南に貿易を広げることになると思われるが、隣にある中国の市場が開けた方がよい。[77] こう述べる村田自身、かつては、中国を重要な市場としながら、日貨排斥に対して、大亜細亜協会の評議員となり、満洲事変、日中戦争、反英運動、そして「大東亜戦争」へと戦前の日本をエスカレートさせる先頭に立ったのである。それゆえ、「やはりぼくらは直接の責任はないにしても、とにかくこういう大きな戦争というものをわれ〳〵の年代のものがやって、日本というものをこんな状態にして、それをそのまゝ次の時代に引渡すということに対しては、ぼくらは非常な責任を感じている。だから何としても、幾らかでもよくして引渡す責務があると思う」と、公職追放が解除になった段階ですでに村田は語っている。[78]

6　吉田茂への進言

天津総領事時代の吉田茂と面識のあった村田は、友人の下村宏とともに四九年夏、五〇年夏と吉田を訪れ[79]、その後も度々大磯を訪れた。そのうち吉田は、村田に東南アジア華僑の調査を依頼するようになった。吉田は、中国が共産党の支配下にある間は日中の「親善融合」は無理だし求めるべきではないが、ソ連と中国とを離間する必要があり、そのためには南方の華僑に働きかけて、共産主義は儲からないが貿易は儲かることを理解させ、華僑と話を通じることで中国問題を解決できるのではないかと考えていたのである。[80]この吉田の認識は、別稿で述べるように、自らの中国体験を基礎に華僑論を転向後にまとめたことのあるブレインの水野成夫と共通したもので、水野からの影響も感じられる。

当初、村田省蔵が会長を務めていた日華経済協会でも、中国との提携を探るために華僑資本を導入する銀行を作ろうという努力をしていたと、村田は語っている。日本が経済的にやっていくためには、アメリカからの援助だけでなく、「中国やインドを含めての東南アジア」に手を尽くす必要があると考えたのである。[81]

戦後におけるこれらの構想は、一九三〇年代に大亜細亜協会に結集した松井石根台湾軍司令官、和知鷹二広東駐在武官、土橋一次台湾軍参謀らが台湾銀行や華南銀行を使って、台湾を拠点に、東南アジア華僑を結集し、さらには広東省・広西省・福建省や、国民党長老胡漢民を中心とする西南派に対して働きかけようとした構想と、きわめて類似する側面を持つように思われる。しかし、中国興業銀行・貿易公司構想は、イギリスの援助による中国幣制改革によるポンドとリンクした中国新通貨の法幣によって、逆に包囲され、結局は敗れた。[82]

村田自身も、サンフランシスコ講和条約発効の頃には、台湾と日本の間で講和条約が結ばれ通商航海条約ができれば、第三国企業を介せずに直接海運・通商の関係を持つことができ、植民地時代のように台湾は日本との密接な経済関係により生活水準が上がるようになるだろうから、その現実を見せることで中国をソ連から引き離し、東洋へ引き戻すことができるのではないかと考えたことがある。[83] しかしこれは実際には長い時間のかかる夢のような話であることを、中国や東南アジアを知悉する村田は、すぐに痛感するようになっていたのではないだろうか。フィリピンでの華僑工作が他の東南アジア各地と同様、ことごとく失敗であったことを、村田はつぶさに見聞していた。華僑に信頼を置いて彼らを活用するのではなく、華僑を一様に抗日分子と見なして制裁したり、彼らの経済活動を一般的に禁じて現地経済を混乱させたりした結果、日本側に華僑を協力させるような条件はほとんどなくなってしまったと、すでに戦時中、憲兵からの意見聴取に対して指摘していたのである。[84] このため、五四年頃、吉田から東南アジア華僑利用に関する調査を依頼された時、村田は即座にこう答えた。

そりゃダメでしょう。華僑というものは商売人が多いから政治よりも金の方を大切にしているんです。政治に関する限りは、勢いのいい方につくに違いない。かりに国民政府の羽ぶりがよければ国民政府につくだろうし、中共がよければ中共につく。だから南方に行っても、その末端をみるだけでしょう。ぼくは、どうしても中共をみなければいけないと思う。ひとつ旅券なんかもひとつよろしくやっていただけませんか。

村田は、かつての「大東亜共栄圏」の夢にすがることの無意味さを少しずつ感じるようになっていた。日本に唯一残された生き残りの道は、現実の姿をありのままに見つめて大陸中国との関係を打開することしかないように思われ、実地を自分の目で確かめたかったのである。

これを聞いた吉田は、気を悪くすることなく、「君のいう中共貿易は政府としては直接扱えない立場にある。君がやるなら個人として、できるだけの援助をしよう」と答えた。[85] 吉田も、中国大陸の実情を村田に見極めさせる意義を認め、それを五四年九月から一一月にかけて行うことになる欧米外遊の参考にしようと考えたのである。[86] しかし、中国からの入国許可に時間がかかり、ようやく村田の中国訪問が実現したのは、第五次吉田内閣が倒れた直後の五五年一月であった。[87]

村田が吉田の対中方針を否定し、「中国というものについて、もう少しあなたの考えをなおしてもらわなければいけません」と率直に言い続けた[88]一つの理由は、吉田の前提には「どうも中国は貿易の点からいっても大したものではない」という経済観があったからである。

すでに戦後の初代外務事務次官となった太田一郎が「中国と日本の経済関係は、少しエキザジェレート（誇張）されている」と言ったことに対して、村田は「これは政治的にいった言葉か、あるいはほんとうにそう考えているのか。もしほんとうにそう考えているなら、それは非常な誤りだと思う」と指摘した。戦後の中国は開拓され豊かになった満洲を包含するものとなっており、中国本土からも生産されるようになったさまざまな物資が出てくるようになったというのである。[89]吉田首相が演説で、「中国との貿易は世間で思つたほど大きなものではない」と述べたことについても、村田は「これは大きな誤り」で、満洲を除いた統計ばかり見たり華北から輸出されたものが大連を通ってきていることを見逃している間違いであると述べ、吉田は奉天総領事だった頃の「開拓されていない満洲しか知らない」と厳しく批判している。[90]村田は、かつて京漢鉄道が敷設された時の印象深い経済発展を引き合いに出し、中国共産党は国内交通の改善に力を入れているので、日本と中国との貿易は今後無限に発展する可能性を持っていると見ており、「放っておいても良くなるものを、なるべく早く良くするということが政治なり外交なりの要諦ではないか」と共産中国との関係改善にも、少しずつ期待をかけるようになっていった。[91]朝鮮戦争が休戦になると特需がなくなるという不安から、東南アジアとの貿易に貿易収支の赤字を解消するための期待をかける声が高まると、村田は、東南アジア各国における民族意識の高揚、旧宗主国の影響、賠償問題の未解決を理由としてその困難を指摘し、日本はむしろ戦前に依存してきた中国との関係を考えるべきであると強調した。[92]

吉田首相や岡崎勝男外相は、「戦前中国との貿易は全貿易額の二割から二割五分程度であり、今後とて差程伸びるとは考えられない」と言明していたが、村田は、輸入超過で貿易収支のバランスが悪い日本が、購買力の少ない東南アジアや輸出の余地の少ない欧米の市場に期待することはできないと論じた。村田が危惧していたのは、日本は「戦前相当大きな貿易額を占めていた隣国の中共と貿易をする」しかないのに、それをしないまま、今後飛躍的に増える中国の貿易額を西欧諸国にさらわれてしまうことだったのである。(93)「市場を廣く世界にあさる必要があり、しかも撰り好みをしていられない」位置に置かれている日本は、「シナ大陸は日本のすぐ隣りにあり、そこには六億の人間が居る」ことを忘れてはならない。こう強調する一方で、村田は、国民政府と正式に条約を締結している以上、中共と政治的な国際関係を結ぶことはしばらく見合わせるべきだが、貿易と政治とは無関係であると言う。日本はアメリカの対共産圏禁輸政策に縛られているが、それは戦略物資に限ってのことであり、非戦略物資については別に制限はない。そして、日本を再建するにはまず経済力を持たねばならず、経済的に自立するためには加工貿易を盛んに行うことが必須条件なのだから、まず日中貿易を振興すべきだというのである。(94)

戦後多くの財界人が親吉田系と反吉田系とに分かれて政治的対立に巻き込まれたが、村田省蔵は一貫して実業的見地のみに集中し、吉田茂とも親しい関係を保った。そして吉田との対話を続けながら、自分自身も少しずつ直接日中国交回復をもたらそうとするようになった。台湾と北京との軍事衝突についても、村田はまったく関知しなかった。彼が考える外交とは、通商貿易に尽きていたと言ってよい。

こうした村田の中国市場に対する熱意は、大きく中国大陸に依存してきた関西経済の伝統と、関西経済人の理屈抜きの実行性とを反映するものでもあった。しかし、関西財界のなかにも、共産陣営にある中国およびソ連との貿易をめぐって、考え方に温度差があった。第一線は退いたものの、海運・航空などに関する世話業的な立場にあった村田は、業界を超えて関西財界をとりまとめ、中国との貿易に頼らざるを得ない関西財界の代弁者として動いていると見なされていた。例えば当時一部では、日中貿易、日ソ貿易を叫んで表面に出るのは風当たりが強いから避けたいという事情から、日中貿易に期待をかける関西・北九州などの自動車・電機・農機具メーカーなどが村田の陰に隠れていると見られていた。(95)一九五二年四月のモスクワ国際経済会議出席への対応をめぐって、これに積極的な村田と、ビジネスで制裁を受けることを恐れて慎重な立場をとる関西経済連合会の關桂三会長や副会長の杉道助大阪商工会議所会頭らとの間で、対立が報じられたこともある。(96)

村田は、イデオロギーとは無縁の実業の立場から、この会議への招待を受けようと考えていた。モスクワ・北京に行けば、自分が中国共産党政府に対して持っていた不信感への答を多少は実際に見つけることができるのではないか、また民間人の立場から中ソに対する抗議を好きに言えるのではないかと考え、その良い機会だと思ったのである(97)。しかし日本政府が、これはソ連による平和攻勢であるとして、出席予定者への旅券を発給しなかったため、村田は断念を余儀なくされた。そして村田は、中国側のカウンターパートである南漢宸に書簡を送り、今後は、日中両国と密接な関係を持つ東南アジアとの通商を発展させることを通じて日中間貿易の可能性を高めるとともに、日本人漁船抑留問題の解決や紡績、紡織、紡織機械産業などの対中貿易促進を図ることを期待すると述べた(98)。日中関係の展望が開けない以上、当面は回り道に見える東南アジアに向かおうとしたのである。

7　フィリピン賠償問題

中国との関係改善の前に村田が取り組んだのは、フィリピン賠償全権大使としての仕事であった。五四年四月、賠償特命全権大使としてフィリピンに行った際に、第一回会議で村田が明言したのは、次のようなことである。「親を失い、妻を失い、主人を失い、子供を失い、あるいは軍票乱発のためにインフレーションを興してフィリピン全体に対して金銭上、財産上、物質上の害をあたえたということは、いかにもどうも気の毒です。したがってこれは賠償をせねばならない」「はじめフィリピンから八十億ドルの賠償を要求されたが、私は高いと思わない。もし物質上、精神上、肉体上の損害を払うとすればいくらあっても足りない」「しかし、日本の今日の財政上そういう金額は払えないので、払い得る限度において日本がフィリピンに与えた損害の賠償のしるしにしたい(99)」。

東南アジアに対する賠償の方式について村田は、英米が考えるような水力発電による大規模開発や大きくて最新式の近代工場や機械を持ち込むのではなく、日本の町工場レベルの中小工業が進出して現地の人と共同して行う方が現地で使いこなせて有意なものになると考え、それに日本の賠償を使ってはどうかと提案した。賠償によって日本の誠意を見せ安心してもらったうえで、さらに誠実に経済提携を行うことで共存共栄を図るべきである。「武力を使わない東亜共栄圏の議論ならば、今でも少しも差支えない」と、村田はそれ以前から述べていた。(100)

ポツダム宣言では日本の賠償支払い原則が定められていたが、一九四七年極東情勢の変化に伴ってアメリカは日本の経済自立を図る方針へと転換して中間賠償取立てを中止することとし、四九年極東委員会もこれに従うことになった。そして五一年九月外務省内に賠償事務局、賠償連絡協議会が設置され、五二年一月に第三次吉田内閣の吉田首相・岡崎外相の下で津島寿一を全権委員として、賠償の目的は経済貿易関係増進にあるとする方針で予備交渉が始められ、次いで大野勝己公使に引き継がれた。吉田首相は五三年六月に民間財界の経済開発協力を取り付けるためにアジア経済懇談会を設置し、これを背景として五四年三月末に財界人出身で鉱業界・鉄鋼業界に深い関わりを持つ自由党代議士永野護が、吉田首相の個人特使の形でフィリピンとの賠償交渉に乗り出した。その結果、大野公使とガルシア副大統領との交渉は進展し、吉田首相が正式交渉のための日本政府主席委員就任を村田省蔵に依頼、村田が受諾して四月一五日、村田を主席全権、永野護・藤山愛一郎・東畑精一・二見貴知雄を全権とする全権団がマニラに発ったのである。(101)

占領により損害を与えたフィリピンを含む連合国に対しては、サンフランシスコ講和条約第一四条に従い、二国間協定を結んで定められる賠償額を日本が支払うことになった。そして、ビルマ、フィリピン、インドネシア、ベトナムの順に賠償協定が結ばれ、フィリピンとは五六年五月九日に五億五〇〇〇万円の賠償を支払う協定が調印された。

しかし、フィリピンとの賠償協定は、実際には、村田省蔵を主席全権とする全権団によって結ばれたわけではなかった。日本全権団もガルシアも交渉進展を楽観していたが、意に反して、交渉は初めから混乱した。そして四月二五日フィリピン側から賠償会議の無期延期を告げられ、村田らは五月一日に帰国せざるを得なかったのである。これについて、村田は次のように語っている。

私は先年、賠償問題解決のために、東畑先生にも御同行をねがつて、フィリッピンに行きました。この時には話ができるばかりになつていて、後は形式的な調印をしてくればよいというつもりでした。レフト（後出のレクトーのこと）もラウレルも友人ですから、必ずスムースにいくと確信をもつて行つたのですが、ところが残念なことにあんな結果になつてしまいました。日本を代表する大野公使と、外務大臣で副大統領のガルシヤがメモをサインしたのを上院の三四の人が外部にいて問題をこじらせ、それを破棄したりして、實に常識で考えられないことが多く、非常にいやな思いで帰つて来ました。ところがフィリッピン行の場合とくらべて、今度の中国訪問はまるつきり反対でした。(102)

中国訪問については後に述べるとして、フィリピンとの賠償交渉が失敗したのは何故か。両国間での対立の焦点は、外見上、日本の賠償支払い能力と支払い額をめぐるものであるかのようにも見えた。しかし実際には、マグサイサイ大統領の下で、反日感情を含め、「大東亜戦争」中の負の遺産が根強く残るフィリピン国内の政治状況が流動的で統合されていなかったことにある。日本側もそれを理解しておらず、村田全権代表の記者会見での発言も大きな紛糾の原因となった。

マグサイサイ大統領がフィリピン側首席全権就任を要請したラウレルは、日本軍政期のフィリピン共和国大統領であり、そのラウレルが当時のフィリピン大使村田と交渉することに対する上院の反発は強かった。しかも与党ナショナリスタ党のレクトー議員は上院反対党のリーダーであり、上院内では対米自主独立を唱えるレクトーと、親米路線の継続を主張する野党リベラル党やマグサイサイ大統領との間に交錯した対立があって、アメリカが後押しする日本との賠償問題と複雑に絡みあっていた。親米派のカルロス・ロムロ前外務長官が、インドのネルー首相が用いた「アジア人のアジア」のスローガンに事寄せて、「アジア人のアジア」は「日本人の遺産の生き残り」であるとして「大東亜共栄圏」を批判し、日本軍政下で外務長官を務めたレクトーを非難した。これに対してレクトーらは、「アジア人のアジア」原則による外交を主張し、さらにラジオ北京が「アジア人のアジア」は反米スローガンであるとしてこれを支持するに至った。「大東亜共栄圏」において村田と提携したレクトーは、アメリカの下に入った日本に対する敵対者となったのである。翻って、村田の最良の親友であり続けたラウレルはマグサイサイをも支え続けたが、マグサイサイはこの紛争を克服することができなかった。

その後吉田首相が五四年一一月アメリカを訪問した際に、滞米中のラウレルと会談した結果、大野公使の更迭と村田省蔵の首席全権解任とが決まり、代わって財界出身の永野護が交渉の日本側代表となることとなった。しかし、第五次吉田政権はその後間もなく崩壊した[103]。その後も交渉には時間がかかり、結局、日比賠償協定が調印されたのは、一九五六年五月、第三次鳩山一郎内閣の時であり、主席全権はやはり財界出身の高碕達之助経済企画庁長官であった。

日本とフィリピンとの賠償外交交渉の過程について吉川洋子は、フィリピンの日本に対する憎悪は、アメリカ国務省の報告書が当惑する程あまりに強く、日本軍による残虐行為は米軍との戦闘のためだと考える「大東亜戦争」の論理が強く残る日本側とは、戦争についての認識があまりに違ったと分析している。対米戦争のためにフィリピンに軍政を敷いた日本は、フィリピン政府発表で約一一一万人のフィリピン人の命を奪い、村田も述べているように、日本の敗戦の過程でとくに残虐な様相を呈した[104]。先述した通り、村田もまた、「大東亜共栄圏」の呪縛から解き放たれてはいなかった。「大東亜戦争」の大義を信じていた村田にとって、かつての同志と見ていたレクトーや、フィリピン国内の対日憎悪は理解しがたいものであった。日本とフィリピンとの賠償協定は、アジア主義の再確認と対米提携とを両立させるもののはずだったからである。村田ら日本側は、フィリピンの反日感情も、反米感情も、十分理解していなかったと言えよう。

村田は、成功を確信していたフィリピンとの賠償交渉に失敗して主席全権を解任された。その後も鳩山政権における賠償交渉を側面から支え続けたが、大きな失望を感じたことは間違いない。代わって村田が希望を見出すことになるのが、村田のライフワークである対中関係であった。

8　日中貿易協定へ

先に述べたように、フィリピンでの交渉が「実に常識で考えられないことが多く、非常にいやな思いで」帰って来た村田は、中国訪問でまったく反対の経験をする。村田の言葉によれば、「何か狭隘な、国家観念のない社会秩序を乱すような、政府を転覆するとか、こういう人が共産党だ、理論闘争をやり、しやちほこばつて義理人情もない冷酷な人だということが頭のすみにあつて、そういう人が政治をやつているじやないかという感情で行きましたから、多少腹の中は不安でした。ところが今度は非常によい気持ちで帰つて参りました。おかしな話でまるつきり違う」[105]のであった。一九五四年九月日本国際貿易促進協会の初代会長に就任した村田は、五五年一月一〇日に香港経由で北京に着き、中国国際貿易促進委員会の世話で二五日の出立まで新生中国を見て回り、最後は周恩来総理と会談し意見を交換した。村田の主な交渉相手は、中国国際貿易促進委員会代理主席雷任民であった。

貨幣が統一され、言葉が一つになり、勤倹力行で、以前に比べ清潔になった新中国に驚いた村田は、戦争がなく新民主主義が安定した政治の下で少しずつ経済が発展していく様を見、今後中国は民衆の経済的欲望の噴出にどのように対応していくのだろうか、と深い関心を持った。蔣介石政権も、当初政権をとった時は倹約し腐敗のない禁欲的な政治を行おうとしたように、国家再建という大きな目標に向かって真っすぐに進んでいる時には、不平や不満も出にくく、緊張感があるからである[106]。村田にとって、政治とは経済生活を営む「六億の民衆」の幸福を目標にするものであって、共産主義もその一つの方法にすぎない。戦後の英米における資本主義にも社会主義的な要素が入り込んでいるのだから、共産主義という名前におびえるのは好ましくない。こう考えた村田は周恩来に対して、「あなた方のところでやったことが大変よいことなら、日本の国情に合えば私は日本でもやってもいいのではないか。しかし失敗すればまた別のことを考える」と述べた[107]。

村田が周恩来に会見した際、最初に率直に確認しようとしたのは、共産主義というイデオロギーについての疑問であった。北京掌握から五年で、どうやって共産党は中国を変化させたのか。その経緯を問うた村田に対する周恩来の答えは、日本を含む「外国」による搾取に対して孫文が起こしたものの「人民」の裏付けを持たずに失敗した革命に、共産党は成功したのだというものであった。そして「アジア人のアジア」という平和五原則を守り内政不干渉を守ることで、日本と友好関係を結べると語った。「アジア人のアジア」の意味について周恩来は、「アジア人のアジアというのは、アジアからヨーロッパ人、アメリカ人を駆逐してしまうという意味では断じてない。われわれアジア人が主となって、アジアの問題を処理することだ。今はまだアジアのことをアメリカ人が主としてやつている。それがいけない。アジアのことはアジア人が主としてやる。台湾問題しかり、なぜアメリカ人が来て内政干渉をするのだ」と説明した。さらに「日本に対しては、過去のことは忘れます。日本は同じアジア人だ。長い歴史の上からみたらこの五十年、六十年の間の両国の紛争などはなんでもないことだ。それは忘れます。そのかわり手を握つてやろうじゃないか。日本とアメリカとの関係、日本と台湾との条約のことは知つていますが、そういうことは問いません。そういうことは問わないで、まず経済、文化の交流から始めましょう」と語りかけた。

この周恩来の言葉に、村田は感激した。そして村田は、「台湾問題については、日本と台湾とはああいう条約を結んだが、あれは私から言わせればアメリカに押されてやつたことだ」「押されてやつた。今、私どもが台湾を云々するのは実際内政干渉だ。だから、どなたか早く統一していただきたい、そうすればわれわれは喜んで一つの中国と平和条約が結べるじゃないか」と述べたという。ただし、村田は同時に、中国が武力で台湾を統一することはないと見ていた(108)。

五四年には周恩来とインドのネルー首相が平和五原則を発表し、コロンボ会議で翌年四月に開かれることとなる第一回アジア・アフリカ会議（バンドン会議）の開催が話し合われたこともあり、周恩来が「アジア人のアジア」という言葉を使ったのは自然な流れであった。この言葉を使って周がアメリカによる対アジア政策を批判したことは、かつて大アジア主義を奉じてイギリスなど西洋帝国主義によるアジア侵略を一貫して批判してきた村田の心をつかみ、村田はこれに共鳴・共振したのである。以前から中国に持っていた疑問を遠慮なくぶつけた村田に対して周の与えた回答も満足できるものであったらしく、村田は帰国すると早速、日中国交回復を促進するべく世論に働きかけた[109]。先にアジア主義の特徴は「会う」という契機が重要な意味を持つと述べたが、実業アジア主義の村田にとってイデオロギーはさほど重要ではなかった。「六億の民衆」との経済生活に基づいた関係を大切にしようという村田にとって、周恩来と直接会って受けた衝撃と感銘こそが、大きなものであった。

なお、中国に対する戦争責任についての村田の考えは、すでに五一年秋の段階から、以下のようなものであった。戦後賠償は、フィリピンが一番初めに持ち出し、さらにインドネシア、ベトナムなどが要求してきた。村田は、中国がさらに大きな賠償を請求してくる時期が来ると考えていた。「中国には日本軍は八年以上もおったし、ほかの国の三年から四年とは違う。それにあすこでは日本軍は相当暴れたことは事実だから、先方から賠償をいうて来るのは当然だろう。ただ吉田総理が演説したように、いまの日本としては、向うからいって来た賠償額よりうんと少く払おうとしても払えないということは事実である。こういうものを一々払っていては日本の回復は出来ない。その点がむつかしい問題になるのではないか。そうかといって、賠償は無理だともいえないと思う[110]」。最も大きな損害を与えた中国に対する賠償の難しさを考え、直前のフィリピンとの賠償交渉で苦汁を舐めてきた村田に、周恩来が発した「過去のことは忘れます」という言葉は、大きな変化をもたらした。

先ほど、巣鴨からの出所直後、村田が満洲事変は侵略ではないと強く主張していたことを紹介した。しかるに、この周恩来との会見のあった年になると、五二年六月の第一回日中貿易協定、五三年一〇月の第二回協定について、村田は両国の友好関係についてまず中国側より手を差しのべてきたことを銘記すべきだと語り、さらに次のように述べている。

かつてわれわれ日本人は中国に対して、シナ事変当時の数年にわたつて――満洲事変から数えれば十余年にわたつて侵略戦争を行つたのであつた。中国の広大な土地を侵し、余億の中国の民衆に与えた精神的物質的の損害は測りしれないほどに大きい。私も事件の際中国に旅行しその実状をみたが、当時の日本軍人は同じ日本人同胞として見るに忍びない多くの非道なことをしたのであつた。中国人の人命と財産に莫大な損害を与え、中国人としては実に憤懣に耐えなかつたことと思う。また戦争中に労働力の不足を補うために相當数の中国人を日本に連れてきて苛酷な条件で労働に使役せしめたことがある。このような点、われわれ日本人としては過去の罪業を深く愧じなければならぬ。

そしてこの件について周恩来が、「過去のことを忘れましょう。われわれが望むところは今後の互恵平等である。経済関係も平等互利で行いましょう。今までは日本からずいぶん不平等に扱われたが、過去は決して咎めません」と「おおらかな寛容の態度」で答えたことを、「中国六億の民衆を代表しての発言」と感激して何度も語った。そして、日本が台湾・朝鮮と結んで西太平洋の軍事同盟を結ぶようなことは「そもそもありうべからざること」と考えている、と述べるようになった[111]。村田の歴史観の大きな変化を知ることができる。

村田は、五五年五月四日に日本国際貿易促進協会会長として中国の雷任民代表との間に総額三〇〇〇万ポンド（三〇二億円）の第三次日中貿易協定を調印し、東京と北京に通商代表機関を設置した[112]。五六年九月から一〇月にかけ、北京日本商品博覧会に総裁として出席するため訪中し、毛沢東主席、周恩来総理と会談した。さらに一一月から一二月にかけて上海日本商品展覧会に総裁として出席し、帰路、宋慶齢、毛沢東、劉少奇、陳雲らと会見した[113]。そして帰国後癌研究所付属病院に入院し、五七年三月一五日に息を引き取った[114]。

おわりに

村田にとっての「中国」とは揚子江を中心とする中国大陸とそこに住む民衆であり、彼のアジア主義は中国を中心としたアジアとの実業・ビジネスに尽きていた。日本についても中国についても、常にその政権の可否を問わず、その時々の政権の求めに応じて日中関係発展のために協力した。その意味で、村田には政治性はほとんどなかったと言えよう。しかし、経済的な需要に基づいて海運をはじめとする交通と通商貿易とを漸進的に発展させるという目標を実現するためには、村田は政治に積極的となった。その目標のために働きかけることこそ政治や外交の役割であると考え、そのために積極的に関与したのである。先述したように、村田は、東南アジアには購買力がなく、欧米には輸出の余地がないと考えていた。だからこそ、戦前日本に大きな市場を提供した中国との関係改善が是非とも必要だと主張したのである。しかし、東南アジアについてはその通りであったが、当時の日米関係から考えて、日本がアメリカの意思に反して中国と国交を持つことはあり得なかった。村田が世を去る一九五〇年代後半にはじまった日本の高度成長は、豊かなアメリカが日本に市場を開放することでもたらされた[115]。

中国経済論が専門の梶谷懐は、戦後における左翼＝革新勢力の活動は、過去の侵略戦争への贖罪意識から、アメリカが中国封じ込めなどの冷戦政策を採り、日本政府がそれに追随して近代化による経済復興を優先することに対する批判を行うことで、中国・朝鮮半島を中心とする「アジア」の土着の民衆への共感を表現するという形をとったと指摘している[116]。村田省蔵を左翼＝革新勢力と見なすことは必ずしもできないように思われるが、実業の観点から現地の「アジア」への共感を持つという点で、村田は一貫していた。そのため当時の冷戦という政治環境の中では、村田に対して、「アカ」という二項対立的な批判が投げつけられることもあった。とくに訪中後の村田の立場は、それまでの実業アジア主義から踏み出したものになっていたと言えるかもしれない。

村田が見た中国は、現在の中国とは大きく違う。しかし中国やアジアで村田が残した航跡が持つ意味は、今も失われてはいない。

註

（1）村田省蔵についての先行研究としては、半澤健市『財界人の戦争認識――村田省蔵の大東亜戦争』（神奈川大学21世紀COEプログラム「人類文化研究のための非文字資料の体系化」研究推進会議、二〇〇七年）と、王宗瑜「村田省蔵に関する一考察――その中国認識を中心に」（『中央大学大学院研究年報　法学研究科篇』第三七号、二〇〇七年）がある。また、村田のまとまった自叙伝としては、大阪商船株式会社『村田省蔵追想録』（同、一九五九年）二七三―三二六頁があるが、これは、後出の『エコノミスト』に九回に分けて連載されたもの、巣鴨刑務所で書きつがれたもの、それを底本として五一年口述筆記したものの三種類を編集・融合した「自叙伝」である。本章では、本人が系統的に書いた第一の日記を優先的に引照する。

（2）アジア主義についての本格的な理論的考察として、姜克實「『連帯』とは何か――アジア主義の理論解析」（『岡山大学文学部紀要』第六〇号、二〇一三年一二月）。

（3）日本のアジア主義については、大亜細亜協会の大アジア主義を中心として、松浦正孝『「大東亜戦争」はなぜ起きたのか――汎アジア主義の政治経済史』（名古屋大学出版会、二〇一〇年）で、比較の枠組みの中でのアジア主義については、松浦正孝編著『アジア主義は何を語るのか――記憶・権力・価値』（ミネルヴァ書房、二〇一三年）で扱った。

（4）松浦正孝「アジア主義」（『アジア・太平洋戦争辞典』吉川弘文館、二〇一五年）。

（5）松浦正孝『「大東亜戦争」はなぜ起きたのか』三三二―三四頁。

（6）松浦正孝「財界人たちの政治とアジア主義――村田省蔵・藤山愛一郎・水野成夫」（『立教法学』九五号、二〇一七年）。この論文と本章とは本来一つの論文であったため、内容が一部重複することを予めお断わりしたい。

（7）カロライン・S・ハウ／白石隆「アジア主義におけるネットワークと幻想」（松浦編著『アジア主義は何を語るのか』）。

（8）中島岳志『新宿中村屋のボース――インド独立運動と近代日本のアジア主義』（白水社、二〇〇五年）第二章。

（9）小島泰雄「岸田吟香・矢津昌永・米倉二郎の中国地誌」（神戸市外国語大学『研究年報』第四六巻、二〇〇九年）。http://id.nii.ac.jp/1085/00000369/。二〇一七年二月一日閲覧。

（10）杉浦正『岸田吟香――資料から見たその一生』（汲古書院、一九九六年）第四章・年譜など。

（11）世田谷美術館・岡山県立美術館・毎日新聞社編『岸田吟香・劉生・麗子』（毎日新聞社、二〇一四年）。

（12）村上武「解説　荒尾精の略歴と著作」（荒尾精『日清戦勝賠償論』書肆心水、二〇一五年）二五―二八頁。

（13）近代デジタルライブラリー『清国通商綜覧：第1編』および『清国通商綜覧：第2編』http://kindai.ndl.go.jp/info:ndljp/pid/994021 および http://kindai.ndl.go.jp/info:ndljp/pid/994023/1。二〇一七年二月一日閲覧。

（14）村上武「解説　荒尾精の略歴と著作」二六―四一頁。

(15) 中村義『白岩龍平日記　アジア主義実業家の生涯』（研文出版、一九九九年）七―二〇頁。
(16) 松浦正孝『「大東亜戦争」はなぜ起きたのか』一五三―一五九頁、五〇六―五〇七頁、村上武「解説　荒尾精の略歴と著作」四一頁。
(17) 村上武「解説　荒尾精の略歴と著作」五四―六一頁。
(18) 中村義『白岩龍平日記　アジア主義実業家の生涯』一一―七九頁。
(19) 同右、一三九―一四七頁。
(20) 同右、一四八頁。
(21) 竹内好「東亜同文会と東亜同文書院」（『竹内好全集』第五巻、筑摩書房、一九八一年）、松浦正孝『「大東亜戦争」はなぜ起きたのか』一五五―一五九頁。
(22) 松重充浩「戦前・戦中期高等商業学校のアジア調査――中国調査を中心に」（末廣昭編『岩波講座「帝国」日本の学知第六巻　地域研究としてのアジア』岩波書店、二〇〇六年）。松重論文の第三節で紹介されている上妻隆栄と川瀬一貫の例は、「中国人民」についての現地体験情報に基づいて戦後中国のダイナミックな経済発展を把握した村田省蔵とも通い合うものがあるように思われる。
(23) 本野英一『伝統中国商業秩序の崩壊――不平等条約体制と「英語を話す中国人」』（名古屋大学出版会、二〇〇四年）。
(24) 第一物産株式会社『三井物産会社小史』（第一物産株式会社、一九五一年）七四―七六頁、若林幸男『三井物産人事政策史　一八七六―一九三一』（ミネルヴァ書房、二〇〇七年）一一九―一二六頁。
(25) 山本条太郎翁伝記編纂会『山本条太郎［3］伝記』（原書房、一九八二年、一九四二年原本刊行）一一七―一一八頁。
(26) 村田省蔵「若き日の上海―重慶（二）」（『エコノミスト』一九五六年九月一日号）、山浦貫一編『森恪』（森恪伝記編纂会発行、高山書院、一九四一年）七六―一〇三頁。
(27) 吉塚康一「高木陸郎と辛亥革命――盛宣懐の日本亡命を中心に」（早稲田大学アジア研究機構『次世代アジア論集』八号、二〇一四年）。なお、高木陸郎は、大亜細亜協会で評議員などとして中核的役割を担った（松浦正孝『「大東亜戦争」はなぜ起きたのか』六八四、七一六、七五三、七七六、七九九、八一三頁など）。敗戦前の一九四五年七月には、財団法人日華協会（四五年一月に日華学会等の中国関係団体を統合）の総裁を引受けた近衛文麿に、村田とともに時局打開の期待をかけたり（福島慎太郎編『村田省蔵遺稿　比島日記』（原書房、一九六九年）五九八―六〇〇頁）、松井石根や南次郎ら陸軍内部の動きを村田に伝えたりし（同上、六一八―六一九頁）、敗戦後八月二八日には日華経済協会で村田らと対蔣介石関係改善策について協議している（同上、六七一―六七二頁）。また、池田勇人を首相にするために一九五七年一〇月頃成立した宏池会には、大蔵省・日銀関係者や政治家とともに、財界から高木が参加し、財界から池田を後援する組織化に尽力したこと（御厨貴・中村隆英編『聞き書　宮澤喜一回顧録』（岩波書店、二〇〇五年）一八五―一八八頁）も知られている。

(28) 若林幸男『三井物産人事政策史　一八七六―一九三一』一一九―一三八頁。

(29) 中村義『白岩龍平日記　アジア主義実業家の生涯』一五七―一六一頁。

(30) 同右、一六〇―一六六頁。

(31) 同右、一二二―一二九頁。

(32) 同右、一二二―一二五頁、一六五―一六六頁。

(33) 松浦正孝「日中戦争収拾構想と華中通貨工作」（『国際政治』第九七号、一九九一年）、松浦正孝『日中戦争期における経済と政治』（東京大学出版会、一九九五年）第二章第二節。

(34) 村田省蔵「若き日の上海―重慶（一）」（『エコノミスト』一九五六年八月二五日号）。

(35) 中橋徳五郎翁伝記編纂会『中橋徳五郎』（中橋徳五郎翁伝記編纂会、一九四四年）上巻、二〇五―二四九頁、同下巻、一〇―一四〇頁。

(36) 青潮出版株式会社編『日本財界人物列伝』第二巻（青潮出版、一九六四年）三〇七―三一五頁。

(37) 中橋徳五郎は一九一〇（明治四三）年大阪市会議員に当選して大阪市会議長となり、一二（明治四五）年には推薦されて衆院議員に当選していたが、事業に忙しく半年でこれを辞職した。そして政界への本格進出のために、大阪商船社長を辞して政友会に入党した（中橋徳五郎翁伝記編纂会『中橋徳五郎』上巻、二二一―二四〇頁）。その後は、原敬内閣・高橋是清内閣で文部大臣、田中義一内閣で商工大臣、犬養毅内閣で内務大臣を務めた。

(38) 小林正彬「大阪商船の労務対策と経営者」（『経営史学』一八巻四号、一九八三年）。

(39) 村田省蔵「若き日の上海―重慶（一）」。

(40) 中橋徳五郎翁伝記編纂会『中橋徳五郎』下巻、一一七―一二〇頁。
(41) 同右、一二一―一七五頁。
(42) 村田省蔵「若き日の上海―重慶（一）」。
(43) 松浦正孝『「大東亜戦争」はなぜ起きたのか』第六章では、これをアジア主義の「台湾要因」と呼んだ。
(44) 村田省蔵「若き日の上海―重慶（一）」。
(45) 中橋徳五郎翁伝記編纂会『中橋徳五郎』下巻、四六五―五四五頁。
(46) 村田省蔵「中橋翁の重慶航路観」同右一一三―一一六頁所収、村田省蔵「若き日の上海―重慶（一）」。
(47) 村田省蔵「若き日の上海―重慶（三）」（『エコノミスト』一九五六年九月八日号）。
(48) 大阪商船株式会社『村田省蔵追想録』一九七―一九九頁、二六〇―二六二頁。
(49) 同右、四六―四七頁。
(50) 同右、六四―六七頁。
(51) 同右、三一〇頁。
(52) 村田省蔵「東亜の波濤をこえて（三）」（『エコノミスト』一九五六年九月二九日号）。
(53) 村田省蔵「東亜の波濤をこえて（一）」（『エコノミスト』一九五六年九月一五日号）。
(54) 岡本宏「満洲事変と無産政党」（『国際政治』四三号、一九七〇年）一〇八頁。
(55) 村田省蔵「東亜の波濤をこえて（二）」（『エコノミスト』一九五六年九月二二日号）。
(56) 福島慎太郎編『村田省蔵遺稿　比島日記』（原書房、一九六九年）四九三―四九五頁。
(57) 村田省蔵「日本の膨張は当然」（『実業之世界』一九五一年一一月号）。
(58) 松浦正孝『「大東亜戦争」はなぜ起きたのか』六八四頁。
(59) 同右、五五三頁。
(60) 同右、六〇二頁。
(61) 朝比奈元「村田省蔵論」（『産業と経済』一九五五年六月号）。
(62) 大阪商船三井船舶株式会社編『大阪商船株式会社八〇年史』（同、一九六六年）七二―七八頁。

(63) 村田省蔵「東亜の波濤をこえて（二）」。

(64) 例えば、第一次近衛内閣が改造される前の次のようなエピソードがある。賀屋興宣大蔵大臣に対して、経済閣僚として阪神急行電鉄会長だった小林一三を迎えたらどうかと、近衛首相が提案した。すると賀屋は反対し、財界人なら村田が一番適当だと推薦した。小林は偉大な実業家ではあるが統制経済時代にバランスをとりながら国家目的に向かって結集させるには不適であり、これに対して「村田さんは商船会社の社長として、りっぱに一つの事業をおやりになったけれども同時に常に国家的というか、自分の事業にしてもその関連の海運界全般、更に国家の経済界全般とか、進んで国家全体という非常な広い基盤の上に立ってものを考えておられる。そして重点の置き所、必要の置き所を考えてバランスを得たところでやる。非常なウェル・バランスドである。性格もそうであるし進み方もそうである」というのが、賀屋の意見であった。第二次近衛内閣になって両者とも入閣したが、小林は商工大臣として岸信介商工次官と衝突して辞職し、村田は逓信大臣兼鉄道大臣を全うした（賀屋興宣「積み上げ方式の村田さん」大阪商船株式会社『村田省蔵追想録』一八九―一九三頁）。

(65) 大阪商船株式会社『村田省蔵追想録』三二三―三二四頁。

(66) 松浦正孝『「大東亜戦争」はなぜ起きたのか』九九一頁。

(67) 村田省蔵「東亜の波濤をこえて（三）」（『エコノミスト』一九五六年九月二九日号）。

(68) 福島慎太郎編『村田省蔵遺稿　比島日記』六九九―七一四頁。

(69) 村田省蔵「六億の民衆とともに（一）」（『エコノミスト』一九五六年一〇月六日号）。

(70) 村田省蔵「『和解の賠償』を語る」（『エコノミスト』一九五一年一〇月二一日号）。

(71) 村田省蔵「六億の民衆とともに（一）」、大阪商船株式会社『村田省蔵追想録』三二三―三二五頁。

(72) 村田省蔵「『和解の賠償』を語る」。

(73) 村田省蔵「六億の民衆とともに（二）」（『エコノミスト』一九五六年一〇月一三日号）。

(74) 村田省蔵「東亜の波濤をこえて（二）」。

(75) 村田省蔵「外務大臣になったとして――私なら独自の中国政策をとる」（『東洋経済新報別冊』第八号、一九五二年五月）。

(76) 村田省蔵「六億の民衆とともに（二）」。

(77) 村田省蔵「『和解の賠償』を語る」。
(78) 同右。
(79) 下村海南「『出色』の村田大使」（日本船主協会『故村田省蔵を偲ぶ』同、一九五七年）五二―五五頁。
(80) 吉田茂「村田省蔵君を憶う」（大阪商船株式会社『村田省蔵追想録』）一三四―一三八頁。
(81) 兒玉謙次・村田省蔵「財界の反省」（『実業之日本』第五四巻第二〇号、一九五一年一〇月）。
(82) 松浦正孝『「大東亜戦争」はなぜ起きたのか』第二部第六章。
(83) 村田省蔵「外務大臣になったとして――私なら独自の中国政策をとる」。
(84) 福島慎太郎編『村田省蔵遺稿　比島日記』二五三―二五五頁、四四年一一月一四日の項。
(85) 岡田永太郎「半世紀を越える交友」（大阪商船株式会社『村田省蔵追想録』）二六〇―二六四頁。
(86) 吉田茂「村田省蔵君を憶う」。
(87) 村田省蔵「六億の民衆とともに（二）」。
(88) 村田省蔵・大内兵衛・東畑精一・有澤廣巳「〈座談会〉周恩来と会って――村田省蔵帰国談」（『世界』一九五五年四月号）。
(89) 村田省蔵「『和解の賠償』を語る」。
(90) 兒玉謙次・村田省蔵「財界の反省」。
(91) 村田省蔵「外務大臣になったとして――私なら独自の中国政策をとる」。
(92) 村田省蔵・郷古潔「対談　日本経済の再建を語る」（『実業之日本』一九五三年八月一五日号）。
(93) 村田省蔵「新生した中共ありのまゝ」（『実業之世界』一九五五年四月一日号）。
(94) 村田省蔵「古い中国観への警告」（『文藝春秋』第三三巻第一三号、一九五五年七月）。
(95) 朝比奈元「村田省蔵論」。
(96) 濱一平「関西財界打明け話」（『東洋経済新報別冊』第七号、一九五二年三月）。
(97) 村田省蔵「外務大臣になったとして」二一七頁。
(98) 村田省蔵「日本から中国への要望」・南漢宸「中国から日本に答える」（『東洋経済新報』別冊第九号、一九五二年七月）。

(99) 村田省蔵「六億の民衆とともに（一）」。
(100) 村田省蔵「外務大臣になったとして」。
(101) 吉川洋子『日比賠償外交交渉の研究』（勁草書房、一九九一年）第二章〜第四章。
(102) 村田省蔵ほか「〈座談会〉周恩来と会って」三七—三八頁。
(103) 以上の経過は、吉川洋子『日比賠償外交交渉の研究』第四章〜第五章による。
(104) 同右、第一章、とくに五五—五七頁。
(105) 村田省蔵ほか「〈座談会〉周恩来と会って」。
(106) 村田省蔵「六億の民衆とともに（二）」。
(107) 村田省蔵「六億の民衆とともに（三）」（『エコノミスト』一九五六年一〇月二〇日号）。
(108) 村田省蔵ほか「〈座談会〉周恩来と会って」、大阪商船株式会社『村田省蔵追想録』三二一—三二六頁。
(109) 村田省蔵「六億の民衆とともに（二）」、同「外務大臣になったとして」、同「新生した中共ありのまゝ」、同「古い中国観への警告」。
(110) 村田省蔵「『和解の賠償』を語る」。
(111) 村田省蔵「日中関係の現状を憂う」（『世界』一九五五年一一月号）。
(112) 村田省蔵「青年の意気込み　重慶・若き日の村田省蔵」（『実業之世界』一九五五年九月一五日号）。
(113) 村田省蔵「経済交流の展望」（『世界』一九五七年二月号）。
(114) 大阪商船株式会社『村田省蔵追想録』五二八—五二九頁。
(115) 堀和生氏のご教示による。
(116) 梶谷懐『日本と中国、「脱近代」の誘惑——アジア的なものを再考する』（太田出版、二〇一五年）一六五—一七一頁。

＊本章ならびに別稿「財界人たちの政治とアジア主義——村田省蔵・藤山愛一郎・水野成夫」（『立教法学』九五号、二〇一七年）は、ＪＳＰＳ科研費・基礎研究(C)（一般）25380173「戦後日本における財界の確立とアジア・太平洋」（平成二五〜二九年）の成果である。

第13章　旧日本軍人の処遇問題をめぐる蔣介石の対応

——送還から招聘への裏面史に見る「白団」の起源——

鹿　錫俊

はじめに

本章では、終戦初期（一九四五年八月—一九四六年）における旧日本軍人の日本への送還政策から一九四九年における旧日本軍人の台湾への招聘政策に至る変遷過程を事例に、旧日本軍人の処遇問題をめぐる蔣介石の対応を考察し、いわゆる「白団」の起源の究明を試みる。前者の送還政策については、これまでの研究では日本に対する蔣介石の「以徳報怨」方針の一環としての解釈がほとんどであった。また、後者の招聘政策については、従来の研究は旧日本軍将校が一九五〇年以降「白団」の名義で行った活動に集中しており、「白団」の原点、すなわち、一九四九年における蔣介石の旧日本軍人招聘政策の決定と実施過程という重要な問題の論考はほとんどなかった。[1] なお、近年、台湾側の一次資料や蔣介石の日記などを用いて戦後における中国側の旧日本軍人処遇問題に触れた論著や報道が出はじめ、[2] 研究を進展させているが、本章が対象とした課題についての分析は依然として不十分であった。

このような現状を踏まえて、筆者は、日中戦争の戦後処理に関する研究の一環として、前述の変遷過程および蔣介石の対応の探究に心がけ、また、従来の叙述にあった実証面の弱点を克服するために、一次資料の発掘とそれに基づく史実の解明に努めた。本章はその成果の一部であるが、[3] 書き方としては、「蔣介石日記」という当事者本人による生の記録と、「蔣中正総統文物」として台湾の国史館に保管されている蔣介石極秘文書に依拠して、事実を浮き彫りにしたい。

1　終戦初期の旧日本軍人送還政策

一九四五年八月、日中戦争は蔣介石の予想より早く終結した。それに伴って急展開された国民政府の戦後処理のなか、中国に残っている日本軍人への処置は、最高指導者の蔣介石にとって要となった。その理由としては次のような二点が挙げられる。第一に、日本軍は、降伏はしたものの、東北三省を除く中国の各地に駐在する兵力は一二八万人にものぼり、しかも強大な実力を保っている。第二に、中国国民党と中国共産党は、降伏した日本軍とその装備、物資および支配地域の接収をめぐって激しく対立し、お互いに接収による自党の利益を最大限に獲得しようとしていたが、日本軍の占領区と隣接する支配地域を持つ共産党側は、後方にある国民党側より「地の利」を有する。したがって、接収をめぐる国共両党の争いにとって、日本軍の向背は国共両党の消長を左右するほどの影響力を持っている。そのなかで、地理的に不利な状況にある国民党側は日本軍と共産党軍の関係をとくに警戒しなければならない。

このような事情を背景に、日本軍に対する蔣介石の方針は、国際的に承認されている正統政府の地位を利用して、日本軍をして受降（降伏の受理）と接収において共産党の関与を徹底的に排除させ、完全に国民党側に協力させることであった。[4]これを実現するための重要措置の一つとして、蔣介石は八月一四日に、「我々は報復を加えてはならず、さらに敵国の罪なき国民に侮辱を加えてはならない」という、降伏した日本将兵や居留民に対する報復を戒める演説を発表した。[5]これは後に日本に対する蔣介石の「以徳報怨」政策の表れとして受け止められた。

他方、蔣介石は上記の方針を超えたもの、すなわちかつて中国の革命史観が非難したような、終戦当初から日本軍を将来の反共戦争に使用する意図を持っていたのか。答案は否である。「蔣介石日記」に記されている本人の考えから、三つの理由を読み取れる。

第一に、抗日戦の勝利を勝ち取ったばかりの蔣介石は、共産党の勢力増長に危機感を持っているものの、全般では国民党の実力を過大評価しており、国民党独自の力で共産党に勝つことに強い自信を持っていた。そのため、共産党との戦いにかつての敵国軍までを必要とするどころか、国民党軍が六ヵ月だけで共産党を全滅できると確信していた[6]。

第二に、そのうえで、終戦初期の蔣介石は、国際的に承認されている正統政府の領袖として、日本軍への処置にあたって内外両面にわたる法的な規制や世論の反発への配慮を優先しなければならなかった。それは蔣介石にとって一種の束縛ともいえる。例えば、当時、山西省の閻錫山が一部の日本軍を残留させ、共産党との内戦のさい戦わせたが、蔣介石はこれを「共産党側に口実を与えるだけであり、極めて意気地がないことである」として強く非難した[7]。また、蔣の命令を無視し日本軍を使用し続けていた閻の行為に対して、蔣介石は一九四六年三月に「閻錫山は日本軍が完全に武装解除されたという嘘を言いながら、依然として日本軍を自分の部隊に編入し、利用している。近日、共産党軍はこれを発見し、日本兵を捕獲して抗議を行っている。これはわが軍の最大の汚点である。閻錫山は自らの卑怯な行為によって個人の人格を喪失したのみならず、国家の尊厳も傷つけた」と激しく非難した[8]。そして、閻錫山を阻止するために、蔣介石は閻の元部下である軍令部長の徐永昌を用いて説得に当たらせたこともある[9]。こうした対応から、この時期の蔣介石は、日本軍を内戦に用いるのが内外の反発を招き、自らを窮境に陥れる愚挙であることをよく弁えていることがわかる。

第三に、終戦前夜から、国共対立の激化と、共産党軍と日本軍との間に行われている秘密交渉に関する情報の増加につれて、蔣介石は共産党軍と日本軍との相互関係を疑ってきた。例えば、一九四五年三月末、蔣介石は、共産党軍と日本軍は互いに侵攻しないことを約束しており、双方は「頼り合う」関係にあると見ていた[10]。また、七月上旬、蔣介石は「共産党と日本は互いに結託し、ともに国民政府を覆そうとしている」と日記に記した[11]。このような認識に導かれて、戦後処理にあたって、蔣介石は日本軍による掃共戦を考えるどころか、「共産党と日本軍とが結託し大きな動乱を引き起こす」ことを防ぐことに心がけていたのである[12]。

前記の三つの理由によって、蔣介石は、日本軍の協力によって受降と接収の両面で共産党に対する優位を確保した後も、日本軍を国共内戦に用いることを考えず、中国に残っている日本軍を早急に日本に送還することを対日本軍処置の第二のステップとした。当時、中国は戦後の復旧と再建に技術者を必要とするため、日本人技術者を活用することを主張する声もあったが、蔣介石はそれを受け入れなかった。一九四六年二月五日、蔣は、「日本軍捕虜はまず全員日本に送還しなければならない。その後、その中の技術者を雇用する必要があれば、それを雇用し、中国に赴任させればいい。現在中国に滞在しているという方便に惹かれて、将来の混乱を招来してはいけない」と指示した[13]。

一九四六年七月、東北三省を除く中国での日本軍送還作業が基本的に完了したが、同年末、蔣介石は次のように振り返った。

終戦時、日本人は軍人と民間人を含めて三〇〇万余にも達し、かつ教育レベルが高く、組織力も強く、中国の全土に遍在していた。これは戦勝後の中国の大問題であった。もしも速やかに送還しなければ、社会の治安問題が深刻化する一方、日本軍は共産党の宣伝に誘惑され、それと結託したり、共産党地域に入り共産党に利用されたりすることも回避できない。他方で、共産党は日本軍とその装備を勝ち取ろうとして受降事業を妨害した。これはまさに不測の事態であった。もしも日本軍捕虜とその武器が本当に共産党軍に奪われたら、国家と政府にとっての災難は計り知れない。しかし、共産党軍は受降と接収を攪乱することに力を尽くしたにもかかわらず、何も得られなかった。これは、昨年八月日本軍が降伏を表明した日に、私は直ちに寛大政策を発表し、日本軍をしてこれに感銘を受け安心し、共産党に誘惑されないようにさせたからである[14]。

蔣介石による迅速な旧日本軍人送還の動機について、長年、日本に対する蔣介石の「以徳報怨」政策だけが強調されているが、上記の蔣介石の独白からは「以徳報怨」以外、降伏した日本軍に対する不信感と、共産党軍と日本軍のとの「結託」への警戒心など、秘匿された深層要因も確認できる。

2　対日連携への転換

以上は一九四六年までの蔣介石の考え方であったが、一九四七年以降、内戦における国共両党の力関係の逆転は加速していく。一九四九年に入ると、大陸における国民党政権の崩壊は決定的な趨勢となった。このような情勢の変化は第一節で述べた三つの要因を終戦初期と相反する方向へ改め、旧日本軍人に対する蔣介石の対応の転換をもたらした。以下、その経緯を具体的に見てみる。

一九四九年元旦、共産党軍の猛攻撃の下、蔣介石はついに「引退」を考え、日記に三つの理由を記した。「甲、現在の党、政府と軍隊の積弊の改めがたいことを心底憎む。引退なくしては改造しようとしても方法が無く、整理整頓はさらにできない。乙、半死半生の環境を打破する。丙、新規まき直して革命の基礎を新しく築く[15]」。一月一四日、毛沢東は「時局に関する声明」を出し、「戦犯の懲罰」などを国共両党の平和交渉の先決条件とした[16]。内戦を招いた戦犯の第一号に挙げられている蔣介石は一月一八日に下野を決心した。南京を離れる際に、蔣が目にしたのは、辺り一面の混乱だった。「軍人と憲兵の乱闘、兵士崩れ達による強奪、不法逮捕や暴力、ゆすり、脅迫。政府の威信は地に落ち、規律は乱れ、人心は離れて、道徳は消え去った。なかでも、我が党の古参の者たちはこの機に乗じて、かつての悪弊に立ち戻った[17]」。

こうした蔣介石の日記に示されたように、蔣による下野の決断は国民党の現状に絶望し、新規まき直して一からやり直す決心をしたためである。では、どのように一からはじめるのか。一月二二日、下野した直後の蔣介石は記している。

今後、立国・建軍・滅共のためには、制度の確立が最も重要である。この度の失敗を招いた最も大きな要因は、新しい制度が今日の国情と必要とに適応せず、かつ未成熟であったにもかかわらず、古い制度は既に放棄され、崩壊してしまったことにある。したがって、この新旧交代の瀬戸際で、頼むところの建国救民の基本条件は完全に失われた。人間が魂を亡くしたと同様であるから、失敗は当然ではないだろうか。そして、現代の制度は次の三つに分けられる。甲、党による政治と軍の支配（ソ連）。乙、軍によって政治を支配し、党は背後で主導する（戦前の日、独）（軍国主義）。丙、政府が軍を統治し、党は内側からこれを指導する（英、米）。今後の中国では、共産党の掃滅を達成する以前には、軍によって政治を統治するしかない。民主国家の誤解を避けるためには、党は背後で主導し姿を隠すのがよい(18)。

このように、新規まき直しは新制度の確立から着手すべきであると考えた蔣介石は、制度の選択にあたって現行の三種の制度に対する理解は必ずしも正確とは言えないが、ソ連式や英米式ではなく、戦前の日本式の軍による統治を真髄と見なしたのであった(19)。

蔣介石が米、英、ソといった日中戦争期の友好国の制度を除外した背景に、かの国々の戦後の国共内戦への姿勢に対する憤慨もある。一月三一日、蔣介石は次のように述べている。

この度の革命と掃共戦の失敗は中国共産党に負けたのではなく、ソ連とスターリンに負けたのだ。また、ソ連とスターリンに負けたのでもなく、アメリカとマーシャルの頑迷に負けたのである。アメリカはソ連と中国共産党の宣伝とイギリスの中傷とに耳を傾けるにまかせ、本国の利害に対しても、中国との関係に対しても、太平洋の安否に対しても、個人の好悪に任せて私憤のはけ口とし、人類の禍福と民族の栄辱存亡には関心を向けようとしない。今後、第三次世界大戦の悲劇はすでに逃れる術もない。マーシャルが全責任を負うべきである。同時に自分の外交も無策で、アメリカの正義を過信し、今日の惨敗を招いた。つまり責任は自分にもある(20)。

他方で、蔣介石が下野した前後、米英ソの反応とは対照的に、多くの日本人がさまざまな形で蔣介石に対する同情と支持を表明し、蔣を感激させた。例えば、「蔣介石機密文書」のなかに、ある日本人から一九四九年一月二一日付で寄せられた書簡があり、次のようなことが語られている。

第二次世界大戦以後、日中両国は不幸にも等しく厄運に見舞われている。今ここに中国は共匪による災いに苦しみ、日本は敗戦の苦しみをなめている。東亜の前途は滅亡の淵に立たされ、有志の士で憤慨しないものはいない。今昔を思い比べて、益々日中両国が互いに親愛を持ち、誠心誠意助け合う必要を感じている。そうでなくては国を滅亡から救い、共存共栄の目的を果たすことが到底できないのである。このような現状を鑑み、我々は東亜の反共闘争に参加し、日中両国を復興させたいと切に願う次第である。ただ戦後の日本は講和条約を未だ締結していないので、すべての活動に障碍がある。そのため、ここに中国国民党日本支部を極秘に組織し、三民主義を宗旨として掲げて、共同反共を主旨として、秘密裏に大量の日本人有志を党員として集めて各種活動に従事させ、日中の共同反共勢力として発展させるのである。当該支部の目下の急務は、台湾、ビルマ、ベトナム及び長白山地域に身を隠している数個師団の日本軍を呼び寄せて、共匪との戦闘に参加させ、また、密かに陸、海、空軍の兵器工業の技術員を中国に派遣し修理や戦闘に当たらせる。その他、経済資源の開発、研究においても、また大量の資源か人材を供給することが可能である。当支部に参加しようとする日本側の主要人員には三笠宮親王、犬養健、石原莞爾、堀内干城、山田純三郎、松井太九郎、新栄幸雄等があり、これに所属する幹部約三万余名はみんな日本の政、軍、学各界の名士または学者であり、その潜在力と指導力には甚だしいものがある。(21)

前述した蔣が下野した前後の諸事象を終戦初期の状況と比較すると、一九四九年の蔣介石にとって、終戦初期の日本軍送還方針をもたらした三つの要因がどのように相反する方向へ変化したかがわかる。具体的にいうと、国民党の力に対する過信という第一の要因は国民党の現状に対する失望に取って代わり、内外の法律や世論に対する配慮という第二の要因はとりあえず国民党政権を存続させなければならないという当面の最緊急目標に圧倒された。

そして、共産党と日本軍との「結託」に対する警戒という第三の要因は、英米ソの対中政策に対する憤懣と日本に対する期待に転じたのである。[22]なかでも、第三の変化を示した証拠は蔣介石の機密文書や日記に数多く残っているため、以下、時間順に例をあげてみる。

一九四九年一月一九日、蔣介石は下野を宣言する直前、中国共産党と世論の激しい批判の中、戦犯として裁判を受けている旧支那派遣軍総司令官の岡村寧次の「無罪判決」を指示し、二六日に同判決を確定させた。[23]

一月三一日、蔣介石は米英ソへの非難と同時に、予定欄には「日本との連絡を推し進めること」を記している。[24]

二月二六日、蔣介石は軍の再建構想を練っている時に、日本の陸軍大学卒業生を招いて、「参謀系統の構築と基礎教育の人材養成」を助けてもらうことを決定した。[25]

三月五日、蔣介石は過去の外交政策の問題点を検討した際に、「アメリカが幼稚で、イギリスに弄ばれている」と英米への批判を繰り返したうえ、「我が国の外交はインド、日本との連携、親善を唯一の基本政策にするべきである」と断じた。[26]同日、下野しながらも国民党政権の実権を握っている蔣介石は、駐日代表団団長商震の職を免じ、朱世明を団長として派遣することを命令し、日本での布石を打ちはじめた。[27]

3　旧日本軍人の協力を図る二つの方案

ちょうどこの折、酒匂景映という中国通は三月下旬に次のような書簡を蔣介石に送った。

今危殆に瀕せる国民政府救済の道は只一つ、日本人雇兵を以って積極的に攻勢に出る以外に道なく、是即速かに和平を招来する所以と信ず。然しながら日本は現在連合国の占領下にあり、之が実施には正当なる方法を以ってしては困難にして特別なる途を選ぶほかないも必ず実現出来ると信ず。アメリカの軍事援助の望みなく今、この雇兵制度のみが唯一の方法なり。如何に優秀なる兵器を使用するも、之を使用する兵の性格により何等の効果有るは閣下御承知の通りなり。日本国内には対中共戦に経験を有する復員軍人十数万あり、「暴に対し暴を以って報する勿れ」と寛大なる命令を国内に布告せられたる閣下の恩に報するは今かと思考す。

続いて、酒匂景映は「方法大綱」として、次の諸項目を挙げている。

一、対中共戦の為日系雇兵制度を実施する事。
一、雇兵数は十万程度とする。
一、採用方法は戦犯を除く親中国的元軍人を選定。
一、出来得れば連合国司令官の黙認を得る事。
一、採用は極秘に行われ、日本国政府、連合国司令部に責任を与えざる如く行う事。
一、対ソ関係に注意する事。
一、採用せる募兵は中国の船舶に依り輸送する事。
一、上陸地は台湾、広東、海南島等とする。
一、上陸後短期間に訓練をなし中国兵として正規軍に編成する事。
一、給与は最も優遇し特に戦死戦傷者に対する取扱方法を決定する事。
一、和平の後中国の責任に於て日本国に送還する事。
一、雇兵に対する予算、兵器、給与、服務規律等を準備する事。
一、兵種は歩兵、戦車、飛行、野砲、通信、経理、衛生等とする事。(28)

日本との親善と日本軍人の利用を構想している蒋介石にとって、この提案は「渡りに船」のようなものである。(29)啓発された蒋介石は四月に方治という部下に「対日研究」を指示し、(30)同月一七日には朱世明と会い、「駐日代表団の活動と対日連携の立案」について指示した。[31]一九日、蔣介石は朱世明のほか、王世傑外交部長も呼んで、「インド、日本および韓国の最近の状況について話し合った」。この談話のなかで蔣介石はインドが蔣の反共連盟創設の呼びかけに対して冷たい態度を取っていることを知って意外に感じた。[32]これ以降、蔣介石はインド政府を「恩義知らず」と批判し、日本との連携に一層力を入れていく。五月一日、朱世明は正式に商震に代わり駐日代表団長に着任した。同時に、蔣介石は日本士官学校出身の曹士澂を駐日代表団第一組（軍事組）長として日本に派遣し、朱世明とともに対日連携に当たらせた。六月中旬、蔣介石は軍事の面では「日、独精神」の発揚を路線とすることをあらためて確定した。[33]

他方で、日本では、朱世明と曹士澂は蔣の指示を貫徹すべく、全力で活動していた。六月下旬、二人は岡村寧次をはじめとする多数の旧日本軍将校の協力のもと、「日本運用」を実現するための二つの極秘方案を分担で完成させ、蔣介石に提出した。

朱世明の方案は、旧日本軍将校を中国に招聘することを主旨としたが、下記のことを具申している。

一、要領

（一）日本側は中国の反共戦争に協力し、とくに軍の再建への援助を中心とする。まずは優秀な軍人を我が国に派遣し我が国の闘争を助ける。次に、中国の反共戦を支援するよう、日本の国内で反共勢力を結集し、大量の義勇軍を組織し、参戦させる。

（二）中国側は日本が反共集団を組織することに協力し、一日も早く日本が独立自由の国家となるよう促進する。そのために、日本の反共団体および有力者と密接に連絡を取り、反共闘争への彼らの参加を促す。

二、協力関係の進め方

第一年度（一九四九年七月から一九五〇年六月まで）

日本側　a．優秀な軍人を選抜して中国に派遣する。

b．日本の状況や各種訓練などの資料をはじめ情報を交換する。
c．必要な軍需品および軍隊建設の資料を収集する。
中国側
a．中国で参戦する軍人およびその家族の生活費用を負担する。
b．宣伝資料および反共報道を強化する。
c．日本の反共団体を援助し、これと密接に連絡する。
第二年度
日本側
a．日本の反共団体による中国の反共抗戦への全面的な援助。
b．義勇軍の編成と参戦。
c．反共空気の醸成と宣伝の強化。
中国側
a．駐日代表団機構の充実と、義勇軍関連の一切の処理。
b．日本の反共団体の支援。
c．日本の独立を促進。

他方で、曹士澂の方案の趣旨は「東亜国際連合軍の創設」であったが、次のことを唱えている。

一、方針
東亜の反共国家と連合して反共大同盟を結成し、東亜国際反共連合軍を組織して、民主主義国家の反共戦争に歩調を合わせ、東亜の共産勢力に反攻を実施し、アジアの共産組織を消滅し、世界の平和と極東の復興を速やかに達成する。

二、実施要領
（一）国内を一致団結し、軍事、政治、経済を改革して、戦時体制をとる政府を成立する。軍事、政治、経済を一元化し、軍事を第一として力を集中し、反攻の基地を確保し、最終的な勝利を手に入れる。

（二）外交方針を改訂し、積極的、主体的な方法で東亜反共大同盟を策動し、日本の東京を活動拠点とし、関係諸国の大使館と協調する。

（三）東亜国際反共連合軍を創設するために、先ずは東亜反共情報局を成立する。東京にこれを設け、マニラかシンガポールに分局を設ける。その次は連合参謀団を組織して、台湾またはフィリピンにこれを設ける。

（四）連合軍の反攻を成功させるために、各国の中国支援の策動および東亜の同盟諸国の軍事、経済、宣伝における協調と協力を実現する。[34]

4　蔣介石の指示と基本方針の策定

朱世明と曹士澂の方案を読んだ蔣介石は七月一三日、一日に二回も日本から駆けつけた曹士澂と会い、「駐日代表団の内容と日本人の運用方法」について詳しく議論した。[35]また、日本での活動には中国国内の協力が必須であるので、蔣介石は、直ちに国防部第二庁の侯騰庁長に対日計画を伝え、さらに一歩踏み込んだ検討を行うことを曹士澂に命じた。

七月二二日、侯騰は蔣介石に対し、曹が伝えた計画のうち、目的と方針は適切であるものの、実施要領のなかの日本人顧問を用いて軍を立て直し、軍事制度を再建するという点に関してはもう少し検討を加えるべきであると具申した。なぜなら、「戦前における日本の軍事制度には天皇思想という要素が不可欠であった。しかし目下の日本はアメリカの統治下に置かれ、今後の極東での対共産勢力への反攻もアメリカの軍事支援が欠かせない。将来アメリカが中国への軍事支援を一旦再開すると、更に複雑になる恐れがある」からである。この理由に基づいて侯騰は、日本人の運用は、第一歩は優秀な日本人将校を選抜して幕僚団を作り、情報の収集と日本の反共勢力の助成にあたらせ、今後東亜反共聯軍を組織する時は聯合参謀団としての役割を果たしてもらう、という案を蔣介石に提出した[36]。侯騰の意見を受けて、蔣介石は七月三〇日に再度曹士澂に会い、新しい指示を与えた[37]。曹士澂の記録によると、蔣介石による七月一三日と三〇日の指示の主要な内容は以下の通りである。

一、日本人将校を使用することの主なる目的

1．軍事教育と訓練を主とする（一般兵科の訓練および中国陸軍大学での教育）。

2．各種軍事制度の創設を研究する（軍事人事制度および後方勤務制度等々）。

3．必要時にはその一部は中国軍隊の活動に直接参加する（作戦の企画および上陸部隊の戦闘に参加する）。

二、要点

1．教育と訓練に必要な日本人将校は必ず日本または他国の陸軍大学を卒業したものでなければならない。

2．日本人将校は年齢若く、体力強壮でなければならない。

3．各種短期訓練班を主催する。将官、校官、尉官に分ける。

a．将官班　五〇―一〇〇人、訓練期間は半年。

b．校官班　二〇〇―三〇〇人、訓練期間は三ヵ月から半年。

c．尉官班　人数が多くても結構。ただし、期間は短縮したほうがよい。

4．中国陸軍大学の教官を担任しつつ、陸軍大学の教育を改善する。今後の陸軍大学の基礎を築く。

5．上陸作戦訓練をとくに重視する。日本の優秀な海軍陸戦隊将校を中国陸戦部隊の連（筆者注：旧日本軍の中隊に相当する）までに配置することとし、一個師団に必要な人数を予め準備する。

6．宣伝、情報、特殊工作等の人材の登用、制度の創設と人材の訓練。

7．暗号解読は必ず優秀な者を登用し、中国に一組を赴任させる。

8．日本の優秀な憲兵制度および技術人員を中国に赴任させ、制度建設への立案と人材の訓練に当たらせる。

9．軍の人事制度および法令に造詣あるものを中国に赴任させ、各種軍事制度と法規の研究及び立案に当たらせる。
10．後方勤務制度関係の人材および後方勤務管理人員、医療人員等の選出。
11．優秀な作戦参謀を登用し、作戦の研究と立案に直接当たらせる。
12．優秀な海軍将校を選出し、中国に赴任させ、海軍関連の研究と立案に当たらせる。

三、実施の順序

第一段階、日本人将校幕僚団を組織して、日本から中国に赴任させる。第一陣は二四名と暫定し、上記の諸要点の具体的な実施を企画させる。

第二段階、計画が確定された後、更に日本人将校を増員する必要がある場合、再度日本から選抜し、赴任させる。

第三段階、今後の東亜国際反共連合軍の反攻計画と日本義勇軍の召集に関する諸事項を策定する。

四、責任者および活動地

中国側、湯恩伯将軍を責任者とし、活動地は厦門または定海とする。

日本側、曹士澂組長は岡村寧次大将とともに任に当たる。活動地を東京とする。

五、日本留学出身の中国人将校の名簿を作成する。日本語通訳人員を準備する。[38]

七月三一日、蔣介石はまたも曹士澂ら日本留学経験者八人と会って、「日本人運用」の基本方針を正式に確定した。以下はその全文である。

一、綱領

中国陸軍の改革と東亜国際反共連合軍の企画のために、日本の優秀な将校を選抜し、中国でそれに従事させる。とくに教育、訓練と制度の創立に尽力し、必要時には直接反共戦闘に参加させる。

二、組織

中国側は幕僚団を立ち上げ、「聯合参謀団」と命名する。

（一）第一段階での日本人将校の人数は二五名とし、第二段階では計画の必要にあわせて増員する。

（二）中国側は中国人将校を各所から調達する他、事務係員は別に編成し、人員を可能な限り少なくする。

（三）優秀な中国人将校を二五名選出し、各組の組員として振り分ける。日本人将校は各組の顧問を担当する。

（四）日本側には連絡組を設置し、「日本連絡組」と命名する。

三、経費

（一）日本側

第一段階、二五名

1．初回のみの支出（転居費用）計五〇〇〇米ドル、一人当たり二〇〇米ドル（日本円八万円相当）。

2．毎月の支出は二八七五米ドル。そのうち、生活費一八七五米ドル（一人当たり七五米ドル、日本円三万円相当）、連絡費一〇〇〇米ドル（日本円四〇万円相当）。

第二段階、実施計画に基づいて、別に編成する。

（二）中国側

日本人将校は階級に準じて中国軍人と同等な待遇を受けるほか、服装費と食糧費が支給される。

（三）傷病死亡補償

傷病者は中国の軍医院が治療をする。障害を負った者と公務死亡者などの補償金は別に定める。

四、注意事項

（一）接待と協力作業を担当する人員は、日本人の心理と国民性を理解すること。そのため、事前に講義または訓練を受けることとする。

（二）新陸軍の創設は、必ず新しい場所を探して練兵する。古い環境から離れて、新制度を構築する。

（三）防諜と秘密保持に留意すること。公にする前は各種手段を用いて秘密保持に努める。日本人将校の服装、氏名、呼称、通信連絡については検討を要する。[39]

5　「聯合参謀団」の招聘

八月一日、蔣介石が台湾に設置した「総裁弁公室」が執務をスタートした。旧日本軍将校が教官を務める「革命実践研究院」は開設場所が未定であるが、蔣介石の催促のもと、準備が開始された。[40]だが、八月五日、アメリカ政府は「中国白書」を発表し、国民党の失敗は自らの腐敗によるものであると断罪した。蔣介石にとって泣き面に蜂である。翌日、蔣は、「我が国は、一方ではソ連の侵略を受け、一方ではアメリカの無実の侮辱に晒されている。これは皆イギリスの陰謀のせいである。自強を図らなければ立国できない」と嘆いた。[41]こういった米英ソへの憤懣は蔣の「日本運用」の意志をさらに強めた。八月一一日、蔣介石は再度曹士澂と会ったうえ、[42]同一七日、山田純三郎宛てに書簡を送り、「赤禍が氾濫し、東亜を侵食している昨今、唇歯輔車の中日両国は利害が共通している。そのため、双方は力を合わせて共産勢力と戦い、生存を図るべきである」と、一層の協力を要請した。[43]そして、同二一日、蔣介石は日本士官学校留学出身の彭孟緝に日本人教官を迎えるための準備の加速を命じた。[44]

蔣介石が「日本運用」に力を注いでいる折、日本では曹士澂ら駐日代表団の主導のもと、「聯合参謀団」の招聘という第一段階の目標をめぐって以下のように活動を展開している。

第一に、日本政府復員局の「同志」の協力を得て、まず旧日本軍将校の全名簿から五〇〇名を選出し、さらにその五〇〇名から五つの条件（①身体強壮にして優秀、②陸軍大学卒業、③作戦経験あり、④まじめで人格者、⑤確固とした反共意志を有する）を満たす者が二五名選抜された。

第二に、岡村寧次が立ち上げた小組は、澄田睞四朗中将（前第一軍司令官）、十川次郎中将（前駐杭州第六軍司令官）、小笠原清中佐（前支那派遣軍参謀）と組んで、分担で関係者と連絡し、人選を行う。選ばれた者は軍事顧問として台湾で働く契約を岡村と結んだ。

第三に、日本人将校の招聘についてアメリカ占領軍の了解を得る。また、反共団体を樹立し、親蔣介石勢力を結集し、日本共産党に打撃を与え反共宣伝を展開する。そして、軍隊建設に関する資料を集め、台湾の防衛および日本籍漁船を利用しての海上巡回防衛について研究した。

第四に、中国共産党と日本共産党の糾弾から逃れるため、偽の名義を借りて商社や技術工場を創設した。「台湾に来る日本人は、会社が雇った技術者や会社員であるということにすれば、その家族も安心し、帰国後の安全の備えにもなる」と、曹士澂が蔣介石に説明した。(45)

以上の活動を通して、一九四九年秋から一九五〇年年頭まで、一七名の旧日本軍将校は三陣に分けて台湾へ密航した。秘密厳守という蔣介石の命令に従って、すべての日本人将校は中国語の偽名を与えられた。団長の富田直亮少将（前第二三軍参謀長）が「白鴻亮」という偽名を使ったことに加えて、赤との対抗という意味も込めて、これら日本人将校はその後、「白団」と呼称される。

また、曹が一九五〇年一月に蔣介石に宛てた報告によると、上記一七名の日本人将校を招聘するための費用においては、「情勢の変化、日本共産党の妨害、密航経験の不十分などの原因によって、再三遅れが生じ、費用も予算を大きく上回っている」という。具体的には次のようである。

一、密航費用

予算は日本から台湾までの一人当たりの費用が二〇〇米ドル、一七人分で合計三四〇〇米ドルであった。しかし、実際には一七人を三回に分けて密航させ、これに通訳、秘密保持等を担当する護送役一人が加わり、乗船前後の食費、宿泊費及び香港への立ち寄り費用など、支出費用の総計は一一八二三・二五米ドルに上った。

二、連絡費用

予算は一ヵ月一〇〇〇米ドルだったが、後に半減された。一九四九年暮れまで、日本に三つの反共小組を創ったため、支出は毎月日本円で約二〇万円である。さらに、岡村寧次に毎月日本円一五万円を支給し、その他接待や贈り物の費用も加算すると、支出は多かった。そのため、曹は連絡費用を一〇〇〇米ドルに回復するよう強く求めた。

三、その他の関係費用

定員外人員の手当が毎月二〇〇米ドル、秘密保持のための通信員兼総務一名の月給一五〇米ドル、臨時出張費一〇六二米ドル。[46]

一九四九年の日本では都市のサラリーマンの毎月の家庭総収入は一万―一万二〇〇〇円程度である。これに基づいて換算すると、蔣介石は旧日本軍将校を招聘するために高待遇を与えたことがわかる。とくに、岡村寧次は「連絡費」だけでも月に一五万円が支給されていた。その他、密航の費用なども加えると、招聘のために高額の費用が費やされたのである。それだけに、蔣介石は「白団」を重用していた。蔣の日記によると、富田直亮の到着直後に、蔣介石は直ちに接見し、「活動について指示を与えた」[47]。蔣介石にとって、一九四九年一一月は台湾や四川省などを行き来し、激務に追われる毎日であったが、それでも、日記に記録があったものだけで、蔣は一一月に富田と五回も会談したことがわかる。その内容も中国共産党に対する戦闘方針など、ハイレベルのものである。なお、日記のなか、蔣介石は富田による敵軍状況や地形などについての判断は「大変正確だ」と感服している。[48]

6　「義勇軍」計画の内実とその夭折

前述の蔣介石の構想では、対日工作の第二段階は旧日本軍人を中核とする反共義勇軍の創設であった。この目標を目指して、一九四九年八月下旬、岡村寧次ら旧日本軍将校の参与のもと、詳細な計画書が完成していた。日本語版とそれを翻訳した中国語版があるが、オリジナルとしての日本語版計画書にある「建設要領」を引用してその内実を見よう。

一、本聯軍ハ激変躍動スル東亜ノ新情勢ニ鑑ミ此等精強ナル日本軍人ヲ国民軍中ニ迎容シ亜細亜ノ共存共栄的大同団結ニ基ク反共共同防衛ノ建軍精神トシテ速急ニ建設スルモノトス

二、本聯軍ハ約三個師（一個師ハ一万名）ヨリ成ル一軍ヲ建設シ次デ更ニ二個軍及附属部隊ヲ増設シ総勢約一〇万ニ発展育成スルヲ目標トスルモ現下ノ緊迫セル事態ニ対処スル為取敢ズ一個師ヲ基幹トスル部隊ヲ編成シ東南方面ニ於ケル緊急正面ニ使用スルヲ主眼トシテ建設シ爾後ノ建設ハ此等ノ経験ニ基キ情勢ノ進展ニ対応シテ逐次企画シ実施スルモノトス　緊急編成ノ一個師（以下新編師ト略称ス）ハ台湾青年約九〇〇〇名日本軍人約一〇〇〇名ノ混合編成トシ日本軍人ハ主トシテ班長以上ノ幹部及特ニ技術ヲ要スル部隊要員竝計画指導教育ニ任ズベキ要員等ニ充当スルモノトス国内事情ニ依リ台湾青年ノ充用困難ナル場合ニ於テハ現在ノ中国士兵ヲ以テ編成ス

三、新編師ノ担当スベキ任務ハ共産敵匪ノ政経拠点タルベキ要地ノ攻撃等極メテ重要ナルヲ以テ為シ得ル限リ装備ヲ優良ニシ現在事情ニ依リ装甲機械化困難ナル場合ニ於テハ最モ火力装備ヲ重視シテ編成スルモノトス新編師ノ編成管理ノ責任者ハ湯恩伯将軍トシ編成ノ細部要領ハ以下示スモノノ外要員到着時ノ状況ニ基キ此ヲ決定スルモノトス

四、新編師ノ編成地ハ為シ得レバ台湾若クハ澎湖群島トスルヲ有利トスルモ止ムヲ得ザルトキハ金門島等トス又要員到着ノ時期ハ民国三八年一〇月中旬トシ之ガ使用ノ時機ハ編成完了後最小限三カ月ノ訓練期ヲ経タル民国三九年以降ヲ目途トシテ建設ス

五、新編師ノ編成及教育ハ中国ノ現制ニ準拠スルモ日本軍ノ特性ヲ加味シ以テ精強兵団タルノ特色ヲ遺憾ナク発

揮セシム新編師ノ師長及特ニ中国人ヲ必要トスル幹部ニハ有能適任ナル中国軍人ヲ充当スルモ其ノ他ノ幹部ハ班長級ヲ含ミ主トシテ日本人ヲ充当シ特ニ両者ノ連繋ヲ緊密ナラシムル為副師長以下副班長ニ至ル迄副任制ヲ採用シ両国人ヲ配合任命スルヲ通常トス

六、新編師ノ編成業務ハ湯恩伯将軍ノ指揮監督下ニ建設工作組ヲ設置シテ之ヲ管掌セシム建設工作組ハ其ノ本部ヲ湯恩伯軍総司令部内ニ設ケ其ノ分処ヲ在東京駐日中国代表団内ニ置ク又要スレバ台湾ニモ分処ヲ設置ス建設工作組ノ工作要領ハ湯恩伯将軍ノ命令ニ拠ルモ本部ニ在リテハ全般企画ノ外特ニ要員到着後ノ編成準備就中兵器資材ノ整備宿営給養事項及中国人（台湾青年ヲ含ム）要員ノ徴募業務ヲ主トシテ実施シ東京分処ニ在リテハ日本人ノ徴用及之ニ伴ヒ直接日本ニ於テ処理ノ要スル留守宅関係、日本領海離脱迄ノ要員輸送業務等ヲ担任実施スルモノトス

七、日本軍人ノ徴募ハ復員局（旧陸軍省）ノ秘密機構ヲ利用シ取敢ズ約一〇〇〇名ノ目途トシテ実施シ之ガ輸送ハ逐次ニ集合スル要員ヲ概ネ四梯団ニ区分シテ九州南端島嶼ニ集結待機セシメ中国ヨリノ派遣船舶ニ依リ目的地ニ到達セシムル如ク実施ス集結待機ノ島嶼ハ五島列島ト予定スルモ状況ニ依リ屋久島若クハ下甑島ニ変更ス人員徴募及輸送ハ米占領軍ノ黙契下ニ隠密巧妙ニ行ヒ特ニ共産党関係ニ注意シ実施ス人員徴募ニ方リテハ特ニ人選ニ注意シ各個人ニ就キ厳密ナル内偵ヲ遂グルモノトス

八、日本軍人ノ応募ハ素ヨリ崇高ナル共同防衛精神ニ発シアリト雖モ現下ノ情勢ハ毫末モ国家的庇護ヲウケルヲ得ズ其ノ経済情勢モ亦良好ナラザルヲ以テ中国政府ハ従軍将士ノ留守家族ニ対シ平均月額美貨三〇弗ヲ概ネ三カ月間毎ノ前渡支給ニ依リ之ヲ交付シ又戦（病）没者ニ対シテハ美貨三〇〇弗、戦傷ニ依ル不具廃疾者ニ対シテハ其ノ状況ニ応ジ三〇乃至三〇〇弗ヲ贈与スルモトトス日本軍人ノ階級的取扱及職域ハ各人ノ現在職能ヲ主トシテ過去ノ経歴等ヲ参照シ中国軍トノ関係ヲ考慮シテ之ヲ定ム部隊編成後ニ於ケル軍律賞罰給養等ニ関シテハ中国軍ニ準ジ別ニ之ヲ定ム

九、新編師ノ編成ハ各部隊同時ニ実施スルヲ本則トスルモ兵器資材ノ準備要員到着ノ状況ニ依リ逐次ニ実施スル

コトアリ新編師ノ編成其ノ緒ニ就キ其ノ効果ヲ予想シ得ルニ至レバ速カニ残余ノ二個師ノ編成ニ着手シ民国三九年春季迄ニ一個軍ヲ建設スルヲ当面ノ目標トシ爾後ノ建設ハ当時ノ状況ニ基キ逐次ニ計画ス(49)

上記のように、計画書は義勇軍創設の各細部にわたって、綿密に練られていた。だが、蔣介石らの願望とは裏腹に、実際の貫徹にあたっては、行動を起こす途端苦境に追い込まれていた。その発端は根本博にあった。日本政府による当時の調査によると、元「北支那方面軍」司令官である根本博は、敗戦で日本に送還された後、蔣介石に深く恩義を感じていた。一九四九年、蔣介石および国民党政権が崩壊の危機に直面すると、根本博は救援を急ぐあまり、蔣介石の使者と称する台湾人の口車に乗り、蔣介石が日本軍人招聘を実行に移す前の六月下旬、一行七名を率いて台湾へ密航し、七月一〇日に基隆に上陸したのである。(50)この事は蔣介石も知らなかった。結果、台湾上陸後直ちに台湾警察によって一ヵ月間拘留されることになった。当時の台湾は極度に混乱しており、蔣介石は後になってこの事を知り、早速八月一四日に根本博と接見した。(51)前記の中日義勇軍の計画ができあがると、蔣介石は九月二日、三日と連日根本博を呼び寄せ、「反共義勇軍の結成」と「新しい軍隊の組織」を話し合った。(52)だが、根本博とともに台湾に来た一行のうち、九月に先に日本に帰国した数名が日本到着後、金銭問題で諍いを起こし、結果、根本博が台湾に密航し、蔣介石を助けて反共戦に参加することや蔣介石が日本で義勇軍募集をしようとしていることなどがマスコミの知るところとなり、日本は大騒ぎとなった。中国駐日代表団から蔣介石に宛てた報告によると、日本共産党などは国会でこれを厳しく追及し、蔣介石の招聘活動を黙認してきたとされるアメリカ占領軍当局と日本政府もこの件に対して「公に反対を宣言し、彼らの帰国時には処罰を行うと言明」せざるを得なかった。(53)また、アメリカ人記者は台湾に赴き、調査しはじめた。(54)

こうして、極秘裏での活動と、アメリカ占領軍と日本当局側の黙認を前提としなければならない義勇軍募集の計画は、早くもその前提を失ったのである。蔣介石は事態が落ち着くのを待って、ふたたび試行したいと考えたが、マスコミや日本共産党が追及の手を緩めず、一二月には日本当局の調査と処罰の矛先が、日本での活動の中心人物である岡村寧次に向けられはじめた[55]。日本義勇軍募集計画はここに至って頓挫してしまった。
岡村寧次は一九四九年の大晦日に蔣介石に送った書簡で、義勇軍計画の失敗の原因についてこう分析している。

第一ノ原因ハ敗戦国民、被占領国民ニシテ占領当局ノ許可無クンバ何ノ自由ヲモ有セザル是ナリ　現ニ政府ハ渡台者ハ帰国後厳罰ニ処スベシト声明シ為ニ渡台希望者ニシテ其希望ヲ棄テタル者少ナラズ。
第二ノ原因ハ新憲法ニ於テ戦争ヲ放棄シ軍備ヲ全廃シ絶対平和ヲ標榜ナルニ由リ国内ニ絶対平和論充満シ些少ノ武的言動ヲモ直ニ之ヲ排斥セントスル傾向ニ在ル是ナリ　反共的言論機関ト雖モ公然中国内戦参加ニ反対シアリ況ンヤ日共ハ盛ンニ之ヲ暴露誇張シ批難シツツアリ
第三ノ原因ハ香港其他ヨリノ外国電報ガ台湾ノ命運ニ関シ或ハ半歳以内ニ中共ノ手ニ帰スベシト為シ或ハ遠カラズシテ島民ノ反感ニ由リ内部的ニ崩壊スベシナド報道スルモノ多ク　之カ為日本国民ニ前途悲観ヲ感セラメアルント是ナリ[56]。

岡村寧次がまとめた上記の三つの要因は、義勇軍創設計画の夭折をもたらした急所を突いたといえる。この視点からいうと、たとえ根本博のことがなかったとしても、義勇軍計画は失敗に終わると思われる。したがって、その後、蔣介石は反共義勇軍創設の幻想を棄て、その「日本運用」を旧日本軍将校による教育訓練と企画立案に集約させていく。存在が暴露された根本博については、蔣介石は白団に組み込むことはせずに、単独で活動させた。一九五二年、根本博は一人で帰国した[57]。

おわりに

ここまでの考察を綜合して、次の三点を挙げて本章のまとめとしたい。

一、蔣介石による終戦初期の旧日本軍人送還政策の背景には、「以徳報怨」という考え方のほか、日本軍に対する危惧と、共産党軍と日本軍との「結託」への警戒があった。このような送還から一九四九年の旧日本軍人招聘への蔣介石の転換は、二つの時期における蔣介石および国民党政権の地位、境遇と立場、認識の変化と密接に関連していた。この変化について、筆者は「三つの要因」の浮沈を通して本文に要約しておいた。このような変化を見ずに、終戦初期の旧日本軍人送還を理由に、一九四九年においても蔣は旧日本軍人を国共内戦に用いることを考えていなかったとするのは間違いである。逆に、一九四九年の旧日本軍人招聘を根拠に、終戦初期から蔣が旧日本軍人を国共内戦に用いることを企てていたと主張するのも間違いである。

二、一九四九年のほぼ全時期において、蔣介石は下野中の身分であった。しかし、旧日本軍人招聘政策の決定から実施への全過程にわたって終始主導的な役割を果たしたのは蔣介石である。そして、蔣介石による招聘政策の具体的な実行役は、中国側では曹士澂ら駐日代表団のメンバーであり、日本側では岡村寧次をはじめとする中国との縁が深かった旧将校たちである。また、本文で引用した中国側の機密記録から、アメリカ占領軍当局と日本政府のなかにも蔣介石側の招聘活動の「同志」がいることが読み取れる[58]。

三、蔣介石にとって、一九四九年の旧日本軍人の招聘は、最初の目標は中国大陸での共産党軍への反攻と失地の回復であり、後になってはじめて台湾の防衛を優先したのである。また、この招聘に元々「聯合参謀団」と「中日義勇軍」という二つの柱があり、しかも前者は後者への準備という性格もあった。その後、義勇軍計画の実現不可能が明白となったため、蔣介石はやむを得ず「聯合参謀団」の活動に一本化した。「白団」の存在はこの一本化によって現在も話題となっているが、しかし、戦後における旧日本軍人の処遇をめぐる蔣介石の対応を見るとき、白団のみに注目せず、その背後にある、より膨大な義勇軍計画にも留意しなければならないのである。

註

（1）「白団」については、当事者の一人である小笠原清は一九八一年、『文藝春秋』八月号に「蔣介石を救った日本將校団」

という回想録を発表した。その後、この事象を取り上げたのは主として次のものがある。①「秘密機関『白団』――台湾に渡った旧日本軍人たち」（NHK現代史スクープドキュメント、一九九二年放送）。②「白団」の記録を保存する会「白団物語」（『偕行』、一九九二－一九九三年）。③中村祐悦『白団――台湾軍をつくった日本軍将校たち』（東京、芙蓉書房、一九九五年）。④林照真『覆面部隊――日本白団在台秘史』（台北、時報文化出版社、一九九六年）。⑤楊碧川『蔣介石的影子兵団――白団物語』（台北、前衛出版社、二〇〇〇年）。

（2）　主なものとして、石弘毅「白団的歴史意義（一九四九－一九六九年）」（『台湾文献』第五六巻第一期、二〇〇五年三月）、陳鴻献「蔣中正與白団（一九五〇－一九六九）」（『近代中国』第一六〇期、二〇〇五年三月）、汪国禎「白団対国軍之影響」（『中華軍史学会会刊』第一四期、二〇〇九年九月）、陳紅民ほか『蔣介石的後半生』（浙江大学出版社、二〇一〇年）、門田隆将『台湾を救った陸軍中将根本博の奇跡　この命、義に捧ぐ』（東京、集英社、二〇一〇年）、野嶋剛「ラスト・バタリオン　蔣介石と日本人軍事顧問団」（『G2』、二〇一一年四月）およびこれを基礎とした著書『ラスト・バタリオン　蔣介石と日本軍人たち』（講談社、二〇一四年四月）。なお、テレビ番組として、鳳凰衛視ドキュメント「白団――蔣中正日記日本將校団揭密」（二〇一〇年一月放送）。

（3）　筆者は二〇〇一年以来「中国における日本人の留用問題」の研究に取り組んでおり、既発表論文のなか、以下のものが本章のテーマと関連がある。①「一九四九年蔣介石〝運用日本〟政策的籌劃與実施」（呂芳上編『蔣介石日記與民国史研究』台北、世界大同出版有限公司、二〇一一年四月）。②「蔣介石與戦後国共相争中的日本人角色」（『抗日戦争研究』北京、二〇一三年二月）。③「蔣介石日記に見る在台湾日本人軍事教官の諸相」（斎藤道彦編『中国への多角的アプローチⅢ』東京、中央大学出版部、二〇一四年三月）。日本語による本章はこれらのものを基に加筆したものである。

（4）　詳細は、中国戦区中国陸軍総司令部より岡村寧次宛「中国戦区中国陸軍総司令部備忘録」中字第一号（一九四五年八月二一日）。厚生省引揚援護局資料室編『支那派遣軍終戦に関する交渉記録綴』所収。

（5）　詳細は、「蔣主席対全国軍民及全世界人士広播詞」一九四五年八月一四日（秦孝儀主編『中華民国重要史料初編――対日抗戦時期』第七編第四冊、台北、中国国民党中央委員会党史委員会、一九八一年）六三三－六三五頁。

（6）　共産党を消滅するための所要時間について、国民政府の内部に二年説と六ヵ月説の対立があったが、蔣介石は六ヵ月説をとった。蕭慧麟『蕭毅粛上将軼事』（台北、書香文化事業公司、二〇〇五年）一九五頁。

（7）スタンフォード大学フーバー研究所所蔵「蔣介石日記手稿」（以下、「蔣介石日記」とし、所蔵先を省略する）一九四六年一月二〇日。
（8）「蔣介石日記」一九四六年三月二八日。
（9）徐永昌『徐永昌日記』一九四六年三月二八日（台北、中央研究院近代史研究所、一九九一年、第八冊）二五一頁。
（10）「蔣介石日記」一九四五年三月三〇日。
（11）同右、一九四五年七月九日。
（12）同右、一九四五年八月一二日。
（13）同右、一九四六年二月五日。
（14）同右、民国三五年反省録。抄訳。
（15）同右、一九四九年一月一日。
（16）『毛澤東選集』第四巻（人民出版社、一九六六年）一三八〇頁。
（17）「蔣介石日記」一九四九年一月一九日。
（18）同右、一九四九年一月二三日。
（19）同右、一九四九年一月三一日。
（20）同右、一九四九年一月三一日（本月反省録）。
（21）「和智英雄より蔣中正宛書簡」一九四九年一月二一日（台北、国史館所蔵「蔣中正総統文物」（筆者注：蔣介石機密文書）002080106066001）。（以下、同文書の所蔵先を省略する）。
（22）これは受降と接収における旧日本軍側の協力的な態度とも関連があるが、この件に関する詳細な考察は別の論文で行いたい。
（23）無罪判決を指示した蔣介石の極秘電報（一九四九年一月一九日発）は「蔣中正総統文物」002020400052156号として台湾の国史館に所蔵されている。なお、岡村寧次の裁判と釈放の具体的な経緯については別の論文で論述したい。
（24）「蔣介石日記」一九四九年一月三一日。
（25）同右、一九四九年二月二六日。

(26)　同右、一九四九年三月五日。
(27)　「蔣中正総統文物」002060100250005。
(28)　「酒匂景映より蔣中正宛建議書」一九四九年三月二五日（「蔣中正総統文物」002080106064001）。
(29)　第六節で引用した「中日義勇軍」計画には酒匂建議書に類似する内容が多く見られる。
(30)　「蔣中正総統文物」002080106066008。
(31)　「蔣介石日記」一九四九年四月一七日。
(32)　同右、一九四九年四月一九日。
(33)　同右、一九四九年六月一四日（雜錄）。
(34)　「曹士澂呈蔣中正擴大反共鬥爭促成東亞反共大同盟組織東亞国際聯軍實施対共反攻方案」一九四九年六月三〇日（「蔣中正総統文物」002080106064003）。
(35)　「蔣介石日記」一九四九年七月一三日。
(36)　「侯騰曹士澂呈蔣中正」一九四九年七月二二日（「蔣中正総統文物」002080106064005）。
(37)　「蔣介石日記」一九四九年七月三〇日。
(38)　「総統蔣於七月一三日及七月三〇日対所建議之使用日本軍官計劃之指示」曹士澂記録、一九四九年七月三一日（「蔣中正総統文物」002080106064005）。
(39)　「蔣介石日記」一九四九年七月三一日、「曹士澂致蔣中正報告」一九四九年七月三一日（「蔣中正総統文物」002080106064005）。
(40)　「蔣介石日記」一九四九年八月一日。
(41)　同右、一九四九年八月六日。
(42)　同右、一九四九年八月一一日。
(43)　「蔣中正覆山田純三郎函」一九四九年八月一七日（「蔣中正総統文物」002080106066006）。
(44)　「蔣介石日記」一九四九年八月二一日。
(45)　上記四項の叙述は、「曹士澂呈蔣中正報告」一九五〇年一月一七日（「蔣中正総統文物」002080106000066013）に基づく。

(46)「曹士澂呈蔣中正報告」一九五〇年一月一二日（「蔣中正総統文物」002080106000066013）。
(47)「蔣介石日記」一九四九年一一月三日。
(48)詳細は、「蔣介石日記」一九四九年一一月三日、一三日、一八日、二四日、二七日。
(49)「反共聯軍建設計劃書」一九四九年八月（筆者注：中国語に翻訳されたものは「中日義勇軍建立計劃書」と改められた）（「蔣中正総統文物」002080106064008）。
(50)内閣総理大臣吉田茂答弁書第一九號、內閣參甲第一四六號、一九四九年一一月二五日。
(51)「蔣介石日記」一九四九年八月一四日。
(52)同右、一九四九年九月二日、三日。
(53)「方治呈蔣中正報告・附記」一九四九年一一月一〇日（「蔣中正総統文物」002080106000066008）。
(54)「朱世明より蔣中正宛電報」三八亥三十（「蔣中正総統文物」002080106000066010）。
(55)「岡村寧次より蔣中正宛書簡」一九四九年一二月三一日（「蔣中正総統文物」002080106064012）。
(56)同右。
(57)詳細は、「蔣中正総統文物」002080106000065006。
(58)ちなみに、有馬哲夫はアメリカ側の資料に依拠して、義勇軍創設に対する占領軍当局の支持を論じている。詳細は『大本営参謀は戦後何と戦ったのか』（新潮社、二〇一〇年）。

＊本章は、日本学術振興会科研費・基盤研究（B）「日本の人的資源と中国の再編・再生——戦後中国における日本人留用問題の総合的考察」（課題番号二〇四〇二〇一五）による成果の一部を基に、加筆したものである。

あとがきにかえて——歴史叙述をめぐる日中の認識的相違に関する一私見

本書は、黄自進氏による序文にもあるように、二〇一四年度に日文研で行われた共同研究「日本の軍事戦略と東アジア社会——日中戦争期を中心として」の成果報告書である。この研究会が立ち上げられた経緯や本書に収められた諸先学の論文については、すでに黄氏が詳細に紹介しているので、ここではあえて贅言しない。とはいえ、研究会の幹事を務め、また本書の編者の一人として名を連ねた以上、やはり何か一言記さなければならない義務がある。そこで、まったくの見当外れかもしれないが、一年間の研究会を通して得た感想やこれまで学んだ日中関連の知識を踏まえて、あくまで比較文化の立場から簡単に日中の歴史認識についての私見をいくつか述べておきたい。

私はかつて日本における「型」の文化ついて、中国との比較から、日中にはそれぞれ「内向的」な思考法と「外向的」な思考法の相違が存在することを論じたことがある（「中国の型と日本の型」シンポジウム「日本文化における型」『日本研究・京都会議一九九四』国際日本文化研究センター、一九九六年三月所収）。その趣旨はおおむね次のようなものであった。

日本では、相撲や野球などのスポーツにしろ、剣道や弓道などの武芸にしろ、また歌舞伎や能などの伝統芸能にしろ、その習得の過程においていずれも「形」から入ることを要求され、きちんと「型」になっているかどうかがきわめて重要視される。いわば形から型への身体化、内在化が要求されるのである。茶道などはその典型で、点て方や飲み方の動作の一つひとつが作法として規定され、その通りに行わないと「不作法」として非難される。しかし、こういう現象は、欧米諸国はいざ知らず、少なくとも近隣諸国の中国や韓国ではなかなか見られない。たとえ一部類似した事象があっても、日本ほどすべてが「形」＝「型」にこだわり、規範通りに行わなければならないという厳しい要求は存在しない。個人の内面へと向かう思考ではなく、より外へと目が向いているように思われる。そもそも「型」に対応する概念が中国語にはなく、正確な翻訳さえ成立しないのである。

このような日中の思考法の違いについて、具体的な事例をもう一つ挙げてみよう。たとえば、「礼」と言えば、日本ではきわめて具体的で、人に物を渡す時はどうすべきか、他人の家に入る時はどうすべきか、食事の際には何に注意しなければならないかなど、いずれも身体レベルでのマナーとして認識されるように、一種の規定された作法となっている。これに対し中国では、日本のようなマナー的要素もないわけではないが、より理念的、抽象的に大きく「礼」を認識している。たとえば、『儀礼』に「礼」について、「凡そ礼の大礼は、天地にかたどり、四時に法り、陰陽に則り、人情に順う。故に之を礼と言う」とあるように、宇宙全体ないしは自然万物を全部包括して、その基本的な秩序を「礼」と規定している。そして、それが人間社会においては、『礼記』に「礼に非ずんば、以て君臣上下長幼の位を弁別するもの無し、礼に非ずんば、以て男女父子兄弟の親しみ、婚姻疏数の交わりを別つもの無し」と強調されるように、広く社会の上下関係や道徳規範まで包摂する、きわめて大きな秩序理念となっている。

このように、一つの物事を捉え、それを思考・認識する際に、日本はどちらかと言えば具体的でかつ身体的な感性を重んじ、対象そのものに向け求心的に思考回路を組み立てているように思われる。対して中国は、まず理念を優先し、他者との抽象的な関連の中で外向的かつ構造的に対象を把握しようとする傾向が強く見られるように思われる。むろん、以上のような単純な二分法で日中のあらゆる事象を捉えることはやや乱暴の嫌いがある。これらの現象と相反する個別の事例を多数挙げることもできるし、時代による相違も見られよう。ただ、たとえそういう一部の例外があるとしても、日中の歴史や文化を包括的に観察する際に、この認識論的な相違を示す傾向が多々確認されており、その事実はけっして無視できない。

そして、本題の歴史認識の問題に戻って考える場合、この思考的相違は日中の歴史叙述、または歴史の記録や記憶にも大きな影を落としているのではないだろうか。日中戦争の例で言えば、日本の研究は、つねに各事件や事変、また開戦・終戦の経緯やその間の時代状況、国際環境等について、きわめて詳細に検証し、具体的で精度の高い記述を提示している。ただ、その多くは日中戦争の期間内に止まり、それ以前の戦争や事件と関連付けてより大きな歴史的構造の中でそれを捉えることが少ない。またその期間内においても、往々にしてそれぞれの事件や事変の起因、経緯、対策等の解明に拘泥し、やや自己完結的にそれらを論述する傾向が強いように思われる。その結果、個々の事件や事変間の具体的な関連が確認されていないことをもって、それぞれの事件や事変について、日本はあくまで場当たり的にしか対応しておらず、まったく長期的な展望のないまま、「無計画的」に戦争を進めていたという結論を導き出している。

これに対して、中国はと言えば、個々の事件や事変を検証すると同時に、多くの場合、個別の出来事を近代史全体の中に時系列に位置づけ、日清戦争、義和団事件、日露戦争、さらに三度の山東出兵までを入れて日中の衝突を捉えるような視角で考察している。つまり一種の抽象的関連性を見出し、そこに一貫した帝国主義的な侵略意図を抽出するというきわめて大きな歴史認識、歴史観を提示している。そして、この「大歴史」的叙述にこだわる形で、一連の事件や事変の発生については、それらの偶然性ではなく、むしろ潜在的な必然性を強調している。それはすなわち、日本が近代以来、その帝国的論理によって着々と事件や事変を準備し、それこそ「計画的」に中国侵略を進めていた、という認識である。ただこの際に、まさしく「大歴史」を目指すがゆえに、一部具体性を軽んじて、やや抽象的な叙述に走ってしまう傾向があるのも否めない事実である。

日中の間にこのような相違が生まれた理由には、上記のような歴史認識論以外にもさまざまな原因が考えられる。政治的な関与や相手側に関する資料所有の多寡、研究水準の高低などの要素もこれに深く関わっているだろう。しかし、個々の事件や事変について明確な位置付けをせず、「暴《ぼう》支《し》膺懲《ようちょう》」という曖昧なスローガンのもとで全面戦争を進めていた日本軍部と、受け身でありながらも中長期の抵抗戦略を相次いで打ち出していた蔣介石や毛沢東との戦時中の実際の対応を想起すると、やはりこの認識論上の原因がもっとも作用しているのではないか、とつい考えたくなるのである。

以上の観察はあくまで私の限られた知識によるものであり、多くの疎漏や事実誤認を含んでいるかもしれない。ただ、強く断っておきたいのは、私はここで日中のどちらかを称えたり、貶めたりしようとするつもりは毛頭ない。それどころか、つねに日中にはそれぞれの長所と短所があり、その長所と短所はちょうど補完的な関係にあって、両者の長所でもって協働すれば、それこそ歴史真実を探求できる最良の認識論になると深く信じている。

本書の執筆者は一三人で、日本人が七名、中国と台湾出身者が六名となっている。そしてサブタイトルには「複眼的視点」とも銘打っている。我田引水で恐縮だが、この「複眼的視点」こそ、まさに日中を合わせてより正確な歴史認識を構築し、編者の主張する最終的和解を導き出すカギだと考えている。戦後七〇年以上経って、われわれはようやく新たなスタートラインに立とうとしているが、はたしてこのメッセージが確実に伝わるかどうか、ぜひ読者の皆様にご判断頂きたい。

平成二九年八月

劉　建輝

〈日中戦争〉とは何だったのか
——複眼的視点——

2017年９月30日　初版第１刷発行　〈検印省略〉

定価はカバーに
表示しています

編著者　黄　　自進
　　　　劉　　建輝
　　　　戸部　良一

発行者　杉田　啓三

印刷者　坂本　喜杏

発行所　株式会社　ミネルヴァ書房
607-8494　京都市山科区日ノ岡堤谷町１
電話代表（075）581-5191
振替口座　01020-0-8076

冨山房インターナショナル・新生製本

ISBN 978-4-623-07995-7
Printed in Japan

《執筆者紹介》（執筆順，＊は編著者）

＊黄　自進（こう・じしん）序・第2章

1956年　生まれ
1989年　慶應義塾大学大学院法学研究科博士課程修了。博士（法学）
現　在　台湾中央研究院近代史研究所研究員
主　著　『蔣介石と日本——友と敵のはざまで』武田ランダムハウスジャパン，2011年。
　　　　『近代日本のリーダーシップ——岐路に立つ指導者たち』（共著）千倉書房，2014年。

加藤聖文（かとう・きよふみ）第1章

1966年　生まれ
2001年　早稲田大学大学院文学研究科博士後期課程単位取得退学。
現　在　人間文化研究機構国文学研究資料館准教授
主　著　『満鉄全史——「国策会社」の全貌』講談社選書メチエ，2006年。
　　　　『「大日本帝国」崩壊——東アジアの1945年』中公新書，2009年。
　　　　『満蒙開拓団——虚妄の「日満一体」』岩波現代全書，2016年。

劉　傑（りゅう・けつ）第3章

1962年　生まれ
1993年　東京大学大学院人文科学研究科博士課程修了。博士（文学）
現　在　早稲田大学社会科学総合学術院教授
主　著　『日中戦争下の外交』吉川弘文館，1995年。
　　　　『中国の強国構想』筑摩書房，2013年。

姜　克實（Jiang Keshi）第4章

1953年　生まれ
1991年　早稲田大学大学院文学研究科博士後期課程修了。博士（文学）
現　在　岡山大学社会文化科学研究科教授
主　著　『石橋湛山の思想史的研究』早稲田大学出版部，1993年。
　　　　『近代日本の社会事業思想——国家の「公益」と宗教の「愛」』ミネルヴァ書房，2011年。

相澤　淳（あいざわ・きよし）第5章

1959年　生まれ
1991年　上智大学大学院外国語学研究科博士後期課程満期退学（国際関係論専攻）。博士（国際関係論）
現　在　防衛大学校防衛学教育学群教授
主　著　『海軍の選択——再考真珠湾への道』中央公論新社，2002年。
　　　　『岩波講座 東アジア近現代通史——日露戦争と韓国併合　19世紀末—1900年代』（共著）岩波書店，2010年。

田嶋信雄（たじま・のぶお）第6章

1953年　生まれ
1985年　北海道大学大学院法学研究科博士後期課程退学。博士（法学）
現　在　成城大学法学部教授
主　著　『ナチス・ドイツと中国国民政府　1933-1937年』東京大学出版会，2013年。
『日本陸軍の対ソ謀略――日独防共協定とユーラシア政策』吉川弘文館，2017年。

＊戸部良一（とべ・りょういち）第7章

1948年　生まれ
1976年　京都大学大学院法学研究科博士課程単位取得退学。博士（法学）
現　在　帝京大学文学部教授
主　著　『ピース・フィーラー――支那事変和平工作の群像』論創社，1991年。
『日本陸軍と中国――「支那通」にみる夢と蹉跌』講談社選書メチエ，1999年；ちくま学芸文庫，2016年。

馬　暁華（ま・ぎょうか）第8章

1998年　お茶の水女子大学大学院人間文化研究科博士課程修了。博士（人文科学）
現　在　大阪教育大学教育学部准教授
主　著　『幻の新秩序とアジア太平洋――第2次世界大戦期の米中同盟の軋轢』彩流社，2000年。
United States between China and Japan（共著）Cambridge Scholars Publishing, 2013.

波多野澄雄（はたの・すみお）第9章

1947年　生まれ
1977年　慶應義塾大学大学院法学研究科博士課程修了。博士（法学）
現　在　国立公文書館アジア歴史資料センター長，筑波大学名誉教授
主　著　『太平洋戦争とアジア外交』東京大学出版会，1996年。
『国家と歴史――戦後日本の「歴史問題」』中央公論新社，2011年。
『鈴木貫太郎の決断』岩波書店，2016年。

鈴木多聞（すずき・たもん）第10章

1975年　生まれ
2005年　東京大学大学院人文社会系研究科博士課程単位取得退学。博士（文学）
現　在　京都大学法学研究科／白眉センター特定准教授
主　著　『「終戦」の政治史　1943-1945』東京大学出版会，2011年。

段　瑞聡（だん・ずいそう）第11章

1967年　生まれ
1999年　慶應義塾大学大学院法学研究科政治学専攻博士課程単位取得退学。博士（法学）
現　在　慶應義塾大学商学部教授
主　著　『蒋介石と新生活運動』慶應義塾大学出版会，2006年。
『改訂版　岐路に立つ日中関係』（共編著）晃洋書房，2012年。

松浦正孝（まつうら・まさたか）第12章

1962年　生まれ
1992年　東京大学大学院法学政治学研究科博士課程単位取得退学。博士（法学）
現　在　立教大学法学部教授
主　著　『日中戦争期における経済と政治——近衛文麿と池田成彬』東京大学出版会，1995年。
『「大東亜戦争」はなぜ起きたのか——汎アジア主義の政治経済史』名古屋大学出版会，2010年。

鹿　錫俊（ろく・しゃくしゅん）第13章

1955年　生まれ
1995年　一橋大学大学院法学研究科博士課程修了。博士（法学）
現　在　大東文化大学大学院アジア地域研究科教授
主　著　『中国国民政府の対日政策　1931-1933』東京大学出版会，2001年。
『蔣介石の国際的解決戦略　1937-1941——蔣介石日記から見る日中戦争の深層』東方書店，2016年。

＊劉　建輝（りゅう・けんき）あとがきにかえて

1961年　生まれ
1990年　神戸大学大学院文化学研究科博士課程修了。博士（文学）
現　在　国際日本文化研究センター副所長，教授
主　著　『増補　魔都上海——日本知識人の「近代」体験』ちくま学芸文庫，2010年。
『日中二百年——支え合う近代』武田ランダムハウスジャパン，2012年。

人名索引

あ 行

か　行

さ　行

た　行

な　行

は　行

ま　行

や 行

ら・わ行

事項索引

あ 行

か 行

さ　行

た　行

な　行

は　行

ま 行

や 行

ら・わ行